普通高等教育“十一五”国家级规划教材

普通高等教育农业农村部“十三五”规划教材

粮油加工学

第 3 版

李新华　董海洲　主编

中国农业大学出版社

·北京·

图书在版编目(CIP)数据

粮油加工学/李新华，董海洲主编．—3版．—北京：中国农业大学出版社，2016.8(2020.8重印)

ISBN 978-7-5655-1665-8

Ⅰ．①粮…　Ⅱ．①李…②董…　Ⅲ．①粮食加工②油料加工　Ⅳ．①TS210.4②TS224

中国版本图书馆CIP数据核字(2016)第176892号

书　　名　粮油加工学　第3版

作　　者　李新华　董海洲　主编

策划编辑　宋俊果　刘　军　　**责任编辑**　张　玉

封面设计　郑　川　　**责任校对**　王晓凤

出版发行　中国农业大学出版社

社　　址　北京市海淀区圆明园西路2号　　**邮政编码**　100193

电　　话　发行部 010-62818525，8625　　读者服务部 010-62732336

编辑部 010-62732617，2618　　出　版　部 010-62733440

网　　址　http://www.cau.edu.cn/caup　　**E-mail** cbsszs@cau.edu.cn

经　　销　新华书店

印　　刷　北京时代华都印刷有限公司

版　　次　2016年10月第3版　2020年8月第4次印刷

规　　格　787×1 092　16开本　21印张　520千字

定　　价　54.00元

全国高等学校食品类专业系列教材

编审指导委员会委员

（按姓氏拼音排序）

第 3 版编写人员

主　编　李新华（沈阳农业大学）
　　　　董海洲（山东农业大学）

副主编　李志西（西北农林科技大学）
　　　　钱建亚（扬州大学）
　　　　郭顺堂（中国农业大学）
　　　　谭　斌（国家粮食局科学研究院）
　　　　林晓岚（福建农林大学）

编　者（按拼音顺序排列）
　　　　包小兰（内蒙古农业大学）
　　　　董海洲（山东农业大学）
　　　　顾　林（扬州大学）
　　　　郭顺堂（中国农业大学）
　　　　侯汉学（山东农业大学）
　　　　李梦琴（河南农业大学）
　　　　李新华（沈阳农业大学）
　　　　李志西（西北农林科技大学）
　　　　林晓岚（福建农林大学）
　　　　刘恩岐（徐州工程学院）
　　　　钱建亚（扬州大学）
　　　　秦　文（四川农业大学）
　　　　孙　晶（锦州医科大学）
　　　　孙向阳（河南牧业经济学院）
　　　　谭　斌（国家粮食局科学研究院）
　　　　吴汉东（锦州医科大学）
　　　　吴雪辉（华南农业大学）
　　　　翟小童（国家粮食局科学研究院）
　　　　张　莉（西北农林科技大学）
　　　　张　清（四川农业大学）
　　　　钟　耕（西南大学）

第 2 版编审人员

主　编　李新华（沈阳农业大学）

　　　　　董海洲（山东农业大学）

副主编　李志西（西北农林科技大学）

　　　　　钱建亚（扬州大学）

　　　　　郭顺堂（中国农业大学）

编　者　（按拼音顺序排列）

　　　　　顾　林（扬州大学）

　　　　　侯汉学（山东农业大学）

　　　　　姜连芳（青岛农业大学）

　　　　　刘恩岐（山西农业大学）

　　　　　刘全德（徐州工程学院）

　　　　　李梦琴（河南农业大学）

　　　　　秦　文（四川农业大学）

　　　　　吴雪辉（华南农业大学）

　　　　　钟　耕（西南大学）

　　　　　张　莉（西北农林科技大学）

主　审　赵增煜（沈阳农业大学）

第1版编审人员

主　编　李新华（沈阳农业大学）
　　　　　董海洲（山东农业大学）

副主编　李志西（西北农林科技大学）
　　　　　钱建亚（扬州大学）
　　　　　郭顺堂（中国农业大学）

编　者　（按拼音顺序排列）
　　　　　顾　林（扬州大学）
　　　　　侯汉学（山东农业大学）
　　　　　姜连芳（莱阳农学院）
　　　　　刘恩岐（山西农业大学）
　　　　　李梦琴（河南农业大学）
　　　　　秦　文（四川农业大学）
　　　　　吴雪辉（华南农业大学）
　　　　　钟　耕（西南农业大学）
　　　　　张　莉（西北农林科技大学）

主　审　赵增煜（沈阳农业大学）

出版说明
（代总序）

时光荏苒，食品科学与工程系列教材第一版发行距今，已有14年。总计120余万册的发行量，已经表明了这套教材受欢迎的程度，应该说它是全国食品类专业教育使用最多的系列教材。

这套教材已成为经典，作为总策划的我，在再再版的今天，重新翻阅这套教材的每一科目、每一章节，在感慨流年如水的同时，更有许多思考和感激。这里，借写出版说明（代总序）的机会，再一次总结本套教材的编撰理念和特点特色，也和我挚爱的同行们分享我的感悟和喜乐。

第一，优秀的教材一定是心血凝成的精品，杜绝任何形式的粗制滥造。

14年前，全国40余所大专院校、科研院所，300多位一线专家教授，涵盖生物、工程、医学、农学等领域，齐心协力组建出一支代表国内食品科学最高水平的教材撰写队伍。著作者们呕心沥血，在教材中倾注平生所学，那字里行间，既有学术思想的精粹凝结，也不乏治学精神的光华闪现，诚所谓学问人生，经年积成，食品世界，大家风范。这精心的创作，和彼敷衍的粘贴，其间距离，岂止云泥！

第二，优秀的教材必以学生为本，不是居高临下的自说自话。

注重以学生为本，就是彻底摒弃传统填鸭式的教学方法。著作者们谨记“授人以鱼不如授人以渔”，在传授食品科学知识的同时，更启发食品科学人才获取知识和创造知识的思维与灵感。润物细无声中，尽显自由思想，彰耀独立精神。在写作风格上，也注重学生的参与性与互动性，接地气，说实话，深入浅出，有料有趣。

第三，优秀教材与时俱进、推陈出新，绝不墨守成规、原地不动。

首版再版再再版，均是在充分收集和尊重一线任课教师和学生意见的基础上，对新增教材进行科学论证和整体策划。每一次工作量都不小，几乎覆盖食品学科专业的所有骨干课程和主要选修课程，但每一次都不敢有丝毫懈怠，内容的新颖性，教学的有效性，齐头并进，一样都不能少。具体而言，此次再再版，不仅增添了食品科学与工程最新理论发展，又以相当篇幅强调了食品工艺的具体实践。

每本教材，既相对独立又相互衔接互为补充，构建起系统、完整、实用的课程体系。

第四，优秀教材离不开出版社编辑人员的心血倾注。

同为他人作嫁衣裳，教材的著作者和编辑，都一样的忙忙碌碌，飞针走线。这套系列教材的编辑们站在出版前沿，以其炉火纯青的专业技能，辅以最新最好的出版传播方式，保证了这套教材的出版质量和形式上的生动活泼。编辑们的高超水准和辛勤努力，赋予了此套教材蓬勃旺盛的生命力。

这里，我也想和同行们分享以下数字，以表达我发自内心的喜悦：

第 1 版食品科学与工程系列教材出版于 2002 年，涵盖食品学科 15 个科目，全部入选"面向 21 世纪课程教材"。

第 2 版(再版)食品科学与工程系列教材出版于 2009 年，涵盖食品学科 29 个科目。

第 3 版(再再版)食品科学与工程系列教材将于 2016 年暑期出版(其中《食品工程原理》为第 4 版)，涵盖食品学科 36 个科目，增加了《食品工厂设计》《食品分析》《食品感官评价》《葡萄酒工艺学》《生物技术安全与检测》等 9 个科目，调整或更名了部分科目。

需要特别指出的是，这其中，《食品生物技术导论》《食品安全导论》《食品营养学》《食品工程原理》4 个科目为"十二五"普通高等教育本科国家级规划教材；《食品化学》《食品化学综合实验》《食品工艺学导论》《粮油加工学》《粮油加工学实验技术》《食品酶学与工程》6 个科目为普通高等教育农业部"十二五"规划教材；《食品生物技术导论》《食品营养学》《食品工程原理》《粮油加工学》《食品试验设计与统计分析》为"十五"或"十一五"国家级规划教材。

本套食品科学与工程系列教材出版至今已累计发行超过 126 万册，使用教材的院校 140 余所。

第 3 版有 500 余人次参与编写，参与编写的院所近 80 家。

本次出版在纸质基础上引入了数字化元素，增加了二维码，内容涉及推荐阅读文字，直观的图片展示，以及生动形象的短小视频等，使教材的内容更加丰富、信息量更大，形式更加活泼，使用更加便捷，与学生的阅读和学习习惯更加贴近。

虽然我的确有敝帚自珍的天性，但我也深深地知道，世上的事没有百分百的完美。我还要真心地感谢在此套教材中肯定存在的那些不完美，因为正是她们给了我们继续向前的动力。这里，我真诚地期待大家提出宝贵意见，让我们与这套教材一起共同成长，更加进步。

罗云波

2016 年 5 月 5 日 于马连洼

第3版前言

《粮油加工学》(第1版)自2002年9月出版以来,得到了全国高等农业院校食品专业系列教材编审指导委员会和中国农业大学出版社的大力支持和深切关爱,教材使用过程中得到了全国高校食品专业师生和社会广大同行的支持和认可,成为了我国高等学校食品科学与工程及相关专业"粮油加工学"课程使用的主要的教材和教学参考书。2009年,我们进一步修改和完善了这部教材,中国农业大学出版社出版了《粮油加工学》第2版。《粮油加工学》教材出版以来,分别被评为"十五"、"十一五"国家级规划教材,"十二五"普通高等教育农业部规划教材和辽宁省规划教材。实践证明,该教材在框架结构、内容编排等方面符合我国高校食品类专业"粮油加工学"课程的教学要求,为培养粮油食品行业的专业技术人才做出了积极的贡献。在粮油工业科技不断发展的过程中,粮油加工领域取得了许多新的研究方法和技术成果,为了使学生适应粮油加工领域的技术进步和创新发展,一些新的内容需要补充到教材中,有些内容也需要修改和调整,因此,我们对《粮油加工学》第2版教材又做了进一步的补充、修改和完善,在各位编写人员的共同努力下,《粮油加工学》(第3版)又和广大读者见面了。

《粮油加工学》(第3版)保持了第1版和第2版的框架结构和内容体系,增加了部分内容,对原有部分内容进行了修改和调整,特别是为了更好地推进传统出版与新型出版融合,发挥信息技术对教学的积极作用,本版教材采用了二维码技术将教学内容加以扩展,方便读者扫描参考学习,这样教材编写体系更加完善。

本版教材在第1版和第2版的基础上,编写人员有所调整,增加了副主编和参编人员,教材主编由李新华、董海洲担任,李志西、钱建亚、郭顺堂、谭斌、林晓岚担任副主编。第1章由李新华编写;第2章由钱建亚编写;第3章由钟耕编写;第4章由李志西、张莉、林晓岚、吴汉东编写;第5章由董海洲、侯汉学、林晓岚编写;第6章由李新华、孙晶编写;第7章由吴雪辉编写;第8章由顾林编写;第9章由秦文编写;第10章由郭顺堂、包小兰编写;第11章由李梦琴编写;第12章由刘恩岐、孙向阳编写;张清整理和制作了各章节通过二维码补充的内容;国家粮食局科学研究院谭斌、翟小童审阅了教材全部内容,并对部分章节进行补充修改。全书由李新华统稿,并在各位编写人员修改的基础上对教材内容进行了全面的校改和调整。与《粮油加工学》第2版相比,教材内容补充和修改较多的有第1、2、3、4、5、10、11和12章,其他章节也有部分修订和调整。

中国农业大学罗云波教授以及参加教材编写讨论会的各位专家都给本教材的再版提出了宝贵意见和建议,中国农业大学出版社为本教材的出版和2次再版都给予了极大的支持和全面指导,再次一并表示感谢。

由于编写水平有限,虽经2次再版,但教材中仍然难免有错误和不妥之处,敬请广大读者批评指正。

编　者

2016年3月

第 2 版前言

面向 21 世纪课程教材《粮油加工学》(第 1 版)自 2002 年 9 月出版以来,得到了社会广大同行的支持和认可,是我国高等学校食品科学与工程及相关专业“粮油加工学”课程主要使用的教材和教学参考书。2006 年,该选题通过审批,第 2 版教材为“十一五”国家级规划教材。实践证明,该教材在框架结构、内容编排等方面基本符合我国高校食品类专业“粮油加工学”课程的教学要求,为培养适应食品行业的专业技术人才做出了积极的贡献。但是由于在编写方面的不足和疏忽,教材还存在着一些缺点和纰漏,特别是随着科学技术的不断进步,粮油加工领域涌现出许多新的研究方法和成果,因此我们对教材做了进一步的补充和完善,促成了《粮油加工学》(第 2 版)的出版。

《粮油加工学》(第 2 版)仍然沿袭第 1 版的框架结构,保持了第 1 版的内容体系,第 2 章、第 9 章和第 12 章补充了一些新的内容,其他章节也做了必要的内容补充和文字修订,特别是对第 1 版不同章节中有重复的内容在统稿过程中进行了归纳和调整,教材整个编写体系更加完善。

本版教材的编写人员在第 1 版人员的基础上增加了刘全德,仍由李新华、董海洲担任主编,李志西、钱建亚、郭顺堂担任副主编。第 1 章由李新华编写,第 2 章由钱建亚编写,第 3 章由钟耕编写,第 4 章由李志西、张莉编写,第 5 章由董海洲、侯汉学编写,第 6 章由李新华、吴雪辉、姜连芳编写,第 7 章由吴雪辉编写,第 8 章由顾林编写,第 9 章由秦文编写,第 10 章由郭顺堂编写,第 11 章由李梦琴编写,第 12 章由刘恩岐与刘全德共同编写,全书由李新华统稿,并对教材内容进行了部分修改和调整。沈阳农业大学赵增煜教授已 80 高龄,还为本教材做主审,并提出宝贵建议,在本教材出版之际,谨代表全体编写人员向赵增煜教授致以崇高的敬意!

中国农业大学罗云波教授以及参加教材编写讨论会的各位专家都给本教材的改版提出了宝贵意见,中国农业大学出版社为本教材的出版和再版给予了极大的支持,再次一并表示感谢。

由于编写水平有限,教材中仍然难免有错误和不妥之处,敬请广大读者批评指正。

编　者

2009 年 4 月

第1版前言

粮食和油料是主要的农产品，粮油加工产品是我国人民膳食结构的主体，粮油工业是我国食品工业的重要组成部分。特别是在我国主要农产品产量不断提高、供应充足的情况下，粮油加工与转化对促进农业发展，提高农产品的附加值，振兴农村经济，繁荣市场和提高人民生活水平具有重要意义。全国高等农业院校食品科学与工程专业自20世纪80年代中期以来，陆续开设粮油加工学或农产品加工学课程。虽然有关粮油加工方面的书籍很多，但完整系统地反映我国粮油加工领域研究理论和生产实践并适合高等农业院校食品专业本科生教学的教材却很少。各院校选用的教材和参考书不同，教学内容差别很大，不少学校只讲授粮油加工的部分内容，学生不能全面了解和掌握粮油加工的全貌。为了加强高等农业院校粮油加工的教学和科研，进一步规范粮油加工学的教学内容，我们首先拟定了粮油加工学教材编写大纲，经全国高等农业院校食品专业系列教材编写大纲审定会审定，组织全国部分农业院校多年主讲粮油加工学课程的专业教师共同编写了这本《粮油加工学》教材。本书是教育部面向21世纪课程体系改革(04-18)项目成果。本教材内容力求全面系统地反映我国粮油加工的现状，在传统粮油加工的基础上，扩展了粮油加工的研究范畴，更加适合我国粮油加工的发展方向。

全书内容包括三大部分。一是粮油原料的初加工，如稻谷制米，小麦制粉，植物油脂提取，传统豆制品的生产，玉米和谷物早餐食品生产等。二是应用现代科学技术对粮油原料进行深加工与转化，如淀粉和变性淀粉的生产，淀粉制糖，大米的营养强化和米面食品的加工制作，植物蛋白食品的生产，植物油脂的精炼和加工等。三是粮油加工副产品的综合利用，如谷物皮壳、糠麸、胚芽、油脚、皂脚、废液等的加工和利用等。各部分内容都包括工艺原理、工艺方法、主要工艺参数和操作要点。为方便学生学习和进一步研究探讨，每章都列出学习重点、思考题和参考文献。

本书共分12章，由李新华、董海洲任主编，李志西、钱建亚、郭顺堂任副主编，赵增煜教授任主审。参加编写人员分工如下：第1章、第6章的1,2,3,6,7节由李新华、姜连芳编写；第2章由钱建亚编写；第3章由钟耕编写；第4章由李志西、张莉编写；第5章由董海洲、侯汉学编写；第6章的4,5节、第7章由吴雪辉编写；第8章由顾林编写；第9章由秦文编写；第10章由郭顺堂编写；第11章由李梦琴编写；第12章由刘恩岐编写。李新华负责全书的统编定稿。

本书编写过程中，赵增煜教授审阅了编写大纲和教材内容，陈宗道、罗云波、周光宏等教授对编写大纲提出了修改意见，对此表示衷心的感谢！

本书涉及的学科多，内容范围广，加之编者水平和能力有限，难免有不足、错误和不妥之处，敬请同行专家和广大读者批评指正，以便使本书在使用中不断完善和提高。

编　者

2002年4月

目　录

第1章 概　述

本章学习目的与要求

概括粮油加工的范畴；粮油加工业的历史和现状；学习粮油加工学课程应重点掌握的知识内容；粮油加工业发展的方向。

1.1 粮油加工学的范畴

种植业所收获的产品统称为农产品，包括粮、棉、油、果、菜、糖、烟、茶、菌、花、药、杂，种类繁多。粮食和油料是农产品的重要组成部分，是人类赖以生存的基础。狭义的农产品一般即指粮油原料。粮油原料主要是农作物的籽粒，也包括富含淀粉和蛋白质的植物根茎组织，如稻谷、小麦、玉米、大豆、杂粮、花生、油菜籽、甘薯、马铃薯等。粮油原料的化学组成是以碳水化合物（主要是淀粉）、蛋白质和脂肪为主。粮油原料经过初加工成为粮油成品，是人们食物的主要来源。对粮油原料进行精深加工和转化，可制得若干种高附加值的食品、工业和医药等行业应用的重要原辅料。

以粮食、油料为基本原料，采用物理机械、化学、生物工程等技术进行加工转化，制成供食用以及工业、医药等各行业应用的成品或半成品的生产领域统称为粮油加工业。按加工转化的程度不同，可分为粮食、油脂加工业，粮油食品制造业，粮油深加工产品制造业。在传统的意义上，粮油加工主要是指谷物的脱皮碾磨和植物油的提取，加工产品主要是米、面、油以及各种副产品。随着社会发展和科技进步，粮油加工不断向高水平、深层次扩展，粮油食品制造业的比例增加，粮油深加工产品制造业正在兴起，从原料到各种产品的加工转化是一个不可分割的系统，粮油加工的内涵不断扩大。综上所述，以粮食、油料为基本原料加工成为粮食、油脂成品和进一步制得各种食品以及工业产品的过程都属于粮油加工的范畴。以化学、机械工程和生物工程学为基础，研究粮油精深加工和转化的基本原理、工艺以及产品质量的科学即为粮油加工学。

1.2 粮油加工的历史和现状

粮食和油料是人们赖以生存的基本食物来源，对于中国这样一个以农村人口为主要人口构成的农业大国，尤其如此。中国人饮食中大约有 90％的热能和 80％的蛋白质由粮油原料提供。中国人的食用油也绝大多数来自植物油料。而各种粮食和油料都必须经过加工才能达到食用或工业利用的要求。粮油加工主要是生产食品，随着社会发展和科技进步，粮油原料加工成为食品的方法和手段不断改进，水平不断提高，加工范围不断扩大，同时又不断向除食品之外的其他方向扩展。

七八千年前，中国就开始栽种稷、黍、稻、谷和驯养猪羊，以精耕细作著称的传统农业也有了 3000～4000 年的历史。中国的粮油加工与中国的农业发展同步，有着悠久的历史，如碾米、制粉及豆制品的生产，从古代劳动人民运用杵臼法、石臼法开始到水磨加工、磨楼加工，再到近代的机械化、自动化生产，经历了漫长的历史过程。我国人民在长期的生产实践中，积累了宝贵的经验，形成了一系列传统的具有中国特色的粮油加工技术。源于殷商时期的粮食酿酒，发明于西汉时期的豆制品生产等，都是我国劳动人民智慧的结晶。

然而，旧中国几千年封建半封建的社会制度，极大地制约了生产力的发展，农业发展缓慢，农产品单位面积产量一直处于较低的水平。在粮油原料供给不足的情况下，粮油加工必然是低层次的初加工，中国的粮油加工业在低水平的状态下徘徊了几千年。

新中国成立以后，在中国共产党的领导下，中国的农业有了较快的发展，特别是改革开放以来，农业和农村的面貌发生了根本性的变化。在人口总数不断增加、耕地面积有所减少的情况下，依靠党的农村政策和科学技术的普及，农产品产量大幅度提高，实现了基本自给，丰年有余，人民生活基本步入小康水平。农业生产的喜人形势，给农产品加工的发展带来了机遇。

近30年来，我国通过引进国外先进的小麦制粉设备生产线，使我国的制粉技术提高到一个新的水平，自行研究制定了多种专用粉标准，大大地缩小了面粉工业与世界发达国家的差距。在碾米工业方面，除积极引进国外先进设备外，还自行研制开发了达到国际先进水平的免淘米、营养米生产技术以及相应的大米抛光机、色选机等高科技设备。在引进方便面生产线的基础上，积极研制国产化设备，成为世界上生产方便面的第一大国。油脂工业完成了制油工艺方法的更新和技术改造，精炼油已经普及。淀粉工业自20世纪80年代初期以来，进入快速发展阶段。从当时的年产30万t到现在的2 000多万t。淀粉生产引进了国际上先进的生产设备，并进行消化、吸收，研制出了具有较高水平的国产设备，淀粉生产工艺技术水平已接近或达到国际先进水平。

20世纪90年代以来，粮油工业随着经济体制的转变，逐渐向规模化、集约化、现代化方向发展，粮油加工的重心逐渐向精加工、深加工、食品加工转移，并向其他行业延伸。高新技术、计算机技术、生物工程和现代化管理模式的应用推动了粮油工业的进一步发展。当前，主要面粉工业企业已普遍开始通过配麦和配粉技术实现了专用粉的批量生产，以专用粉为主要原料，各种面制食品的质量有了明显的改善。碾米工业从选用优质水稻品种入手，合理配置工艺，优质米、精洁米正以品牌的优势占领市场。在淀粉工业快速发展的同时，淀粉糖、变性淀粉、发酵制品、酒精等淀粉深加工与转化产品产量正逐年增加。植物蛋白质产品生产和应用正在兴起，粮油方便食品和主食品的工业化生产发展迅速，粮油工业已经进入了一个新的发展时期。

中国加入WTO和经济全球化，给粮油工业带来新的发展机遇，同时也面临着巨大的挑战。应该看到，中国的粮油工业从装备到技术水平与发达国家相比，还存在着很大的差距。要参与国际竞争，就必须全面提高我国粮油工业的装备水平和技术水平，提高粮油原料质量和加工产品的质量，粮油工业的发展和技术进步还面临着繁重的任务。

1.3 粮油加工学的主要内容

粮油工业有自己的体系，但它与农业和食品工业的关系密不可分。粮油工业产品和食品的质量受原料质量的影响，粮油初加工的产品又是食品工业的原料。把粮油工业与农业和食品以及深加工分割开来，不利于粮油加工业的发展。

从广义上说，农业也是食品工业的一部分，因为农业担负着为食品工业提供原料的任务。当前我国农业结构调整和品种改良，对食品工业起了巨大的促进作用。加工专用品种的基地建设和订单农业，都是发展粮油工业所必需的。早期传统的粮食加工业主要是指制粉工业与饲料加工业。现代的粮食加工业主要是涉及粮食的组分分离、改性、转化等。这种粮食工业利用包括谷物面粉、油脂与蛋白的分离，制粉工业副产物的利用，淀粉水解（生物转化）为糖类，淀粉的衍生与改性，糖类的发酵制备大宗化学品、燃料、精细化工制品、酶制剂、生物杀虫剂、医药等，糖类的化学改性等高附加值产品，创造更大的经济效益。以玉米为例，选用适合淀粉工业利用的高淀粉品种，通过湿磨加工，提高主产品淀粉的得率，并获得副产品如玉米油、蛋白粉、玉米浆、皮渣饲料等，淀粉可通过改性、酶解、发酵工艺途径，进一步转化成各种变性淀粉、淀粉糖品、酒精、有机酸、氨基酸、抗生素等高科技产品，为食品、医药、化工、纺织、造纸等工业提供原辅材料。从农业提供的专用玉米品种到各种产品，是一个完整的产业链系统，其他如小麦、水稻、大豆、花生以及杂粮等粮油加工也是如此。

以我国主要粮油作物为基本原料，从初加工到深加工和综合利用，是一个很大的领域，研究粮油加工学的内容非常多。粮食、油料就其组织结构、理化特性各异的特点，根据加工方法和加工产品，研究内容主要包括以下8个方面：

(1)粮食的碾磨加工　包括稻谷制米、小麦制粉、玉米及杂粮的粗制品如玉米粉、玉米渣等。粮食的碾磨加工，既要减少营养损失，又要精细加工，从而为广大居民提供最基本的成品粮，同时也为进一步加工粮油食品提供原料。

(2)以米、面、油为主要原料的粮油食品加工　包括挂面、方便面、焙烤食品、米粉以及玉米、豆类等杂粮为原料的早餐食品等。随着社会的进步和发展，粮油食品加工在粮油加工行业所占的比例会越来越大。

(3)传统粮油食品加工　馒头、面条、包子、饺子、米饭等传统食品是千家万户的家庭厨房的主要产品，还很少成为规模的工业化生产，随着生产工艺技术的不断创新，粮油主食品工业化正在进入快速发展的新阶段。

(4)植物油脂的提取、精炼和加工　包括各种植物油的提取，如大豆、花生、油菜籽、棉籽、玉米胚芽、米糠等油脂的提取，油脂的精炼和加工等。食品工业和人民生活对植物油脂的需求一直在稳定增长。

(5)淀粉生产　包括从玉米、马铃薯以及豆类等富含淀粉类的原料中提取天然淀粉，并得到各种副产品的生产工艺过程。淀粉工业为食品、发酵、医药等多个工业领域提供原料，随着淀粉工业下游产业的需求而不断发展。

(6)淀粉的深加工与转化　包括淀粉制糖、变性淀粉的生产、淀粉的水解再发酵转化制取酒精、氨基酸等各种发酵产品的过程，有着越来越大的市场前景。

(7)植物蛋白质产品的生产　包括传统植物蛋白质食品和新蛋白食品，如豆腐、豆奶、浓缩蛋白、分离蛋白和组织蛋白的制备，是近年来迅速发展的新兴产业。

(8)粮油加工副产品的综合利用　包括麦麸、稻壳、米糠、胚芽、皮壳、废渣、废液、糖蜜等的加工和利用，随着科学技术的不断发展，可创造更大的经济效益，是粮油工业新的经济增长点。

1.4 开创粮油加工业的新局面

我国的粮油加工业经过新中国成立后60多年特别是改革开放30多年来的发展，已经取得了巨大的成就。现已拥有制米、制粉、油脂提取和精炼、淀粉生产、制糖、焙烤、酿酒、调味品、糖果、氨基酸、抗生素、维生素、酶制剂和饲料等门类齐全的粮油加工工业体系。生产设备绝大部分已实现机械化和自动化，作坊式生产已成为历史。但在整体发展上，距世界先进水平还有相当大的差距。主要表现在品种数量少，质量标准低，加工深度不够，综合利用差。应对入世的挑战，缩小与世界先进水平的差距，开创粮油加工的新局面，是当前的重要任务。

开创我国粮油加工业的新局面，要做好如下方面的工作：

①积极开展适合加工的优质、专用型粮油原料品种的选育工作，加快粮油原料的优质化和专用化进程，完善和制定质量标准，尽快改变我国粮油加工原料参差不齐的现状，为粮油加工

业提供优质原料，从根本上保证加工产品质量。

②进一步加快高新技术在粮油工业上的应用，提高生产效率，降低生产成本，保证产品质量。推广膜分离技术、超临界萃取技术、挤压膨化技术、微波技术、超微磨技术、无菌生产和包装技术、高压、光、电、气、磁效应和计算机控制技术等高新技术。进一步引进和消化国际先进设备，全面实现粮油加工与转化的机械化和自动化。积极开展生物技术在粮油加工中的应用研究，通过基因工程、细胞工程、发酵工程、酶工程等途径，进行品种选育，提高加工转化效率，保证产品质量和开发新产品，提高粮油加工产品的附加值。

③研究开发粮食与食品色、香、味及营养素的保存和使用品质改良与提高的新工艺和新技术，在分子水平上研究食品稳定性、加工可能性，提高营养及感官质量。

④应用现代营养学的最新成就，研究提高米、面、油的营养效价和改善膳食结构的食用技术，开发功能食品、方便食品、运动食品、婴儿食品、老年保健食品等，积极推进传统主食品生产的工业化。

⑤加强全谷物的营养健康及加工技术的研究开发，尤其是全麦粉及其制品、糙米及其制品、杂粮及其制品的研究开发，推动我国粮油食品加工的营养健康升级。

⑥研究粮食与食品在储藏和流通过程中品质变化的规律，科学合理地选择最佳的储藏条件，保持粮食、油料和食品的品质和新鲜度，研究粮食和食品保藏与保鲜相应的包装技术和包装材料。

⑦认真研究粮油加工副产品的综合利用，对皮壳、胚芽、渣滓、纤维、废液等副产物要提高回收利用率，只要加工利用合理，副产品都是宝贵的资源，是企业降低生产成本、提高经济效益的重要途径。

⑧积极开展以玉米为主的粮油深加工与转化技术研究，发展淀粉糖、变性淀粉、功能性低聚糖、氨基酸、抗生素等高附加值产品的生产，使粮油加工向食品以外的其他行业延伸。

⑨面向国际市场，在生产、管理、产品标准和产品质量上尽快与国际接轨，关注食品安全，增强产品在国际市场上的竞争力。

⑩加强粮油加工的科学研究和人才培养，不断推出新的科研成果，提高粮油工业的科技贡献率，提高我国粮食资源的利用率，提高粮油工业的科技水平和效益水平。

第2章 稻谷制米

本章学习目的与要求

稻谷品种与大米品质的关系；稻谷的工艺性质；稻谷加工的工艺；稻谷清理的方法及其原理；砻谷对稻谷的作用；砻下物的分离；碾米的过程及碾米机的工作原理；成品和副产品的整理及其目的；稻壳和米糠的综合利用途径和方法。

稻谷是第二大谷物，全世界稻谷种植面积占谷物总面积的 1/5。我国稻谷产量居世界首位，全国约 2/3 的人口以大米为主食。

稻谷加工的主要途径是碾米。大米的主要成分是淀粉，大米中蛋白质含量虽较低，但其生物效价较高，因此营养价值较高，大米蛋白质致敏性低，几乎适合所有人群食用。大米粗纤维含量较低，各种营养成分的消化率和吸收率高。大米蒸煮成米饭，香味宜人，糯黏可口，具有良好的食用品质。同时以大米为原料亦可进一步加工制作米粉、糕点、酿制米酒等。

稻谷的加工方法有湿法和干法之分。本章讨论的是干法，其工艺过程一般包括清理、砻谷及砻下物分离、碾米及成品整理三个主要阶段。

2.1　稻谷的工艺性质

稻谷的加工受很多因素影响，稻谷本身所具有的影响加工工艺效果的特性称为工艺性质，这些性质直接影响到成品的质量和出米率。稻谷的工艺性质主要是指稻谷籽粒的形态结构、化学成分、物理性质等。不同品种、等级的稻谷具有不同的工艺性质，不同的加工方法和加工精度对稻谷的工艺性质亦有不同的要求。只有了解掌握稻谷的工艺性质，选择确定合适的加工方式及设备，才能使稻谷资源得到充分合理的利用，获得最佳的经济效益。

2.1.1　稻谷的分类、籽粒结构和化学组成

2.1.1.1　稻谷的分类

我国稻谷种植区域广，品种多达 6 万种以上。稻谷的分类方法很多，按稻谷的生长方式分为水稻和旱稻；按生长的季节和生长期长短不同分早稻（90～120 d）、中稻（120～150 d）、晚稻（150～170 d）；按粒形粒质分有粳稻、籼稻、糯稻。

旱稻品质差、产量低，播种面积少。一般情况下，除非特别指明是旱稻，否则均认为是水稻。

籼稻籽粒细长，呈长椭圆形或细长形，米饭胀性较大、黏性较小。早籼稻腹白较大，硬质较少；晚籼稻腹白较小，硬质较多。

粳稻籽粒短，呈椭圆形或卵圆形，米饭胀性较小、黏性较大。早粳稻腹白较大，硬质较少；晚粳稻腹白较小，硬质较多。

糯稻按其粒形、粒质分为籼糯稻和粳糯稻。籼糯稻籽粒一般呈长椭圆形或细长形。长粒呈乳白色，不透明，也有呈半透明状，黏性大。粳糯稻籽粒一般呈椭圆形。米粒呈现白色、不透明，也有呈半透明状，黏性大。

2.1.1.2　稻谷籽粒的形态结构

稻谷籽粒由颖（外壳）和颖果（糙米）两部分组成，制米加工中稻壳经砻谷机脱去而成为颖果，工艺上称为糙米（图 2-1）。

稻壳由两片退化的叶子内颖（内稃）和外颖（外稃）组成，内外颖的两缘相互钩合包裹着糙米，构成完全封闭的谷壳。谷壳约占稻谷总重量的 20%，它含有较多的纤维素（30%）、木质素（20%）、灰分（20%）和戊聚糖（20%），蛋白质（3%）、脂肪和维生素的含量很少，其灰分主要由二氧化硅（94%～96%）组成。

糙米是由受精后的子房发育而成。按照植物学的概念，整粒糙米是一个完整的果实，由于

其果皮和种皮在籽粒成熟时愈合在一起，故称为颖果。糙米没有腹沟，长 5～8 mm，粒重约 25 mg，是由颖果皮、胚和胚乳 3 部分组成。糙米皮由果皮、种皮和珠心层组成，包裹着成熟颖果的胚乳。胚乳在种皮内，是由糊粉层和内胚乳组成。胚位于糙米的下腹部，包含胚芽、胚根、胚轴和盾片 4 个组成部分。在糙米中，果皮和种皮约占 2%，珠心层和糊粉层占 5%～6%，胚芽占 2.5%～3.5%，内胚乳占 88%～93%。在糙米碾白时，果皮、种皮和糊粉层一起被剥除，故这 3 层常合称为米糠层。米糠和米胚含有丰富的蛋白质、脂肪、膳食纤维、B 族维生素和矿物质，营养价值很高。稻谷籽粒各组成部分的质量比例如表 2-1 所示。

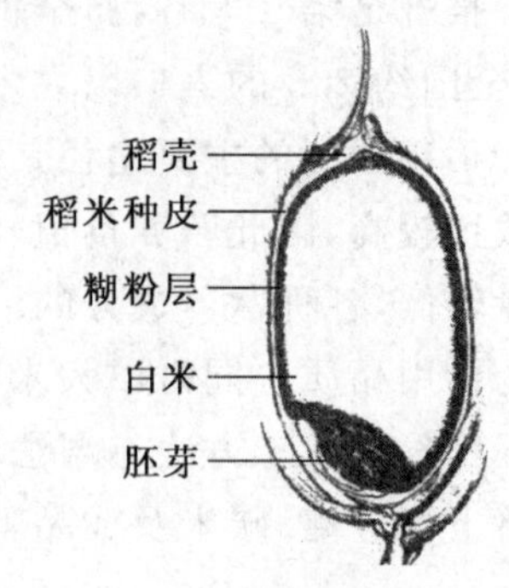

图 2-1 稻谷籽粒的形态结构

表 2-1 稻谷籽粒各组成部分质量比例 %

种类	稻壳	果皮＋种皮	珠心层＋糊粉层	胚	胚乳
稻谷	20	1.5	4.5	2	72
糙米	—	2.1	4.7	2.5	90.7

2.1.1.3 稻谷的化学成分

稻谷籽粒中含的化学成分有水、蛋白质、脂肪、淀粉、纤维素、矿物质等，此外还有一定量的维生素。稻谷籽粒各组成部分的平均化学成分含量见表 2-2。

表 2-2 稻谷籽粒各组成部分的平均化学成分 %

种类	水分	蛋白质	脂肪	碳水化合物	纤维素	灰分
稻谷	11.7	8.1	1.8	64.5	8.9	5.0
糙米	12.2	9.1	2.0	74.5	1.1	1.1
胚乳	12.4	7.6	0.3	78.8	0.4	0.5
胚	12.4	21.6	20.7	29.1	7.5	8.7
皮层	13.5	14.8	18.2	35.1	9.0	9.4
稻壳	8.5	3.6	0.9	29.4	39.0	18.6

虽然大米胚乳中的蛋白质含量较少(7%～8%)，但它是谷物蛋白质中生理价值最高的一种，其氨基酸组成比较平衡，赖氨酸含量约占总蛋白的 3.5%。大米蛋白质以米谷蛋白为主，约占总蛋白的 80%。其他 3 种为清蛋白、球蛋白和醇溶蛋白，其中以醇溶蛋白含量最低，仅占总蛋白的 3%～5%。淀粉是大米最主要的组成成分，占整粒大米的 77%～80%；糯米淀粉几乎都是由支链淀粉组成，不含直链淀粉；粳米中直链淀粉要多一些(约占淀粉总量的 20%)，而籼米胚乳中的直链淀粉则更多。含直链淀粉多，则米质松散，食用品质低，因此人们一般不喜欢吃籼米，但它特别适合用来加工米粉。而糯米所含的直链淀粉少或没有，米质较黏稠，食用品质好，除供直接食用外，还可用来加工年糕。大米中维生素和矿物质含量较低，比稻谷原粒

中的含量低,碾磨加工导致了营养价值的下降,蒸谷米和强化米正是为了弥补这方面的不足而出现的(见第 3 章)。

2.1.2　稻谷籽粒的物理性质及结构力学性质

2.1.2.1　稻谷籽粒的物理性质

稻谷籽粒的物理性质包括千粒重、密度、容重、谷壳率、爆腰率、出糙率、散落性和自动分级等性质。

千粒重是指 1 000 粒稻谷的质量,以 g 为单位,一般都以风干状态稻谷籽粒进行计量。稻谷的千粒重为 15～43 g,一般为 22～30 g,千粒重大于 28 g 者为大粒,24～28 g 的为中粒,20～24 g 的为小粒,小于 20 g 的为极小粒。

密度是指稻谷籽粒单位体积的质量,以 g/cm^3 或 g/L 为单位表示。我国稻谷的密度为 1.17～1.22 g/cm^3。

容重是指单位容积内稻谷的质量,用 g/L 或 kg/m^3 表示。稻谷的容重一般为 450～600 g/L。

千粒重、密度和容重与谷粒的粒形、大小和饱满度呈正相关关系,即与胚乳所占质量比例呈正相关关系,但它们又各有特点。粒形、表面性状对容重影响较大,而对千粒重、密度的影响较小;颖壳结构对密度和容重影响较大,而对千粒重的影响较小。化学组成及谷物籽粒各部分的比例也影响千粒重、密度和容重。

谷壳率是指稻壳占净稻质量的百分率。一般粳稻壳率小于籼稻,同类型稻中则是早稻的谷壳率小于晚稻。

米粒上的横向裂纹称为爆腰,爆腰率是指爆腰米粒占试样的百分率。爆腰的糙米籽粒强度降低,加工易出碎米,使出米率降低。爆腰率高的稻谷不宜加工高精度大米。

出糙率指一定数量稻谷全部脱壳后获得全部糙米质量(其中不完善粒折半计算)占稻谷质量的百分率。出糙率是评价商品稻谷质量等级的重要指标。

谷壳率高的稻谷一般加工脱壳困难,出糙率低;谷壳率低的稻谷加工脱壳容易,出糙率高。

散落性是指谷物颗粒具有类似于流体且有很大局限性的流动性能。谷物群体中谷粒间的内聚力很弱,容易像流体一样产生流动,但自然下落至平面时只能形成一圆锥体,而不像液体形成一个平面。

固体颗粒群体在流动或受到振动时,由于颗粒之间在形状、大小、表面状态、密度和绝对质量等方面存在差异,性质相同的颗粒向某一特定区域集聚,造成颗粒群体的重新分布即自然分层,这一现象称之为自动分级。自动分级的一般规律是:大而轻的物料浮于料层的上部;小而重的物料沉于料层底部;轻而小和重而大的物料分别位于中层。

2.1.2.2　稻谷籽粒的结构力学性质

因为不同的稻谷籽粒组织具有不同的化学组成和细胞结构,所以稻谷各部分表现出不均匀的结构力学性质。只有对稻谷的结构力学性质有充分的了解,才能在加工的过程中合理安排工艺流程和技术参数,保证白米的完整性。

稻壳的主要成分是粗纤维和二氧化硅,具有较硬的质地,有较强的机械力承受能力,保护米粒不受破坏。皮层主要由细胞壁物质纤维素、半纤维素和木质素构成,其中还结合了较多的矿物质,胞壁较厚,而内容物较少。由于皮层处于种子的外层,其韧脆性受水分的影响较大,加工时为了提高皮层的完整性可以在表面着水,使其软化。胚乳的细胞壁薄,分布在基质蛋白质网络中的淀粉具有较大程度的结晶结构,有较大的刚性,而胚乳的质量占整个籽粒的 90%左右，因此，胚乳的结构力学性质对碾米工艺的影响占主导地位。胚有着很薄的细胞壁，内容物原生质具有胶体性质，细胞的韧性较强，能被压扁而不破裂。

在机械力的作用下，糙米颗粒会发生变形而产生内部应力，当外力的作用超过一定的强度时，糙米颗粒将破裂。米粒的抗破坏强度与其他固体材料一样也可以用抗压强度、抗剪切强度、抗弯曲强度等来表示，单位为 kgf/粒。碾米过程中糙米主要受挤压的作用。

影响稻谷和糙米结构力学性质的因素主要有稻谷的类型、籽粒的水分含量、胚乳的组成以及温度。

籼稻谷和糯稻谷的米粒强度小，耐压性能差，加工时易产生碎米，出米率低。粳稻谷米粒强度大，耐压性能好，加工时不易产生碎米，出米率高。表 2-3 是不同类型糙米粒的抗压强度。

表 2-3　不同类型糙米粒的抗压强度　　kgf/粒

类型	早	中	晚
籼糙米	5.3～7.0	5.4～7.1	5.4～7.7
粳糙米	6.7	6.1～8.2	6.2～10.3

胚乳的结构主要表现在心白、腹白粒和角质粒的差别上。角质粒的强度最大，粉质粒的强度最小，二者相差高达 2 kg 之多；心白粒的强度较腹白粒的强度小；爆腰粒的强度均小于该品种的平均强度，且折断的位置始于原裂纹处。

在一定的范围内，水分增加会导致糙米的机械强度减弱（表 2-4），为了保证稻米的安全储藏和加工的机械强度，水分应控制在 15%以下，原料水分较高时应先进行干燥处理。

表 2-4　水分对糙米强度的影响　　kgf/粒

水分/%	抗压强度		抗弯曲强度		抗剪切强度	
	角质粒	腹白心白粒	角质粒	腹白心白粒	角质粒	腹白心白粒
23.24	2.35	2.05	1.61	1.42	1.15	0.91
21.51	2.86	2.63	2.17	2.02	1.49	1.04
19.12	3.54	2.91	2.37	2.15	1.52	1.30
17.39	5.34	5.02	3.18	3.05	2.10	1.46
15.28	5.94	5.89	3.80	3.39	2.69	2.02

实验证明温度在 0～5℃时米粒的强度最大，随着温度的上升，米粒的强度下降（表 2-5）。夏季气温较高，且加工过程中米粒受机械作用而发热升温，会进一步降低米粒的强度，容易产生碎米。

表 2-5　温度对糙米籽粒强度的影响

水分/%	温度/℃	抗压强度/(kgf/粒)			
		爆腰[a]	破碎[a]	爆腰[b]	破碎[b]
12.4	−20	10.91	12.54	6.39	7.81
	0	12.25	13.22	7.37	8.79
18.0	20	11.23	12.08	6.78	8.06
	30	10.66	11.46	5.73	7.81

注：a 糙米平卧；b 糙米侧卧。

一般而言，晚稻谷的加工工艺性质优于早稻谷，粳稻谷的加工工艺品质优于籼稻谷。

2.2　稻谷的清理

2.2.1　清理的目的与要求

用于加工的稻谷，由于选种、栽培、收割、脱粒、干燥、运输储藏等原因，一般都会混有一定数量的杂质。稻谷中的杂质按其大小可分为大、中、小杂质。

大杂：指留存在直径为 5.0 mm 圆孔筛上的杂质。

中杂：通过 5.0 mm 但留存在 2.0 mm 圆孔筛上的杂质，其中以稗子及形状大小与稻谷相似的并肩石、并肩泥最难去除。

小杂：指通过 2.0 mm 圆孔筛以下的杂质。按化学性质分类又可将稻谷中的杂质分为有机杂质、无机杂质等。有机杂质包括杂草种子、瘪谷、虫尸、虫卵和虫蛹等；无机杂质包括泥沙、石块、磁性矿石和金属杂质等。

稻谷中的杂质，不仅影响稻谷的安全储藏，更重要的是给稻谷加工带来很大的危害。稻谷中如含有石块、金属等坚硬杂质，在加工过程中易损坏机器，影响设备安全正常的工作；有些坚硬杂质与设备表面撞击摩擦产生火花而引起火灾或粉尘爆炸。稻谷中如含有体积大、质轻而柔软的杂质如包装物的绳头、布片、秸秆、杂草、纸屑等，进入机器时会阻塞喂料机构，使进料不均，降低进料速度，降低设备工艺效果，影响设备效率。稻谷中如含有泥沙、尘土等细小杂质，带入车间后造成粉尘飞扬污染环境，影响工人身体健康。稻谷中杂质混入成品中，则会降低产品的纯度，影响成品的质量。因此加工的首要任务是清理除杂。

稻谷清理要力求做到净谷上砻。进入砻谷工段的净谷含杂总量不应超过 0.6%，其中，含沙石不应超过 1 粒/kg；含稗不应超过 30 粒/kg。

2.2.2　稻谷清理方法及机理

清理杂质的方法很多，主要是借助杂质与谷粒物理性质的不同进行分选（表 2-6）。

表 2-6　稻谷清理的方法、原理、常用设备及作用

方法	原理	常用设备	作用
风选	利用稻谷和杂质空气动力学性质的差异	吸式风选机 吹式风选机 循环风选机	分离稻谷中的轻杂 稻谷粒度分级
筛选	利用稻谷和杂质的粒度差异	初清筛 振动筛 平面回转筛 高速筛	分离与稻谷粒度相差较大的杂质
密度分选	利用稻谷和杂质的密度差异	比重去石机 重力分级机 浓集机	分离稻谷中的石子

续表 2-6

方法	原理	常用设备	作用
精选	利用稻谷和杂质的长度差异	碟片精选机 滚筒精选机 碟片滚筒组合机	分离与稻谷长度相差较大的杂质
磁选	利用杂质的磁性	磁筒 永磁滚筒 电磁滚筒	分离稻谷中的磁性杂质
光电分选	利用稻谷和杂质光学和电学性质的差异	光电分选装置	分离与稻谷色差较大或介电常数相差较大的杂质

2.2.2.1 风选法

风选是根据谷粒与杂质在悬浮速度等空气动力学性质方面的差异，利用一定形式的气流使杂质与谷粒分离的方法。按气流的运动方向不同，有垂直气流风选法、倾斜气流风选法和水平气流风选法等；按气流运动方式不同又分为吸式风选法、吹式风选法及循环式风选法等。

物料在受到垂直上升的气流作用时，其运动状态由本身大小、比重和空气速度决定：①空气作用力和浮力之和大于其重力时，物料上升。②空气作用力和浮力之和小于其重力时，物料下降。③空气作用力和浮力之和等于其重力时，物料则处于悬浮状态。

物料处于悬浮状态时的风速就称为物料的悬浮速度。稻谷的悬浮速度为 8～10 m/s，糙米的悬浮速度为 12 m/s，稻壳的悬浮速度为 3～4 m/s，米糠的悬浮速度为 2～3 m/s。

物料在水平或倾斜气流（通常方向侧向上方）中，受到重力、空气作用力和浮力的联合作用，其运动轨迹呈抛物线状，物料大小、比重和空气速度也决定其水平方向的运动距离。从运动力学的分析可以知道，向上的倾斜气流比水平气流对分离更加有效。

2.2.2.2 筛选法

筛选法是根据杂质与谷粒在粒度大小、形状等方面存在的差异，选择合适筛孔尺寸的筛面组合，使杂质和谷粒的混合物通过筛面时，分别成为筛上物和筛下物，从而达到稻谷和杂质分离的目的。

筛选法必须具有 3 个基本条件：①过筛物必须与筛面接触。②选择合适的筛孔形状及大小。③筛选物料与筛面应有相对运动。

筛面形式有冲孔筛（图 2-2）和编织筛（图 2-3）2 种。冲孔筛一般用 0.5～2.5 mm 厚的薄钢板制造，开孔率低，质量大，刚度好，不变形。冲孔筛又有平面和波纹 2 种筛面，筛孔形状有圆形、长方形、等边三角形和方形等。筛孔的排列方式有平行排列和交错排列，如图 2-4 所示。

编织筛用金属丝编织而成，开孔率高，质量小，因承载能力弱，筛孔容易发生变形。因此一般情况下，筛面层数少时使用冲孔筛，筛面层数多时使用编织筛。筛孔一般有长形和短形。通常，短形筛孔筛按谷粒的宽度不同进行分离，采用竖立方式过筛；而长形筛孔筛是按谷粒的厚度不同进行分离的，采用侧转方式过筛。

筛选法在稻谷制米加工中使用极为广泛，不仅用于清理，更多地用于同类型物料的分级。常见筛选设备有溜筛、圆筛、振动筛、平面回转筛等。

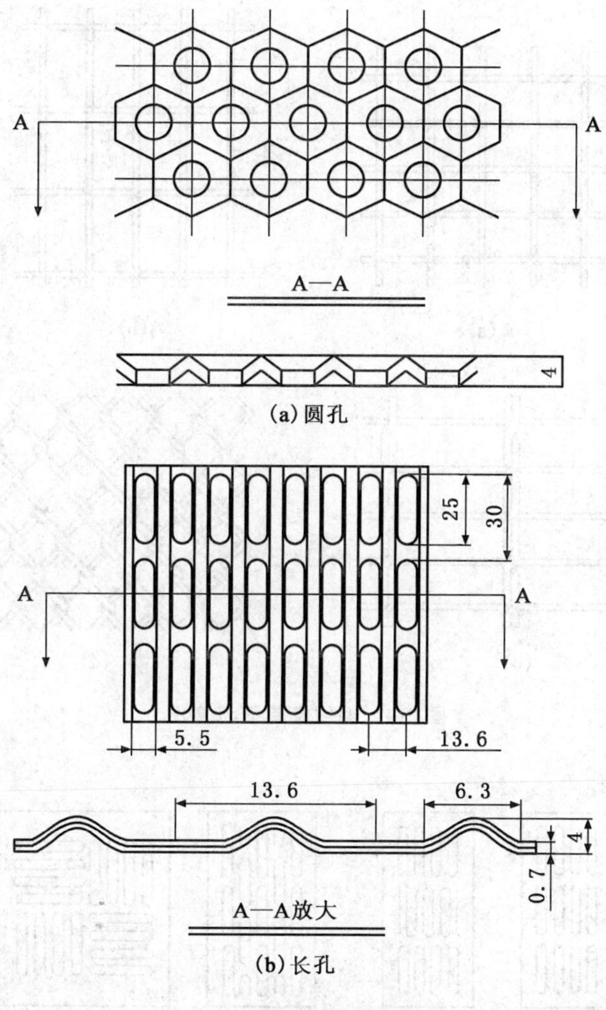

图 2-2　冲孔筛筛面示意图

2.2.2.3　密度分选法

密度分选法是借助谷粒与杂质密度的不同，利用运动过程中产生自动分级的原理，采用适当的分级面使之分离。密度分选法有干法、湿法之分，一般干法使用较普遍。干法密度去石机是典型设备之一，它有吸式和吹式两种类型。吹式密度去石机的机内装有在正压状态下吹送气流的风机，这种去石机性能稳定但易造成粉尘外逸而影响工作条件和环境卫生；吸式密度去石机处于负的工作压力下，工作环境较好，设备结构也较简单，但性能不够稳定。密度去石机由偏心连杆带动作往复运动，其工作机理如图 2-5 所示。干法密度去石机的工作原理实际上综合考虑了稻谷和杂质在密度、容重、摩擦系数、悬浮速度等物理性质上的差异。

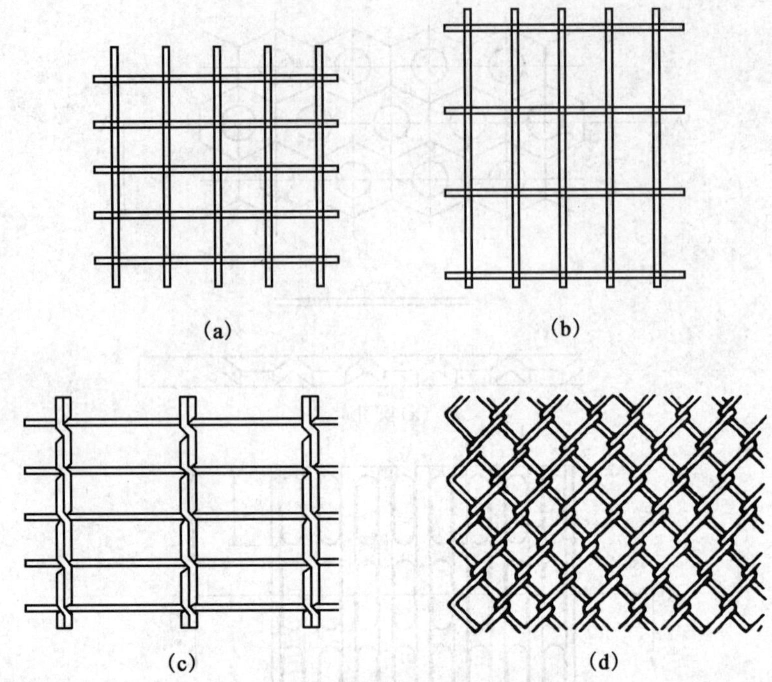

图 2-3　编织筛筛面示意图

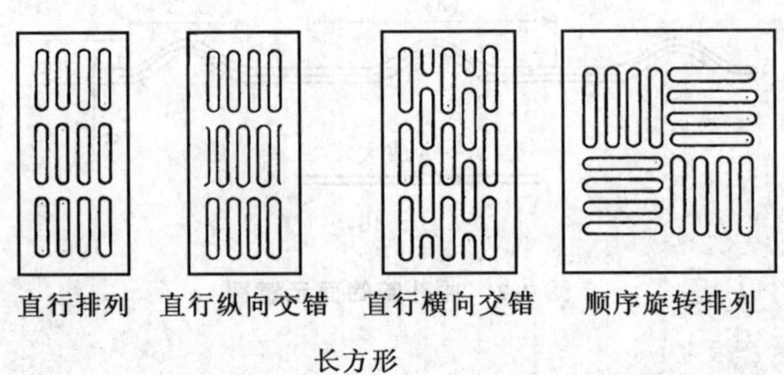

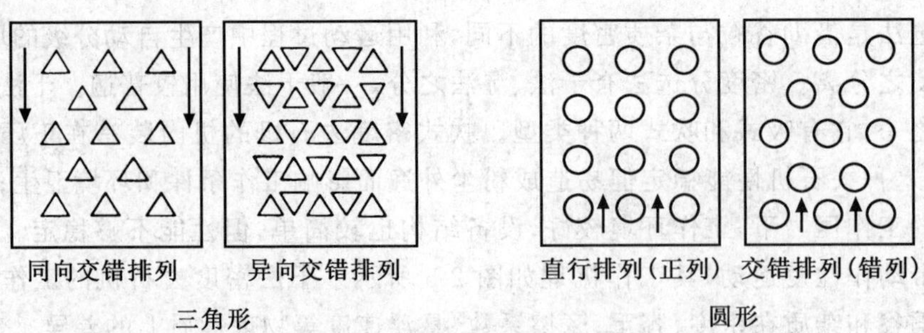

图 2-4　筛孔排列方式示意图

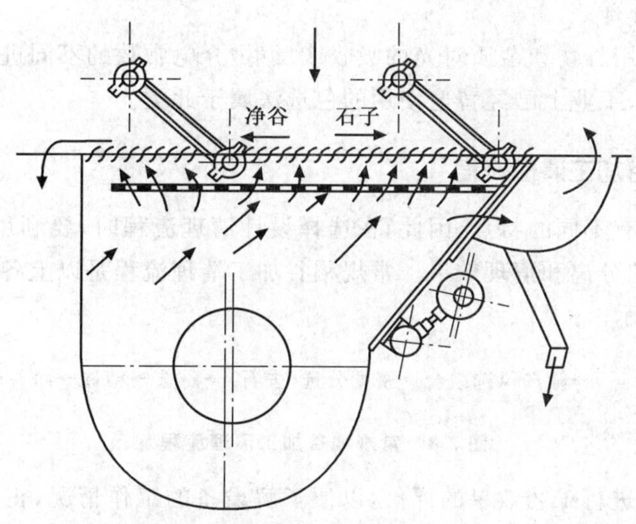

图 2-5　密度去石机工作原理示意图

2.2.2.4　磁选法

磁选法是指利用磁力清除谷粒中磁性杂质的方法。当物料通过磁场时，粮粒为非磁性物质，自由通过磁场，而磁性金属杂质在磁场中被磁化而与磁场产生相互吸引，从而清除磁性金属杂质。通常使用永久磁铁作磁场，常见磁选器有栅式、栏式和滚筒式设备(图 2-6)。

2.2.2.5　精选法

精选法是指根据谷粒与杂质长度的不同，利用具有一定形状和大小的袋孔的工作面进行分离的方法。精选法中分离工作面形式有滚筒和碟片 2 种形式(图 2-7)。当物料进入旋转的滚筒中，不断地与滚筒内表面接触，促使短粒物料进入袋孔内，当滚筒转到一定角度时，短物料便依靠自身重力脱离袋孔，落入滚筒中部的收集槽，长粒物料在滚筒底部运动，从而使长短粒分离。碟片分离的工作原理同滚筒相似。工作时，碟片下部插入粮堆中，由于物料与碟片接触，短粒物料进入袋孔之内，随碟片转至一定位置时，短粒物料脱离袋孔后进入收集槽而与长粒物料分离。

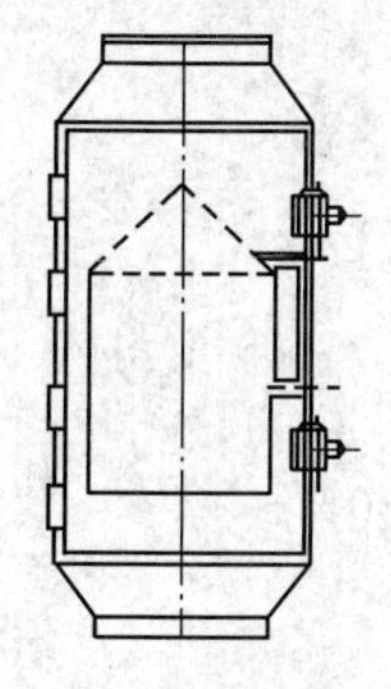

图 2-6　滚筒式磁选器

图 2-7　碟片精选机和碟片

2.2.2.6 光电分选法

光电分选法是利用谷物和杂质对光的吸收或反射、介电常数的不同进行分离的方法，这种方法是近几年开发的，工业上已经普遍使用的色选法属于此类。

2.2.3 常规稻谷加工清理流程

以上清理方法各有不同的特点，因此，在选择设计清理流程时，要利用谷物和杂质的最大差异，才能获得最佳的分离和清理效果。常规稻谷加工清理流程是以上各个单元的组合，在顺序上一般如图 2-8 所示。

稻谷(计量)→筛选风选组合→密度分选(去石)→磁选→精选→净谷(计量)

图 2-8 常规稻谷加工清理流程

对清理的情况应进行工艺效果的评价，以便了解设备的工作情况，正确指导生产，评价清理工艺效果的指标有净粮提取率和杂质去除率。净粮提取率是清理后净谷含量与清理前净谷含量的比，杂质去除率是指清理前后杂质含量的差与清理前杂质的比。

由清理工段的物料平衡(图 2-9)可知：

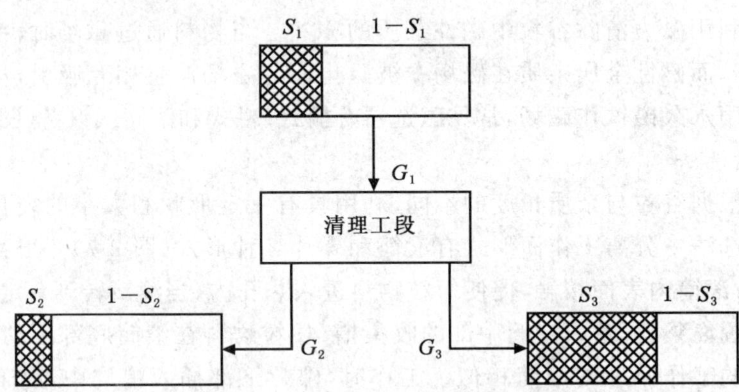

图 2-9 表示清理工段物料平衡图

$$\text{净粮提取率}=\frac{\text{清理后净谷量}}{\text{清理前净谷量}}\times 100\%$$

$$=\frac{G_2(1-S_2)}{G_1(1-S_1)}\times 100\%$$

$$=\frac{(1-S_2)(S_3-S_1)}{(1-S_1)(S_3-S_2)}\times 100\%$$

$$\text{杂质去除率}=\frac{\text{清理前杂质含量}-\text{清理后杂质含量}}{\text{清理前杂质含量}}\times 100\%$$

$$=\frac{G_1S_1-G_2S_2}{G_1S_1}\times 100\%$$

$$=\frac{S_3(S_1-S_2)}{S_1(S_3-S_2)}\times 100\%$$

式中：G_1 为清理前稻谷进口流量；G_2 为清理后稻谷出口流量；G_3 为清理下脚流量；S_1 为清理前稻谷含杂率；S_2 为清理后稻谷含杂率；S_3 为下脚含杂率。

2.3　砻谷及砻下物分离

稻谷加工中脱去稻壳的工艺过程称为砻谷。若用稻谷直接碾米，不仅能源消耗高、产量低、碎米多、出米率低，而且成品色泽差，纯度和质量低，混杂度高。因此，现代化碾米工厂中，清理后获得的净稻均需进入砻谷机去除颖壳制得纯净糙米后，方才进行碾米。稻谷砻谷后的混合物称为砻下物，主要有糙米、未脱壳的稻谷、稻壳及毛糠、碎糙米和未成熟粒等。

2.3.1　砻谷

砻谷是根据稻谷结构的特点，由砻谷机施加一定的机械力而实现的。根据脱壳时的受力和脱壳方式，稻谷脱壳可分为挤压搓撕脱壳、端压搓撕脱壳和撞击脱壳三种。

砻谷工段的组成如图 2-10 所示。

```
        ┌──────未脱壳谷粒──────┐
净谷→砻谷机→谷壳分离→谷糙分离→糙米分级→净糙
              ↓                   ↓
           稻壳整理             碎糙米
```

图 2-10　砻谷工艺流程

2.3.1.1　挤压搓撕脱壳

挤压搓撕脱壳是指谷粒两侧受两个不等速运动的工作面的挤压、搓撕而脱去颖壳的方法。胶辊砻谷机是应用挤压搓撕脱壳机理的典型设备(图 2-11)，这种砻谷机最为常用，其工作部件是一对富有弹性的橡胶辊或聚酯合成胶辊，两辊做相向不等速运动，依靠挤压力和摩擦力使稻壳破裂并与糙米分离，两辊间的压力可以调节。不同品种的稻谷需要的压力不同，压力过大，会使米粒变色、变脆，并缩短本来就有限的辊筒寿命。一般来说，每使用 100～150 h 就需更换辊筒。

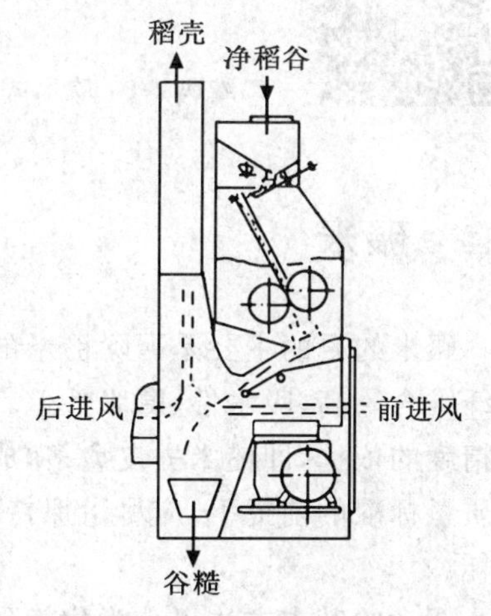

图 2-11　LT 型胶辊砻谷

2.3.1.2　端压搓撕脱壳

端压搓撕脱壳是指谷粒长度方向的两端受两个不等速运动的工作面的挤压、搓撕而脱去颖壳的方法。沙盘砻谷机是应用端压搓撕脱壳机理的典型设备。它的基本构件是上下平行安置的 2 个沙盘，上盘固定下盘转动，谷物在两盘间隙内受到挤压、剪切和搓撕等作用而脱壳。沙盘砻谷机的最大优点是结构简单、造价低，沙盘可自行浇注，但对糙米的损伤大，碎米出率高，脱壳率低。

2.3.1.3　撞击脱壳

撞击脱壳指高速运动的粮粒与固定工作面撞击而脱去颖壳的方法。离心砻谷机是应用撞击脱壳机理的典型设备。谷物进入设备后落在离心盘上，受离心力的作用，谷粒被高速甩向设备的内筒壁而产生很大的撞击力,将稻壳撞裂。

2.3.2 谷壳分离

谷壳分离是指从砻下物中将稻壳分离出来的过程。砻下物经稻壳分离后,每 100 kg 稻壳中含饱满粮粒不应超过 30 粒;谷糙混合物中含稻壳量不应超过 1.0%(胶砻为 0.8%);糙米中含稻壳量不应超过 0.10%。

谷壳分离主要利用稻壳与谷糙在物理性质上的差异使之相互分离。由于稻壳与谷糙在悬浮速度上存在较大的差异,风选法是谷壳分离的首选方法。一般砻谷机的下部均带有谷壳分离装置,即砻下物流经分级板产生自动分级,稻壳浮于砻下物上层由气流穿过砻下物时带起,从而使稻壳从砻下物中分离出来。

2.3.3 谷糙分离

由于砻谷机不可能一次全部脱去稻谷颖壳,砻谷后的糙米中仍有一小部分稻谷未脱壳。为保证净糙入机碾米,故需进行谷糙分离。谷糙分离是对分离稻壳后的砻下物进行分选,使糙米与未脱壳稻谷分开。

谷糙分离有 2 种方式:一是利用稻谷和糙米粒度的差异,谷糙混合物充分自动分级后,稻谷上浮,糙米下沉,使用合适的筛面,使糙米充分接触分级面而得以分离,这种分离方式以筛选原理为基础。二是以谷物和糙米在比重、弹性和表面性质方面的差异为基础进行分离。在分离设备内部碰撞和表面摩擦时,稻谷和糙米向不同的方向运动而分离。使用分离筛的筛选法是应用最广泛的谷糙分离法。

二维码 2-1 吹风式砻谷机

2.4 碾米

碾米的目的主要是碾除糙米的皮层。糙米皮层虽含有较多的营养素如脂肪、蛋白质等,但粗纤维含量高,吸水性、膨胀性差,食用品质低劣且不耐储藏。糙米去皮的程度是衡量大米加工精度的依据,即糙米去皮愈多,成品大米精度愈高。碾米过程中,在保证成品大米符合规定的质量标准的前提下,应尽量保持米粒完整,减少碎米,提高出米率,提高大米纯度,降低动力消耗。

碾米的基本方法可分为化学碾米和机械碾米两种。化学碾米是先用溶剂对糙米皮层进行处理,然后对糙米进行轻碾。碾米的结果可同时获得白米和米糠。化学碾米过程中碎米少、出米率高、米质好,但投资大、成本高,溶剂来源、损耗、残留等问题不易解决,因而一直未推广。除上述方法外,还有利用纤维素酶分解糙米皮层,不经碾制即可使糙米皮层脱落而制得白米的方法。世界各国普通使用的碾米方法是机械碾米。机械碾米又称作常规碾米,即运用机械设备产生的作用力对糙米进行碾白的方法。

2.4.1 碾米的基本原理

机械碾米按其作用力的特性分为摩擦擦离碾白和研削碾白。

2.4.1.1　摩擦擦离碾白

由于米粒与碾白室构件之间、米粒与米粒之间的相对运动，糙米在碾白室内产生相互间的摩擦力，当这种摩擦力深入到米粒皮层的内部，米皮沿胚乳表面产生相对滑动，并被拉伸、断裂、直至擦离(图 2-12)。这种由于强烈的摩擦作用而使糙米皮层剥落的过程称为擦离作用，利用擦离作用使糙米碾白的方法称为摩擦擦离碾白。

摩擦擦离压力较大，又有压力碾白之称。碾白时所需摩擦力应大于米粒皮层自身的结构强度和米皮与胚乳的结合力，而小于胚乳自身的结构强度。表面柔软、塑性好、涩性大的米粒，应用摩擦擦离碾白效果较好。而米粒表皮干硬、塑性差则碾白效果差。摩擦擦离碾白制成的大米，表面细腻光洁、精度均匀、色泽较好，但碾白压力大，容易产生碎米。

2.4.1.2　研削碾白

研削碾白就是借助高速转动的金刚砂辊筒表面无数锐利的砂刃对糙米皮层进行运动研削，使米皮破裂脱落，达到糙米碾白的目的(图 2-13)。研削碾白压力小，产生碎米较少，成品表面光洁度较差，米色暗而无光，易出现精度不均匀现象，米糠含淀粉较多。研削碾白适宜于碾制籽粒结构强度较差，表皮干硬的粉质米粒。

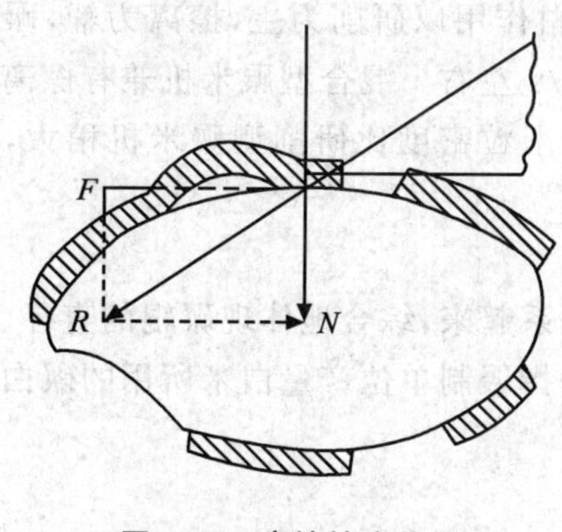

图 2-12　摩擦擦离作用

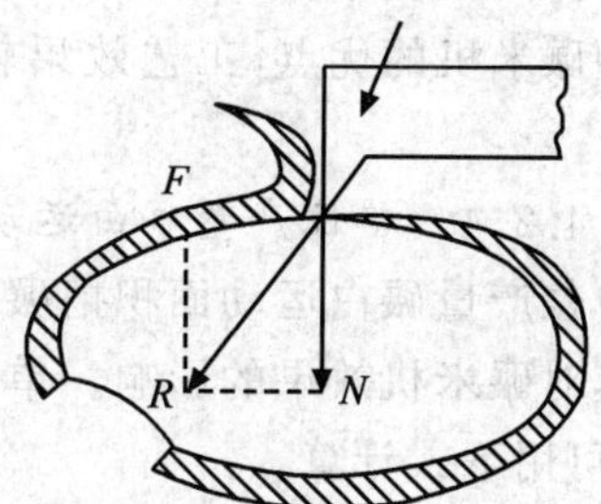

图 2-13　研削作用

2.4.2　碾米机

碾米机的主要工作构件由进料机构、碾白室、出料机构、传动机构以及机座等部分组成。其中碾白室是碾米机的心脏，是影响碾米工艺效果的关键因素。碾白室由螺旋输送器、碾辊和米筛等组成。组合碾米机还有擦米室、米糠分离机构等；喷风米机还有喷风机构等。

我国碾米定型设备 NS 型砂辊碾米机的结构如图 2-14 所示。

根据作用方式碾米机分为擦离型碾米机、研削型碾米机和混合型碾米机。

2.4.2.1　擦离型碾米机

擦离型碾米机均为铁辊米机，因具有较大的碾白压力又称为压力式碾米机。擦离型碾米机碾辊线速较低，一般在 5m/s 左右，碾制相同数量大米时，其碾白室容积比其他类型的碾米机要小，常用于高精度米加工，多采用多机组合，轻碾多道碾白。擦离型碾米机因其碾白压力大而常用于饲料碾轧、小麦剥皮等。

2.4.2.2　研削型碾米机

研削型碾米机均为砂辊碾米机，其碾辊线速较大，一般为 15 m/s 左右，故又称为速度式碾米机。研削型碾米机碾白压力较小，与生产能力相当的擦离型碾米机相比，机型较大。

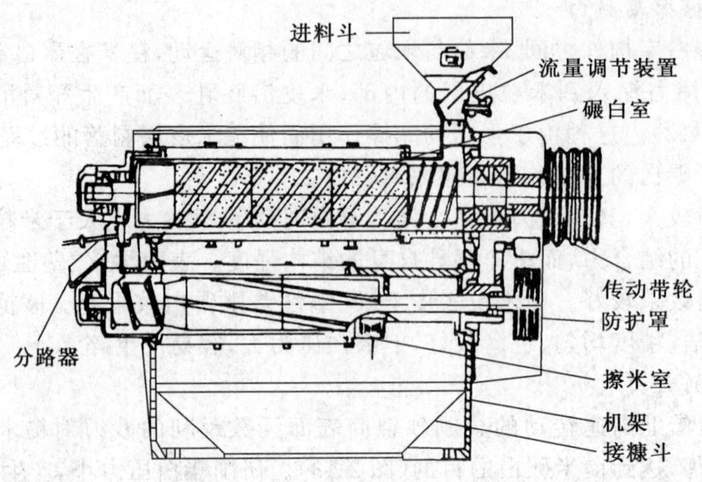

图 2-14 NS型砂辊碾米机的结构

2.4.2.3 混合型碾米机

混合型碾米机为砂辊或砂铁辊结合的碾米机，其碾白作用以研削为主，擦离为辅，碾辊线速介于擦离型碾米机和研削型碾米机之间，一般为 10 m/s 左右。混合型碾米机兼有擦离型和研削型碾米机的优点，工艺效果较好。碾白平均压力和米粒密度比研削型碾米机稍大，机型适中。

2.4.2.4 单位产量碾白运动面积

单位产量碾白运动面积把碾米机产量同碾白面积联系起来，综合地体现碾辊的直径、长度和转速对碾米机效果的影响。单位产量碾白运动面积是指碾制单位产量白米所用的碾白运动面积，可用下式计算：

$$A=\frac{F}{Q}=\frac{60\pi NDL}{Q}$$

式中：A 为单位产量碾白运动面积，m^2/kg；F 为每小时米机碾辊运动的总面积，m^2/h；Q 为米机台时产量，kg/h；D 为碾辊直径，m；L 为碾辊长度，m；N 为碾辊转速，r/min。

生产实践证明，单位产量碾白运动面积较大的米机，机内压力一般较小，碾米时出碎少，米温低，碾白性能较好。这表明单位产量碾白运动面积较大的米机，其碾白作用是以研削为主，擦离为辅。但单位产量碾白运动面积过大时，经济性能差，甚至产生过碾现象，使出米率降低。而单位产量碾白运动面积较小的米机，机内压力一般较大，其碾白作用以擦离作用为主，研削为辅。不同的碾白方式的米机，单位产量碾白运动面积也不相同。表 2-7 为我国各类型碾米机单位产量碾白运动面积。单位产量碾白运动面积对于合理设计和选用米机，具有一定的实用价值。

表 2-7 单位碾白面积

碾米机类型	擦离型	研削型	混合型
A/(m^2/kg)	6～8	15～20	9～14

2.5　成品及副产品的整理

2.5.1　成品整理

糙米碾成白米后，表面往往黏附一些糠粉，且米温较高，并混有一定数量的碎米。为了提高成品大米的质量，利于安全储藏，在成品大米包装前应进行擦米除糠，晾米降温，分级除碎及成品整理等步骤。

2.5.1.1　擦米

擦米的主要作用是擦除黏附在白米表面的糠粉，使白米表面光洁，提高成品的外观色泽。有利于大米储藏及米糠回收利用。

国内外常用的擦米机均用棕毛、皮革或橡胶等柔软材料制成擦米辊。擦米辊四周围有花铁筛或不锈钢金属筛布，米粒在两者之间运动而被擦刷。也有使用铁辊擦米机将碾米和擦米组合起来的。

2.5.1.2　晾米

晾米的目的是降低米温，以利于储藏。尤其在加工高精度大米时，米温比室温高，如不经冷却立即打包进仓，易使成品发热霉变，晾米一般都在擦米的同时进行，通常使用气流与米粒进行逆向热交换，将晾米与吸糠有机地结合起来。也可以使用喷风米机碾米和白米气力输送使成品冷却。

2.5.1.3　色选

由于水稻储藏条件不利、霉菌侵染和成熟度差等原因，大米中会出现各种异色粒，清除异色粒主要采用色选机。大米色选机是利用光电原理，通过计算机分析物体外表颜色，区分物品优劣的机械，设备采用国际高新技术和高性能元器件，使用高灵敏性的双面光电感应器和高速的线扫描 CCD 数字摄像技术，结合高速计算机处理系统和高性能的空气喷射器，能确保精确分选出各种不良杂质。

2.5.1.4　白米分级

白米分级的目的是根据成品质量要求分离出超过标准的碎米。

我国大米质量国家标准中有关碎米的规定是：留存在直径 2 mm 的圆孔筛上，不足正常整米的 2/3 的米粒为大碎米；通过直径 2 mm 圆孔筛，留存直径 1 mm 圆孔筛上的碎粒为小碎米。各种等级的早籼米、籼糯米的含碎总量不超过 35%，其中小碎米为 2.5%；各种等级的晚籼米、早粳米的含碎总量不能超过 30%，其中小碎米为 2.5%；各种等级的晚粳米、粳糯米的含碎总量不能超过 15%，其中小碎米为 1.5%。

世界各国把大米含碎率作为区分大米等级的重要指标。美国一等米含碎率为 4%，而六等米含碎率为 50%；日本成品大米的含碎率分为 5%、10%和 15%3 个等级。

白米分级通常采用筛选设备进行。

2.5.2　副产品的整理

稻谷加工的副产品包括稻壳、米糠、碎糙米等，为了利于副产品的安全储藏和综合利用，通常将副产品由混杂的状态整理成相对纯净的状态。

2.5.2.1 稻壳整理

稻壳整理通常采用风选法，从砻谷机吸出的稻壳由离心分离器收集后，进入稻壳分离器进行二次分离，这种方法具有较好的工作环境，但要求有沉降设备，另外设备投资、占地面积和动力消耗都很大。

另一种方法是将风选和筛选结合起来，即在风选的流程中增加一道筛选，这样有利于将混杂在稻壳中的毛糠提取出来。据测定，毛糠中有高达30%的淀粉。

2.5.2.2 未熟粒和碎糙米的整理

未熟粒是生长不完全的米粒，其组成与完善粒是相同的，但是强度小，在碾米时容易破碎而混入米糠中。碎糙米的机械强度比未成熟粒高一些，但因其粒度和断裂处的强度小，碾米时易破碎混入米糠中增加米糠的淀粉含量，影响米糠油的质量。

混在谷糙中的未熟粒可在分离碎糙米的过程中分离出来，混在稻壳中的未熟粒和碎糙米可在稻壳整理时整理出来，带有稻壳分离装置的砻谷机在谷糙出口前还可以将未熟粒和碎糙米分离出来，未熟粒和碎糙米的整理也可以在谷糙混合物分离前进行。

2.6 稻谷加工副产品的综合利用

2.6.1 稻壳综合利用

稻谷加工成米，产生的稻壳约占投产稻谷质量的20%。对于大中型粮食加工企业来说，稻壳的数量相当大。由于稻壳密度小，体积大，运输不方便，因此多自行处理。稻壳的主要成分是纤维素、木质素和二氧化硅，热值13.44～15.54 kJ/g。资料报道，目前稻壳主要的利用方式包括：①炭化后制备有机废料的吸附剂和亲和色谱填料；②作燃料；③制备活性炭和白炭黑；④制备隔热、保温材料；⑤制备防水材料；⑥制备水泥和混凝土；⑦制备绝热耐火材料；⑧制备涂料等。稻壳的主要用途也是最简单的应用就是作燃料，燃烧后的残留物可做进一步的利用。根据联合国粮农组织在世界范围内的研究统计，稻谷灰分的应用范围非常广泛，涉及的工业领域很多(表2-8)。但我国现今没有稻壳加工利用的专业厂家，这方面的开发还有待深入。

表 2-8 稻壳燃烧残留物的应用

应用范围	形式	技术状况			商业状况	
		已证明	可能	方案性	已证明	可能
吸附剂						
海上溢出	低碳			+		
油吸附	低碳	+			*○	
清扫及地面清洁	低碳					
建筑材料部分						
钙的不同硅酸盐的砖	低碳	+				○
水泥(撞击过程)	低碳		+			○
混凝土(耐酸)	高碳		+			○
混凝土块	低碳	+				○
轻质混凝土	低碳	+				○

续表 2-8

应用范围	形式	技术状况			商业状况	
		已证明	可能	方案性	已证明	可能
碳源						
细过滤器介质(水纯化)	高碳		+			○
活性炭	高碳	+				○
脱色炭	高碳		+			○
吸附介质(水纯化)	高碳		+			
凝结辅助剂(水纯化)						
载体						
催化剂	低碳		+			
肥料						
抗黏剂	低碳	+			*○	
球珠包衣	低碳		+			○
过滤介质						
液体、气体或油	低碳	+				○
固体清除	低碳	+				○
填充材料						
橡胶配方(作为碳硅石)	高碳					*
二氧化硅气凝胶杀虫剂	低碳	+		+	○	
粗砂牙膏						
橡胶配方(作为硅石)	低碳		+			*
溶液培养介质						
灰分介质	低碳	+				○
绝缘体						
热顶(钢厂)	低碳	+			○	
桥梁底涂层 、钢梁等	低碳	+				○
钢锭绝缘(钢厂)	高碳	+			*○	
颜料						
清漆-鞋油	高碳			+		
涂料(油漆)				+		
搪瓷悬浮剂	低碳			+		
复写纸、墨水填充剂	高碳			+		
耐火材料						
绝热砖	低碳	+			○	
多孔介质	低碳	+				○
陶瓷	低碳	+			○	
绝缘砖(中温)	低碳	+			○	
硅石源						

续表 2-8

应用范围	技术状况				商业状况	
	形式	已证明	可能	方案性	已证明	可能
四氯化硅	低碳		+			
碳化硅的氮化物	低碳		+			
生产硅酸钠	低碳		+			○
脱水剂	低碳			+		
增稠剂	低碳			+		
干燥剂和脱臭剂	低碳			+		
烟硅石				+		
细分硅石			+			○
硅石涂层(焊接电极)	低碳			+		
具有风景美化效果的硅石岩	低碳	+				○
玻璃制造	低碳		+			○
烧结玻璃材料				+		
料液制备						
由灰分拼成料液成分	低碳	+			○	
土壤应用						
在不含硅的土壤中进行硅石再生	低碳		+			○
用于地表控制的地面覆盖介质	高碳	+			*○	

注:稻壳产品的形式:高碳为高碳灰分,低碳为低碳灰分。

状况:+为技术上可行;*为小规模商业应用;○为大规模商业应用。

2.6.2 米糠综合利用

米糠富含优质蛋白、脂肪、膳食纤维、矿物质、B族维生素等营养素及多糖、二十八碳烷醇、三十碳烷醇、神经酰胺等生理功能活性物质。米糠中所含脂肪主要为不饱和脂肪酸,必需脂肪酸含量达47%,还含有70多种抗氧化成分。

国外最新研究证明,米糠含有稻米64%的营养成分及90%以上的人体所需元素,蛋白质含量为12%~18%,脂肪为16%~20%,矿物质为12%,膳食纤维约为14%,碳水化合物总量约为50%,这些天然营养物质具有预防心血管疾病、调节血糖、预防肿瘤、抗疲劳、减肥、美容等多种功能,在国外被誉为"天赐营养源"。美国和日本是目前世界上研究开发米糠资源最发达的国家。

2.6.2.1 米糠油制备

由米糠生产的米糠油,亚麻酸含量低,维生素E的含量较高。与其他食用油相比,米糠油具有清除血液中的胆固醇、降低血压、加速血液循环、刺激人体内激素分泌、促进人体发育的作用。因此,米糠油是有益于人体健康的营养油。

米糠油提取和精炼的原理和工艺参见第8章和第9章。

2.6.2.2 糠蜡制备

糠蜡是精炼食用米糠油时所得的糠蜡再经精制而得的副产品。糠蜡是高级一元醇与高级脂肪酸形成的酯类。糠油中糠蜡的含量一般为3%~5%,糠蜡在人体内不能被消化吸收,无食用价值，因此糠蜡必须从糠油中除去。

蜡的用途很广，一般的蜡可以用作照明的原料，质量较高的蜡可以用作电器的绝缘材料，还可以用于制造蜡纸、蜡笔、地板蜡、皮鞋油、车用上光蜡、抛光膏、胶膜剂、唱片材料、纤维用乳胶、水果喷洒保鲜剂以及胶母糖等。

制取米糠蜡的方法有溶剂法和压榨皂化法 2 种，我国常用后者(图 2-15)。

米糠油→热过滤→冷却过滤→水化→压榨→皂化→脱色→精制蜡

图 2-15　压榨皂化法制取糠蜡的工艺流程

压榨皂化法制取糠蜡的基本操作要点如下。

热过滤：糠油送到加热罐加温到 90℃，趁热用压滤机将油过滤。

冷却过滤：热过滤后的糠油泵入冷却罐，降温到 20℃左右再过滤，滤出的毛油供精炼用，粗糠蜡再进一步精制。

水化：粗糠蜡在水化罐中加热熔化，通入糠蜡质量 11%左右的饱和水蒸气，在 85～90℃下水化 2 h，放出沉淀物，用沸水洗涤 1 h 再静置 1 h，放出下层废水。

压榨：水化后的糠蜡用油压机压榨 10 h。

皂化：压榨的粗糠蜡在皂化罐中加热熔解，然后加入 10～12°Bé 的碱液，每 100 kg 粗糠蜡加入 80～100 kg 的碱液，95℃皂化 2～4 h，静置 20～60 min，在皂脚与糠蜡完全分离后放出皂脚。用相当于糠蜡体积 1/3～1/2 的沸水喷淋糠蜡 6 或 7 次，直至洗液基本清亮，不呈碱性为止，取出糠蜡真空干燥，得成品糠蜡。

对糠蜡有色泽要求时，可在皂化后用次氯酸钠(有效氯含量不低于 13.5%)进行漂白，次氯酸钠的用量为原料的 3%～5%。漂白后沸水洗涤 2 或 3 次。

精制后的商品糠蜡一般为棕褐色固体(如脱色则为浅黄色)，表面光洁，性脆不黏，结晶细腻。熔点 78～82℃，相对密度(15℃)为 0.93～0.98，酸价为 2～5，碘价为 8～12，皂化价为 60～70，不皂化物为 45%～55%。

2.6.2.3　谷维素制备

谷维素是米糠中存在的不皂化物，也是精炼米糠油的副产物，在米糠中的含量达 0.3%～0.5%。在米糠毛油中的含量达 3%以上。谷维素主要用于治疗因植物神经功能失调引起的疾病，如周期性神经病、脑震荡后遗症、血管性头痛、妇女更年期综合征等，最新的研究则表明谷维素在抗衰老和抗肿瘤方面也有显著的效果。图 2-16 是用皂脚甲醇碱液皂化法分离制取谷维素的工艺流程。

滤渣→回收　　　　　　　　滤液
↑　　　　　　　　　　　　↑
皂脚→补充皂化→皂胶→甲醇碱液皂化、分离→滤液→酸析、分离→粗谷维素
谷维素粉←洗涤、干燥←┘

图 2-16　谷维素生产工艺流程

如果毛糠油的酸价高于 30，则需要进行头道碱炼，其皂脚用作制肥皂或脂肪酸原料。在进行二道碱炼时的皂脚才用作制取谷维素的原料。二道碱炼是制取谷维素生产过程中的关键环节。二道碱炼的精糠油酸价必须低于 0.5，超碱量要适当，正常掌握超碱量是保证二道碱炼

成功的重要因素之一。此外，二道碱炼的终温宜低，为 50～60℃，不超过 64℃，温度过高，会使谷维素又转入精糠油中。二道碱炼时加水量控制在油重的 10%，以形成一个较好的皂化环境，有利于收集谷维素。

谷维素生产操作要点如下。

补充皂化：为了便于从二道皂脚中分离谷维素，往往要把中性皂转化为肥皂，以供提取谷维素之用。补充皂化的加碱量为皂脚中油脚补充皂化理论加碱量的 50%左右。皂脚加热到 50℃左右时，开始均匀地加入碱液，不断地搅拌，当温度升到 95℃左右时开始计时，约皂化 2 h，pH 控制在 8～9。

甲醇碱液皂化、分离：向皂胶中加入 5～6 倍量的甲醇，然后再加入理论量的碱液(烧碱或纯碱)，混合均匀。在不断搅拌下，逐渐升温至 60～70℃，皂化 30 min 即可停止加热和搅拌，调节 pH 为 8.8～9.3。然后将皂化液冷却至 50～55℃，过滤，滤渣中往往有 5%～6%的谷维素，可再予回收。

酸析、分离：皂化液的滤液在不断搅拌中加热至 50～60℃，再用盐酸调节滤液 pH 至 7.0 左右，然后定量加入弱酸或弱酸盐(一般为硼酸、酒石酸、醋酸和磷酸二氢钾、磷酸二氢钠)。调节 pH 为 6.5～6.7，搅拌 30 min 左右，冷却到 45～50℃，保温过滤，所得滤液即为粗谷维素。

洗涤、干燥：根据粗谷维素的色泽，加入适量的石油醚进行洗涤。次数视具体情况灵活掌握，然后用蒸馏水洗涤，除去大部分水溶性皂和盐类。最后将谷维素滤干，粉碎，过 14 目筛，将筛出的粉末装在盘内，厚 2～3 cm，在 70～80℃温度下干燥 24 h 左右；如采用真空干燥，可大大缩短时间。

2.6.2.4 谷甾醇制备

谷甾醇是植物甾醇中最普遍的一种，它存在于小麦、稻谷、玉米等谷物及豆油、玉米胚芽油、米糠油、棉籽油、小麦胚芽油等植物油中。1972 年，我国开始研究从米糠油及玉米胚芽油等的下脚中提取谷甾醇。谷甾醇是一种治疗心血管病的药剂，可治疗人体血清胆固醇的升高及防止冠状动脉硬化的发生，同时对慢性支气管炎、支气管哮喘也有一定疗效。制取谷甾醇的工艺流程如图 2-17 所示。

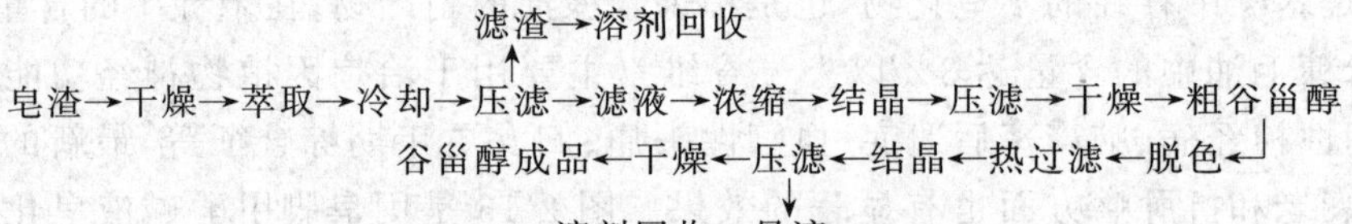

滤渣→溶剂回收
↑
皂渣→干燥→萃取→冷却→压滤→滤液→浓缩→结晶→压滤→干燥→粗谷甾醇
谷甾醇成品←干燥←压滤←结晶←热过滤←脱色←
↓
溶剂回收←母液

图 2-17 谷甾醇生产工艺流程

谷甾醇生产工艺要点如下。

干燥：从米糠油皂脚提取谷维素的皂渣，在 60℃恒温条件下干燥。干燥温度不能超过 80℃，皂粒的水分严格控制在 1%以下。

萃取：将 40 kg 干皂渣放入 500 L 的搪瓷反应釜内，同时加入 320 kg 脱水的工业丙酮，搅拌，转速 95 r/min。夹套中通入蒸汽加热，温度控制在 50～55℃，在回流冷却情况下，保持微沸状态 3～4 h，使谷甾醇溶于热的丙酮中。

冷却：往夹套中通入冰盐水，搅拌，冷却至 10～15℃，静置 1 h，压滤。

压滤：冷却后的料液放入压滤器内，通过压缩空气压滤(滤布为 6 号帆布)，操作压力 0.4～

0.5 MPa，滤液接入储槽，滤渣中含50%的丙酮，应予回收。

浓缩：将滤液吸入浓缩锅内回收大部分丙酮，浓缩至原液的1/5左右。

冷却结晶：将浓缩液泵入粗制品结晶锅中，在室温下冷却结晶8～10 h。

压滤：结晶母液在压滤器中压滤，操作压力0.3～0.4 MPa。

干燥：压滤后的粗制品，置于恒温60℃烘箱内干燥，母液中丙酮回收。

精制脱色：将粗制品投入搪瓷反应釜内，加入30倍量的95%乙醇，夹套中用蒸汽加热，控制温度70～80℃，待溶解后，加入粗制品量5%的活性炭，在冷凝器回流情况下，搅拌脱色约20 min。

热过滤：趁热放入夹套加热过滤器内压滤，操作压力0.1～0.2 MPa，热的滤液压入成品结晶锅内。

冷却结晶：滤液室温下在成品结晶锅内冷却结晶12 h，最好放置过夜。

过滤：将上述结晶液在1～2 MPa条件下压滤。

干燥：湿结晶在100℃下干燥，即得白色针状、鳞片状结晶或粉末结晶的谷甾醇成品。

谷甾醇质量标准如下：

总谷甾醇含量≥95%；熔点136～140℃；比旋光度－25°～－28°；水分≤2%；灰分≤0.3%。

2.6.2.5　植酸钙与肌醇制备

米糠饼是米糠榨油后的副产品，出率为米糠重量的38%左右。以前，米糠饼大多作为饲料，只有少量用来提取植酸钙等。米糠饼中含有2%～14.5%的植酸，其含量高低与稻谷品种、加工精度有关。植酸含抗营养素，家畜吃了米糠后仍有一部分不能利用。米糠在提取植酸后再作饲料，更为合理。因此，从米糠饼中提取植酸钙，进而制备肌醇，是合理利用米糠饼的一条重要途径。植酸钙和肌醇都是药物和营养剂，广泛应用于医药、食品、化工等许多方面，我国目前生产的肌醇以外销为主，国际上对肌醇的需求量很大，供不应求。从米糠饼中提取植酸钙，进而制备肌醇，经济效益明显，创汇率高，对我国外贸出口是个重要贡献。此外，国内需求也逐步扩大。因此，生产植酸钙、肌醇很有意义。

(1)植酸钙的制取

从米糠饼中制取植酸钙的工艺流程如图2-18所示。

米糠饼→粉碎→酸浸→过滤→中和、沉淀→过滤→酸化、钙化
包装←烘干←粉碎←脱水←过滤←中和←过滤←脱色←┘

图2-18　米糠饼中制取植酸钙的工艺流程

米糠饼中制取植酸钙的工艺要点如下。

粉碎：米糠饼先粉碎，过筛，制得糠粉。

酸浸：在100份饼粉中，加入900份清水，再加盐酸或硫酸(盐酸的效果最好)。使浸渍液pH为2.0～3.0，边加边搅拌。浸渍温度为5～60℃，一般以30℃为宜。浸渍时间，冬季10～12 h，夏季4～6 h。可加入0.5%～5%用量的尿素、食盐、碳酸铵、硫酸铵等中性盐，防止蛋白质浸出。必要时可加少量水杨酸作防腐剂。

第一次过滤：浸出液静置一段时间后澄清，吸取上清液用布过滤。在过滤后的糠渣内再加水，经搅拌后静置浸渍，再过滤，滤液合并，滤渣弃去。

中和、沉淀：将滤液泵入池或罐中，用经 40 目筛网过滤的含量为 10°Bé 左右石灰乳中和。边中和边搅拌，中和完毕后继续搅拌 15 min，静置 2～3 h，测定 pH，控制溶液 pH 在 5.5～6.0。

洗涤过滤：静置后弃去上清液，用细布过滤，再用 80℃温水洗涤滤渣 8～10 次，直至洗液不再呈浅黄色，pH 为 6～7 即可。此时所得滤渣即为植酸钙粗制品。

药用植酸钙还需精制，方法如下：在石灰乳的中和反应液中再加石灰乳，调节 pH 8～9，澄清，除去水分，再在精制设备中加盐酸，调节 pH 1～2，使沉淀重新溶解，再加入含量为 30%～50%的氯化钙溶液，搅拌后加入适量的活性炭脱色，再搅拌 5 min 左右即可过滤，滤出液用 10%碳酸钠调节 pH 到 4.5，搅拌 10 min，静置 1 h，吸去上清液，下层沉淀即为精制植酸钙，应立即过滤，用 80℃温水洗涤滤渣 8～10 次，直至用 5%硝酸银检验，氯离子呈阴性，然后装入帆布袋加压滤去水分，略加捣碎再置于搪瓷盘中，在 50～70℃的烘房中干燥 24 h。

植酸钙的质量标准为：含磷(有机磷，P_2O_5)36%以上，含钙 8%～12%，水分 14%，pH 6～6.5，淀粉反应阴性。

(2)肌醇的制备　由植酸钙进而制取肌醇的工艺流程如图 2-19 所示。

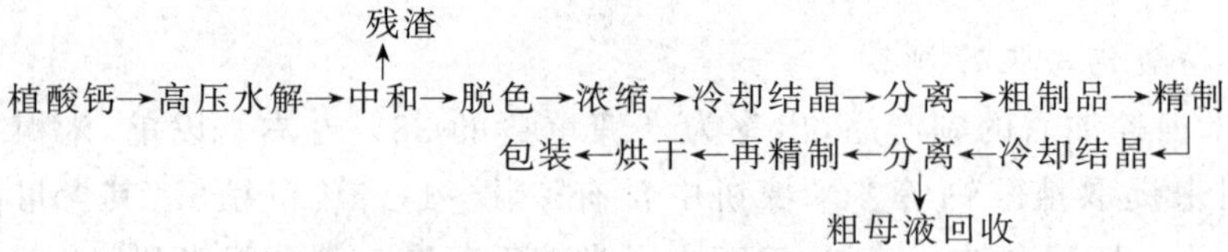

残渣 ↑

植酸钙→高压水解→中和→脱色→浓缩→冷却结晶→分离→粗制品→精制

包装←烘干←再精制←分离←冷却结晶←

↓ 粗母液回收

图 2-19　由植酸钙制备肌醇工艺流程

植酸钙制备肌醇工艺要点如下。

水解：按照植酸钙对水 1∶(3～3.5)的比例，把所需的水先放入水解罐中，开动搅拌，后加植酸钙，缓慢加热，投料量不得超过水解罐容积的 80%，搅拌轴转速 50～70 r/min，压力为 0.5～0.8 MPa。6h 后，取样检验，当水解液 pH 达到 2.5～3 时，水解基本完成，即可出料。

中和：水解液在水解罐的压力作用下送入中和罐，边搅拌边加入石灰乳，使 pH 达到 8～9，继续搅拌并升温煮沸 15 min。石灰乳的含量为 8～9°Bé，煮沸后立即用离心机或压滤机进行分离。滤渣是磷酸钙和磷酸二氢钙的混合物，是较好的磷肥，可回收利用。

脱色：滤液在脱色罐中用活性炭脱色，加 1%左右的活性炭，升温至 90℃，充分搅拌(30 min 以上)。脱色后再抽滤去除活性炭。

浓缩：在浓缩罐中，当料液含量增至 1.25～1.3°Bé 时即可出料，放入搪瓷桶或不锈钢桶中进行冷却，在降到 32℃发现有大量晶体出现时，便可离心分离。分离后的母液可投入下一批浓缩液中使用，离心分离得到的晶体即为粗肌醇。

精制：粗肌醇中含钙、氯和硫酸根离子等，需用水洗除，按粗肌醇、蒸馏水为 1∶1.2 的比例投入精制罐，徐徐加热，在物料全部溶解后加入 5%的活性炭，沸煮 15 min，再用砂滤除去活性炭，滤液装入不锈钢桶中冷却，温度控制在 32℃左右进行分离。在分离物快干时用少量药用酒精冲洗一次(为肌醇量的 20%～30%)。在 50～80℃的干燥室内干燥得成品。

肌醇的质量标准为：含量 97%以上，水分不大于 0.5%，氯化物不大于 0.005%，硫酸盐含量不大于 0.006%，钙盐澄清，铁盐不大于 0.000 5%，重金属不大于 0.002 5%，灰分不大于 0.1%，熔点 224～227℃。

2.6.2.6　米糠中蛋白提取

米糠蛋白包括清蛋白、球蛋白、醇溶蛋白和谷蛋白，全脂米糠一般含有蛋白质 12%～18%，主要成分是米清蛋白，营养价值较高。米糠中各类蛋白质的溶解性差别较大，因含有较多二硫键以及与米糠中植酸、纤维素及半纤维素等物质的聚集作用，米糠蛋白不容易被盐、醇、弱酸等提取。国内研究人员尝试应用纤维素酶、复合酶进行提取米糠蛋白，主要原理是降解包裹蛋白的植物细胞壁（其主要成分是纤维素和多糖类物质），从而提高蛋白提取率。综合看来，纤维素酶提取的效果最好可达 62%。国外也有利用木聚糖酶和植酸酶，使蛋白释放出来，蛋白含量可达 90%以上，但其功能特性如溶解性、乳化性及起泡稳定性方面较其他蛋白质存在较大差距，还需进一步改善。

米糠蛋白酶法的提取工艺流程如图 2-20 所示，根据原料的不同可以对中间步骤进行重复操作。

米糠→脱脂→调节 pH→加酶→灭菌→离心→取上清液→冷冻干燥→大米蛋白

图 2-20　米糠蛋白酶法的提取工艺流程

决定提取率的因素主要有液固比、pH、提取时间和酶的种类等，在以上各因素中酶的种类对蛋白质提取率的影响最大，可根据原料不同组分选择合适的酶进行提取，也可应用复合酶进行提取。

在碱性条件下，采用超声波辅助提取技术也是研究者使用较多的米糠蛋白提取方法。影响的因素主要有 pH、提取时间、液固比、超声功率、脉冲超声频率和间隔等。

米糠蛋白除作为婴幼儿断乳食品理想的原料外，其系列水解物还可用于焙烤制品、强化食品用汤料等。此外，还可应用到日化中，如作为洗发水的天然增稠剂和发泡剂，提取的蛋白可以加工成多种高蛋白的食品或进一步用酶水解加工成具有降血压等功能的米蛋白肽。

2.6.2.7　米糠的稳定化处理

（1）米糠稳定化处理的目的和要求　新鲜米糠不易储存，碾米后在脂解酶作用下米糠油脂水解酸败，脂肪酸含量在数小时内迅速上升，造成风味变坏，pH 下降，功能性质变差，不适合用作食物。当米糠毛油脂肪酸含量达到 10%以上时，精炼也不经济了，即使用作饲料也会造成畜禽消化不良，影响生长发育。米糠的不稳定性是其至今未能得到全面有效利用的关键因素。

米糠稳定化处理是为了有效抑制和钝化易引起米糠变质的脂解酶、脂肪氧化酶的活力，延长米糠的储存期；杀死米糠中的微生物及虫卵，减少米糠中的营养素的损失以及可能引起的米糠变质。稳定化过程对米糠中的营养素破坏应尽可能小。

（2）米糠的稳定化方法　米糠的稳定化方法可以分为热处理法、化学处理法、生物酶法、辐射法和低温储存法等。

热处理法：热处理是通过加热的方法使得米糠中的脂肪酶变性失活，同时也能有效灭活米糠中的微生物，从而减少米糠中营养物质的酸败变质。挤压法始于 1965 年的美国，是目前研究的最成熟、应用最广泛的热处理方法之一。微波加热法和欧姆加热法目前正处于研究阶段，但具有很好的研究前景。

化学处理法:化学处理法是向米糠中添加化学试剂以改变米糠的 pH 或离子强度以达到抑制米糠中脂肪酶的活力和钝化米糠的目的。化学方法设备投资小。目前报道的研究主要有喷洒盐酸使米糠的 pH 下降至 4,可以较大幅度地抑制脂肪酶的活性。添加焦亚硫酸钠或者亚硫酸钠也可抑制米糠中脂肪酶的活力。但是化学方法都是人为添加了化学试剂,限制了米糠作为食品工业原料的应用范围,使用酸对设备要求也高。

生物酶法(抗脂解酶法):生物酶法是利用生物酶使得米糠中的脂肪酶失活,使米糠稳定的方法。该方法要求的温度不高。其原理是用植物蛋白酶钝化米糠中天然存在的脂水解酶。所用的植物蛋白酶并不是唯一的,可选择的酶有番木瓜蛋白酶、菠萝蛋白酶、真菌蛋白酶、微生物蛋白酶及动物原生物酶(如胰腺酶)等。

经过稳定化处理的米糠,既可作为直接产品,也可用作进一步加工产品的原料。

思考题

1. 简述稻谷品种与大米品质的关系。
2. 描述稻谷的物理性质有哪些指标?
3. 稻谷的结构力学性质如何影响大米的加工强度?
4. 稻谷加工的工艺有哪些组成部分?
5. 稻谷加工时为什么要进行清理?
6. 稻谷清理的方法有哪些? 各种方法采用什么原理?
7. 为什么要砻谷? 不经砻谷而直接碾米可行否? 为什么?
8. 砻谷时稻谷的受力方式有哪些? 能否用铁辊砻谷机? 为什么?
9. 砻下物有哪些? 为什么要进行分离?
10. 糙米的营养价值优于精白米,为什么还要碾米?
11. 碾米机的工作原理是什么?
12. 稻壳有哪些用途?
13. 米糠有哪些用途? 试写出由米糠为原料加工的主要产品的工艺。

参考文献

[1] 吴加根. 谷物与大豆制品工艺学. 北京:中国轻工业出版社,1995
[2] 姚惠源. 谷物加工工艺学. 北京:中国财政经济出版社,1999
[3] 顾尧臣. 粮食加工设备:工作原理、设计和应用. 武汉:湖北科学技术出版社,1998
[4] E·C·比格尔. 稻壳变能源. 北京:中国对外翻译出版公司,1984
[5] 周显青. 稻谷加工与工艺设备. 北京:中国轻工业出版社,2011

第3章 稻谷精深加工

本章学习目的与要求

稻米精深加工的目的和意义;稻米营养强化的方法及工艺要求;各种米制品的类型及生产工艺。

稻米加工的目的是将稻谷外面的稻壳和糠层除去，生产含碎米和杂质最少的精白米，同时得到副产品——米糠、糠粉等。将原粮稻谷按清理、砻谷、碾米的常规方法，制成符合一定质量标准的食用大米(普通大米)的加工过程称为稻谷初加工。随着我国人民生活水平的提高，人们对主食的要求已逐步由粗放型转向精细型，因此，稻谷精深加工便应运而生。稻谷精加工是在初加工基础上发展起来的，它是采用一定的方法将稻谷(或普通大米)制成各种精细适口、富有营养的特种米，如蒸谷米、不淘洗米、营养强化米、留胚米等；而稻谷深加工则是将稻米按一定的工艺加工成满足工业和食用要求的各种用途的制品。稻谷精深加工不仅可以推动碾米工业的技术改造和技术革新，而且可以多层次地开发利用稻谷加工的各种副产品，提高稻米制品的附加值。

3.1 蒸谷米加工

所谓蒸谷米就是把清理干净后的谷粒先浸泡再汽蒸，待干燥后碾米得到的成品米，也称作半煮米。此法出米率高，碎米少，容易保存，耐储藏，出饭率高，饭松软可口，可溶性营养物质增加，易于消化和吸收。胚乳质地较软、较脆的大米品种，碾制时易碎，出米率低的长粒稻谷，都适于生产蒸谷米。最早制造蒸谷米的目的，并不是为提高营养价值，而是由于水稻产区在收获时经常有雨，稻谷不易晒干，为避免发芽霉变，采用蒸煮炒干等方法以利储存和保管。而现在蒸谷米的加工则出于其营养的原因。

全世界稻谷总产量的1/5被加工成蒸谷米，印度稻谷总产量的一半以上被加工成蒸谷米。我国生产蒸谷米已有2000多年历史，新中国成立前都是由农家或手工作坊加工，大规模的现代化工厂生产则始于1965年浙江省湖州蒸谷米厂建成之后，生产的蒸谷米主要出口至海湾地区和阿拉伯国家。

3.1.1 蒸谷米的特点

稻谷经水热处理后，籽粒强度增大。加工时，碎米明显减少，出米率提高。糙出白率可提高1%～2%，脱壳容易，砻谷机效能可提高1/3。同时，蒸谷米的米糠出油率比普通大米的米糠出油率高。籽粒结构变得紧密、坚实，加工后米粒透明、有光泽。胚乳内维生素与矿物质的含量增加，营养价值提高，维生素 B_1 更均匀地分布在蒸谷米中，维生素 B_1、维生素 B_2 的含量要比普通白米高4倍，尼克酸高8倍。此外，蒸谷米做成的米饭易于消化、出饭率高，蒸谷后粳米较普通白米可提高出饭率4%左右，籼米可提高4.5%，蒸煮时留在水中的固形物少。

蒸谷米有利于保存，这是由于稻谷在水热处理过程中，杀死了微生物和害虫，同时也使米粒丧失了发芽能力，所以储藏时可防止发芽、霉变，易于保存。但是，在米饭的色、香、味上，蒸谷米有它不足之处。如：米色较深；有一种特殊的风味，使初食者不很习惯；米饭黏性差，不适宜煮稀饭。

3.1.2 蒸谷米生产

蒸谷米生产工艺流程如图3-1所示，除稻谷清理后经水热处理(浸泡、汽蒸、干燥与冷却)以外，其他工序与普通大米生产工艺流程基本相同。

稻谷原粮→清理→浸泡→汽蒸→干燥与冷却→砻谷→碾米→色选→蒸谷米

图3-1 蒸谷米生产工艺流程

3.1.2.1　清理

稻谷中杂质的种类很多,如不除掉,浸泡时杂质分解发酵,污染水质,谷粒吸收污水会变味、变色,严重时甚至使营养价值减少到无法食用的程度。虫蚀粒、病斑粒、损伤等不完善粒汽蒸时将变黑,使蒸谷米质量下降。因此,在做好除杂、除稗、去石的同时,应尽量清除稻谷中的不完善粒,可采用洗谷机进行湿法清理。稻谷表面上的茸毛所引起的小气泡,将使稻谷浮于水面。为此,水洗时把稻谷放入水中后使水旋转,消除气泡,以保证清理效果。

要想获得质量良好的蒸谷米,最好在稻谷清理之后按粒度与比重不同进行分级,这是因为浸泡和汽蒸的时间是随稻谷籽粒厚度而增加的。如果采用相同的浸泡和汽蒸时间,则薄的籽粒已全部糊化,而厚的籽粒只有表层糊化。如增加浸泡和汽蒸时间并提高温度,厚的籽粒虽能全部糊化,但薄的籽粒又因过度糊化而变得更硬、更坚实,米色加深,黏度降低,影响蒸谷米质量。分级可首先按厚度的不同,采用长方孔筛或钢丝网滚筒进行,然后再按长度和比重的不同,采用碟片精选机和比重分级机等进行分级。

3.1.2.2　浸泡

稻谷在蒸煮前不经浸泡的加工方法称为干蒸谷法;蒸煮前用冷水或热水,在常压或减压下进行浸泡的加工方法称为浴蒸谷法。现代蒸谷米生产工艺通常采用后者。浸泡是稻谷吸水并使自身体积膨胀的过程。根据生产实践,淀粉全部糊化时,水分必须在 30%以上。如稻谷吸水不足,水分低于 30%,则汽蒸过程中稻谷蒸不透,影响蒸谷米质量。因此,浸泡的目的是使稻谷充分吸收水分,为淀粉糊化创造必要条件。浸泡处理时间尽量缩短,以避免发酵而破坏产品的色泽、口味、气味。

常压浸泡基本上可分为常温浸泡和高温浸泡两种方法。

常温浸泡法是将稻谷倒入水槽中,浸湿后随即捞起,将湿谷堆起,进行闷谷,使水分逐渐向稻谷内部渗透,被籽粒吸收。

高温浸泡法为常用的方法,是预先将水加热到 80～90℃,然后放入稻谷进行浸泡,浸泡过程中水温略低于淀粉的糊化温度(通常约 70℃),浸泡 3 h,可完全消除发酵带来的不利影响。东南亚的一部分现代化米厂和欧美的蒸谷米厂,以及国内蒸谷米厂都是采用高温浸泡法,使用的设备有罐组式浸泡器、平转式浸泡器等。但蒸煮米的色泽会随着浸泡时间和水温的增加而增加,也随着浸泡水的 pH 升高而变深,如 pH 接近 5,色泽最淡。

减压浸泡时,将稻谷置入真空浸渍器中,抽成真空,再放入 60～70℃的温水浸泡 1～2 h,浸泡时间依真空度、水温、谷粒大小而定。

3.1.2.3　汽蒸

稻谷经过浸泡以后,胚乳内部吸收相当数量的水分,此时应将稻谷加热,使淀粉糊化。通常情况下,都是利用蒸汽进行加热,此即为汽蒸。汽蒸的目的在于改变米胚乳的物理性质,保持渗入的养分,提高出米率,改进储藏特性和食用品质。蒸煮米的质量决定于吸水量、接触蒸汽的时间和蒸汽的温度或压力参数。

汽蒸的方法有常压汽蒸与高压汽蒸 2 种。

常压汽蒸是在开放式容器中通入蒸汽进行加热,采用 100℃的蒸汽就足以使淀粉糊化。此法的优点是设备结构简单,稻谷与蒸汽直接接触,汽凝水容易排出,操作管理方便。缺点是蒸汽难以分布均匀,蒸汽出口处周围的稻谷受到的蒸汽作用比别处的稻谷大,存在汽蒸程度不一的现象,能耗大。

高压汽蒸是在密闭容器中加压进行汽蒸。此法可随意调整蒸汽温度，热量分布均匀。容器内达到所需压力(0.7～1.41 kg/cm^2)时，几乎所有谷粒都能得到相同的热量。但设备结构比较复杂，投资费用比较高，需要增加汽水分离装置，操作管理也较复杂。

汽蒸使用的设备有：蒸汽螺旋输送机、常压汽蒸筒、立式汽蒸器和卧式汽蒸器等。

3.1.2.4 干燥与冷却

稻谷经过浸泡和汽蒸之后，水分很高，一般为34%～36%，并且粮温很高，为100℃左右。这种高水分和高温度的稻谷，既不能储藏也不能进行加工，必须经过干燥除去水分，然后进行冷却，降低粮温。干燥与冷却的目的是使稻谷水分降到14%的安全水分，以便储藏和加工，使碾米时能得到最大限度的整米率。

国内蒸谷米厂的干燥方法主要采用急剧干燥的工艺和流态化的设备，并以烟道气为干燥介质直接干燥。介质温度很高(400～650℃)，所以干燥时间较短，干燥产量较高。此法主要缺点是稻谷易受烟道气的污染，失水不均匀，米色容易加深。

国外主要采用蒸汽间接加热干燥和加热空气干燥，干燥条件比较缓和。同时，将蒸谷的干燥过程分为2个阶段：在水分降到16%～18%以前为第一阶段，采用快速干燥脱水。当水分降到16%～18%或以下为第二阶段，采用缓慢干燥或冷却。在进行第二阶段干燥之前，一般经过一段缓苏时间，这样不仅可以提高干燥效率，而且还能降低碎米率。

冷却过程实际上也是一种热交换过程，使用的工作介质通常为室温空气，利用空气与谷粒之间进行热交换，达到降温、冷却的目的。只有当稻谷的温度稳定在室温，米粒已变硬呈玻璃状组织时才能碾制。

干燥与冷却的设备很多，国内常用的有沸腾床干燥机、喷动床干燥机、流化槽干燥机、滚筒干燥机和塔式干燥机以及冷却塔等。

3.1.2.5 砻谷

稻谷经水热处理以后，颖壳开裂、变脆，容易脱壳。使用胶辊砻谷机脱壳时，可适当降低辊间压力、提高产量，以降低胶耗、电耗。脱壳后，经稻壳分离、谷糙分离，得到的蒸谷糙米送入碾米机碾白。

3.1.2.6 碾米

蒸谷糙米的碾白是比较困难的，在产品精度相同情况下，蒸谷糙米所需的碾白时间是生谷的3～4倍。蒸谷糙米碾白困难，不仅是因为皮层与胚乳结合紧密、籽粒变硬，而且是因为皮层的脂肪含量高。碾白时，分离下来的米糠由于机械摩擦热而变成脂状，引起米筛筛孔堵塞，米粒碾白时容易打滑，致使碾白效率降低。为了防止这种现象，应采取以下措施：

采用喷风碾米机，以便起到冷却和加速排糠的作用；

碾米机转速比加工普通大米时提高10%；

宜采用四机出白碾米工艺，即经三道砂辊碾米机、一道铁辊碾米机；

碾白室排出的米糠采用气力输送，有利于降低碾米机内的摩擦热。

碾白后的擦米工序应加强，以清除米粒表面糠粉。这是因为带有糠粉的蒸谷米，在储藏过程中会使透明、鲜亮的米粒变成乳白色，影响蒸谷米质量。此外，还需按成品含碎要求，采用筛选设备进行分级。国外还采用色选机清除带色米粒，以提高蒸谷米商品价值。

3.2　免淘洗米加工

免淘洗米(也称清洁米、不淘洗米)是一种炊煮前不需淘洗的大米。研究表明,米粒在水中淘洗时,随水流失米糠及淀粉 2%左右。营养成分损失也很大,其中损失无氮浸出物 1.1%～1.9%,蛋白质 5.5%～6.1%,钙 18.1%～23.3%,铁 17.7%。而免淘洗米不仅可以避免在淘洗过程中干物质和营养成分的大量流失,而且可以简化做饭的工序、节省做饭的时间,同时还可以减少淘米用水,防止淘米水污染环境。目前,世界上一些发达国家都生产和食用免淘洗米,并在此基础上进一步对大米进行氨基酸或维生素的强化,以提高大米的营养价值。国内很多地区已生产并销售免淘洗米。

免淘洗米必须无杂质、无霉、无毒,才能在炊煮前免于淘洗。此外,为了提高不淘洗米的食用品质和商品价值,还应尽可能地减少不完善粒、腹白粒、心白粒及全粉质粒的含量,减少异种粮粒的含量,提高成品的整齐度、透明度与光泽。

免淘洗米精度相当于特等米标准,此外米粒表面要有明显光泽。要求达到断糠、断稗、断谷,不完善粒含量小于 2%,每千克成品中的黄粒米少于 5 粒,成品含碎小于 5%,并不含小碎米。

3.2.1　免淘洗米生产工艺

生产免淘洗米的原料既可是稻谷也可是普通大米,无论是哪种原料,加工时都离不开白米抛光这一基本工序。目前,国内生产免淘洗米大都是在原有加工普通大米的基础上,增加部分设备进行的。以标一米为原料生产免淘洗米的工艺流程如图 3-2 所示。

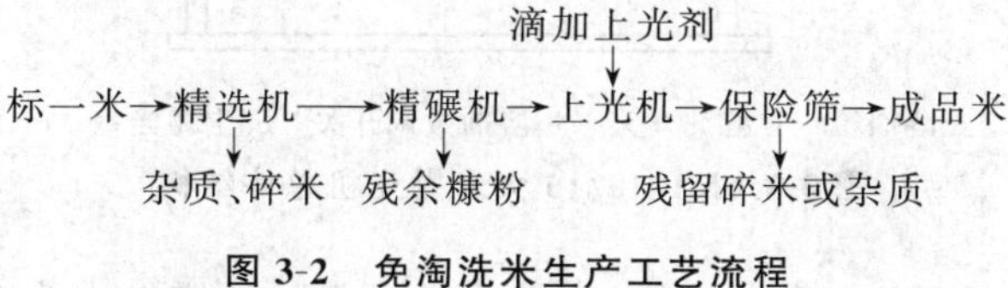

图 3-2　免淘洗米生产工艺流程

3.2.2　免淘洗米生产工艺要点

3.2.2.1　除杂

根据我国大米质量标准,标一米中允许含有少数的稻谷、种子及矿物质,为了保证免淘洗米断谷、断稗的要求,必须首先清除标一米中所含的杂质,常用的设备是平面回转筛、比重去石机等。

3.2.2.2　碾白

碾白的目的是进一步去除米粒表面的皮层,使之精度达到特等米的要求,使用的设备有砂辊喷风碾米机、铁辊喷风碾米机等。

3.2.2.3　抛光

抛光是生产免淘洗米的关键工序,它能使米粒表面形成一层极薄的凝胶膜,产生珍珠光泽,外观晶莹如玉,煮食爽口细腻。在抛光的过程中可通过加水或含有葡萄糖的上光剂,以溶液状态滴加于上光机内。

抛光的设备是大米抛光机。MP-18/15 大米抛光机结构如图 3-3 所示，主要由上抛光室、下抛光室、溶剂箱、输液管等组成。上抛光室由直径 150 mm、长 580 mm 铁辊与外围的米筛组成，白米通过上抛光室可以清除表面 60%以上的浮糠，使米粒表层淀粉粒暴露，并使白米温度上升 15℃左右。下抛光室由无毒尼龙抛光辊和外围的米筛组成，尼龙抛光辊直径 180 mm，长度为 660 mm。抛光剂由溶剂箱经溶剂开关、输液管滴入下抛光室内。白米经下抛光室抛光后，表层的淀粉便产生预糊化作用，形成一层极薄的凝胶膜。

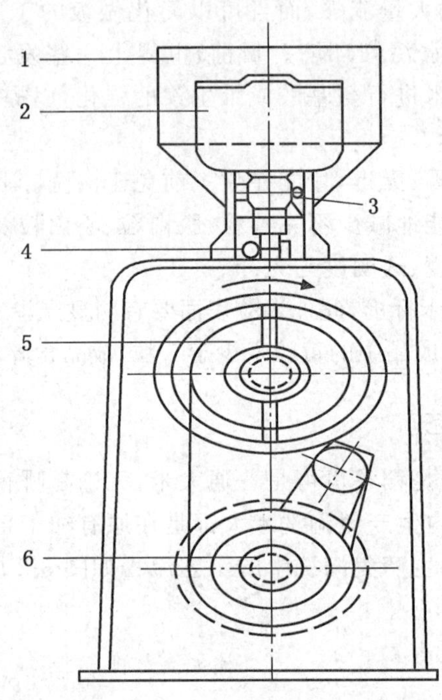

1. 进料斗　2. 溶剂箱　3. 溶剂开关　4. 溶剂微调开关　5. 上抛光室　6. 下抛光室

图 3-3　MP-18/15 大米抛光机总体结构

图 3-3 的国产 MP-18/15 大米抛光机，产量为 0.6 t/h，所需动力为 7.5 kW。

此外，还有 CM16X2 双辊白米抛光机，其结构主要由雾化装置、进料装置、抛光室、喷风系统及机架等部件组成。白米先进入雾化室内进行微量着水，使糠粉集结在米粒表面，然后通过抛光室内辊筒的旋转，使米粒翻滚摩擦，同时由于高压风机的喷风作用，使糠粉从筛孔喷出抛光室，从而得到洁净晶莹的不淘洗米。整个过程只加水助抛，不加任何添加剂，抛后水分不增加。CM16X2 双辊白米抛光机产量：2.5～3.5 t/h，动力为 37～55 kW，增碎率小于 2%。

3.2.2.4　分级

成品分级主要是对抛光后的大米进行筛选，除去其中的少量碎米，按成品等级要求分出全整米和一般的不淘洗米。目前广泛使用的设备是平面回转筛、振动筛等。

3.2.3　水磨米加工

水磨米是我国一种传统的精洁米产品，素有水晶米之称，为我国大米出口的主要产品。水磨米生产工艺的关键在于将碾米机碾制后的白米继续渗水碾磨，产品具有含糠粉少，米质纯净、米色洁白、光泽度好等优点，因此可作为不淘洗米食用。水磨米工序、擦米工序与加工普通大米相同，下面就渗水碾磨、冷却、分级等工序加以介绍。

3.2.3.1　渗水碾磨

渗水碾磨生产工艺流程如图 3-4 所示，渗水碾磨不同于碾米机对米粒的碾白作用，它只对米粒表面进行磨光，因此米粒在机内所受的作用力极为缓和。碾磨中渗水的目的主要是利用水分子在米粒与碾磨室工作构件之间、米粒与米粒之间形成一层水膜，有利于碾磨光滑细腻，如同磨刀时加水的作用一样。渗水的另一目的是借助水的作用对米粒表面进行水洗，使黏附在米粒表面上的糠粉去净。为了提高渗水碾磨的工艺效果，碾磨时最好渗入热水。因为热水可以加速水分子的运动，使水分子迅速渗透到米粒与碾磨室工作构件、米粒与米粒之间，更好地起到水磨作用。此外，热水有利于水分的蒸发，使渗水碾磨时分布在米粒表面上的水分在完成磨光任务后能迅速蒸发，不使水分向米粒内部渗透，以保证大米不因渗水碾磨而增加水分。

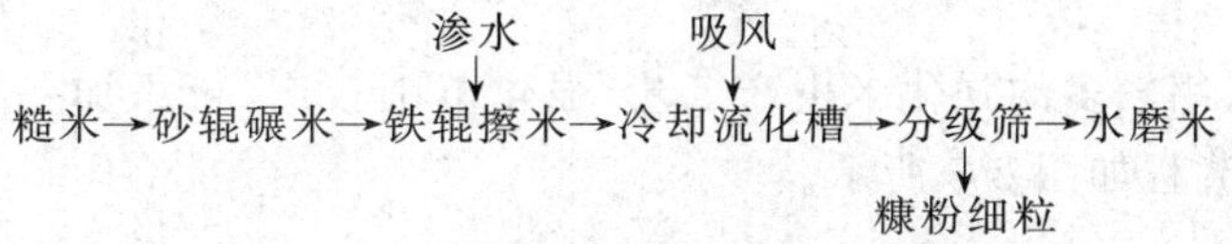

渗水 → 铁辊擦米；吸风 → 冷却流化槽

糙米→砂辊碾米→铁辊擦米→冷却流化槽→分级筛→水磨米

分级筛 → 糠粉细粒

图 3-4　水磨米生产工艺流程

渗水碾磨目前尚没有定型的专用设备，一般使用铁辊碾米机，但需将米机出口拆除，退出米刀，转速调至 800 r/min。渗水装置结构是在铁辊米机出口一端的米筛上装一个至少 8 mm 的喷水头，喷水孔直径为 3 mm，喷水头装在米筛中部偏上 1/3 处，外接皮水管，可调节流量。渗水量视大米品种与原始水分而定，以米粒面纵沟内的糠粉能除净为准，一般为大米流量的 0.5%～0.8%。此外，也可将双辊碾米机下部的擦米室改进后用于渗水碾磨。改进的要点是，在擦米室出料口的一张米筛上，钻一圆孔，插入内径 3～4 mm 钢管，钢管另一端用胶管与水箱相连。擦米室前端进行擦米，后段进行渗水碾磨。

3.2.3.2　冷却

为了降低渗水碾磨后的米温，水磨米需进入流化槽进行冷却。流化槽主要工作部件是冲孔底板。冲孔底板上的孔眼有的部分密一些，有的部分疏一些，从而使水磨米由进料斗向出料斗移动的同时，按受自下而上的室温空气的冷却作用。使用流化槽进行冷却时，不仅可降低水磨米温度，使水磨米失去水分，而且还可以吸走米流中的浮糠。冷却流化槽宽 400 mm，长 2 500 mm，用 B24 低压风机吸风，风量 4 200 m^3/min。流化槽工作时，风量要掌握适当，以使水磨米在底板上呈流化状态，波浪形前进，米粒与室温空气充分接触。

3.2.3.3　分级

渗水碾磨后的水磨米中常夹有糠块粉团，应在冷却后进行筛理，上层筛面用 5×5 孔/25.4 mm，下层筛面用 14×14 孔/25.4 mm，分别筛去大于米粒的糠块粉团和小于米粒的细糠粉。使用的设备有溜筛、振动筛等。

3.2.4　营养强化米加工

稻谷籽粒中营养素的分布情况很不平衡，在加工过程中不可避免地损失大量的营养素，而这些营养素往往是人体所必需的，因而长期食用高精度大米就会引起某些营养素的缺乏症。目前，出于口感、商品外观和保质的原因，大米加工向高精度发展，而这又与某些营养素的摄取相矛盾。为了解决这个矛盾，有必要生产人工添加所需营养素的营养强化米。

营养强化米是在普通大米中添加某些缺少的营养素或特需的营养素制成的成品米。目前，用于大米营养强化的强化剂有维生素、氨基酸及多种营养素。维生素强化剂主要是维生素 B_1，氨基酸强化剂主要是赖氨酸和苏氨酸，多种营养素主要是指维生素 B_1、维生素 B_2、维生素 B_6、维生素 B_{12} 以及蛋氨酸、苏氨酸、色氨酸、赖氨酸等。食用营养强化米时，有的按 1∶200（或 1∶100）比例与普通大米混合煮食，有的与普通大米一样直接煮食。

生产营养强化米的方法很多，归纳起来可分为外加法、内持法与造粒法。内持法是借助保存大米自身某一部分的营养素达到营养强化的目的，蒸谷米就是以内持法生产的一种营养强化米。外加法是将各种营养强化剂配成溶液后，由米粒吸进去或涂覆在米粒表面，具体有浸吸法、涂膜法、强烈型强化法等。造粒法则是将各种粉剂营养素与米面粉混合均匀，在双螺杆挤压蒸煮机中经低温造粒成米粒状，按一定比例与普通大米混合煮食。

3.2.4.1 *浸吸法*

浸吸法是国外采用较多的强化米生产工艺，强化范围较广，可添加一种强化剂，也可添加多种强化剂，其工艺流程如图 3-5 所示。

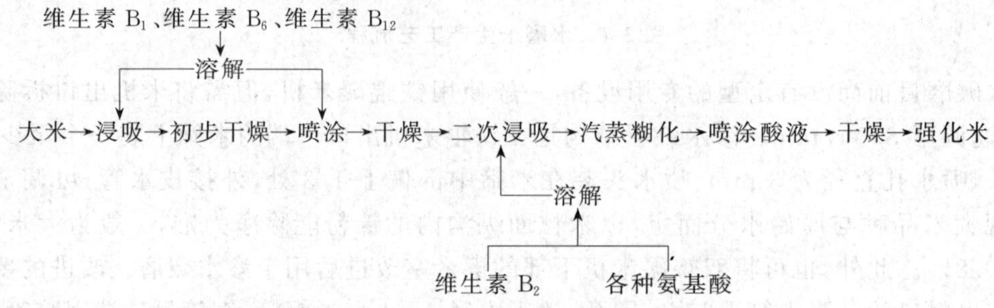

图 3-5 浸吸法生产强化米的工艺流程

（1）浸吸与喷涂　先将维生素 B_1、维生素 B_6、维生素 B_{12} 称量后溶于 0.2% 的复合磷酸盐（复合磷酸盐可用多磷酸钾、多磷酸钠、焦磷酸钠或偏磷酸钠等）的中性溶液中，再将大米与上述溶液一同置于带有水蒸气保温夹层的滚筒中。滚筒轴上装置螺旋叶片，起搅拌作用，滚筒上方靠近米粒进口处装有 4～6 只喷雾器，可将溶液洒在翻动的米粒上。此外，也可由滚筒另一端吹入热空气，对滚筒内的米粒进行干燥。浸吸时间为 2～ 4 h，溶液温度为 30～40℃，大米吸附的溶液量为大米重量的 10%，浸吸后，鼓入 40℃热空气，启动滚筒，使米粒稍稍干燥，再将未吸尽的溶液由喷雾器喷洒在米粒上，使之全部吸收，最后鼓入热空气，使米粒干燥至正常水分。

（2）二次浸吸　将维生素 B_2 和各种氨基酸称量后，溶于复合磷酸盐中性溶液中，再置于上述滚筒中与米粒混合进行二次浸吸。溶液与米粒之间比例及操作与一次浸吸相同，但最后不进行干燥。

（3）汽蒸糊化　取出二次浸吸后较为潮湿的米粒，置于连续式蒸煮器中进行汽蒸。连续蒸煮器为具有长条运输带的密闭卧式蒸柜，运输带以慢速向前转动，运输带下面装有两排蒸汽喷嘴，蒸柜上面两端各有蒸汽罩，将废蒸汽通至室外。米粒通过加料斗以一定速度加至运输带上，在 100℃蒸汽下汽蒸 20 min，使米粒表面糊化，这对防止米粒破碎及水洗时营养素的损失均有好处。

（4）喷涂酸液及干燥　将汽蒸后的米粒仍置于滚筒中，边转动边喷入一定量的 5% 醋酸溶液，然后鼓入 40℃的低温热空气进行干燥，使米粒水分降至 13%，最终得到营养强化米。

3.2.4.2　涂膜法

涂膜法是在米粒表面涂上数层黏稠物质，这种方法生产的营养强化米，淘洗时维生素的损失比不涂膜的减少一半以上，其工艺流程如图3-6所示。

(1)真空浸吸　先将需强化的维生素、矿物盐、氨基酸等按配方称量，溶于40 kg 20℃的热水中。大米预先干燥至水分为7%，取100 kg干燥后的大米置于真空罐中，同时注入强化剂溶液，在8×10^4 Pa真空度下搅拌10 min，米粒中的空气被抽出后，各种营养素即被吸入内部。

(2)汽蒸糊化与干燥　自真空罐中取出上述米粒，冷却后置于连续式蒸煮器中汽蒸7 min，再用冷空气冷却。使用分粒机使黏结在一起的米粒分散，然后送入热风干燥机中，将米粒干燥至水分15%。

(3)一次涂膜　将干燥后的米粒置于分粒机中，与一次涂膜溶液共同搅拌混合，使溶液覆在米粒表面。一次涂膜溶液的配方是：果胶1.2 kg、马铃薯淀粉3 kg溶于10 kg 50℃热水中。

一次涂膜后，将米粒自分粒机中取出，送入连续式蒸煮器中汽蒸3 min，通风冷却。接着在热风干燥机内进行干燥，先以80℃热空气干燥30 min，然后降温60℃连续干燥45 min。

(4)二次涂膜　将一次涂膜并干燥后的米粒，再次置于分粒机中进行二次涂膜。二次涂膜的方法是：先用1%阿拉伯胶溶液将米粒湿润，再与含有1.5 kg马铃薯淀粉及1 kg蔗糖酯的溶液混合浸吸，然后与一次涂膜工序相同，进行汽蒸、冷却、分粒、干燥。

(5)三次涂膜　二次涂膜并干燥后，接着便进行三次涂膜。将米粒置于干燥器中，喷入火棉乙醚溶液10 kg(火棉胶溶液与乙酸各半)，干燥后即得营养强化米。

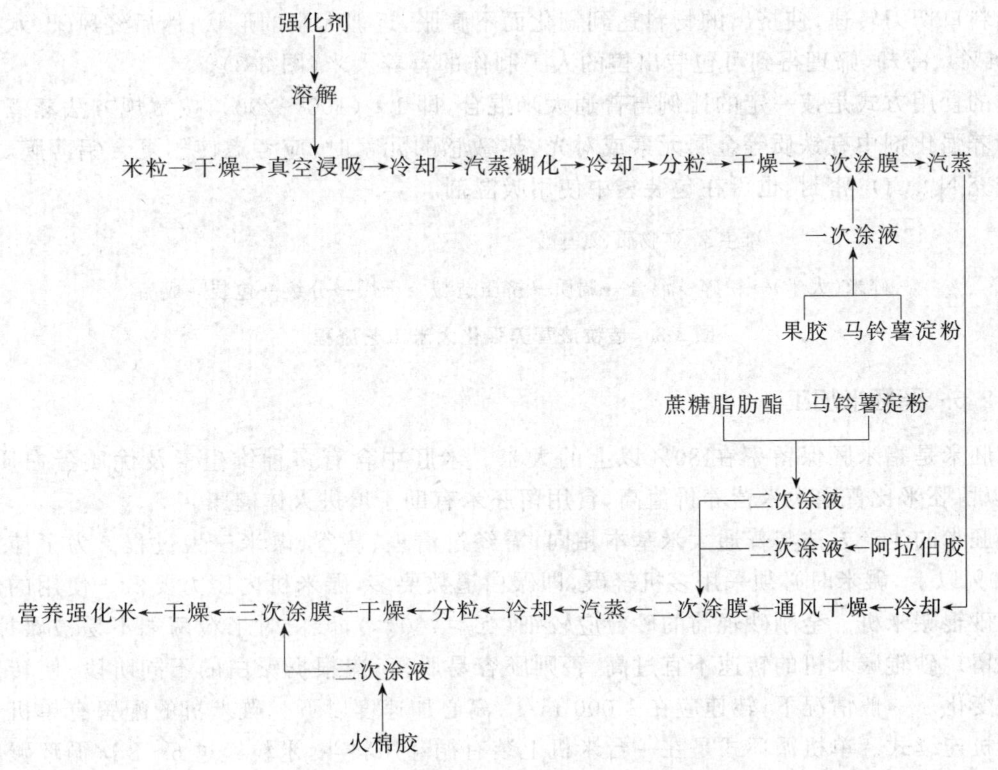

图3-6　涂膜法生产营养强化米工艺流程

3.2.4.3 强烈型强化法

强烈型强化法是国内研制的一种大米强化工艺，比浸吸法和涂膜法工艺简单，设备少，投资省，上马快，便于大多数碾米厂应用，其工艺流程如图 3-7 所示。

该流程只需两台大米营养强化机，所组成的强化系统工艺简单，可实现赖氨酸、维生素、矿物盐等多种营养素对大米的营养强化。据测定，赖氨酸的强化率可达 90%以上，维生素强化率可达 60%～70%，矿物盐强化率可达 80%。

赖氨酸、维生素 B_1、维生素 B_2 ↓ 矿物盐 ↓

白米→1 号强化机→2 号强化机→营养强化米

图 3-7 强烈型强化法生产强化米工艺流程

强烈型强化法是将各种营养素强制渗入米粒内部或涂覆于米粒表面。将大米和按标准配制的营养素溶液分次进入各道强化机内，在米粒与强化剂混合并受强化机剧烈搅拌过程中，利用强化机内的工作热(60℃左右)，使各种营养素迅速渗入米粒内部或涂覆于米粒表面。同时使强化剂中的水分迅速蒸发，经适当缓苏，便能生产出色、香、味与普通大米相同的营养强化米。食用时，不用淘洗便可直接炊煮。

3.2.4.4 造粒法

该法是一种采用人造米生产工艺进行大米强化的加工方法，属食品质构重组技术。可以以碎米为主要原料，将其微粉碎后与营养强化剂按一定比例混合均匀，进行水汽调质将水分含量控制在 30%～35%，采用双螺杆挤压蒸煮机，调节进料速度、螺杆转速、工作温度(100℃以下)、出料口切刀转速，使挤出的物料达到糊化而不膨胀，近似大米的形状，然后经风干(水分保持在 14%)、冷却、筛理得到可包装出售的人工制作的营养大米(图 3-8)。

它的食用方式是按一定的比例与普通大米混合，即 1：(100～200)，按常规方法蒸煮。如果在营养强化剂中有铁质等金属元素或对光、热敏感的元素时，应考虑使用复合铝薄膜，并抽真空或充 N_2、CO_2 密封，也可在包装袋中使用吸湿剂。

维生素、矿物质、氨基酸 ↓

碎米(大米)→粉碎→混合→调质→挤压造粒→干燥→分级→包装→成品

图 3-8 造粒法营养强化大米工艺流程

3.2.5 留胚米加工

留胚米是指米胚保留率在 80%以上的大米。米胚中含有多种维生素及优质蛋白质、脂肪，所以留胚米比普通大米营养价值高，食用留胚米有助于增进人体健康。

留胚米的生产方法与普通大米基本相同，需经过清理、砻谷、碾米三大过程。为了使留胚率在 80%以上，碾米时必须采用多机轻碾，即碾白道数要多，碾米机内压力要低。使用的碾米机应为砂辊碾米机。金刚砂辊筒的砂粒应较细(46＃、60＃)，碾白时米粒两端不易被碾掉，胚容易保留。砂辊碾米机的转速不宜过高，否则胚容易脱落，应根据碾白的不同阶段，使转速由高向低变化。一般情况下，转速应在 1 000 m/s^2 离心加速度以下。碾米机的配置有单机循环式与多机连续式。单机循环式是在一台米机上装有循环用料斗，米粒经过 6～8 次循环碾制而得到留胚米。这种加工方式效率低，但占地面积小，设备投资低。多机连续式是将 6～8 台米机并列串联，使米粒依次通过各道米机碾制而得到留胚米。这种加工方式适合大规模生产，但占地面积大，投资高。现国内已研制开发成功立式米机，经其加工的大米留胚率达 80%以上。

留胚米因保留胚很多，在温度、水分适宜条件下，微生物容易繁殖。因此，留胚米常采用真空包装或充气(二氧化碳)包装，防止留胚米品质降低。

留胚米留胚率的检测方法有粒数法与重量法两种。粒数法是以胚芽完好率为测定依据。其具体方法是取 100 粒大米按图 3-9 所示的大米留胚芽完好率分别进行留胚分类，并统计 A、B、C 类粒数，分别设为 N_A、N_B、N_C，按$(N_A+N_B+N_C)/2$ 计算留胚率，双误差允许为 5%，取其平均数，即为检验结果。

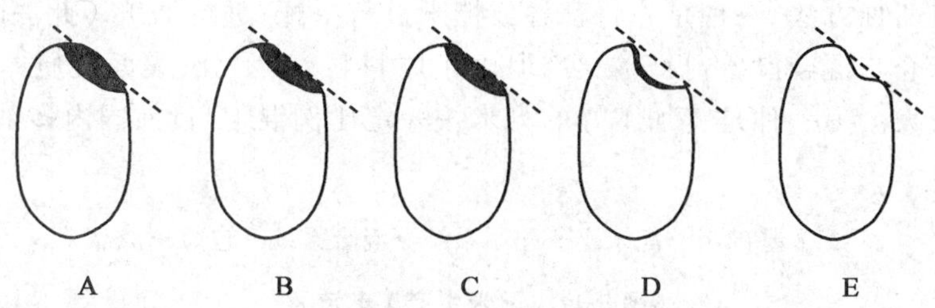

A. 全胚米，米胚保持原有的状态　B. 平胚米，保留的米胚平米嘴的切线
C. 半胚米，保留的米胚低于米嘴的切线　D. 残胚米，米胚仅残留很小一部分　E. 无胚米，米胚全部脱落

图 3-9　大米留胚程度判别

重量法是测定糙米试样的胚质量和留胚米试样的胚芽质量，以二者百分比表示留胚率。重量法比粒数法准确，但费工费时，分离胚芽时必须做到不损伤胚乳。

3.2.6　发芽糙米加工

发芽糙米是将糙米在一定温、湿度下发芽至一定芽长后所得的由幼芽和带糠层胚乳组成的糙米制品。糙米发芽的本质是糙米中含有的酶的激活、释放及酶解的过程。发芽糙米发芽后，内部变化致使部分已有营养成分含量显著提高，如 γ-氨基丁酸、赖氨酸、B 族维生素、还原糖、膳食纤维等。同时，发芽糙米改善了糙米食用过程中不易蒸煮、口感粗糙、不易消化吸收等问题，市场推广具有良好的发展前景。

常见的发芽糙米的制备方法根据加水量和干燥的方式不同主要分为浸泡法和微量加水法两种。浸泡法加工工艺如图 3-10 所示。将糙米原料浸泡于 30～40℃的温水中，浸泡时间一般为 18～24 h，目标发芽糙米产品水分为 30%以上；热处理过程的作用为酶的灭活和杀菌；经常温干燥后发芽糙米产品水分含量应小于 15%。微量加水法与浸泡法的区别是在糙米发芽过程中缓慢地重复进行加水(糙米含水量逐步提高至 17%～30%)，最大限度地利用发芽时期的酶活性以实现营养成分的富集。

稻谷→砻谷→消毒、清洗→浸泡→热处理→常温通风冷却→常温干燥→发芽糙米

图 3-10　浸泡法制备发芽糙米工艺流程

发芽糙米是一种新型功能性米制品，在日本、东南亚等国家已有一定的研究基础，相关产品占有一定的市场份额。我国对于发芽糙米制品的关注刚刚起步，加工工艺仍有待于进一步规范、优化。

3.2.7 大米配制技术

将品种、食用品质各异的大米按一定比例混匀而成的成品米即为配米。配米是大米加工过程中的一个环节，不同品种、品质的稻谷加工成的成品基础米存放在散装仓内备用，根据市场需要，按比例配制成大米产品。由于多种大米的品质的互补作用，使大米食用品质得到改善，食味更符合消费者的嗜好，产品质量稳定。此外，通过大米配制技术，能更合理地利用稻米资源，降低生产成本。

生产配米有两种方法：一种是先将稻谷或糙米进行搭配，进行加工。此法的优点是不需要一定数量的配米仓与混合设备，投资较少，但由于原料粒度、水分、表面性质差异较大，对制米工艺效果影响较大。另一种是将加工好的大米按一定比例混匀，目前国内多采用此法，其工艺见图 3-11。

配方基础米→配米仓→配制系统→混合系统→包装→成品

图 3-11 配米生产工艺流程

配米的关键工序是配料和混合。一般要求按设定的配方准确配料，具有良好的混合均匀度，并要求作业过程中不增碎、不损伤米粒表面。具体技术指标为：配米精度误差不超过 1.0%，混合均匀度变异系数不超过 5.0%，增碎率不超过 1.0%。

3.2.8 米粉和米制品的加工

米制食品是以大米为主要原料，经过加工而成的产品。大米食品是我国传统食品的一个重要方面，历史悠久，早在汉代以前就有“糕团”“捧粑”的文字记载。米制食品中，占有重要地位的是米粉，它的产量大、品种多。比较有名的米粉品种有福建的兴化粉、厦门的白鹭牌米粉、漳州的荔枝牌米粉、东莞的方米粉、肇庆的米排粉、中山的濑粉等。这些名牌米粉，选料上乘，做工精细，洁白油润，韧滑爽口，品质优良、风味特异，远销我国港澳地区和东南亚、澳大利亚、新西兰及欧美诸国。其次是年糕，近几年来有所发展。此外，大米还可用于生产糕点、点心、焙烤制品、膨化食品、婴儿食品、饮料、发酵制品等。

米粉是以大米为原料，经过蒸煮糊化而制成的条状、丝状的干、湿制品。米粉从工艺上可分为切粉和榨粉两大类。这两类粉各有干、湿之分，并有不少品种。

米粉的种类很多，主要有以下一些品种：

湿米切粉：包括炒粉、水粉、猪肠粉、碱水肠粉、虾米肠粉、油条肠粉、甜肠粉、猪油肠粉、猪肝肠粉、牛油肠粉、凤凰肠粉、鸳鸯肠粉。

干米切粉：包括梧州切粉、龙门切粉、桂装切粉、辣椒切粉、茄汁切粉等。

湿米榨粉：包括桂林米粉、银丝米粉。

干米榨粉：包括粗条米排粉、细条米排粉、方块米粉、波纹米粉。

制作米粉首先要选好大米原料。米粉产品要求选用含支链淀粉在 85%以下的非糯性大米为原料。广东过去制作排米粉喜欢选择“金丰雪”“七担种”等品种的大米，一是因为淀粉含量高，二是支链淀粉为 80%～85%。黏性不大，但有一定的韧性。因此出品率高，产品质量好。西南大学选育的冈优缙恢 1 号杂交稻，直链淀粉含量达到 23%，用其制作的米粉得率高、韧性好、耐煮、爽口。大米原料最好在精加工后加白，以保证产品质量。

现将米粉的生产工艺流程分述如下：

(1)切粉的生产工艺与操作　切粉的生产流程如图 3-12 所示。

原料米→洗米→浸泡→磨浆→滤布脱水(俗称上浆)→落浆蒸煮→冷却→湿米切粉→切条(连续生产)→干燥→干米切粉

图 3-12　切粉生产工艺流程

切粉的工艺操作与设备分述如下：

①原料输送。原料输送方式有筐篮提升式(用吊筐吊篮把原料提升送入储米罐待洗)、气力式(采用风力吸运或压送，经风管把原料提升，再经斜槽流到洗米设备)、翻斗提升式(用翻斗连续提升物料)。

②洗米。洗米的目的是除去米粒表面糠灰及其夹在米中的杂质，保证产品的质量。洗米方法有以下几种：a. 人工洗米：即把大米投入池或盆，加清水，搅动大米，使糠灰杂质浮起，随水去掉。b. 机械洗米：有 2 种方式。一种是采用装有齿针及螺旋推进叶片的旋转圆筒，由电机带动。具体操作是开动洗米机，向圆筒内注入清水加入干米通过螺旋叶片，连水带米推进到装湿米的容器中，然后进行浸泡。另一种是采用固定桶内安装螺旋叶片，由电机传动。桶内放 60%～70%的水与米。开动螺旋叶片搅拌洗涤，排出污水，滤后浸泡。c. 射流洗米：即先开启自来水阀，把大米放入筒内，利用自来水，加压射进洗米筒内，大米在激流中洗擦，水、米一起流到米箱，排出污水，滤后浸泡。

③浸泡。大米浸泡的目的是使大米充分吸水膨胀，使米粒的含水量达到 35%～40%，以便磨浆。浸米的水量一般要求高出物料表面 5 cm 以上。浸泡时间为 1～12 h，时间长短应根据大米品种和空气温度来决定。每隔半小时需更换清水一次。浸泡到能用手指把米粒捏成粉末为准。浸泡设备，一般分上池箱、下池箱；上池箱装水浸米，下池箱储米备用。

④磨浆。磨浆是把浸泡好的大米，加水混合磨成介于固体与液体之间的可流动的糊状米浆。磨浆要求进料进水均匀，磨浆的含水量为 50%～60%(25～30°Bé)，米浆的粗细度为全部通过 10XX 绢筛。由于米浆不易筛滤，实际使用 42～52 目/in^2(1 in＝2.54 cm)绢筛较多。如磨出的米浆颗粒太粗，大致有以下原因：浸泡时间不够；吸水膨胀不均匀；动磨碟与静磨碟之间间隙太大，压力不足；进料或进水过多，米粒没有充分研磨就往外流出。

磨浆设备有石磨、钢磨、砂轮磨等。石磨笨重，消耗动力大，效率低。国内多采用钢磨和砂轮磨的定型产品。

⑤蒸粉。蒸粉是使米浆在蒸粉机内受热糊化。具体操作是，把磨好的米浆抽送到调浆桶，调好浓度，加油备蒸，然后输入蒸汽，使蒸槽升温至 96～99℃。装好落浆槽格，开动蒸粉机把浆注入落浆槽，让米浆均匀地流到蒸带上，进入蒸粉糊化带；接着开动输送带及冷风扇，把蒸熟的粉片送到输送带上，然后把割断的粉片叠好放置架上，常温冷却。

蒸粉机结构见图 3-13，主要由浆泵、拌浆桶(池)、落浆槽(格)、蒸槽、蒸粉带、冷却输送带组成，由电机带动。蒸带循环运转，槽内加热而达到连续蒸煮要求。

冷却与切条是湿米切粉生产的最后工序。冷却是在蒸粉机输送带上，经过机械吹风。逐张叠起来的粉片放到架上冷却，静放 2～4 h，使粉片温度冷却到室温。然后，把粉片切成宽 8～10 mm 的长粉条。在切条之前先把粉片按正方形折叠，每张 3～4 折，然后把叠折好的粉片对称合起来，开动切粉机，把粉片在输送带上排列好，通过龙门架上下运动的切刀便得湿米切粉。

⑥切粉干燥。如果把湿米切粉制成干米切粉，只需通过一道干燥工序（干燥前的工序完全相同）。把刚蒸出来的薄粉带中含水量从 56%降到 28%～38%。由于粉片表面有大量水分，干燥时可选择 70～80℃的温度，温度过高会使粉片表面很快结膜，影响粉片内部水分继续蒸发，产生暗裂。干燥室内介质的温度，不能低于物料本身的温度。

刚干燥割断后的粉片含水量要求在 28%～30%。如果其表面干硬、凹凸不平，需自然冷却，达到表面水分平衡，成为柔软平滑的粉片。经过逐张扬散，堆叠起来放置 3～4 h，以便切条。

切条的任务由切条机完成。把折好的粉片放在切条机的输送带上，按照不同品种规格要求调整好切条宽度，开机切条，并由滚动轴辊自动送到干燥机的输送带上。干燥普遍采用单层或多层网带输送的隧道式干燥机。经验证明粉条干燥脱水；其干燥介质温度比空气温度高 10～15℃。例如空气温度 30℃时，其介质温度为 40～45℃。通过空气对流连续排潮，迅速脱水，粉条干燥脱水时间为 40～50 min。

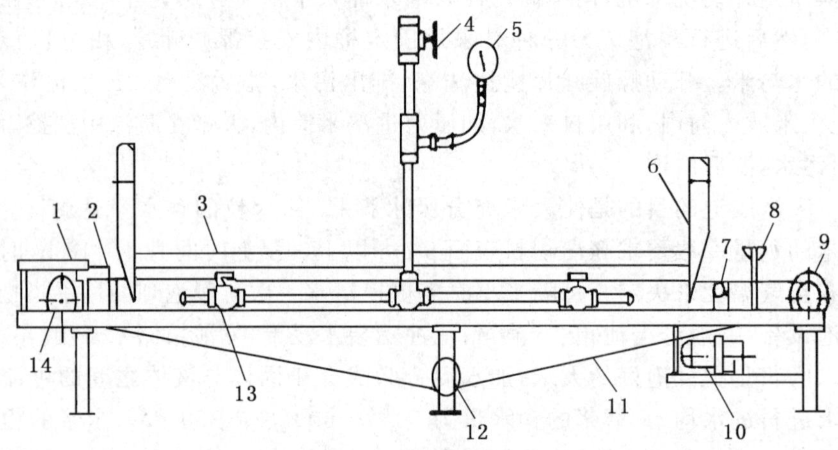

1.浆托 2.浆格 3.汽室 4.闸阀 5.气压表 6.排气管
7.调节阀 8.滴油器 9.驱动轮 10.电机 11.蒸料带
12.张紧辊 13.分汽阀 14.从动轮

图 3-13 蒸粉机结构简图

⑦包装。按照不同品种及重量打包，要求整齐美观。

(2)榨米粉的生产工艺与操作　榨米粉（榨粉）也分为湿米榨粉和干米榨粉。湿米榨粉的生产流程见图 3-14。

原料→洗米→浸泡→磨浆→脱水→混合→蒸坯→挤片

梳松成型←水洗（风冷）←蒸煮←榨条←

图 3-14 湿米榨粉生产工艺流程

干米榨粉的生产流程：在蒸条前与湿米榨粉相同，只是减少些油脂和增加成型干燥工序。榨粉的原料输送、洗米浸泡工序和切粉完全一样。现将不同的工序分述如下。

①粉碎与磨浆。榨粉的原料破碎有湿法和干法 2 种。一般湿法比干法的产品质量好。湿法磨浆要求米浆含量为 32～35°Be，含水量 50%～55%。干法粉碎设备多选用 420 型侧筛粉

碎机。由电机带动粉碎机的转子以 3 230 r/min 运转，与定子配合粉碎大米，经筛眼筛出粉。原料洗涤后不需浸泡，要求含水量在 22%～24%，采用干法粉碎产品质量不如湿磨的好，但效率高。

湿米榨粉磨浆与湿米切粉磨浆一样。磨浆设备各有特点，石磨磨浆平稳，浆温低，能保证米浆品质不受损害，但生产效率低；砂轮磨效率高，噪声小，浆温稍高，有脱沙粒混入米浆现象；钢磨，转速效率及米浆温度介乎石磨与砂轮磨之间，噪声大。

②脱水、蒸坯、挤片。目前多采用米浆脱水后的蒸坯工艺，脱水以米浆的含水量降到 35%～38%较好。含水量过多会造成榨条时出现糊状倒流现象，榨出的粉条互相粘连，表面不光滑。含水量过低，蒸坯难以膨胀糊化。米浆脱水方法有布袋入浆压滤脱水、筛池过滤排水、真空脱水，其中真空脱水效果最好，但投资较大。

蒸坯是使脱水后粉团糊化，便于挤片。糊化要求掌握在 75%～85%。糊化度太高，坯料太软，榨出粉条粘连，弹性不足，不耐蒸煮；糊化度太低，坯料缺乏韧性，容易断条。糊化度与物料水分、蒸煮时间、温度、蒸汽压力有关。蒸煮设备多采用隧道式输送蒸槽。

③榨条。是把上道工序的片状坯料送到榨粉机入榨模孔板，通过模孔板挤压成直径为 0.8～2.5mm 的圆形粉条，改变模板孔型，也可得到扁状粉条。实际操作中必须掌握好进料速度与压力，进料不足，挤出的粉条结合不紧，易断条；进料过多，压力过大，部分坯料在榨机内回流，产生粘连，容易堵塞孔眼。

④蒸煮。蒸煮是在初蒸坯料的基础上，通过复蒸达到粉条完全糊化的目的。也是粉条最后定型的主序。操作方法是把通过榨机板的粉条排列在网带输送蒸槽内，通过 95～99℃的蒸汽加热 10～15 min，含水量控制在 45%～62%，或是采用压力容器蒸条罐。蒸煮时间要适当，时间过长，温度过高，会引起过分糊化，表面产生糊液；时间过短，温度太低，则粉条糊化不完全，会产生白心，易碎断。

⑤冷却与松条。经过蒸煮的粉条，表面带有胶性溶液，黏性较大，要及时冷却松条。操作方法是使粉条通过冷水槽降温松散或通过冷风道冷透后再入松丝机松散。

⑥干燥与包装。榨粉干燥工艺与切粉干燥工艺相同。经过 2 次蒸煮出来的粉条含水量仍在 45%以上，必须把水分降到 13%～14%。一般干燥温度控制在 45℃以下，时间 3～8h，温度低时间长，产品质量好。

经过烘干的产品要及时冷却，使粉条内外温湿度达到平衡，与大气温度接近。然后采用包装机或手工包装。

二维码 3-1 工业化湿米粉生产线

思考题

1. 为什么要对稻米进行营养强化？
2. 稻米营养强化有哪些方法？
3. 免淘洗米的工艺要点和产品质量要求是什么？
4. 蒸谷米营养保持的原理是什么？
5. 米粉的产品特征和关键的工艺环节是什么？

参考文献

[1] 佘纲哲.稻米化学加工储藏.北京:中国商业出版社,1994

[2] 董绍华.农产品加工学.内部交流

[3] 高福成.方便食品.北京:中国轻工业出版社,2000

[4] Rice Program, The University of Arkansas,内部刊物,2001

[5] 西南农业大学.冈优缙恢1号杂交稻选育汇报材料.1998

[6] Fengfeng Wu, Na Yang, Alhassane Toure, etc.. Germinated brown rice and its role in human health. Critical reviews in Food Science and Nutrition, 2013. 53: 5. 451-463

[7] Dong-Hwa Cho, Seung-Taik Lim. Germinated brown rice and its bio-functional compounds. Food Chemistry, 2016. 196:259-271

[8] Thatchapol Chungcharoen, Somkiat Prachayawarakorn etc.. Effects of germination process and drying temperature on gamma-aminobutyric acid and starch digestibility of germinated brown rice. Drying Technology, 2014. 32(6):742-753

第4章 小麦制粉

本章学习目的与要求

小麦制粉的基本原理和工艺过程；与制粉有关的一些主要问题，包括小麦的分类、小麦品质性状、小麦粉的加工品质、小麦籽粒构造和化学成分以及小麦等级粉和专用粉的生产工艺特点。

小麦是全世界主要的粮食作物,也是世界上栽培最早的作物之一,它对人类文明的发展发挥了极其重要的作用。目前,小麦已成为全世界分布范围最广、种植面积最大、总产量最高、总贸易额最大、供给营养最多的粮食作物之一。人类需要蛋白质的20%以上是由小麦提供的,相当于肉、蛋、奶产品为人类提供的蛋白质总和。小麦在我国的种植面积和总产量仅次于水稻,属第二大粮食作物,但仍是我国北方人民的第一大主粮作物。1993年以来,我国小麦总产量已超过美国,成为世界第一大小麦生产国。同时,我国也是全世界第一大小麦消费国和第二大进口国。

小麦的主要消费途径是先生产小麦面粉,然后再加工成各种面制食品。由于小麦面粉中含有特有的面筋质,从而赋予了小麦广泛的用途。用它生产的食品种类繁多,是其他粮食作物无法比拟的。小麦制粉是一门古老的技术,随着社会发展和技术进步,小麦制粉技术在不断改进。等级粉的生产对过去单一面粉种类而言,无疑是一大飞跃。专用粉的问世,使小麦制粉的技术性有了进一步深化。小麦制粉是粮食加工业的重要组成部分。

4.1 小麦工艺品质

4.1.1 小麦分类

小麦在我国的种植面积大,分布范围广。从长城以北到长江以南,东起黄海、渤海,西至六盘山、秦岭一带,都是小麦的主要播种区。由于不同区域有其不同的自然条件,这就决定了我国小麦有不同的类型,以便适应不同的生态环境。我国小麦分为三大自然麦区,即北方冬麦区(包括河南、山东、河北、陕西、山西等)、南方冬麦区(包括江苏、安徽、四川、湖北)和春麦区(包括黑龙江、新疆、甘肃等)。一般地说,不同小麦的加工品质不尽相同,北方冬麦区小麦的蛋白质含量高,质量好;其次是春麦区。南方麦区小麦的蛋白质和面筋质含量较低。小麦有下列不同的分类方法:

4.1.1.1 按播种季节划分

依据播种季节可将我国小麦分为春小麦和冬小麦。春小麦在春季播种,夏末收获。如长城以北地区冬季寒冷,小麦难以越冬,故常在春季播种。春小麦籽粒腹沟深,出粉率不高。冬小麦在秋季播种,初夏成熟。如长城以南的小麦就是在秋季播种,越冬后春季返青,夏季收获。

4.1.1.2 按籽粒皮色划分

按照皮色可将小麦分为白皮小麦和红皮小麦。白皮小麦籽粒外皮呈黄白色和乳白色,皮薄,胚乳含量多,出粉率高,多生长在南方麦区。红皮小麦籽粒外皮呈深红色或红褐色,皮层较厚,胚乳所占比例较少,出粉率较低,但蛋白质含量较高。

4.1.1.3 按籽粒质地结构划分

根据籽粒质地状况,可将小麦分为硬质小麦和软质小麦。硬质小麦胚乳质地紧密,籽粒横截面的一半以上呈半透明状,称为角质。硬质小麦含角质粒50%以上。软质小麦的胚乳质地疏松,籽粒横断面的一半以上呈不透明的粉质状。软质小麦含粉质粒50%以上。一般硬质小麦的面筋含量高,筋力强;软质小麦的面筋含量低,筋力弱。

我国2008年制定的标准(GB 1351—2008)主要是根据小麦冬春性、皮色、硬度等将全国小麦分为5类:

(1)硬质白小麦　种皮为白色或黄白色的麦粒不低于 90%，硬度指数不低于 60 的小麦。

(2)软质白小麦　种皮为白色或黄白色的麦粒不低于 90%，硬度指数不高于 45 的小麦。

(3)硬质红小麦　种皮为深红色或红褐色的麦粒不低于 90%，硬度指数不低于 60 的小麦。

(4)软质红小麦　种皮为深红色或红褐色的麦粒不低于 90%，硬度指数不高于 45 的小麦。

(5)混合小麦　不符合以上各条规定的小麦。

4.1.2　小麦的加工品质

4.1.2.1　小麦品质的概念

小麦品质是由多因素构成的综合概念。根据小麦面粉的用途不同，衡量品质的标准有所变化。通常所说的小麦品质包括小麦籽粒形态品质(外观)、营养品质和加工品质(图 4-1)。

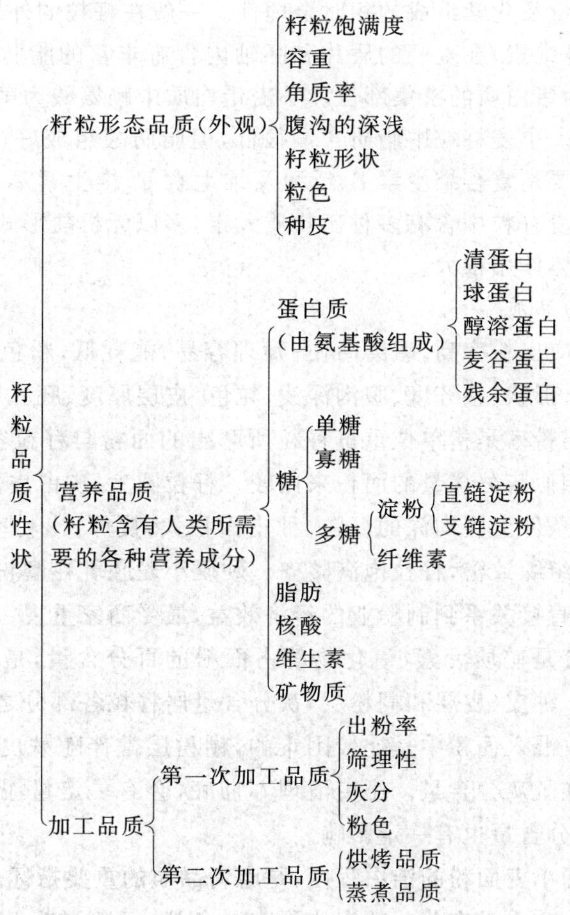

图 4-1　小麦籽粒品质性状

4.1.2.2　小麦籽粒品质

小麦籽粒品质主要包括：①千粒重。千粒重反映籽粒的大小和饱满程度。千粒重适中的小麦籽粒大小均匀度好，出粉率较高；千粒重低的小麦籽粒较为秕瘦，出粉率低；千粒重过高的小麦籽粒整齐度下降，在加工中也有一定缺陷。②容重。是指每升小麦的绝对质量。容重与籽粒的形状、大小、饱满度、整齐度、质地、杂质、腹沟深浅、水分等多种因素有关。容重大的小麦出粉率较高。③角质率。角质率是角质胚乳在小麦籽粒中所占的比例，与质地有关。角质率高的籽粒硬度大，蛋白质含量和湿面筋含量高。④籽粒硬度。反映籽粒的软硬程度。角质率高的籽粒质地结构紧密，硬度较大。硬度可反映蛋白质与淀粉结合的紧密程度。硬度大的小麦在制粉时能耗也大。⑤籽粒形状。小麦籽粒形状有长圆形、卵圆形、椭圆形和短圆形。籽粒形状越接近圆形，磨粉越容易，出粉率越高。⑥腹沟深浅。腹沟深的小麦籽粒，皮层比例较大，易沾染杂质，加工中难以清理，会降低出粉率和面粉质量。⑦种皮颜色。白皮小麦一般皮层较薄，出粉率较高。我国居民对白皮小麦有习惯性偏好。

小麦籽粒性状还包括种子的长、宽、厚等。

4.1.2.3 小麦营养品质

小麦的营养品质主要是指小麦籽粒中碳水化合物、蛋白质、脂肪、矿物质和维生素，以及膳食纤维等营养物质的含量及化学组成的相对合理性。一般在籽粒的外果皮和内果皮中含有大量的粗纤维、戊聚糖和纤维素；在麦胚的盾片和胚轴内含有丰富的脂肪；在糊粉层内含有较高的灰分；胚和糊粉层均为蛋白质的密集部位。小麦蛋白质中赖氨酸为第一限制性氨基酸，苏氨酸是第二限制性氨基酸。小麦籽粒中脂质含量很低，但脂肪酸组成好，亚油酸所占比例很高。小麦籽粒中的维生素主要是复合维生素 B、泛酸及维生素 E，维生素 A 含量很少，几乎不含维生素 C 和维生素 D。小麦籽粒中含有多种矿物质元素，多以无机盐形式存在。其中钙、铁、磷、钾、锌、锰、钼、锶等对人体作用很大。

4.1.2.4 小麦磨粉品质

磨粉品质好的小麦应出粉率高，碾磨简便，筛理容易，能耗低，粉色洁白，灰分含量低。磨粉特性与小麦籽粒大小、形状、整齐度、腹沟深浅、粒色、皮层厚度、胚乳质地、容重等有关。

(1)出粉率　籽粒出粉率是指单位重量籽粒所磨出的面粉与籽粒容重之比。在比较同类小麦出粉率时，应制成相似灰分含量的面粉来比较。籽粒圆大、皮白皮薄、吸水率较高、籽粒较硬都是出粉率高的有利条件。腹沟深的籽粒，种皮面积大，皮厚，出粉率下降。容重与出粉率关系密切，容重高，胚乳组织致密，籽粒饱满整齐。硬质小麦胚乳在磨粉时易与麸皮分离，出粉率高。小麦出粉率高低直接关系到制粉业的经济效益，最受商家重视。

(2)面粉灰分　灰分是矿质元素、氧化物等占面粉的百分含量，是面粉精度的重要指标。籽粒外层灰分多于内部，种皮(皮层和糊粉层)灰分含量居籽粒各部分之首。在磨粉时，要单纯取其糊粉层，又不让麸皮混入面粉中是比较困难的，糊粉层常伴随麸皮一起进入面粉中，在增加出粉率的同时，也增加了灰分含量。小麦清理不彻底，会有一定量泥沙等杂质，也会提高灰分含量。栽培条件对灰分含量也有一定影响。

(3)白度　白度是指小麦面粉的洁白程度，是磨粉品质的重要指标。白度与小麦类型(红、白、软、硬)、面粉粗细度、含水量有关。软麦比硬麦粉色浅，面粉过粗、含水量过高会使白度下降。在制粉过程中，小麦心粉在制粉前路提出，色白，灰分少，质量高，后路出粉的粉色深，灰分多。由于粉色深浅反映了灰分的多少、出粉率的高低，国外常用白度值确定面粉等级。

(4)能耗　从经济角度考虑，能耗低，其经济价值较高。小麦硬度与动力消耗有关。在粉路长的大车间，硬麦能耗低于软麦；对中小型设备，二者差别不大；对于小型机组，则硬麦耗能大于软麦。

4.1.3　小麦籽粒结构

小麦籽粒在发育过程中，其果皮和种皮紧密相连，不易分开，故称颖果。在农业生产中称其为种子。麦粒平均长度为8 mm，重约35 mg。从外观来看，麦粒有沟的一面叫腹面，这条纵向的沟叫腹沟，腹沟的两侧叫果颊。与腹面相对的一面叫背面，背面基部有胚，顶端有短而坚硬的茸毛，叫果毛(冠毛)。图4-2是麦粒纵切面及横切面解剖示意图，图4-3展示了麦粒结构的层次关系。下面就麦粒解剖结构做以简述：

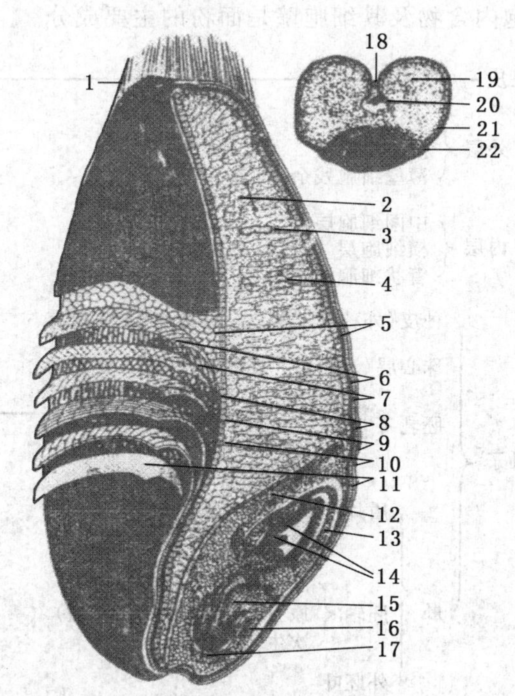

1.茸毛　2.胚乳　3.淀粉细胞(淀粉粒充填于蛋白质间质之中)　4.细胞的纤维壁
5.糊粉细胞层(属胚乳的一部分，与糠层分离)　6.珠心层　7.种皮　8.管状细胞
9.横细胞　10.皮下组织　11.表皮层　12.盾片　13.胚芽鞘　14.胚芽　15.初生根
16.胚根鞘　17.根冠　18.腹沟　19.胚乳　20.色素束　21.皮层　22.胚

图4-2　小麦籽粒的纵切面及横切面

(1)果皮　果皮包裹着整个种子，有表皮层(外表皮和下表皮)、皮下组织、横细胞、管状细胞。果皮约占籽粒的5%，含蛋白约6%，灰分2.0%，纤维素20%，脂肪0.5%，还有一定量戊聚糖。

(2)种皮和珠心层　果皮管状细胞的内侧就是种皮，种皮的内侧是珠心层。种皮包括较厚的外皮、色素层(决定小麦颜色)、较薄的内皮。种皮厚为5～8 μm。珠心层厚约7 μm。

(3)糊粉层　糊粉层在珠心层内侧，包围着淀粉胚乳和胚芽。糊粉细胞是厚壁细胞，呈立方形，无淀粉。平均厚度约50 μm，细胞壁有大量纤维素。糊粉细胞中的糊粉粒结构和成分复杂。糊粉层含有很高的灰分、蛋白质、磷、脂肪和尼克酸，硫胺素和核黄素、酶活性也高。胚部糊粉层薄，约为13 μm。制粉时，糊粉层随珠心层、种皮和果皮一同去掉，形成麸皮。

(4)胚　胚位于麦粒背面基部，内侧紧贴胚乳，外侧被皮层包裹。胚由对盾片、胚芽鞘、胚芽、胚轴、初生根、胚根鞘、根冠等组成。胚含有很高的蛋白质(25%)、糖(18%)、油脂(6%～11%)、灰分(5%),还有B族维生素和多种酶,以及维生素E。

(5)胚乳　糊粉层以内的部分为胚乳,占麦粒的绝大部分。胚乳由许多胚乳细胞组成,不同部位的胚乳细胞的形态和内含物不同。胚乳细胞充满了淀粉粒,淀粉粒之间充满有蛋白体,蛋白体的主要成分是面筋蛋白。根据胚乳中蛋白质含量的差异以及结构紧密程度的不同,可分为角质胚乳、半角质胚乳和粉质胚乳,角质程度是区分硬质麦和软质麦的依据。硬质麦蛋白质含量高,胚乳呈透明状(玻璃质状),结构紧密;软质麦蛋白质含量低,质软,白色不透明(粉质状),结构不致密。胚乳细胞内含物及其细胞壁是面粉的主要成分。

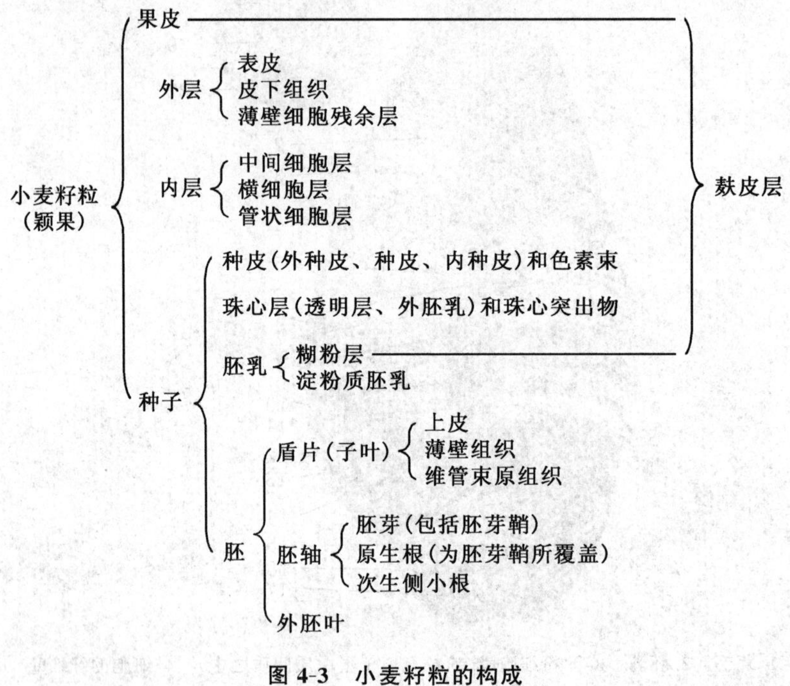

图4-3　小麦籽粒的构成

4.2　小麦清理流程

小麦制粉一般都需要通过清理和制粉两大流程。将各种清理设备(如初清、毛麦清理、润麦、净麦等)合理地组合在一起,构成清理流程,称为麦路。清理后的小麦通过研磨、筛理、清粉、打麸等工序,形成制粉工艺的全过程,称为粉路。

4.2.1　小麦搭配

4.2.1.1　搭配目的

小麦制粉的原料来源、产地、品种、水分、面筋、籽粒品质等都比较复杂,对生产过程、产品质量以及各项技术指标的稳定性有一定影响。小麦搭配就是将各种原料小麦按一定比例混合搭配,其目的在于:①保证原料工艺性质的稳定性。原料工艺性能一致,可使生产过程和生产操作相对稳定,避免因原料变化而引起负荷不均,粉路堵塞等故障发生。②保证产品质量符合国家标准。如红麦与白麦搭配，可保证面粉色泽；高面筋含量与低面筋含量搭配，可保证产品达到适宜的面筋质含量；灰分不同的小麦搭配，可得到符合规定灰分含量的面粉。③合理使用原料，提高出粉率。原料搭配可避免优质小麦及劣质小麦单纯加工造成浪费以及与国家标准不符等问题。适当地搭配，可在保证面粉质量的前提下得到最高的出粉率。

4.2.1.2　搭配原则和方法

搭配时，应根据面粉质量和品质要求，搭配不同的小麦，使之能磨制出符合质量要求的面粉。在进行小麦搭配时，首先应考虑面粉色泽和面筋质，其次是灰分、水分含杂及其他项目。搭配的各批小麦，水分差别不宜超过 1.5%；含杂多的小麦要单独清理再搭配。

小麦的搭配比例应根据面粉的某一质量指标来确定，搭配数量可用反比例方法来确定（表 4-1 和表 4-2）。

表 4-1　小麦搭配比例计算方法

名称	甲种麦	乙种麦	混合小麦
白麦含量/%	90	40	64
与混合小麦的白麦差/%	90－64＝26	64－40＝24	
混合麦比例	24	26	24＋26＝50
搭配比例/%	24/50×100%＝48%	26/50×100%＝52%	100%

表 4-2　三批小麦搭配的计算方法

名称	甲小麦	乙小麦	丙小麦	混合小麦
面筋质（湿面筋）/%	32	24	22	25
与混合麦面筋差：				
甲、乙麦组成时	32－25＝7	25－24＝1		
甲、丙麦组成时	32－25＝7		25－22＝3	
混合麦比例	1＋3＝4	7	7	4＋7＋7＝18
搭配比例/%	4/18×100% ＝22.2%	7/18×100% ＝38.9%	7/18×100% ＝38.9%	100%

小麦搭配一般采用下麦坑搭配，毛麦仓搭配和润麦仓搭配。小厂多采用下麦坑搭配，大型仓多在毛麦仓出口或润麦仓出口搭配。用配麦器控制搭配比例，配麦器有容积式或重量式两种。

4.2.2　小麦清理

小麦清理流程简称麦路，是原粮小麦经除杂等一系列处理，达到入磨净麦要求的整个过程。

4.2.2.1　小麦清理的目的

由于目前技术条件的限制，小麦在生长、收割、储存、运输等过程中都会有杂质混入。在生长期，由于雨水过多导致发芽、发霉的小麦和受虫害、病害的小麦都是小麦中的杂质，这些小麦的混入会影响面粉的气味和质量；由于选种不纯，一些杂草的种子（如荞子等）也会混入小麦中，这些杂草的种子混入后会使制成的面粉形成黑点，影响面粉的色泽；在收割期，由于没有专用的晒场，一些石子、土块等杂质都会混入小麦中，石块会损伤设备，麦秆会堵塞输送管道，泥土、沙石会使面粉牙碜；在储存期，由于小麦发热、发霉以及一些杀虫剂的混入，会影响面粉的质量和气味。因此，在制粉前必须将小麦进行清理，把小麦中的各种杂质彻底清除干净，这样才能保证面粉的质量，满足食品工业和人民生活的需要，确保人民的身体健康，并达到安全生产的目的。

4.2.2.2 小麦中杂质的分类

小麦中的杂质可按化学成分和物理性质分类。

(1)按化学成分

①无机杂质。无机杂质指混入小麦中的泥土、沙石、砖瓦、金属等无机物质。

②有机杂质。有机杂质是指混入小麦中的根、茎、叶、壳、野草种子、异种粮粒以及无食用价值的生芽、带病斑、变质麦粒等有机物质。

(2)按物理性质

①按粒度大小可分为3类。

大杂质：指留存在直径为4.5 mm筛孔筛面的杂质。

并肩杂质：指穿过直径为4.5 mm筛孔的筛面，留存在直径为1.5～2.0 mm筛孔筛面上的杂质。

小杂质：指穿过直径为1.5～2.0 mm筛孔筛面的杂质。

②按密度大小可分为2类。

重杂质：指密度比小麦大的杂质。

轻杂质：指密度比小麦小的杂质。

4.2.2.3 小麦清理常用的方法

(1)风选法 利用小麦与杂质的空气动力学性质的不同进行清理的方法称为风选法。空气动力学性质一般用悬浮速度表示。风选法需要空气介质的参与。常用的风选设备有垂直风道和吸风分离器等。

(2)筛选法 利用小麦与杂质粒度大小的不同进行清理的方法称为筛选法。粒度大小一般以小麦和杂质厚度、宽度不同为依据。筛选法需要配备有合适筛孔的运动筛面，通过筛面与小麦的相对运动，使小麦发生运动分层，粒度小、密度大的物质接触筛面成为筛下物。常用的筛选设备有振动筛、平面回转筛、初清筛等。

(3)密度分选法 利用杂质和小麦密度的不同进行分选的方法称为密度分选法。密度分选法需要介质的参与，介质可以是空气和水。利用空气作为介质的称为干法密度分选；利用水作为介质的称为湿法密度分选。干法密度分选常用的设备有密度去石机、重力分级机等，湿法密度分选常用的设备有去石洗麦机等。

(4)精选法 利用杂质与小麦的几何形状和长度不同进行清理的方法称为精选法。利用几何形状不同进行清理需要借助斜面和螺旋面，通过小麦和球形杂质发生的不同运动轨迹来进行分离。常用的设备有荞子抛车等。利用长度不同进行清理需要借助有袋孔的旋转表面。短粒嵌入袋孔被带走，长粒留于袋孔外不被带走，从而达到分离的目的。常用的设备有滚筒精选机、碟片精选机、碟片滚筒精选机等。

(5)撞击法　利用杂质与小麦强度的不同进行清理的方法称为撞击法。发芽、发霉、病虫害的小麦、土块以及小麦表面黏附的灰尘,其结合强度低于小麦,可以通过高速旋转构件的撞击使其破碎、脱落,利用合适的筛孔使其分离,从而达到清理的目的。撞击法常用的设备有打麦机、撞击机、刷麦机等。

(6)磁选法　利用小麦和杂质铁磁性的不同进行清理的方法称为磁选法。小麦是非磁性物质,在磁场中不被磁化,因而不会被磁铁所吸附;而一些金属杂质(如铁钉、螺母、铁屑等)是磁性物质,在磁场中会被磁化而被磁铁所吸附,从而从小麦中被分离出去。磁选法常用的设备有永磁滚筒、磁钢、永磁箱等。

(7)碾削法　利用旋转的粗糙表面(如沙粒面)清理小麦表面灰尘或碾刮小麦麦皮的清理方法称为碾削法。碾削法常用于剥皮制粉。通过几道砂辊表面的碾削可以部分分离小麦的麦皮,从而可以缩短粉路,更便于制粉。碾削法常用的设备有剥皮机等。

除了以上 7 种方法外,还有根据颜色不同的光电分选法,使用的设备为色选机。

4.2.2.4　小麦清理流程

(1)制定小麦清理流程的依据

①入磨净麦质量标准。尘芥杂质不超过 0.02%,粮谷杂质不超过 0.5%(已脱壳的异种粮粒在目前阶段暂不计入),不应含有金属杂质。

小麦经过清理后,灰分降低不应少于 0.06%。

入磨净麦水分应使生产出的成品面粉水分符合国家规定的标准。

②原粮小麦的质量。原粮小麦的品种、质量不可能是一成不变的,为此,清理流程的设计,要考虑到小麦含杂质的多少,硬麦与软麦的比例和水分高低等因素,宜采用较完善的清理设备和水分调节设备。在实际生产中,对含杂少、水分高的小麦,可调节分流装置,不必经过每道设备。

就我国小麦产区而言,南方产麦区的小麦,一般含荞子、泥块多,沙石少,毛麦水分较高,处理此类小麦,一般不考虑洗麦机,而加强筛选打麦、除荞和干法去石。华北地区小麦含沙石、泥灰较多,很少含有荞子,毛麦水分低,清理这类小麦时,应加强吸风、去石和洗麦工序,一般不考虑去荞设备。春麦产区的小麦,含水分高、沙石多、野草种子多,加工这类小麦,应加强筛选、精选和去石工序;在冬季气温低,小麦需经预热加温再进行水分调节。

感染黑穗病、麦角菌、赤霉病等病害的小麦,对人体健康影响极大。因此,在清理时必须高度注意。对感染赤霉病和黑穗病的小麦,应加强打麦,打碎受病虫害严重而强度减弱的麦粒,并加强筛选、风选,以达到有效清理。小麦中含有麦角时,可采用密度分级机进行有效的清理。

受虫害的小麦,宜采用撞击机杀虫,并加强筛理和吸风,除去虫尸和昆虫碎片。小麦中如有线虫病的麦粒,其长度较正常小麦粒短,但宽度相似,采用筛选不易清除,用带孔精选机清除比较有效。

在我国的小麦品种中,软麦多于硬麦,在加工硬麦时,需增加着水量和润麦时间。

③工厂规模和制粉种类。一般情况下,工厂规模大,生产的面粉精度要求高,其清理流程相对要完善些。而小型加工厂生产的面粉精度要求较低,同时受到投资条件和厂房空间的限制,清理流程相对简单,在此情况下,可选用结构紧凑、具有多种功能且工艺效果较好的组合清理设备,以保证基本的清理工序和必要的清理道数。

(2)制定小麦清理流程的要求

①各道工序齐全,清理设备数量适宜,工艺顺序合理。

②本着“先易后难,先无机后有机”的原则安排工艺顺序。

③对危害大、含量多的杂质,如沙石、荞子、赤霉病麦粒等要特别加强清理。

④流程应有一定的灵活性,以适应原料含杂的变化。

⑤应有完善的水分调节设施,保证入磨小麦的水分达到工艺要求。

⑥应有完善的小麦搭配加工设施,使入磨净麦品质指标基本达到成品面粉的质量要求。

⑦尽量采用系列化、标准化、通用化且高效的先进清理设备。

⑧本着保证环境卫生,提高除杂效率的原则,合理设计通风除尘网络。

(3)清理流程举例

毛麦→下麦井→初清筛→垂直吸风道→永磁滚筒→自动秤→立筒库→毛麦仓→配麦器→自动秤→振动筛→密度去石机→碟片滚筒精选机→螺旋精选机→磁钢→打麦机→平转筛→强力着水机→润麦仓→磁钢→打麦机→平转筛→永磁滚筒→喷雾着水机→净麦仓→净麦秤→皮磨

4.2.3 小麦水分调节

小麦的水分调节是利用加水和经过一定的润麦时间使小麦的水分得到重新调整,改善其物理、生化和制粉工艺性能,以获得更好的制粉工艺效果。

4.2.3.1 小麦水分调节的物理及生化变化

小麦加水后,将会发生下列相应的物理及生化变化:

①小麦的水分增加,各麦粒有相近的水分含量和相似的水分分布,且有一定的规律。

②皮层首先吸水膨胀,糊粉层和胚乳继后吸水膨胀,由于三者吸水膨胀的先后顺序不同,即会在麦粒横断面的径向方向产生微量位移,使三者之间的结合力受到削弱。这对皮层和胚乳的分离,粉从皮层上剥刮下来都是十分有利的。

③皮层吸水后,韧性增加,脆性降低,增加了其抗机械破坏的能力。因此,在研磨过程中便于保持麸片完整和刮净麸片上的胚乳,有利于保证面粉质量与提高出粉率。此外,麸片的完整也有利于筛理和打麸工作的进行。

④胚乳的强度降低。胚乳中所含的淀粉和蛋白质是交叉混杂在一起的。蛋白质吸水能力强(吸水量大),吸水速度慢;淀粉粒吸水能力弱(吸水量小),吸水速度快。由于二者吸水速度和能力的不同,膨胀的先后和程度的不同,从而引起淀粉和蛋白质颗粒位移,使胚乳结构松散,强度降低,易于磨细成粉,有利于降低动力消耗。

⑤湿面筋的产出率随小麦水分的增加而增加,但湿面筋的品质弱化。

⑥蛋白分解酶的活性、游离氨基酸的含量、糖化活性、蔗糖和各种还原糖的含量都有变化,但对制粉工艺的影响不大。

从以上变化结果可以看出,小麦经水分调节后,制粉工艺性能改善,能相应提高出粉率,提高成品面粉质量,并降低动力消耗。

4.2.3.2 小麦水分调节的工艺效果

小麦经水分调节后,将达到下列相应的工艺效果:

①使入磨小麦有适宜的水分，以适应制粉工艺的要求，保证制粉过程的相对稳定，便于操作管理。这对提高生产效率、出粉率和产品质量都十分重要。要求小麦粒含水量为13.5%～14.5%，水分均匀性控制在0.2%以内。

②保证面粉水分符合国家标准。小麦过干会造成面粉水分过低，使制粉厂遭受损失；反之，小麦过湿会造成面粉水分过高，不仅会影响消费者利益，还将影响面粉储藏管理。

③使入磨小麦有适宜的制粉性能。小麦经水分调节后，皮层韧性增加，胚乳内部结构松散，皮层及糊粉层和胚乳之间的结合力下降，有利于制粉性能的改善。但小麦水分过高，会使制粉过程中在制品流动性下降，造成筛理和流动的堵塞，影响制粉的正常生产。所以，从改善制粉性能考虑，也应有一适宜的入磨小麦水分。

小麦在加水后，必须迅速混合，并通过一定的机械作用使水分开始向内部渗透，使小麦颗粒有一定的持水性。一般小麦水分调节的着水设备由加水装置和着水设备两部分组成。小麦水分调节设备一般有水杯着水机、强力着水机和着水混合机。同时，小麦经过加水后，水分由外向里渗透需要一定的时间，一般为16～24 h，这里小麦润麦所需的时间是由一定仓容的仓来保证的，称之为润麦仓。

4.3　小麦制粉工艺

4.3.1　制粉基本原理

小麦皮层组织主要含纤维素、半纤维素和少量植酸盐，人体不能消化吸收，并且对面制品的品质有不良影响，在制粉过程中应除去小麦皮层组织。

糊粉层含有蛋白质、B族维生素、矿物质和少量纤维，其营养成分丰富。但是糊粉层蛋白质不参与面筋的形成，糊粉层也对面包、面条等面制食品的口感、外观等产生不良影响。所以，在制粉过程中原则上应予除去。

小麦胚的营养极为丰富，但小麦胚中脂肪酶和蛋白酶含量高、活性强，会影响面粉储藏期。小麦胚对食品品质也会产生不良影响。故在制粉过程中应将麦胚提出。

胚乳中主要含有淀粉和面筋蛋白，它们是组成具有特殊面筋网络结构面团的关键物质，使面筋能够制出品种繁多、造型优美、符合人们习惯的各种可口面制食品。因此，胚乳是制粉所要提取的部分。

以上分析可以看出，小麦制粉的任务是将净麦破碎，刮尽麸皮上的胚乳，将胚乳研磨成面粉，分离出混在面粉中的麸屑。小麦制粉流程简称粉路，包括研磨、筛理、清粉和刷麸等环节。小麦制粉应将胚乳与麦皮(包括糊粉层)和麦胚分离。其最佳方法应该是剥皮制粉，最大限度地避免胚乳部分受皮层和麦胚的污染。但是麦粒结构特殊，皮层与胚乳组织之间没有明显的分离层，且结合紧密，加上麦粒上有一腹沟，占表皮1/4～1/3，本身形状很不规则，所以不可能做到完全剥皮。

目前，国内外多采用破碎麦粒，逐渐研磨，多道筛理的方式来分离麸皮和胚乳(面粉)。小麦皮层组织结构紧密而坚韧，而胚乳组织疏散而松软，在相同的压力、剪力和削力下，两者粉碎后产生的颗粒程度不同，可利用筛理的方式来分离，达到除去麸皮，保留面粉的目的。通常，粒度差异与施加压力的大小有关，力越大(如一次性粉碎)，差异越小，面粉与麸皮通过筛理分离困难；力相对小一些(如多次加力)，粒度差异增大，筛理效率提高，面粉纯净，这就是现代制粉轻碾制粉的原理。现代制粉工艺是围绕扩大皮层与胚乳粒度差而展开的，润麦、松粉、光辊技术等的应用也是如此。

4.3.2 研磨及磨辊的技术特征

研磨是整个小麦制粉过程的中心环节。小麦研磨就是利用研磨机械对小麦物料施以压力、剪切和剥刮作用，将清理和润麦后的净麦剥开，把其中的胚乳磨成面粉，并将黏结在表皮上的胚乳粒剥刮干净。研磨机械有盘式磨粉机、锥式磨粉机和辊式磨粉机，其中辊式磨粉机是目前制粉厂的主要研磨机械。

4.3.2.1 磨的种类

辊式研磨机的主要构件是一对以不同速度相向旋转的磨辊，磨辊间的轧距为 0.07～1.2 mm，磨辊表面拉有磨齿。由于工作要求不同，辊式研磨机可分成不同类型，其差别主要是磨齿的多少，齿角的大小、排列，两磨辊的转速及转速差和磨辊间的轧距大小等。

(1)皮磨　皮磨的任务是在尽量保持麸皮完整的情况下破碎麦粒，并刮净皮层上的胚乳。皮磨又分为前路皮磨和后路皮磨。第一道皮磨负责研碎麦粒，以后各道皮磨负责把较大麸片上的胚乳刮净。各道皮磨在工艺上构成皮磨系统，皮磨系统一般由 4～5 道组成，其道数的设置与小麦原料的情况和出粉率有关，生产上根据工艺要求，控制各道皮磨的研磨效果。皮磨过程一般是逐步进行，以便得到最佳的分离效果，这样有利于使刮下物料的各种特性相对地明显，以利于进一步处理。

皮磨系统全部采用齿辊，磨辊接触长度占总磨辊接触长度的 35%～40%。

(2)渣磨　渣磨用于处理第一道皮磨下来的带有部分皮层的较大胚乳颗粒，用轻碾的方法碾除麦渣颗粒上的皮层，然后将麸皮和胚乳颗粒分流到其他系统进行研磨处理。渣磨所设道数较少，一般只设一道渣磨或不设渣磨。生产等级粉或为了分离胚乳，可设渣磨。使用渣磨有以下优点：①经分级和筛理后的渣进入清粉机可以进一步提高质量，生产颗粒粉时尤其应该这样。②清粉机后部出来的物料可以进入渣磨系统做进一步的处理，使各种物料分开，所获得的纯净的胚乳可以并入前面清粉机分出的纯净物料中。③渣磨齿形的改变可以影响产品的粒度。④渣磨磨辊的成功运用在很大程度上取决于它缓和的研磨作用。

(3)心磨　心磨是将皮磨和渣磨下来的粗细麦心，即不含皮层或含皮层极少的胚乳颗粒研磨成面粉的磨粉机。根据工艺要求，心磨的道数多少不同，各道心磨组合构成心磨系统。心磨系统一般采用光辊，磨粉机的辊间压力比较大，磨辊接触长度占总磨辊接触长度的 55%～60%。

4.3.2.2 磨辊的技术特征

磨辊是辊式磨粉机的工作部件。工作时，两根磨辊组成一对相向不等速转动。工作中磨辊要承受很大的径向压力，并且表面与物料产生强烈的摩擦作用，所以，磨辊表面要有足够的硬度和强度，并具有良好的导热性能。

磨辊辊体由铁合金材料浇铸而成，一般都是半辊压合空心磨辊，表面要求有较大的硬度。磨辊的直径一般为 250 mm，长度有 600 mm、800 mm、900 mm、1 000 mm 等不同规格。磨辊有齿辊和光辊 2 种，齿辊是在磨辊表面拉出锯齿状或称拉丝，光辊表面不拉成锯齿状，经磨光而成光滑的表面。磨粉机的磨辊绝大多数是齿辊。光辊使用较少，限于心磨系统。不同种类的磨以及同种磨的前后位置不同，磨辊的技术特征都不相同。

(1)磨辊的转速及转速差　两只磨辊的转速不同，分为快辊和慢辊，其速比为 2.5∶1。速比大，其快辊表面对麦粒的剥刮长度大，小麦在单位时间内被剥刮的次数也多，对小麦的破碎程度高，产量提高。但消耗动力大，机械磨碎快。一般小型磨粉机的辊线速为 6～7.2 m/s。

(2)磨辊的齿数　齿数是指磨辊表面每厘米圆周长度内磨齿的数目。在研磨同一种物料和其他因素不变的情况下，齿数越多，研磨作用越强，物料粉碎越高。实际生产中，齿数应该是皮磨稀、心磨密，就皮磨和心磨系统本身而言，应该是前路稀后路密。如前路皮磨为 5.5～6 牙/cm，后路皮磨为 8.5～9.5 牙/cm，心磨系统为 10～12 牙/cm。齿数随磨的道数逐渐增加为 1～1.5 牙/cm。粉路长，磨的道数多，逐道增加的齿数少；粉路短，道数少，逐道增加的齿数可多些。

(3)齿角　磨齿的横断面为两个不对称的侧面。较窄的一面称锋面，较宽的一面称钝面。从齿顶到磨辊中心的连线，可将磨齿分为两部分，连线与锋面的夹角称锋角；用 α 表示。连线与钝面的夹角称钝角，用 β 表示。两个侧面所形成的夹角为齿角，用 γ 表示，$\gamma=\alpha+\beta$。齿顶是一个平面，对物料起碾压作用，齿顶的大小，也根据研磨工艺的要求而定。物料的研磨效果，受齿角大小的影响。齿角越小，破碎作用越大。研磨效果还受前角大小的影响，前角是快辊磨齿与物料接触，并对物料进行粉碎作用的锋角和钝角。具体与磨齿的排列有关。

实际生产中，为了多出面粉，少出麦渣、麦心，并保持麸片完整，可采用较大的齿角，尤其应采用较大的前角，加工硬质小麦和低水分小麦时更应如此。既要出粉，又要提取一定数量的麦渣、麦心时，可采用较小的齿角，尤其应采用较小的前角，加工软质小麦及高水分小麦时更应如此。常用的齿角有 35°/65°、30 °/60°、35°/55°、40°/70°、30°/65°等。

(4)磨齿的斜度　磨辊表面的齿槽是按螺旋线刨出的，使磨齿与磨辊母线形成一定的倾斜度，即为磨齿斜度。这是为了提高研磨过程中对物料的剪切设计的。一对磨辊相对旋转时，快辊磨齿与慢辊磨齿将形成许多交叉点。磨齿的斜度越大，两辊相向旋转时的交叉点越多，研磨中的剪切作用强，制刮力小，动力省。但麸皮易碎产品质量较差。对于软质小麦、高水分小麦研磨时可用磨齿斜度，通常以同一磨齿两端在磨辊端面圆周上的距离(弧长)与磨轨长度之比表示，即 S/L。制粉厂磨齿斜面一般为 1∶7,1∶8,1∶9,1∶10。

(5)磨齿的排列　磨齿既然有锋面(窄面)和钝面(宽面)的分别，对每一磨辊来说，根据快辊和慢辊磨齿大小面相对位置不同，就有 4 种不同的排列方式(图 4-4)。

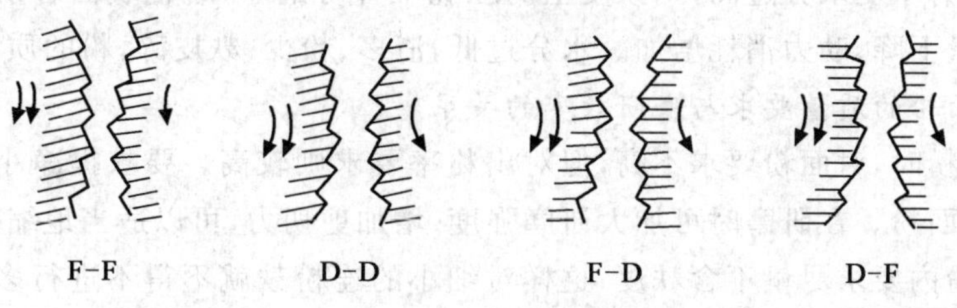

图 4-4　磨齿的排列方式

①锋对锋排列。这种排列方式表现为两个磨辊在旋转时,磨齿的钝面对着钝面。在安装时,快辊的锋口朝上。这种排列方式,磨齿前角小,对物料剪切作用强,破碎率高,产生的麦渣、麦心多,麸片碎,动力省,处理量大,但影响面粉质量。

②钝对钝排列。这种排列方式表现为两个磨辊在旋转时,磨齿的钝面对着钝面。在安装时,快辊的锋口朝上。采用这种排列方式,物料进入研磨区先受到挤压作用,然后受到剪切作用,破碎作用缓和,所以麸片大,麦渣麦心少,出粉多,面粉少。

③锋对钝排列。快辊的锋面对着慢辊的钝面,在安装时,快辊、慢辊锋口都朝下。

④钝对锋排列。快辊的钝面对着慢辊的锋面,在安装时,快辊、慢辊锋口都朝上。除齿磨外,未经拉丝的磨称光磨或光棍,光磨主要起研磨作用,用以处理齿磨所刮不着的连粉麸。光磨一般用于心磨系统。

4.3.2.3 影响研磨效果的主要因素

小麦磨成粉的过程,是利用机械力量破坏小麦各部分之间的结合力的过程。在小麦制粉工艺中,一般用剥刮率和取粉率 2 个指标来衡量研磨的效果。皮磨的研磨效果以剥刮率和取粉率衡量,渣磨和心磨以取粉率衡量。剥刮率是指物料经某道皮磨研磨后,穿过粗筛的物料的数量与本道皮磨的流量的百分比。对于不同的面粉生产线,剥刮率显著不同,剥刮率的数值取决于研磨系统的长度和复杂程度,尤其是皮磨的道数和每一道皮磨磨辊的分配。取粉率指物料经某道研磨后,穿过粉筛的物料的数量占本道的流量的百分比。心磨系统的取粉率决定于心磨磨辊轧距的大小;渣磨系统的取粉率不能太高。

4.3.3 小麦品质对面粉要求与研磨效率的关系

4.3.3.1 小麦品质与研磨效率的关系

小麦品质对研磨效果的影响主要在两个方面:小麦的角质率(硬度)和水分调节情况。角质率高的小麦在磨齿作用下,在最初一瞬间立即被破碎成数块,被磨齿切削成光滑的棱面,表现出脆性。所以在加工硬麦时,粗粒多,细粉少,麦皮容易轧碎,动力消耗较高。粉质率高的小麦在磨齿作用下,在最初的一瞬间,各部分并不出现明显的棱面,裂痕不整齐,先是产生塑性变形,然后被磨碎。

入磨的小麦应有适宜的水分含量和足够的润麦时间。这样,在研磨过程中,由于麦皮韧性增加,麦皮与胚乳的结合力减弱,使得胚乳与麦皮容易分开,麸皮保持完整,以提高小麦粉的质量和出粉率,另外,由于胚乳强度降低,在研磨时容易成粉,可以减少心磨的研磨道数,降低动力消耗。如果入磨小麦水分过高,则麸皮上的胚乳不容易刮净,磨辊表面容易出现粉环,导致出粉率下降、产量下降、动力消耗增加。水分过低,渣多、粉少、麸皮碎,粉的质量差。

4.3.3.2 面粉的质量要求与磨研效率的关系

在磨制低等粉时,对面粉要求不高,但对出粉率要求则较高。要求提净小麦胚乳,同时允许少量麸皮进入面粉。在研磨时可加大研磨强度,增加剪切力,可以适当地缩短粉路。如果磨制高等级面粉,粉内要求尽量不含麸皮,这样对细小的连粉麸就不得不进行多次剥刮,增加研磨次数,产量也要随之降低。在同一粉路研磨不同规格的等级粉时,粉路要进一步加长,研磨次数要多,磨辊的配置要根据需要,工艺难度较大。

4.3.4 筛理及筛的种类

4.3.4.1 筛理作用

筛理是用一定大小筛眼的筛子将经研磨后的混合货料中不同体积的货料分选出来的操作。经过筛理，将已研磨成的面粉筛出；将未磨制成面粉的在制品，根据颗粒大小分选出来，分别送入下一道磨继续进行剥刮和研轧。小麦自进入第一道皮磨开始，每经过一次磨研，货料体积即发生不同的变化，这就必须借筛理的作用把它们分开，才能分别继续进行处理。筛理工作是根据货料体积大小不同的基本原理加以分离的。皮磨前路磨下物的筛分的模式是：粗筛、分级筛、粉筛再筛；皮磨后路磨下物的筛分的模式是：粗筛、分级筛、粉筛再筛。

各系统混合货料具有不同的物理特性。

(1)皮磨系统货料　皮磨系统前路的货料是胚乳的比例大，麸皮的比例少，渣粒的含量高。这种货料的特点是容重大，颗粒体积大小悬殊，颗粒形状不同。货料中的粉、麸、渣相互粘连性较低。混合货料中的温度低、麸屑少，麸皮上含量多，麸皮较硬，麦渣颗粒大。由以上特性决定，皮磨前路的货料散落性大，粉、麸、渣较易通过筛理设备分离。皮磨系统后路的混合货料是粉少麸多，渣的含量少。这种货料的物理特性是容重低，颗粒体积大小差距小。混合货料中麸屑多，麸皮上含量少，麸皮较软，渣的颗粒小。货料中的粉、麸、渣互相粘连性较强。由于这些特点，皮磨后路货料散落性小，粉、麸、渣的筛分比较困难。

(2)心磨系统货料　心磨系统前路与后路货料的物理特性与皮磨系统前后路的混合货料的情况大体相同，也是前路的混合货料比后路的混合资料易于筛分。但心磨系统和皮磨系统的整个货料状况进行比较，可以看到，心磨系统货料中颗粒大小相差不大，胚乳含量高，含麸皮少。散落性小，对心磨系统的混合货料分离比较困难，特别是心磨系统的后路货料。

(3)渣磨货料　渣磨货料的物理特性介于皮磨和心磨之间，粒度较小，胚乳含量较高，细粉和麦皮数量较多，灰分含量的差距比较大，筛分时需分级与筛粉并重。由于渣磨道数少，所以渣磨的混合货料较易分离。

对物理特性不同的各种混合资料，要有针对性地选择不同类型的筛理设备。

4.3.4.2 筛的种类

筛的种类可按不同的方式划分。

(1)按筛子大小及用途划分

①粗筛。将皮磨磨下货料中的麸片分离出来的筛面称为粗筛。粗筛一般用 10～20 W 的钢丝筛网分离粗麸片，用 24～36 W 的钢丝筛网分离细麸片。

②分级筛。将麦渣麦心按粒度大小进行分级的筛面称为分级筛。分级筛一般用 28～40 GG 的特料筛绢。

③粉筛。分离面粉的筛面成为粉筛。加工标准粉时用 54～72 GG 的筛绢。提取特制粉时用 9～11 XX 的双料筛绢。

生产上，常常利用以上 3 种筛面组合成一定的筛理路线进行筛理，筛上物与筛下物分别流向出口或进入下层筛面继续筛理。

(2)按筛网的种类划分　筛面所用筛有金属丝筛网和丝织筛网两大类。

①金属网丝筛网。金属丝网具有强度大、耐磨不蛀等优点，缺点是没有吸湿性，制成细的钢丝比较困难。金属丝筛网又有白钢丝筛网与黑钢丝网之分。白钢丝筛网用镀锌或镀锡低碳

钢丝织成的，常用于粗筛和分级筛。黑钢丝筛网是用黑低碳钢丝织成的，丝线较粗，常用于刷麸机上。常用的金属筛网的规则见表 4-3 和表 4-4。

表 4-3 镀锌低碳钢丝筛网规格

筛网型号	筛孔密度/(孔数/50 mm)	相当于旧筛号/(孔数/25.4 mm=W)	筛网型号	筛孔密度/(孔数/50 mm)	相当于旧筛号/(孔数/25.4 mm=W)
Z_{20}	20	10	Z_{48}	48	24
Z_{24}	24	12	Z_{52}	52	26
Z_{28}	28	14	Z_{56}	56	28
Z_{32}	32	16	Z_{60}	60	30
Z_{36}	36	18	Z_{64}	64	32
Z_{40}	40	20	Z_{68}	68	34
Z_{44}	44	22	Z_{72}	72	36

表 4-4 常用黑低碳钢丝筛网规格

筛网型号	筛孔密度/(孔数/50 mm)	相当于旧筛号/(孔数/25.4 mm=W)	筛网型号	筛孔密度/(孔数/50 mm)	相当于旧筛号/(孔数/25.4 mm=W)
R_{68}	68	34	R_{80}	80	40
R_{72}	72	36	R_{84}	84	42
R_{76}	76	38	R_{88}	88	44

②丝织筛网。用蚕丝或化学纤维织成为丝织筛网。蚕丝筛网既有坚韧性，又有适宜的弹性、吸湿性和导电能力。化学纤维筛网比蚕丝筛网耐磨；但吸湿性差，易产生静电，筛面易吸附粉粒。一般用化学纤维和蚕丝交织的筛网。

丝织筛网可分为特料绢(GG)和双料绢(XX)。特料筛绢筛孔不易变形，筛绢牢固。双料筛绢丝线比特料筛绢细。常用的丝织筛网号数见表 4-5 和表 4-6。

表 4-5 常用特料筛绢规格

老型号 GG	孔数①	新型号 CQ	孔数②	老型号 GG	孔数①	新型号 CQ	孔数②
40	39	15	15	58	56.5	23	23
42	40.5	16	16	60	58		
44	42.5	17	17	62	60	24	24
46	44.5	18	18	64	62	25	25
48	46.5	19	19	66	64	26	26
50	48.5			68	66	27	27
52	50.5	20	20	70	68		
54	52.5	21	21	72	70	28	28
56	54.5	22	22				

注：①每 25.4 mm 的孔数；②每 1 cm 的孔数。

表 4-6　常用双料筛绢规格

老型号 XX	孔数①	新型号 CB	孔数②	老型号 XX	孔数①	新型号 CB	孔数②
6	74	30	30	10	109	42	42
7	82	33	33	11	116	46	46
8	86	36	36	12	125	50	50
9	97	39	39	13	129	54	54

注：①每 25.4 mm 的孔数；②每 1 cm 的孔数。

4.3.4.3　筛理设备

(1)高方平筛　高方平筛采用方形筛格，并以层筛格重叠成较高的筛体，因而称高方平筛(图 4-5)。筛体由木制或金属制的两个筛箱构成，筛箱由工字钢和角钢固定在一起，两个筛箱之间安装平衡块，筛格按照一定的筛路顺序叠合安放在筛箱内。每一个筛体分为 2～3 个单元，每一个单元的筛格组成独立的筛理路线，称作仓，仓与仓之间用隔板分开，高平方筛一般有 4 仓、6 仓等形式。

高方平筛的特点是：①分级、取粉的级数多，并可调整。②大流量的物料在正常波动范围内不会堵塞，具有较强的适应能力。③不串粉、不漏粉，减少物料的损失和环境的污染。④在筛体内部不结露、不积垢、不生虫。

(2)挑担平筛　挑担平筛有 4 个筛体，每个筛体内有 2 仓或 3 仓。每仓内可设置 10 余层长方形筛格(图 4-6)。

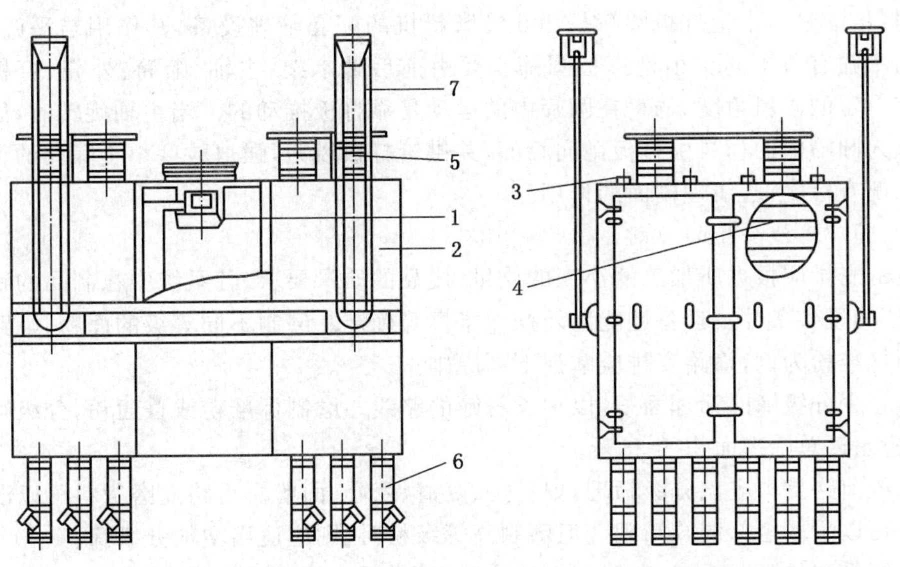

1. 传动装置　2. 筛箱　3. 压紧装置　4. 筛格　5. 进料装置　6. 出料装置　7. 吊挂装置

图 4-5　高方平筛结构

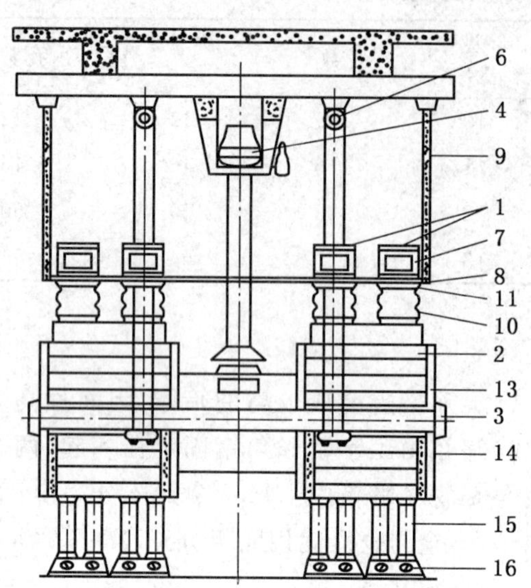

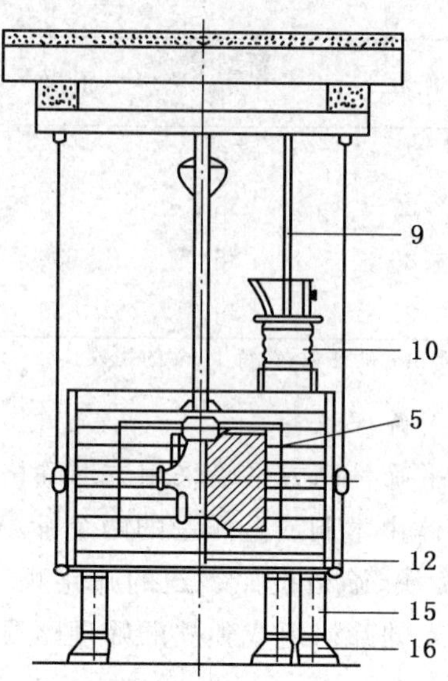

1.进料机构 2.筛体 3.金属机架 4.传动装置 5.平衡重 6.承吊钢绳滑轮 7.进料箱 8.进料支承板 9.长螺栓 10,15.绒布筒 11.法兰圈 12.螺栓 13.角钢 14.槽钢 16.接料盒

图 4-6 挑担平筛结构

(3)小型平筛　小型平筛是小型磨粉机的组成部分,只有一个筛体,筛阁为长方形,四角有下吊干支座,筛体悬挂在钢架下,筛体做平面回转运动。

(4)小型打板圆筛　小型打板圆筛是200型磨粉机的配套筛理设备,其作用与平筛相同,但工作原理与平筛有所不同。小型打板圆筛主要由前后轴承架、主轴、筛筒、外壳、打板等组成。打板具有一定的倾斜角度,物料在圆筛内的运动是靠打板推动的。当主轴旋转时,能产生一定风力。进入圆筛内的物料由打板抛向筛面,并供给打板风力,强迫粒度小于筛孔的物料通过。打板圆筛配有棕刷,起清理刷面的作用。

4.3.4.4　筛理路线安排的原则

筛理路线的安排应根据所加工的小麦的质量,成品的质量要求,各系统中在制品的物理特性及质量,工厂的设备条件及设备性能以及操作指标等确定。磨制不同等级的面粉,筛路安排不同。以磨制标准粉为例,筛路安排应掌握下列原则。

①要尽量减少分级筛的筛理面积,以加长粉筛的路线。磨制标准粉或普通粉,分级筛面积还应减少,不应超过总筛理面积的35%。

②皮磨系统前路货料应该分级筛理,如麸皮、麦渣、麦心、面粉。后路皮磨货料可以混合筛理。心磨系统可以采取全部混合筛理。但磨制高等级粉时,则应适当增加分级筛。

③不论皮磨系统或心磨系统,前路筛面的流层应厚,后路的流层应薄;筛绢稀的应厚,筛绢密的应薄;磨制低等级粉时流层应厚,磨制高等级粉时流层应薄些。

④不论皮磨系统或心磨系统,筛绢的配备应该是上层稀、下层密;前路稀、后路密;磨制低等级粉时稀,磨制高等级粉时密。

⑤筛理面积分配的原则应是:按系统货量总流量计算,应该前路筛理面积大,后路筛理面

积小，按皮磨、心磨分配，应该皮磨筛理面积大，心磨筛理面积小。按筛的类型分，应该是粉筛筛理面积大，分级筛筛理面积小。磨制高等级面粉时，筛理面积的分配则应适当调整。

4.3.5 清粉

4.3.5.1　清粉的目的及方法

在生产高等级面粉时，为了减少面粉中麸皮的含量，提高面粉质量，可在研磨和筛理过程中，安排清粉工序。清粉是在物料进入心磨磨制面粉前，将碎麸皮、连粉麸与纯洁的粉粒借吸风与筛理分开。这样，经清粉后进入心磨的粉粒，研磨成粉后的分色、粉质均较未清理的为佳。所以，清粉的目的是分离碎麸皮、连粉麸皮和纯洁粉粒，提高面粉质量，并可降低物料温度。清粉得到的纯洁粉粒，进入心磨制粉。

清粉是筛理和吸风作用共同进行的。清粉设备主要由筛格和吸风装置组成，筛格配以不同规格的筛绢。工作时，筛格振动，分离物料并抖松筛上物料，增加吸风清理效率。气流通过筛绢从下向上将物料中的细小麸皮及连粉麸吹起，并进入不同的收集器。

4.3.5.2　有效清理的条件

在清粉机中进行有效清理，必须符合下列条件：

①清粉前物料中的细粉必须筛净，以免糊在筛绢上阻碍物料的流动，影响吸风分离效果。还应将物料中大小颗粒分级。

②筛绢大小必须与物料颗粒大小相配合。

③物料在筛面上的分布必须均匀，流量必须固定。这样，接近筛面的物料层可保持为纯而细的粉粒，防止杂质流进筛面而通过筛孔。

每一格筛绢中，空气流量必须均匀，并有适当风量。

4.3.6 刷麸或打麸

刷麸、打麸是利用旋转扫帚或打板，把黏附在麸皮上的粉粒分离下来，并使其穿过筛孔成为筛出物，而麸皮则留在筛内。刷麸、打麸工序设在皮磨系统尾部，是处理麸皮的最后一道工序。

刷麸机是一个立式的圆筒形筛面，圆筒里面装有快速旋转的刷帚，当物料自进口落在刷帚上盖上时，受离心力的作用，物料被抛向刷帚与筛筒的间隙中，在刷帚快速旋转的作用下，麸皮上的胚乳即被刷出孔外，落入粉槽，由附在筛筒下面的刮板到出口。刷后的麸皮留在筛筒内，由内部的出口输出。

工作时应注意刷帚与筛面的间距要适宜。麸皮入机流量应保持均匀、稳定。经常检查麸皮含粉量。以进行调整，使其符合工艺要求。

打麸机与小型打板圆筛相似，外壳为木质结构，也有将打板改为刷帚，成为卧式刷麸机。筛筒一般配置蚕丝和化纤交织的筛网。打麸机适宜小型制粉企业使用。

4.3.7 粉路设计

制粉厂是在各种设备高度配合下进行工作的，全部生产过程构成一个严密的生产系统。一般说来，制粉厂的麦路是比较稳定的。但粉路的安排却是多变的，尤其是在磨制不同的面粉时，差别更大。

4.3.7.1 粉路的繁简

粉路的繁简关系到许多方面，但主要应根据对面粉的要求来决定。一般地说，面粉要求高，粉路就要复杂一些，面粉要求低，粉路就可简单些。

在小麦被破碎后分成颗粒不同的各种货料分别加以处理时，粉路势必趋繁。例如：小麦通过第一道皮磨破碎后，把货料用筛理方法分成大皮、小皮、大渣、小渣、粗麦心、细麦心和面粉等，这些不同的货料除面粉外，均须送入不同的磨研系统去进行研磨，这样就要设置粗皮磨、细皮磨、渣磨、粗心磨和细心磨并分别配备相适应的筛理设备，再加上清粉、刷麸，粉路自然趋于复杂。如果小麦被破碎后的货料分的品种少，如通过第一道皮磨破碎后把货料分成皮、渣、心、粉，甚至仅分成皮、心、粉 3 类，这样，设置皮磨、渣磨和心磨或仅设置皮磨和心磨就可以，粉路自然简单。在磨制同等质量的面粉时，如果原料小麦的质量相同，制粉工厂的规模和设备条件也相同，则粉路也应大体相同。

4.3.7.2 粉路的长短

粉路长，就是小麦经过的磨研和筛理的次数多。粉路短，就是小麦经过磨研和筛理的次数少。粉路的长短主要是根据对面粉的要求来决定，一般磨制高等级粉的粉路应该长些，磨制低等级粉的粉路可以短些。粉路的长短和粉路的繁简是有一定联系的。长粉路往往繁杂，短粉路往往就比较简单。粉路的长短也是有一定限度的。粉路过长，超过了需要，也就影响设备的充分利用，影响产量。粉路过短，满足不了需要，就要影响成品和出粉率。粉路的长短应该适应小麦和成品的要求才合理。

4.3.7.3 货料的分级

小麦被破碎以后，主要在前、中路系统进行分级，即Ⅰ、Ⅱ、Ⅲ皮的货料加以分级，后路Ⅳ、Ⅴ皮的货料不再分级。前、中路分级可以提前区分，减轻后路负荷，有利于后路磨研和剥刮。前路货料的颗粒体积相差悬殊，也便于分级。

小麦单机制粉不进行分级，物料每经过一次研磨、筛理提取面粉，其余部分继续研磨、筛理，这样反复进行 4 或 5 次。

进行分级的制粉工艺流程，粉路长、短、繁、简不同，如 3 皮 1 心，4 皮 1 心，3 皮 2 心，4 皮 2 心，4 皮 3 心，4 皮 3 心 1 渣等。

4.3.8 配粉及面粉整理

在工艺上，配粉就是根据用户对小麦粉质量的要求，结合配粉仓内的基本粉的品质，算出配方，再按配方上的比例用散存仓内的基本粉配制出要求的小麦粉。配粉的做法是将各种小麦生产的小麦粉作为基本粉放在散存仓内，根据需要用这些基本粉来配制所需要的小麦粉，这样可以提高均匀性，保证品质的稳定性。

配粉系统由基本粉收集、保质处理、基本粉散存、成品小麦粉配制、成品小麦粉打包和散装发放、面的输送、吸尘以及管理等环节构成。

基本粉散存是配粉的前提，基本粉是配粉的基础，其指标的稳定性直接影响成品面粉的品质。在基本粉散存过程中，首先要将基本粉收集起来，不同原料（如蛋白质数量和质量不同，降落数值不同等）加工成的小麦粉要分别地收集起来；同一种原料加工的不同加工精度（粉色、灰分等）和不同蛋白质数量和质量的小麦粉分别收集起来。

基本粉在进散存仓前要进行一些处理，包括磁选、检查、计量、杀虫等，以保证成品粉的质量。

4.3.9 剥皮制粉工艺

小麦制粉，一般是先把麦粒破碎，再从皮层上剥刮面粉。这样，要想获得高质量的面粉，粉路就比较长，操作也有较大难度。最理想的制粉工艺应该是先把麦粒皮层剥除，再将胚乳研磨成面粉，这样既简化了制粉程序，又可提高面粉质量和出粉率。但由于麦粒的物理结构及表面特点，因此完全剥皮难度很大。长期以来，人们一直在致力于剥皮制粉的研究，已经取得研究成果，并开始投入生产。

4.3.9.1 剥皮制粉的基本过程

经过基本清理程序的小麦利用碾米机碾除部分皮层，碾除部分皮层的小麦再适当着水，以简化粉路，进行碾磨、筛理，并获取面粉。20世纪60年代初，用凸形臼米机和改进的压铊式铁辊筒米机剥除小麦皮层的外三层，主要是外果皮的三个细胞层，内果皮部分剥除。麦粒上尚存大部分内果皮、糊粉层和位于腹沟位置的外果皮。近几年，利用特制的砂辊碾麦机，轻碾、磨削麦粒皮层，去皮幅度较大，基本上保留糊粉层，但仍应完全去除腹沟部分的皮层。剥皮后的小麦，为简化粉路和生产高等级面粉，提高出粉率，打下了很好的工艺基础。

4.3.9.2 剥皮制粉的工艺特点

(1)提高清理效率　小麦表皮的麦毛，在一般的清理过程中是很难去净的。经过剥皮，麦毛和附着于外皮的泥土均可去净，可以降低净麦的灰分，提高入磨小麦的纯度。

(2)提高面粉质量　小麦经过剥皮后，灰分降低，并且由于把含有大量粗纤维的外果皮去掉了，使其再没有机会混入面粉，相对的有可能把含有蛋白质及多种营养成分的糊粉层磨入粉中，提高了面粉的营养价值，在食用上容易消化和吸收。

(3)提高出粉率　同样的面粉标准，剥皮制粉比例可提高出粉率。因小麦剥皮后，净灰分含量降低，制粉时，可在前路大量出粉，减轻了后路的负荷，使后路皮磨能更好地发挥其磨研、剥刮的作用。另外，由于剥除内、外果皮使大部分皮层提前分离出去，减少了麸皮混入面粉的机会，从而提高出粉率，减少面粉的损失。

(4)提高制粉等级　在磨制等级粉时，剥皮制粉可提高好粉的比例，主要是由于提前剥除大部分皮层，面粉中含麸量降低，在研磨、筛理和分级过程中容易获得高等级面粉。

(5)可以缩短粉路　由于提前剥除大部分皮层，研磨时可减少皮磨道数，不需要多道皮磨剥刮皮层上的胚乳，心磨上道数也相应减少。

(6)提高"芽麦"面粉质量　对于"芽麦"，经剥皮制粉可以在很大程度上提高面粉质量。芽麦的表层及外层胚乳，由于α-淀粉酶及蛋白酶等活性增强，部分淀粉水解，有的感染霉菌。不剥皮制粉，面粉发黏、发黑，采用剥皮制粉工艺，可将皮层及外层较次的胚乳部分去除，流下麦心部分研磨制粉，面粉质量明显提高。

4.3.9.3 剥皮制粉应注意的问题

①小麦胚乳角质程度低、强度低，必须轻碾和分层碾去麦皮，剥皮率达到9%，可把外果皮及内果皮和种皮的绝大部分剥掉，剥皮率超过9%，糊粉层就会有部分剥除，对于好的小麦可适当保留糊粉层，对于芽麦，则应提高剥皮率。但在增加剥皮率时，势必要增加胚乳的破碎率。

②剥皮后的小麦，由于仍会残留一部分内果皮和种皮，这部分皮层韧性差，易碎，所以剥皮小麦进行二次着水，以提高剩余皮层的韧性，为分离皮层、提高面粉质量打基础。

③剥皮后要尽量将剥掉的皮层与胚乳分离，否则会影响小麦的散落性，易造成管道堵塞。

④应对进一步剥除腹沟内的皮层进行研究，提高剥皮率，以最大限度地改变制粉工艺，提高面粉质量。

4.4 面粉产品处理

4.4.1 杀虫

现代化面粉厂均配备面粉撞击杀虫机，可以杀死面粉中各个虫期的害虫及虫卵，延长安全储期。

4.4.2 漂白、熟化

小麦胚乳含有叶黄素、类胡萝卜素等黄色素，所以新制面粉颜色略黄。经过 2～3 周储藏后，由于缓慢的空气氧化作用使色素破坏，面粉颜色变白，同时筋力也因氧化作用而有所增加，这就是面粉的自然熟化。现代化粉厂常采用加速面粉熟化的方法，并借以调整面粉作为各种面食品原料的功能。氯气漂白会损害面包的筋力，但却能显著改善蛋糕用粉的性能。制作高糖蛋糕所用的面粉必须经过氯气处理。氯气与面粉的有机物反应过程中产生盐酸，使面粉 pH 下降，可凭面粉 pH 变化掌握通氯气的程度。有效氯通常为 500～1 000 mg/kg。还可添加筋力改良剂，如溴酸钾（15～25 mg/kg）、维生素 C（10～20 mg/kg）、偶氮甲酰胺（2～45 mg/kg）、过氧化丙酮（20～40 mg/kg）等。

4.4.3 空气分级

小麦面粉由大小不同的粉粒组成，小的 1 μm 以下，大的约 200 μm，最小的粉粒主要是蛋白质碎片，含蛋白质多，再大一些的粉粒主要是游离的淀粉粒，含蛋白质少，更大的粉粒则是胚乳碎块，保持着原有的淀粉粒镶框在蛋白质中的结构。蛋白质含量与小麦胚乳相同。根据这一情况，即可得到高蛋白小麦粉（粉粒小于 17 μm），低蛋白小麦粉（粉粒大小为 17～35 μm 或 40 μm）和一般蛋白质含量的小麦粉（粉粒大于 35 μm 或 40 μm）。这样得到的高蛋白质含量比原小麦胚乳的蛋白质含量可高出 1 倍。低蛋白含量的面粉含蛋白质比原小麦胚乳小约 1/2，是制作糕点的理想原料。用软麦粉进行气流分级比用硬麦粉效果更好。因为软麦胚乳中淀粉与蛋白质之间连接力较弱，研磨制粉所得细粉粒更多。

现代化制粉针对粮食食品多样化和提高食品质量的需要，利用选择原麦、面粉空气分级及不同规格面粉混合配制等方法，生产专供某种食品使用的小麦粉，即各种专用粉。还有进一步将食品配料与小麦粉混合配制，用户只需加水烘焙即可制成某种食品，这就是各种预合粉，如可发酵粉、蛋糕粉等。这就是我国制粉业的发展趋势。

4.5 等级粉和专用粉生产工艺特点

4.5.1 等级粉生产

同时生产 2 种以上等级面粉的制粉过程，称为等级粉生产。等级粉生产主要生产特制粉。特制粉要求精度高，粒度细，灰分低。因此在制粉过程中分工较细，粉路较长，一般除了皮磨、心磨、渣磨外，还设有清粉系统。

清粉系统是将皮磨、渣磨及其他系统所出粗粒中混杂的麸屑分离出来，精选出质量好的渣粒和较纯的麦心。渣粒送至渣磨系统继续剥出好麦心，麦心则由心磨系统磨制成优质的面粉。一般用清粉机来完成清粉的任务。

生产特制粉，小麦清理要加强，在粉路方面必须采取一系列减少麦皮破碎以及提高麦心纯度的措施。前路皮磨强调提取粗粒，并保持麸片完整，不希望出较多的粉，以便将粗粒选往清理系统。渣磨系统的主要作用，也是从渣粒中提取麦心送往心磨系统处理。心磨道数要增加，增长至 6～9 道。出粉重点在心磨，最后将前路好粉合并成特制粉，后路的面粉则集中成标准粉或等外粉。

4.5.2 专用粉生产

我国目前面粉品种比较单一，没有专门的食品用粉，而国外的面粉品种就比较齐全，如面包粉、饼干粉、家庭用粉和其他用粉。专用粉与通用小麦粉之间的主要不同在于用途的针对性不同，对于各种粉的蛋白质含量、水分、粒度、强度以及灰分等各方面的要求也不相同。可以通过小麦粉配制的方法生产专用粉，因此专用粉又称配制粉。

专用粉的种类很多，各种专用粉之间的主要差别在于粉中蛋白质数量和质量的不同。对于面制食品来说，粉中蛋白质的质量比数量更加重要。面制食品对小麦粉蛋白质数量和质量的要求可以分成三种类型：面筋多而强，面筋中等数量和质量，面筋少而弱。因此专用小麦粉按蛋白质数量和质量的不同分为：强力粉、中力粉、薄力粉或高筋粉、中筋粉和低筋粉。按用途不同，专用小麦粉可分为：面包粉、馒头粉、面条粉、饺子粉、饼干粉、糕点粉等。面包粉要求蛋白质含量较高，保证营养，为了使单位质量面粉能制出更多的体积大、切断面均匀的面包，要求面包粉具有强度高、发气性好、吸水量大等特点。而饼干粉要求切断面细、酥、软，因此，饼干粉的强度要求可低些，蛋白质含量要求比面包粉相应低些，色泽要求不高。这样，不同质量的面粉就需要一定质量的小麦进行加工。国外小麦加工对配麦要求较高，规定了什么等级的小麦搭配加工成什么类型的面粉。配麦精度的要求也较高，用电子计算机控制。另外，对品种和质量不同的小麦分别加工，然后搭配成数百种不同用途的专用面粉。

4.5.3 全麦粉生产

全麦粉（whole wheat flour）是以整粒小麦为原料，经制粉工艺制成的，且小麦胚乳、胚芽与麸皮的相对比例与天然完整颖果基本一致的小麦全粉。相比于普通小麦粉，全麦粉是含有整粒小麦所有营养物质的“营养素包”，富含膳食纤维、维生素、矿物质以及抗氧化活性物质等，具有较高的营养价值。另外，制约全麦粉生产及全麦粉食品研发推广的因素也有很多:麸皮的存在影响了全麦粉后期加工产品的适口性以及全麦粉主食品的加工特性;全麦粉中富含的活性酶、脂肪和抗氧化活性物质还会影响全麦粉的贮藏稳定性。近年来，国内外学者围绕全麦粉的生产工艺和加工食品品质特性等方面做了大量的研究工作，全麦粉的生产工艺将进一步优化，随着人们对健康的关注与追求，全麦粉制品将具有很大的发展潜力。

基础的全麦粉生产主要依靠磨粉技术完成，磨粉装备中以石磨(stone mill)、辊磨(roller mill)、超微粉碎(ultra-fine mill)和锤磨(hammer mill)较为常见。使用锤磨磨粉易造成产品温度升高，水分含量降低等问题。石磨磨粉过程中，由于摩擦的作用会产生相当多的热量，造成全麦粉淀粉、蛋白质以及不饱和脂肪酸的损失。辊磨磨粉的过程是先将胚乳与麸皮和胚芽分离，制备精制面粉后，再将麸皮和胚芽如数回添，与面粉混合。此方法较石磨、锤磨磨粉更加经济、灵活，产热少从而减少营养成分的破坏。辊磨使胚乳与麸皮和胚芽分离的优点是可专门的对麸皮与胚芽进行稳定化处理以改善全麦粉的加工和贮存特性。对麸皮和胚芽的稳定化处理可大幅改善全麦粉的加工和贮存特性，主要处理的工艺方法包括高温灭酶(热风干燥、微波处理、挤压预处理等)以及添加抗氧化剂等。超微粉碎是近年来国际上发展起来的一项新技术，由于颗粒的人为细化导致表面积和孔隙增加，改善全麦粉体颗粒细度，提升粉体的分散性，优化全麦粉制品的食用品质。

二维码 4-1　专用粉的生产方法

思考题

1. 根据小麦的皮色、粒质和播种季节可将小麦分为哪几类?
2. 小麦籽粒的组织结构包括哪些部分? 各部分的主要化学成分是什么?
3. 小麦品质包括哪些内容? 小麦制粉品质的评价方法有哪些?
4. 各类小麦的制粉特性有何不同?
5. 专用小麦粉和普通小麦粉的主要区别是什么?
6. 小麦中的杂质有哪些类型? 各有什么特性?
7. 小麦清理的意义、方法和清理应达到的要求是什么?
8. 水分调节的意义、机理和方法是什么?
9. 什么是小麦的搭配? 如何制订搭配方案? 小麦搭配的主要设备是什么?
10. 什么是麦路? 什么是粉路?
11. 小麦研磨的工艺过程是什么? 主要设备有哪些? 影响研磨的主要因素有哪些?
12. 什么是筛分? 什么是筛路? 影响筛分的因素有哪些?
13. 什么是清粉? 目的和意义何在? 清粉机的工作原理是什么?
14. 什么是打麸? 什么是刷麸? 目的是什么? 主要设备有哪些?
15. 什么是配粉? 技术要求是什么?

参考文献

[1] 李新华,等.粮油加工工艺学.成都:成都科技大学出版社,1996

[2] 周惠明,陈正行.小麦制粉与综合利用.北京:中国轻工业出版社,2001

[3] 李志西,张国权.农产品加工学.西北农林科技大学自编教材,2000

[4] GB 1351-2008 小麦[S].北京:中国标准出版社.2008

[5] 国家粮食局人事司.制粉工(技师、高级技师).北京:中国轻工业出版社,2011

[6] 田建珍,温纪平.小麦加工工艺与设备.北京:科学出版社.2011

[7] Chong Liu, Lin Liu, Liming Li, etc.. Effects of different milling processes on whole wheat flour quality and performance in steamed bread making. Food Science and Technology, 2015. 62:310-318

[8] Andres F. Doblado-Maldonado, Oscar A. Pike, Jess C. Sweley, etc.. Key issues and challenges in whole wheat flour milling and storage. Journal of Cereal Science, 2012. 56:119-126

[9] 汪丽萍,吴飞鸣,田晓红,等.全麦粉的国内外研究进展,2013.20(4):4-8

第 5 章 面制食品加工

本章学习目的与要求

各种原辅料在面制食品加工中的工艺性能；面包、饼干、挂面、方便面和糕点的生产原理及操作要点；主食馒头工业化生产的方法。

5.1　面制食品的分类及特征

面制食品是指以小麦面粉为主要原料制作的一大类食品。面制食品的制作主要是借助于小麦面粉中面筋蛋白的特有性质，即能够形成具有良好的黏弹性、延伸性和持气性的面团。面制食品根据加工方式主要可分为焙烤食品和蒸煮食品两大类。

5.1.1　焙烤食品

焙烤食品是以面粉为主要原料，加上油、糖、蛋、奶等一种或几种辅助原料，采用焙烤工艺熟制的一大类固态方便食品。主要包括面包、饼干、糕点三大类，我国传统的烙饼、火烧、月饼等也属于焙烤食品。

5.1.1.1　面包

目前，国际上尚无统一的面包分类标准，每个国家根据自己的历史文化传统形成各具特色的面包类型。常见的分类方法有以下几种。

(1)按面包的柔软度进行分类

硬式面包：如法国棒式面包、荷兰脆皮面包、维也纳的辫形面包、英国的茅屋面包、意大利橄榄形面包等。

软式面包：大部分亚洲和美洲国家生产的面包属于这一类，如小圆面包、热狗、汉堡包、三明治等。

(2)按质量档次分类

主食面包：成型简单，以面粉、水、酵母、盐为主料，其他辅料较少，如咸面包、快餐面包。

点心面包：成型操作复杂，配料品种较多，形状多种多样，配方中含有较多的油、糖、蛋、奶等辅助原料，如各种保健面包、水果面包、起酥面包。

优质面包应具有以下特征：面包瓤心孔隙小而均匀，孔壁薄，结构匀称，有弹性，洁白美观；面包皮上色深浅适度，无裂缝，无气泡；味美可口。

5.1.1.2　饼干

由于饼干的配方和制作工艺的不同，使得饼干的品种名目繁多，很难对饼干进行严格的分类。根据我国现有的标准，饼干产品可分为 11 个种类，包括酥性饼干、韧性饼干、发酵饼干、薄脆饼干、曲奇饼干、夹心饼干、威化饼干、蛋圆饼干、蛋卷饼干、粘花饼干、水泡饼干。

(1)酥性饼干　以小麦粉、糖、油脂为主要原料，加入疏松剂和其他辅料，经冷粉工艺调粉、辊压、辊印或冲印成形、烘烤制成的造型多为凸花的，断面结构呈现多孔状组织，口感酥脆的烘焙食品。如奶油饼干、葱香饼干、芝麻饼干、蛋酥饼干等。

(2)韧性饼干　以小麦粉、糖、油脂为主要原料，加入疏松剂、改良剂与其他辅料，经热粉工艺调粉、辊压、辊切或冲印成形、烘烤制成的图形多为凹花，外观光滑，表面平整，一般有针眼，断面结构有层次，口感松脆的焙烤食品。如牛奶饼、香草饼、蛋味饼、玛利饼、波士顿饼等。

(3)发酵(苏打)饼干　以小麦粉、糖、油脂为主要原料，以酵母为疏松剂，加入各种辅料，经发酵、调粉、辊压、叠层、烘烤制成的松脆、具有发酵制品特有香味的焙烤食品。发酵饼干又称克力架，按其配方分为咸发酵饼干和甜发酵饼干。

(4)薄脆饼干　以小麦粉、糖、油脂为主要原料，加入调味品等辅料，经调粉、成型、烘烤制成的薄脆焙烤食品。

(5)曲奇饼干　以小麦粉、糖、油脂和乳制品为主要原料，加入疏松剂和其他辅料，经和面，采用挤注、挤条、钢丝切割等方法中的一种形式成型，烘烤制成的具有立体花纹或表面有规则波纹，含油脂高的酥性焙烤食品。

(6)夹心饼干　在两块饼干之间添加糖、油脂或果酱为主要原料的各种夹心料的夹心焙烤食品。

(7)威化饼干　以小麦粉(或糯米粉)、淀粉为主要原料，加入乳化剂、疏松剂等辅料，经调浆、浇注、烘烤而制成的多孔状的松脆薄层，并在多个薄层间夹上以糖油为主要原料的夹心料，并烘烤而成的焙烤食品，又称华夫饼干。

(8)蛋圆饼干　以小麦粉、糖、鸡蛋为主要原料，加入疏松剂、香精等辅料，经搅打、调浆、浇注、烘烤而制成的松脆焙烤食品，俗称蛋基饼干。

(9)蛋卷　以小麦粉、糖、鸡蛋为主要原料，加入疏松剂、香精等辅料，经搅打、调浆、浇注或挂浆、烘烤卷制而成的松脆焙烤食品。

(10)粘花饼干　以小麦粉、糖、油脂为主要原料，加入乳制品、蛋制品、疏松剂、香料等辅料，经调粉、成型、烘烤、冷却、表面裱粘糖花、干燥制成的疏松焙烤食品。

(11)水泡饼干　以小麦粉、糖、鸡蛋为主要原料，加入膨松剂，经调粉、多次辊压、成型、沸水烫漂、冷水浸泡、烘烤制成的具有浓郁蛋香味的疏松焙烤食品。

5.1.1.3　糕点

糕点是焙烤食品中的一大类，品种繁多，分类复杂。本书根据糕点的用料及产品特征分为以下两大类。

(1)蛋糕　蛋糕是以鸡蛋、面粉、砂糖为主要原料制成的具有浓郁蛋香味，质地松软或酥散的焙烤方便食品。根据其配料的不同又可分为以下几类：

海绵蛋糕：又称清蛋糕，有丰富的、细密的气泡结构，质地松软，富有弹性。

油脂蛋糕：质地酥散，滋润，带有油脂尤其是奶油的特有香味。

水果蛋糕：在油脂蛋糕中加入一种或几种水果制成的果味蛋糕。根据果料加入的多少又可分为重型、中型和轻型三种水果蛋糕。

装饰大蛋糕：以海绵蛋糕或油脂蛋糕为糕坯，经过适当装饰制成的具有一定艺术品位的喜庆蛋糕。糕体装饰得华贵而又高雅，精美而又别致。

(2)点心　点心是继面包和蛋糕之后发展起来的一大类焙烤食品，品种丰富，各有特色。点心配方中蛋用量少或完全不用，质地酥松，主要依靠油脂、糖以及化学疏松剂的作用。点心按商业习惯又分为中式点心和西式点心。

中式点心：多以小麦粉为主要原料，以油、糖、蛋为辅料，油脂侧重于植物油和猪油，调味料多用糖渍桂花、玫瑰、味精、十三香等，风味以甜味和天然香味为主，成熟方式有焙烤、蒸煮和油炸。

西式点心：在选料上，专用面粉、油、糖、蛋、奶并重，油脂侧重于奶油，同时使用较多的巧克力、鲜水果等。风味上带有浓郁的奶香味，并常带有香精、香料形成的各种风味。成熟方式以焙烤为主。

5.1.2　蒸煮食品

蒸煮食品是以小麦粉为主要原料，经过汽蒸或水煮方式熟制的一类食品。它主要包括挂面、方便面、馒头、蒸包、春卷等。

5.1.2.1 挂面

我国挂面生产历史悠久，经过近2000多年的发展，现在不仅在我国，也是其他东南亚国家的主食品。根据配料和产品档次可将挂面分为以下几类。

(1)普通挂面 以面粉为原料，加上水和少量的盐或食用碱，经过搅拌，压片、切条，烘干，切断等工序制成挂面。优质挂面具有以下特征：煮熟后色泽白亮，结构细密；光滑、适口；软硬适中，有咬劲且富有弹性；不混汤；有典型的麦清香味。

(2)风味挂面 在普通挂面配料基础上，添加果汁、菜汁、调味料等风味辅料制成的挂面。如日本已经开发出了葡萄、蜜橘、草莓、苹果、番茄风味的挂面。另外也可以在挂面配料中添加虾粉、肉末、胡椒粉等各种香辛料，制成各种风味挂面，每种风味挂面具有其特有的风味，可满足不同消费者的口味。

(3)营养保健挂面 这是目前国内外开发品种最多的一类挂面。在挂面配料中添加具有保健价值或辅助治疗作用的成分。前者如市场上出现的麦胚挂面、黑芝麻挂面、螺旋藻挂面、薏米挂面等，后者有糖尿病辅助治疗挂面、减肥挂面、降胆固醇挂面等。

(4)杂粮豆挂面 近年来，随着我国挂面加工工艺的优化创新、先进的自动化生产线的迅速推广以及人民生活水平的提高，人们对于健康的关注以及对杂粮、杂豆保健功能的认知逐渐深入，突出营养、健康、安全、方便和多样性的杂粮豆挂面市场迅速升温，杂粮豆挂面产品品种繁多，如荞麦挂面、高粱挂面、青稞挂面、豌豆挂面等。尤其是一些杂粮豆挂面加工新技术的应用，使不含面筋的杂粮挂面加工瓶颈得以突破，高杂粮含量的挂面(50%以上)逐步进入市场。

5.1.2.2 方便面

方便面又称速煮面或即食面，是为适应快节奏的现代生活而开发出来的一种即食面制食品。优质方便面面块应是均匀的乳白色或淡黄色，无焦生现象；气味正常，无霉味、哈喇味等异味；复水快，不混汤，不粘连；筋道，有咬劲。方便面根据其汤料成分及风味分为牛肉面、三鲜面、排骨味、鸡味面、香菇面等。根据加工工艺可分为油炸方便面和非油炸方便面，非油炸方便面又分为热风干燥方便面和微波干燥方便面。近年来，日本方便面专家在吸收传统中国拉面、手擀面技术的基础上，又开发出了新鲜面(又称长寿面)。新鲜面以新鲜，非油炸，食味好，耐保藏，一上市就受到消费者的青睐。

5.1.2.3 馒头

馒头是中国最典型的传统蒸煮食品，被誉为古代中华面食文化的象征。它是以面粉、水、酵母为原料，经和面、发酵、成型、汽蒸而成的一种面食品。优质馒头具有体积大，表皮光滑，亮白；内部组织软硬适中，气孔小而均匀，有咬劲；具有典型的麦香味。虽然市场上出现了各种新的馒头品种，如火腿馒头、果酱馒头、巧克力馒头、全麦馒头、黑米馒头等，但传统的以面粉为原料的馒头在市场上仍占绝对优势。

5.1.2.4 蒸包

蒸包是我国著名的传统面制食品之一，它是在发酵或半发酵面皮里包上馅料然后汽蒸成熟的一种食品。根据馅料的不同又分为素包和肉包。素包有韭菜鸡蛋蒸包、虾三鲜蒸包、胡萝卜蒸包、菠菜蒸包、荠菜蒸包、豆角蒸包等各种蔬菜包，以及豆沙包、果酱包、枣泥包、橄蓉包等果味甜蒸包。肉包以猪肉包为主，因为猪油有很好的口感和风味，另外还有少量的鱼肉包、蟹肉包、羊肉包、狗肉包等。质量上乘的蒸包要求不掉底、不漏油、外观整齐，亮洁光滑，皮薄馅多，口味纯正，鲜嫩适口，香而不腻。

5.2 面制食品的原辅料及其加工特性

5.2.1 面粉

面粉是面制食品的主要原料，面粉的性质是决定面制食品质量的最重要因素之一，因此从事面制食品的研究、开发和生产，必须对面粉的性质进行全面地了解。

5.2.1.1 面粉的化学成分

(1)蛋白质 面粉中蛋白质的含量和质量不仅影响面粉的营养价值，而且与面制食品的加工工艺和成品质量有密切的关系。在各种谷物面粉中，只有小麦面粉的蛋白质吸水后能形成面筋网状结构，各种面制食品都是基于小麦粉的这种特性而生产出来的。

面粉中的蛋白质根据溶解性的不同可分为麦醇溶蛋白、麦谷蛋白、麦球蛋白、麦清蛋白等。其中最重要的是麦醇溶蛋白和麦谷蛋白，因为它们是面筋的主要成分，其他种类蛋白含量很少。面粉中各类蛋白质的含量及特性如表 5-1。

表 5-1 面粉中各类蛋白质的含量及特性

种类	溶解性	占总蛋白比例/%	相对分子质量	功能	肽链组成
麦清蛋白	溶于水	9	12 000～16 000	参与代谢	未知
麦球蛋白	溶于稀盐液	5	20 000～200 000	参与代谢	未知
麦醇溶蛋白	溶于 70%乙醇	40	65 000～80 000	决定面团延展性	一条多肽链
麦谷蛋白	溶于稀酸液	46	150 000～3 000 000	决定面团弹性	17～20 条多肽链

麦醇溶蛋白由一条多肽链构成，仅有分子内二硫键和较紧密的三维结构，呈球形，多由非极性氨基酸组成，故水合时具有良好的黏性和延伸性，但缺乏弹性。麦谷蛋白是由 17～20 条多肽链构成，呈纤维状，麦谷蛋白既具有分子内二硫键又具有分子间二硫键，富有弹性但缺乏延伸性。麦醇溶蛋白、麦谷蛋白和面筋的模式结构如图 5-1 所示。

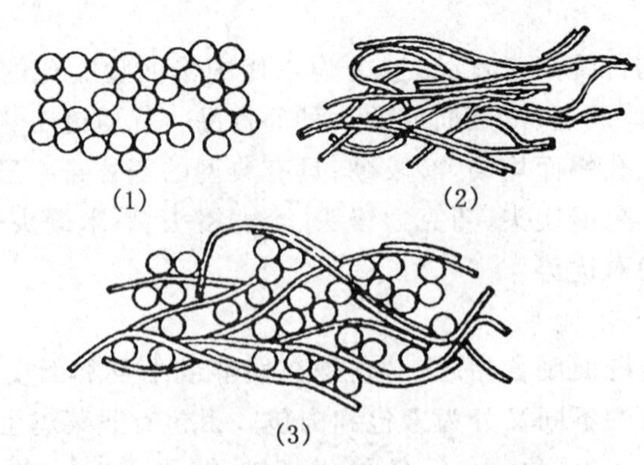

(1)麦醇溶蛋白 (2)麦谷蛋白 (3)面筋(麦醇溶蛋白＋麦谷蛋白)

图 5-1 麦醇溶蛋白、麦谷蛋白和面筋模式结构图

面粉加水和成面团时，在搅拌机或手工揉搓后，麦谷蛋白首先吸水润胀，在逐渐膨胀过程中吸收同时水化的麦醇溶蛋白、麦清蛋白、麦球质白。充分水化润胀的蛋白质分子在搅拌机的作用下相互接触时,不同蛋白分子的巯基之间会相互交联,麦谷蛋白的分子内二硫键转变成分子间二硫键,形成巨大的立体网状结构,这种网状结构行成面团的骨架,其他成分,如淀粉、脂肪、低分子糖、无机盐和水填充在面筋网络结构中,形成具有良好黏弹性和延伸性的面团。

面团在水中搓洗时,淀粉、可溶性蛋白质、灰分等成分逐渐离开面团而悬浮于水中,最后剩下一块具有黏弹性和延伸性的软胶状物质,这就是粗面筋。粗面筋含水 65%～70%,故又称湿面筋。湿面筋经烘干除水后即得干面筋。蛋白质的含量和质量被认为是影响面粉加工品质的最重要因素。面粉中蛋白质的含量是产品质量的基础,必须有足够的蛋白质含量才能保证各种面制食品的制作质量。面粉中蛋白质的质量是产品质量的保证,不同的蛋白质量可用于生产不同的面制食品。面粉中蛋白质的质量包括两个方面:一是面筋蛋白占面粉总蛋白的比例,比例越高,形成的面团黏弹性越好。二是面筋蛋白中,麦谷蛋白和麦醇溶蛋白的相对含量,二者比例合适,形成的面团工艺性能就好。如果麦谷蛋白含量过多,就会使面团的弹性、韧性太强,无法膨胀,导致产品体积较小,或因面团韧性和持气性太强,面团气压大而造成产品表面开裂现象。如果醇溶蛋白含量过多,则造成面团太软弱,面筋网络结构不牢固,持气性差,会造成产品顶部塌陷、变形等不良后果。

(2)碳水化合物　碳水化合物是面粉中含量最多的化学成分,约占面粉重的 75%。面粉中的碳水化合物主要包括淀粉、低分子糖和少量的糊精。面粉中的淀粉是以淀粉粒的形式存在的,淀粉粒由直链淀粉和支链淀粉构成,直链淀粉占 26%～28%,支链淀粉占 72%～74%。直链淀粉易溶于热水中,形成的胶体黏性较小,易于胶凝,支链淀粉溶于热水中形成黏稠的溶液,不易胶凝。淀粉粒外被一层膜,能保护内部淀粉分子免受外界物质(酶、酸、水等)的侵蚀。在小麦制粉时,由于磨辊的挤压、研磨作用,有少量淀粉粒的外被膜被破坏,这样的淀粉就是损伤淀粉。面粉中损伤淀粉的含量对面制食品的加工工艺和产品质量有重要影响。发酵面食品(如面包、馒头等)需要一定数量的损伤淀粉,损伤淀粉在淀粉酶的作用下,被分解成小分子的糖,供酵母生长和发酵使用。但面粉中的损伤淀粉过多,大量的淀粉被酶分解成糊精或小分子的糖,使面团在发酵或产品成熟过程中无法忍受所增加的压力,小气孔变成大气室,使气体溢出,做出的面包或馒头体积小,组织粗糙,瓤心发黏。面粉的最佳损伤淀粉含量要根据不同的面制食品的要求和面粉中蛋白质含量来确定。如面包粉损伤淀粉含量可高达 28.1%,而饼干粉和蛋糕粉的损伤淀粉含量分别为 7.0%和 3.4%。

面制食品的熟制过程也就是蛋白质变性和淀粉糊化的过程。糊化淀粉称为 α-淀粉,未糊化的淀粉称为 β-淀粉,不易被酶分解。经熟制的面食中的 α-淀粉在冷却或贮藏过程中,α-度会逐渐降低,即发生类 β 化,这就是淀粉的老化。淀粉的老化会使面包、馒头、方便面等面制食品的品质劣变。因此,如何提高面制食品中淀粉的 α-度和尽可能地减少面食成品的 β 化是需要深入研究的一个重要课题。

除了淀粉之外,面粉中的碳水化合物还包括少量的游离糖、戊聚糖和纤维素。面粉中的游离糖(葡萄糖、果糖、蔗糖、蜜二糖、蜜三糖等),既是酵母的碳源,又是焙烤面食色、香、味形成的原始物质。另外,在面粉中还含有 2%～3%的戊聚糖,它是由戊糖、D-木糖和 L-阿拉伯糖组成的多糖。面粉中的戊聚糖中有 20%～25%是水溶性的,这种水溶性的戊聚糖对面粉的焙烤、蒸煮特性具有显著的影响。如将 2%的水溶性戊聚糖添加到筋力较弱的面粉中,能使面包的体积增加 30%～45%,同时面包气泡的均匀性、面包瓤的弹性均得到改善。面粉中纤维素

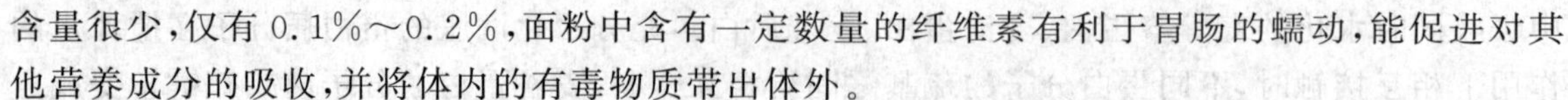

含量很少，仅有0.1%～0.2%，面粉中含有一定数量的纤维素有利于胃肠的蠕动，能促进对其他营养成分的吸收，并将体内的有毒物质带出体外。

(3)脂质　面粉中脂肪的含量很少，为1%～2%。面粉在贮藏过程中，甘油酯在裂脂酶、脂肪酶作用下水解形成脂肪酸。高温和高水分含量可促进脂肪酶的作用，因而在高温、高湿季节面粉易酸败变质。酸败变质的面粉焙烤蒸煮品质差，面团的延伸性降低，持气性减弱，面包或馒头的体积小，易开裂，风味不佳。最新研究表明，面粉中的类脂是构成面筋的重要部分，如卵磷脂是良好的乳化剂，使面包、馒头组织细腻，柔软，延缓淀粉老化。

(4)水分　我国的面粉质量标准规定特一粉和特二粉的水分含量为13.5%(±0.5)，标准粉和普通粉的水分含量为13.0%(±0.5)。面粉中的水分含量过高，易酸败变质。面粉中的水绝大部分呈游离水状态，面粉水分的变化也主要是游离水的变化，它在面粉中的含量受环境温度、湿度的影响。结合水以氢键与蛋白质、淀粉等亲水性高分子物质相结合，在面粉中含量相对稳定。

(5)矿物质　面粉中的矿物质是用灰分来表示的。面粉的灰分含量越低，表明面粉的精度越高。我国国家标准也将灰分作为检验小麦粉质量的重要指标之一，如特一粉灰分含量<0.7%，特二粉灰分含量<0.85%，标准粉灰分含量<1.10%，普通粉灰分含量<1.40%。由于灰分本身对面粉的焙烤蒸煮特性影响不大，且灰分中都是一些对人体有重要作用的矿质元素，随着人们营养意识的提高和对可食资源的充分利用的需要，将灰分含量作为面粉质量标准之一逐渐失去它的必要性。近年来，特别是在欧洲，普遍采用粉色试验代替灰分试验，倡导者们认为粉色是更有意义的指标。

(6)维生素　面粉中主要含有B族维生素、烟酸、泛酸和维生素E，维生素A含量很少，几乎不含维生素C和维生素D。面粉本身含有的维生素较少，在焙烤蒸煮过程中又会损失一部分维生素，为了弥补面粉中维生素的不足，常在面粉中添加一定量的维生素，以强化面粉的营养。

(7)酶　面粉中重要的酶有淀粉酶、蛋白酶、脂肪酶、脂肪氧化酶、植酸酶、抗坏血酸氧化酶等。面粉中的淀粉酶主要是α-淀粉酶和β-淀粉酶。β-淀粉酶的热稳定性较差，当加热到70℃活力减少50%，几分钟后即钝化，而α-淀粉酶在加热到70℃时仍能对淀粉起水解作用，而且在一定温度范围内，温度越高，作用越快。当温度超过95℃时，α-淀粉酶才钝化。在α-淀粉酶和β-淀粉酶的共同作用下，将损伤淀粉分解成麦芽糖和葡萄糖，提高酵母活性，加快酵母发酵速度，增大面包、馒头的体积，并改善发酵面制食品的风味和结构。正常的面粉中含有足够的β-淀粉酶，α-淀粉酶往往不足，需要在面粉中加入一定量的α-淀粉酶来改善面制食品的质量，如美国、英国、加拿大等大多数欧美国家都将真菌α-淀粉酶添加到面包粉中来提高α-淀粉酶的活性。

面粉中含有少量的蛋白酶和肽酶，在正常情况下活性较低。在面团中加入半胱氨酸、谷胱甘肽等硫氢化合物能激活面粉中的蛋白酶，水解面筋蛋白，使面团软化并最终导致液化。出粉率高、精度低的面粉或用发芽小麦磨制的面粉，因含激活剂或较多的蛋白酶，会使面筋软化而降低面包、馒头的加工性能。蛋白酶对蛋白质的降解对酸发酵产品如苏打饼干(一种发酵饼干)和酸面包的制作是有利的。这种酶解作用有时也用于高筋粉生产馒头或挂面时，降低面筋筋力。肽酶的作用是在发酵期间产生可溶性的有机氮，供酵母利用。

面粉中的脂肪酶是一种对脂质起水解作用的水解酶。在面粉贮藏期间，将增加游离脂肪酸的数量，使面粉酸败。由于小麦籽粒内的脂肪酶活力主要集中在糊粉层，因此精制的上等粉比含糊粉层多的低等粉贮藏稳定性好。脂肪氧化酶是催化不饱和脂肪酸过氧化反应的一种氧化酶。催化反应伴随着胡萝卜素的耦合氧化反应，将胡萝卜素由黄色变成无色，这对面包、馒头的制作是有益的。脂肪氧化酶在面粉中的数量很少，它的主要来源是全脂大豆粉。全脂大豆粉广泛用作面包、馒头、挂面的添加剂，可改善制品的组织结构和风味。

植酸酶是一种能水解植酸的酯酶。植酸能螯合二价金属离子，如 Ca^{2+}、Fe^{2+}、Mg^{2+}，形成不溶性的植酸盐，阻止了二价金属离子在体内的吸收。植酸酶能将植酸水解成肌醇（一种维生素）和磷酸，从而提高了二价金属离子在体内的消化吸收率。

面粉中的抗坏血酸氧化酶可催化抗坏血酸氧化成脱氢抗坏血酸，脱氢抗坏血酸具有一定的氧化作用，可将面筋蛋白分子中的巯基（—SH）氧化成二硫键（—S—S—），促进面筋网络结构的形成。面粉中较高含量的抗坏血酸氧化酶可缩短面团的调制时间。

5.2.1.2　面粉的工艺性能

（1）粉质曲线　用粉质仪（farinograph）测定面团流变学特性的结果反映在粉质曲线图上（图 5-2）。

简要测定过程是：给仪器搅拌钵中加入定量面粉（含水 14%为基准，300 g 或 50 g），按操作规程开动仪器，边搅拌边加水（加水有严格要求），恒温（30℃）下揉成面团。揉制过程中，仪器所受的搅拌阻力（以布拉班德单位 Bu 表示）的变化自动记录在粉质曲线图（farinogram）上，起初不断增大，达到峰值后出现不同程度的下降，搅拌至规定时间。从粉质图上可得到下列指标：

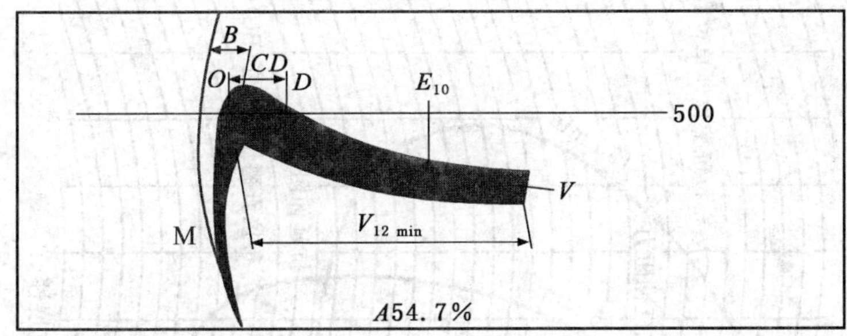

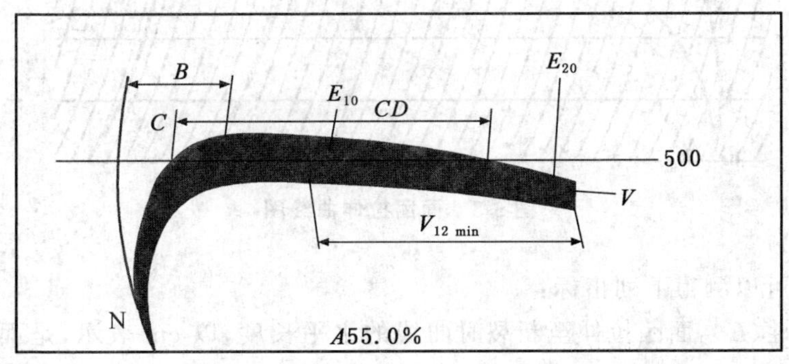

M 为弱力粉　*N* 为强力粉

图 5-2　粉质曲线图

a. 吸水率（absorption）：指揉制面团时面粉所需水分的适宜量（%），一般是面团阻力达到最大峰值时(500 Bu)时的加水量。

b. 面团形成时间(development time):指粉质曲线达到峰值时所用的时间(图 5-2 中的 *B*)单位以 min 计。面团弹性强,则形成时间长。

c. 稳定时间(stability time):指曲线首次到达 500 Bu 时和离开 500 Bu 时的时间之差(图 5-2 中的 *CD*),单位以 min 表示,主要反映面团的稳定性,亦即耐搅拌性能。稳定时间长说明面团韧性好,面筋强,加工性能好。

d. 衰减度(弱化度)(degree of softening):指曲线峰值中心点与出现峰值后 10 min(或 12 min)曲线所处位置中心点差值(Bu)(图 5-2 中的 *E*)。主要表示面团对机械搅拌的承受能力,亦即在搅拌中的破坏速率。指标大表示面筋弱,面团易流变,加工性能差。

e. 评价值(valorimeter value):是粉质仪特有的叫作评价计的一种专用尺子,根据面团形成时间和面团弱化度等进行的综合评分。

f. 除以上指标外,还有公差指数(mixing tolerence index)、离线时间、断裂时间(breakdown time)、带宽(width of curve)等指标,请读者参考有关资料,这里不再赘述。

(2)拉伸曲线　用拉伸仪(extensograph)测定面团的抗拉伸强度时所得的曲线图。将粉质仪制备好的面团揉搓成粗短面条,将两端固定,中间挂钩向下拉,抗拉伸阻力以曲线的形式自动记录下来(图 5-3),称拉伸图(extensogram)。

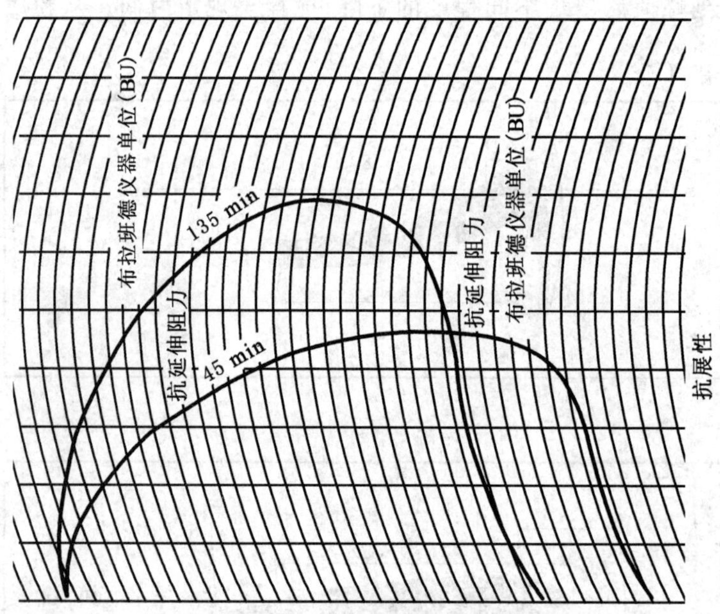

图 5-3　面团拉伸曲线图

从拉伸图上可以测得下列指标:

a. 面团延伸性(*E*):面团拉伸至断裂时曲线的水平长度,以 cm 表示,是面团黏性、横向延伸性的标志。

b. 抗拉伸阻力(*R*):在横坐标 50 cm 处的曲线高度,以 Bu 表示,是面团弹性、纵向弹性的标志。

c. 拉伸比:抗拉伸阻力(Bu)与延伸性的(cm)比值。用 Bu/cm 表示,反映抗拉强度。

d. 能量：指曲线所围成的总面积，以 cm^2 表示。亦代表面团强度。

拉伸图既反映面团强度和抗延伸阻力，又反映面团易流动性和延伸所需要的黏合力。

(3)示功图　示功图是用吹泡示功仪(alveograph)测定面团特性时得到的曲线图。测定原理与拉伸仪相似，不同的是它将面团制成厚圆面饼，夹在仪器特定装置上，将面团吹成泡状使面团变形。面团形变时所产生的阻力用仪器自动记录，形成示功图(图 5-4)。

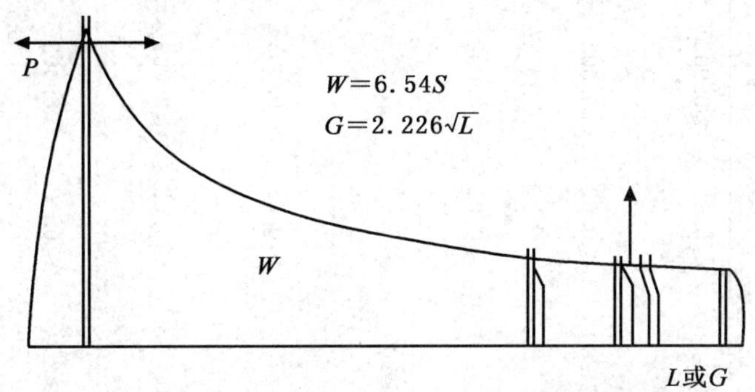

P 为吹泡过程中所需最大压力　*W* 为吹泡所用的功

L 为破裂点的平均最大横坐标　*G* 为充气指数　*S* 为曲线内面积

图 5-4　示功图

从示功图可以得到下列指标：

a. 面团张力(*P*)：指示功图纵向最大高度，表示吹泡示功仪达最大压力(maxium over-pressure)时面团抵抗力，以 cm 为单位。面筋弹性大，韧性强，则 *P* 值高。

b. 面团延伸性(*L*)：指示功图横向长度，以 mm 为单位。面团延伸性强，则 *L* 值大。

c. 面团比功(*W*)：指单位重量的面团变成厚度最小的薄膜所耗费工的数值，一般为曲线面积(*S*)×6.54，*W* 值高，则面粉筋力强。

另外，常用 *P*/*L* 值表示面筋韧性与延伸性的平衡性。*P*/*L* 值大者为韧性面团，适中者为平衡性面团，小者为延伸性面团。

面团流变学评价方法较多，可查阅美国谷物化学家协会出版的 AACC 分析方法手册。

(4)其他品质指标

a. 面筋含量：先按照标准规程制作面团，再用手洗法或机洗法，洗去淀粉，留下面筋质，挤压去水，称重即得湿面筋重量。湿面筋在 100～104℃恒温箱中干燥 20 h 至恒重冷却后称重，即得干面筋重量。按面粉重量换算成百分比表示。方法简便，但误差较大。

b. 沉降值(sedimentation value)：又名沉淀值。降落值是以 α-淀粉酶能使淀粉凝胶液化、使黏度下降这一原理为依据，以一定重量的搅拌器在被酶液化的热凝胶糊液中下降一段特定高度所需的时间(s)来表示的。根据淀粉糊液黏度的变化来反映淀粉酶含量及酶活性。降落值越小，表明糊液黏度小，淀粉被酶解的程度大，酶活性强。如油炸面包圈、糕点、方便面、锅巴等面制食品的对生产面包的面粉来说，沉降值小于 200，表示酶活性过强；200～300 表示酶活性正常，大于 300，则表示酶活性过低。现在许多国家将降落值作为面粉的等级标准和专用粉的重要指标、检验进出口谷物和计算产品价格的依据，以及用于配粉的计算。

(5)各种专用粉的质量标准　我国各种专用粉的质量标准(表 5-2)。

表 5-2 我国各种专用粉的质量标准

专用粉名称	等级	水分/%	灰分/%（干基）	粗细度	湿面筋/%	粉质曲线稳定时间/min	沉降值/s	含沙量/%	磁性金属物/(g/kg)	气味口味	SB/T
面包用粉	精制级 普通级	≤14.5	≤0.60 ≤0.75	全部通过 CB30 号筛，留存在 CB36 号筛的不超过 15.0%	≥33.0 ≥30.0	≥10.0 ≥7.0	250～350	≤0.02	≤0.003	无异味	10136－93
面条用粉	精制级 普通级	≤14.5	≤0.55 ≤0.70	全部通过 CB36 号筛，留存在 CB42 号筛的不超过 10.0%	≥28.0 ≥26.0	≥4.0 ≥3.0	≥200	≤0.02	≤0.003	无异味	10137－93
馒头用粉	精制级 普通级	≤14.0	≤0.55 ≤0.70	全部通过 CB36 号筛	25～30 25～30	≥3.0 ≥3.0	≥250	≤0.02	≤0.003	无异味	10139－93
饺子用粉	精制级 普通级	≤14.5	≤0.55 ≤0.70	全部通过 CB36 号筛，留存在 CB42 号筛的不超过 10.0%	28～32 28～32	≥3.5 ≥3.5	≥200	≤0.02	≤0.003	无异味	10138－93
酥性饼干用粉	精制级 普通级	≤14.0	≤0.55 ≤0.70	全部通过 CB36 号筛，留存在 CB42 号筛的不超过 10.0%	22～26 22～26	≥2.5 ≥3.5	≥150	≤0.02	≤0.003	无异味	10141－93
发酵饼干用粉	精制级 普通级	≤14.0	≤0.50 ≤0.70	全部通过 CB36 号筛，留存在 CB42 号筛的不超过 10.0%	24～30 24～30	≤3.5 ≤3.5	250～350	≤0.02	≤0.003	无异味	10140－93
蛋糕用粉	精制级 普通级	≤14.0	≤0.53 ≤0.65	全部通过 CB42 号筛	≤22 ≤24.0	≤1.5 ≤2.0	≥250	≤0.02	≤0.003	无异味	10142－93
糕点用粉	精制级 普通级	≤14.0	≤0.55 ≤0.70	全部通过 CB36 号筛，留存在 CB42 号筛的不超过 10.0%	≤22.0 ≤24.0	≤1.5 ≤2.0	≥160	≤0.02	≤0.003	无异味	10143－93

5.2.1.3 面制品品质评价

烘焙与蒸煮品质是衡量小麦面粉工艺性能的直接指标，结果客观、可靠。

(1)面包品质评价 一般通过烘烤面包的品质指标来反映，主要包括面包体积、比容、面包的纹理和质构、面包评分等。

a. 面包体积(loaf volume)：是最客观的烘焙品质指标。一般按照标准方法进行烘焙操作，待面包出炉凉却后，用油菜籽置换法测定，以 cm 或 mL 表示。

b. 比容(specific volume)：指面包体积(cm^3)与重量(g)之比。

c. 纹理及质构：指成品面包断面质地状况和纹理结构。面包心平滑细腻，气孔细密 均匀呈长圆状，孔壁细而薄，无明显大孔洞和实心，呈海绵状。

d. 面包评分(loaf score)：面包评分是根据体积、皮色、形状、断面平滑度、纹理及质构、弹性、口感等多项指标进行综合评价记分。世界各国评价标准不尽一致。

饼干品质评价：用 TA-XT2i 型质构仪进行饼干质地的测定。TPA 实验的基本参数设置为：探头：P50；测试模式：压缩力测试；测前速率：2.0 mm/s；测试速率：1.0 mm/s；压缩量：50%；触发力：5 g。主要测定饼干面团的硬度、黏性、弹性、黏聚性、恢复性、胶着性及咀嚼性。

三点弯曲实验的基本参数设置为：探头：HDP/3PB；测试模式：压缩力测试；测前速率：2.5 mm/s；测试速率：1.0 mm/s；下压距离：10 mm；触发力：5 g。主要测定饼干的断裂强度及脆性。

(2)饼干品质评价

a. 饼干物理指标的测定：分别测定饼干的厚度、直径及色差特性。厚度、直径按照 AACC 10-53(2000)方法，要求饼干出炉冷却到室温，测量饼干直径，各饼干皆按一个方向转动 90°，重复 4 次，并计算平均值。厚度的测量是将饼干叠起，测量其高度，随意变换饼干位置，重复测量，计算平均值。色差特性的测定采用 Minolta CR-400 色差仪。

b. 饼干感官品质的评定。由 10 位事先经过训练对品尝有经验的人员组成实验品尝小组，按照 Tiwari 等(2011)提供的方法进行评分，共五项，每项满分 10 分。评分标准如下：色泽：浅黄色至黄色，均匀一致，面色与底色基本一致，表面有光泽；形态：外形完整，底部平整。大小、厚薄均匀一致，花纹图案清晰；内部组织：饼干内部层次分明，气孔均匀一致，无大空隙，颜色均匀；口感：松脆爽口；风味：香味浓郁，无异味。

(3)馒头品质评价 参照我国国家标准(GB/T 17320—1998)附录 B 进行馒头评价。主要指标包括比容，即体积/重量 (15 分)，高径比，即高度/直径 (5 分)、表面色泽(10 分)、表面结构(10 分)、外观形状(10 分)、内部结构(15 分)、弹性(10 分)、韧性(10 分)、黏性(10 分)和气味(5 分)，满分 100 分。

(4)挂面品质评价 感观评定：称取 50 g 面条，放入盛有 500 mL 沸水的锅中，在电磁炉上煮至面条芯的白色生粉消失，立即将面条捞出，以流动的自来水冲洗 60 s，沥去多余的水分后放在碗中待品尝。根据 SB/T 10137—1993，由 6 位事先经过训练对品尝有经验的人员组成实验品尝小组，按照色泽(10 分)，表观状态(10 分)，适口性(20 分)，韧性(25 分)，黏性(25 分)，光滑性(5 分)，食味(5 分)。每位每种产品做 3 个重复，取平均值。

断裂强度测定：面条晾干后，切成 10.0 cm 的长条，采用 TA-XT2i 质构仪 A/SPR 探头对面条进行断裂强度测定。参数为：测试前速度：2.0 mm/s，测试速度：1.0 mm/s，测试后速度：2.0 mm/s，压缩程度：30 mm，停留时间：5 s，引发力：5 g，获取数据速率：400 pps。重复测定五次，取五次测定结果的平均值。

(5)面条最佳烹煮时间的测定　取干面条 10 根放入 200 mL 沸水中，同时开始计时，保持水处于 98～100℃微沸状态下煮制。从 1 min 开始每隔 20 s 取出一根面条用透明玻璃片压开，观察面条中间白芯的变化，白芯刚消失时的时间即为面条的最佳烹煮时间。设 3 次重复。

面条烹煮品质评价：取 20 根面条，称重后置于盛有 300 mL 蒸馏水的烧杯中，在 100℃水浴中煮至白芯刚好消失，取出煮熟面条，淋干水静置 5 min，测定面条的烹煮吸水率。面汤用于测面条的干物质失落率（105℃，烘 4 h）。采用 105℃烘干法测定面条的水分，换算出面条干重。

烹煮吸水率＝(煮后面条重－未煮面条干重)/未煮面条干重×100%

烹煮损失率＝面汤干重/未煮面条干重×100%

5.2.2　油脂

在面制食品加工中，焙烤食品使用较多的油脂，而且不同的焙烤食品对油脂的要求不同。蒸煮食品使用的油脂较少，主要在方便面、蒸包等少数产品中使用。面制食品中常用的油脂有植物油、动物油、人造奶油和起酥油等。

5.2.2.1　植物油

植物油有大豆油、棉籽油、花生油、棕榈油、玉米胚芽油等。植物油中主要含有不饱和脂肪酸，其营养价值高于动物油脂，但加工性能不如动物油脂和人造固态油脂。

5.2.2.2　动物油

天然动物油中常用的是奶油和猪油。大多数动物油都具有熔点高，可塑性强，起酥性好的特点。

5.2.2.3　人造奶油

人造奶油是指精制食用油添加适量的水、乳粉、色素、香精、乳化剂、防腐剂、抗氧化剂、食盐、维生素等辅料，经乳化，急冷捏合而成的具有天然奶油特点的可塑性油脂制品。由于人造奶油具有良好的涂抹性能、口感性能和风味性能等加工特性，它已成为世界上焙烤食品加工使用最为广泛的油脂之一。

5.2.2.4　起酥油

起酥油是指精炼的动植物油脂、氢化油、酯交换油或这些油的混合物，经混合、冷却、塑化而加工出来的具有可塑性、乳化性的固态或流动性的油脂产品。起酥油与人造奶油的主要区别是起酥油中没有水相。在国外起酥油的品种很多，几乎可用于所有的面制食品中，尤其是在面包、饼干、糕点中使用最为广泛。

5.2.2.5　油脂在面制食品中的工艺性能

(1)可塑性　可塑性是指固态油脂（人造奶油、奶油、起酥油、猪油等）在外力作用下可以改变自身形状，撤去外力后能保持一定形状的性质。可塑性良好的固态油脂在面包、饼干、糕点面团中可呈片状、条状、薄膜状分布，而相同条件下液态油只能分散成球状。因此，固态油脂要比液态油能润滑更大的面团表面积，可使面团具有良好的延伸性。可塑性人造奶油加到面包面团中，可使面包的瓤心呈层状结构，可塑性良好的起酥油加到蛋糕中，可使蛋糕的体积增大，加到饼干和酥性点心中，食用时口感酥脆。

(2)起酥性　起酥性是指油脂具有能使食品酥脆易碎的性能。在调制酥性食品时加大量油脂,由于油脂的疏水性限制了面筋蛋白质的吸水润胀,面团含油越多,吸水率越低,面筋形成越少。油脂能在面团中形成油膜,产生隔离作用,阻碍面筋网络的形成,也使淀粉之间不能结合,从而降低了面团的弹性和韧性,增加了面团的塑性。从而使酥性制品口感酥松,入口即碎。

(3)充气性　油脂的充气性,也称为油脂的酪化性或油脂的融合性。它是指油脂在空气中高速搅打时,空气被裹入油脂中,在油脂内形成大量小气泡的性质。在蛋糕和面包中加入充气性良好的油脂可使它们的体积增大,在饼干和酥性点心中加入这种油脂,会使产品酥脆适口,质地疏松。油脂的充气性与其组成有关,起酥油的充气性比人造奶油好,猪油的充气性较差。

(4)乳化分散性　乳化分散性是指油脂在与含水的原料混合时的分散亲和性质。制作蛋糕时,油脂的乳化分散性越好,油脂小粒子分布越均匀,得到的蛋糕体积越大,质地越柔软。在制作韧性饼干时,乳化分散性良好的油脂可使油水在面团中均匀分散。因此,添加了乳化剂的起酥油、人造奶油以及植物油最适宜制作高糖、高油类糕点和饼干。

(5)稳定性　稳定性是指油脂抗氧化酸败的性能。对植物油来说,稳定性取决于其不饱和脂肪酸和天然抗氧化剂的含量。固态油脂、起酥油的稳定性好于猪油和人造奶油,因而常用起酥油来制造需要保存时间长的焙烤食品,如饼干、酥饼、点心、油炸食品。

5.2.3　糖与糖制品

5.2.3.1　面制食品中常用的糖制品

在面制食品加工中,糖是最重要的原料之一,尤其是在焙烤食品中糖更是不可缺少。面制食品中常用的糖制品有蔗糖、转化糖浆、淀粉糖浆、蜂蜜等。

5.2.3.2　糖在面制食品中的工艺性能

(1)改善制品的色、香、味、形　在面包、饼干或其他焙烤成熟的制品中,由糖参与的焦糖化反应和美拉德反应,可使产品表面形成金黄色或棕黄色,并产生诱人的焦香味,糖在糕点中起到骨架作用,能改善糕点的组织状态,使外形挺拔。

(2)作为酵母的营养物质　在面包、馒头、蒸包等发酵制品生产中,配料中加一定量的糖,作为酵母发酵的主要能量来源,有助于酵母繁殖和发酵。但糖的渗透压大,加糖量在小于6%(以面粉计)时可促进面团发酵,超过6%,则对酵母的活性有抑制作用。中高档点心面包中加糖量较多,可达15%~20%,一般通过延长发酵时间或采用二次发酵法来完成发酵过程。

(3)作为面团的改良剂　面粉在搅拌作用下吸水形成面团时,主要是依靠蛋白质胶粒内部浓度造成的渗透压使水分子进入到蛋白质分子中去的。如果在面团中加入一定量的糖或糖浆,它不仅吸收蛋白质胶粒之间的游离水,也会使蛋白质胶粒外部浓度增加,对胶体内部的水分会产生反渗透作用。因而过多地使用糖会使面团的吸水力降低,妨碍面筋的形成,因此糖在面团搅拌中起到的是反水化作用。在面包生产中,糖的用量最好不大于30%,用糖过多,面筋未能充分扩展,会使产品体积小,组织粗糙。在制作高糖面包时,应适当延长搅拌时间或采用高速搅拌机。对于不希望过多形成面筋的面团,如饼干面团,酥性点心面团等高糖利于抑制面筋的形成,使产品在焙烤时不变形,酥脆、可口。

(4)延长产品的货架期　糖的高渗透压作用,可抑制微生物的生长和繁殖,从而能增进糕点的防腐能力,延长货架期。另外,含糖高的产品中氧的溶解度大幅度下降,对于含油较多的饼干、点心具有一定的防油脂氧化酸败的作用。

5.2.4 蛋与蛋制品

蛋品是生产面包、糕点及蒸包馅料的重要原料,尤其是在蛋糕和高档面包中用量很大。蛋品中用量最多的是鸡蛋、鸭蛋。蛋品的原料类型有带壳鲜蛋、冻蛋、全蛋粉、蛋清粉等。鹅蛋因有异味,很少使用。蛋在面制食品中有以下工艺性能。

(1)改善面制食品的色、香、味和营养价值　在面包、糕点的表面涂上一层蛋液,经焙烤后,呈诱人的金黄色,表皮光亮,外形美观。加蛋的面包、糕点成熟后具有悦人的蛋香味,并且结构疏松多孔,体积膨大而柔软。在蒸包馅料中,将蔬菜和鸡蛋拌在一起,成熟后,具有良好的风味和营养价值。

(2)蛋的凝固性　鸡蛋蛋白在热的作用下可变性凝固,形成坚实的结构,不仅可协助面粉形成制品的骨架,而且有利于制品的成形。对筋力弱的面粉,或添加豆面的面粉,生产挂面时,可加入适量的蛋液来强化制品的骨架结构。蛋糕柔软、膨松结构主要取决于蛋的多少和蛋的搅拌质量。

(3)蛋白的起泡性　蛋白是一种亲水胶体,具有良好的起泡性,在糕点生产中具有特殊的意义,尤其是在西点的装饰方面。蛋白经过强烈搅打,可将混入的空气包围起来形成泡沫,在表面张力作用下,泡沫成为球形。由于蛋白胶体具有黏性,将加入的其他辅料附着在泡沫的周围,使泡体变得浓厚坚实,增加了泡沫的机械稳定性。制品在焙烤时,泡沫内气体受热膨胀,增大了产品体积,使产品疏松多孔并且具有一定弹性和韧性。

(4)蛋黄的乳化性　蛋黄中磷脂含量较高,且磷脂具有亲油和亲水的双重性质,是一种理想的天然乳化剂。它能使油、水和其他原料均匀地分布在一起,促进制品组织细腻,质地均匀,疏松可口,并具有良好的色泽。目前,国内外焙烤食品工业广泛使用蛋黄粉来生产面包、糕点和饼干。在使用时,可将蛋黄粉和水按 1∶1 的比例混合,搅拌成糊状,添加到面团或面糊中。

5.2.5 乳与乳制品

乳与乳制品因具有很高的营养价值、良好的加工性能及特有的奶酪香味,是面制食品,尤其是高档焙烤食品(高档面包、饼干等)的重要原料之一。面制食品中常用的乳及乳制品有鲜奶、奶粉、炼乳、干酪等。乳在面制食品中有以下的工艺性能:

(1)鲜奶具有良好的风味　国外传统的面包和糕点使用的乳品大多是鲜奶。但由于鲜奶具有不便运输和贮存,易变质的缺点,目前面制食品生产中一般用奶粉来代替鲜奶。

(2)改善制品的色、香、味　乳及乳制品中含有乳糖,它是一种还原性二糖,不被酵母发酵,在面团中作为剩余糖,在制品焙烤时发生焦糖化作用和美拉德反应,使产品上色较快。在焙烤食品中添加乳制品可使产品具有乳品所特有的香味。

(3)提高制品的营养价值　面粉是面制食品的主要原料,但面粉在营养上的先天不足是赖氨酸十分缺乏,维生素含量相对较少。乳粉中含有丰富的蛋白质和几乎所有的必需氨基酸,维生素和矿物质亦很丰富。

(4)改善面团的加工性能　乳粉中含有的大量蛋白质可提高面团的吸水率、搅拌耐力和发酵耐力,特别是对于低筋面粉,效果更为明显。

(5)改善制品组织结构,延缓制品老化　由于乳粉增强了面筋筋力,改善了面团发酵耐力和持气性,因而含有乳粉的制品组织均匀、柔软、疏松并富有弹性。添加乳粉增加了面团的吸水率和成品面包体积，使制品老化速度减慢。

5.2.6　水

水是面食加工中不可缺少的原料，不同面制食品制作中加水量差别较大。用水的数量和质量既影响面食的加工工艺，又影响成品质量。正确认识和使用水是保证面食质量的关键。对于面包、馒头等发酵面食的生产，一般采用中等硬度的水(8°～12°)。水硬度太高，易使面筋硬化，面团韧性过强，抑制酵母发酵，成品体积小，口感粗糙。水过软，面团吸水率低，黏度大，持气性下降，易塌陷，产品质量差。生产饼干、挂面用软水(4°～8°)比硬度高的水效果好。用硬度为4°的水生产饼干，饼干不易变形，制作挂面，挂面的弹性大，断条率低。面制食品用水的pH 一般以 6～8 为宜，面包用水略偏酸，饼干、挂面用水略偏碱性。

5.2.7　酵母

酵母是发酵面食品的基本配料之一，其主要作用是将可发酵的碳水化合物转化为二氧化碳和酒精，产生的 CO_2 使面包的体积膨大，产生疏松、柔软的结构。除产气外，酵母菌体本身对面团的流变学特性有显著的改善作用。目前发酵面食制作中常用的酵母有鲜酵母、活性干酵母和即发活性干酵母。

5.2.8　食盐

食盐是制作面食的基本配料之一，虽然用量不多，但对制品品质改良作用明显。在面食中，食盐主要有以下作用：一提高面食的风味。盐与其他风味物质相互协调、相互衬托，使产品的风味更加鲜美、柔和。二是调节控制发酵速度。盐的用量超过 1%时，就能产生明显的渗透压，对酵母发酵有抑制作用，降低发酵速度。因此，可通过增加或减少盐的用量，来调节控制面团发酵速度。三是增加面筋筋力。盐可以使面筋质地细密，增强面筋的主体网状结构，使面团易于扩展延伸。四是可改善面食的内部色泽。实践证明，添加适量食盐的面包、馒头其瓤心比不添加的白。食盐的添加量应根据所使用面粉的筋力，配方中糖、油、蛋、乳的用量及水的硬度具体确定。食盐一般是在面团即将形成时添加。

5.2.9　其他辅助料及添加剂

为了有利于面制食品工艺操作和提高产品质量，面制食品生产中使用的其他辅料及添加剂还有乳化剂、氧化剂、疏松剂、增稠剂、抗氧化剂、香精香料和食用色素等。

5.3　面包生产

5.3.1　面包的配方设计与表示方法

面包配方是指制作面包的各种原辅料之间的配合比例。要设计一种面包的配方，首先要根据这种面包的色、香、味与营养成分，组织结构等特点，充分考虑各种原辅料对面包加工工艺及成品质量的影响，在选用基本原料的基础上，确定添加哪些辅助原料。根据主食面包清淡可口的特点，以面粉为主料，加入水、酵母、食盐和少量砂糖制成大众食品；点心面包品种繁多，风味各异，在配料中使用较多的糖、油脂、鸡蛋、奶粉等，以提高产品档次；营养强化面包是将一定量的具有保健功能和特殊营养功能的成分添加到面包中，制成各种营养保健面包，如高蛋白面包、麦麸面包、胚芽面包、糙米面包、中草药面包等。

面包的配方一般用百分比来表示，面粉的用量为100，其他配料占面粉用量的百分之几。如甜面包配方为：面粉100、水58、白砂糖18、鸡蛋12、奶粉5、酵母1.4、食盐0.8、复合改良剂0.5。

5.3.2 面包的生产工艺流程

面包的制作，无论是手工操作，还是机械化生产，都包括三大基本工序，即面团搅拌、面团发酵和成品焙烤。在这三大基本工序的基础上，根据面包品种特点和发酵过程常将面包的生产工艺分为一次发酵法（直接法），二次发酵法（中种法）和快速发酵法。

5.3.2.1 一次发酵法

面包的一次发酵生产工艺流程如图5-5所示：

配料→搅拌→发酵→切块→搓团→整形→醒发→焙烤→冷却→成品

图5-5 面包一次发酵生产工艺流程

一次发酵法的优点是发酵时间短，提高了设备和车间的利用率，提高了生产效率，且产品的咀嚼性、风味较好。缺点是面包的体积较小，且易于老化；批量生产时，工艺控制相对较难，一旦搅拌或发酵过程出现失误，无弥补措施。

5.3.2.2 二次发酵法

二次发酵生产工艺流程如图5-6所示：

种子面团配料→种子面团搅拌→种子面团发酵→主面团配料→主面团搅拌
成品←冷却←焙烤←醒发←整形←搓团←切块←主面团发酵←┘

图5-6 面包二次发酵生产工艺流程

二次发酵法的优点是面包的体积大，表皮柔软，组织细腻，具有浓郁的芳香风味，且成品老化慢。缺点是投资大，生产周期长，效率低。

5.3.2.3 快速发酵法

快速发酵生产工艺流程如图5-7所示：

配料→面团搅拌→静置→压片→卷起→切块→搓圆→成形
成品←冷却←焙烤←醒发←┘

图5-7 面包快速发酵生产工艺流程

快速发酵法是指发酵时间很短（20～30 min）的一种面包加工方法。整个生产周期只需2～3 h。其优点是生产周期短、生产效率高，投资少，可用于特殊情况或应急情况下的面包供应。缺点是成本高，风味相对较差，保质期较短。

5.3.3 面包生产工艺要点

5.3.3.1 面团的搅拌

面团搅拌也称调粉或和面，它是指在机械力的作用下，各种原辅料充分混合，面筋蛋白和淀粉吸水润胀，最后得到一个具有良好黏弹性、延伸性、柔软、光滑面团的过程。面团搅拌是影响面包质量的决定因素之一。如果面团搅拌达到最佳程度，以后的工序易于进行，并能保证产品质量。

(1)面团搅拌的投料顺序　调制面团时的投料次序因制作工艺的不同略有差异。一次发酵法的投料次序为：先将所有的干性原料（面粉、奶粉、砂糖、酵母等）放入搅拌机中，慢速搅拌 2 min 左右，然后边搅拌边缓慢加入湿性原料（水、蛋、奶等），继续慢速搅拌 3～4 min，最后在面团即将形成时，加入油脂和食盐，快速搅拌（4～5 min），使面团最终形成。二次发酵法是将部分面粉和全部酵母、改良剂、适量水和少量糖先搅成面团，一次发酵后，再将其余原料全部放入和面机中，最后放入油脂和盐。由此可知，不论采用何种发酵工艺，油脂和食盐都是在面团基本形成后加入。

(2)面团温度的控制　适宜的面团温度是面团发酵的必要条件。实际上，在面团搅拌的后期，发酵过程已经开始。为了防止面团过度发酵，以得到最好的面包品质，面团形成时温度应控制在 26～28℃。在生产实践中，由于室温和面粉温度比较稳定且不易调节，一般用水温来调节面团温度。所需水温可由公式计算得出。首先测出机器的摩擦升温，可通过试验测定并由下式计算：

$$机器摩擦升温=(3\times 搅拌后面团温度)-(室温+粉温+水温)$$

然后由下式即可计算出应用多少度的水温才能达到面团搅拌后的理想温度。

$$所需水温=(3\times 面团理想温度)-(室温+粉温+机器摩擦升温)$$

(3)面团搅拌时间的确定　面团最佳搅拌时间应根据搅拌机的类型和原辅料的性质来确定。如果搅拌机不能够变速，搅拌时间一般需 15～20 min。如果使用变速搅拌机，只需 10～12 min。变速搅拌机，一般慢速（15～30 r/min）搅拌 5 min，快速（60～80 r/min）搅拌 5～7 min。面团的最佳搅拌时间还应根据面粉筋力、面团温度、是否添加氧化剂等多种因素在实践中摸索。

5.3.3.2　面团的发酵

(1)酵母发酵过程　面团发酵是面包生产的关键工序。发酵是使面包获得气体、实现膨松、增大体积、改善风味的基本手段。酵母的发酵作用是指酵母利用糖（主要是葡萄糖）经过复杂的生物化学反应最终生成 CO_2 气体的过程。发酵过程包括有氧呼吸和无氧呼吸，其反应方程式如下：

$$C_6H_{12}O_6+6O_2 \xrightarrow[\text{酵母酶}]{\text{有氧呼吸}} 6CO_2\uparrow+6H_2O+2\,817\ \text{kJ}$$

$$C_6H_{12}O_6 \xrightarrow[\text{酵母酶}]{\text{无氧呼吸}} 2C_2H_5OH+2CO_2\uparrow+100\ \text{kJ}$$

在面团的发酵初期，酵母的有氧呼吸占优势，并进行迅速繁殖，产生很多新芽孢。随着发酵的进行，无氧呼吸逐渐占优势。越到发酵后期，无氧呼吸进行得越旺盛。整个发酵过程中以无氧呼吸为主对面包的生产和质量是有利的。因为无氧呼吸产生酒精，可使面包具有醇香味。另一方面有氧呼吸会产生大量的气体和热量，过快地产生气体不利于面团中气泡的均匀分散，大气泡较多，过多的热量使面团的温度不易控制，过高的面团温度会引起杂菌如乳酸菌、醋酸菌的大量繁殖，从而影响面包质量。采用二次发酵工艺制作的面包质量较好的原因在于第一次发酵使酵母繁殖，面团中含有足够的酵母数量增强发酵后劲，通过对一次发酵后面团的搅拌，一方面可使大气泡变成小气泡，另一方面可使面团中的热量散失并使可发酵糖再次和酵母接触，使酵母进行无氧呼吸。

(2)影响酵母产气的主要因素

a. 温度　温度高，酵母的产气量增加，发酵速度快。但温度过高，产气过快，不利于面团的持气和气泡的均匀分布。面团的发酵温度一般控制在26～28℃。

b. pH　酵母发酵的最适pH为5～6，在此pH条件下酵母产气能力强。

c. 渗透压　面团发酵过程中，影响酵母活性的渗透压主要由糖和盐引起。糖用量为5%～7%时产气能力大，超出此范围，糖用量越多，发酵能力越受到抑制。食盐能够抑制酶的活性，食盐的用量越多，酵母的产气能力越低。食盐用量超过1%时，对酵母活性就有明显抑制作用。

(3)影响面团持气的因素

a. 面粉　面粉中蛋白质的数量和质量是面团持气能力的决定性因素，面粉的成熟不足或过度都使面团的持气能力下降，成熟不足应使用氧化剂，成熟过度时应减少面团改良剂的用量。

b. 乳粉和蛋品　奶粉和蛋品均含有较多的蛋白质，对面团发酵具有缓冲pH的作用，均能提高面团的发酵耐力和持气性。

c. 戊聚糖的作用　戊聚糖是一种植物胶，对面粉的焙烤特性有显著影响。有实验证实，在弱筋粉中添加2%的水溶性戊聚糖，能使面包的体积增加30%～45%。在面团中加入汉生胶或槐豆胶，也可增加面团的持气性。

d. 面团搅拌　面团搅拌到面筋网络充分形成而又不过度，此时面团的持气性最好。

(4)面团的发酵工艺参数　发酵温度28～30℃，相对湿度80%～85%。发酵时间因使用的酵母(鲜酵母、干酵母)、酵母用量以及发酵方式的不同而差别较大。面团的发酵时间由实际生产中面团的发酵成熟度来确定。鉴别面团发酵成熟度的方法有以下几种。

a. 回落法　面团发酵一定时间后，在面团中央部位开始向下回落，即为发酵成熟。但要掌握在面团刚开始回落时，如果回落幅度太大则发酵过度。

b. 手触法　用手指轻轻按下面团，手指离开后，面团既不弹回，也不继续下落，表示发酵成熟；如果很快恢复原状，表示发酵不足，如果面团很快凹下去，表示发酵过度。

c. 温度法　面团发酵成熟后，一般温度上升4～6℃。

d. pH法　面团发酵前pH约为6.0左右，发酵成熟后pH 5.0，如果低于5.0，则说明发酵过度。

5.3.3.3　面包的整形与醒发

将发酵好的面团做成一定形状的面包坯称作整形。整形包括分块、称量、搓圆、中间醒发、压片、成型。在整形期间，面团仍进行着发酵过程，整形室所要求的条件是温度26～28℃，相对湿度85%。

分块应在尽量短的时间内完成，主食面包的分块最好在15～20 min内完成，点心面包最好在30～40 min内完成，否则因发酵过度影响面包质量。由于面包在烘烤中有10%～12%的质量损耗，故在称量时将这一质量损耗计算在内。

搓圆就是使不整齐的小面块变成完整的球形，恢复在分割中被破坏的面筋网络结构。手工搓圆的要领是手心向下，用五指握住面团，向下轻压，在面板上顺一个方向迅速旋转，将面团搓成球状。中间醒发也称静置。面团经分块、搓圆后，一部分气体被排除，内部处于紧张状态，面团缺乏柔软性，如立即进行压片或成型，面团的外皮易被撕裂，不易保持气体。因此需一段时间的中间醒发。中间醒发的工艺参数为温度27～29℃，湿度80%～85%，时间12～18 min。

压片是提高面包质量、改善面包纹理结构的重要手段。其主要目的是将面团中原来不均匀的大气泡排除掉，使中间醒发产生的新气泡在面团中均匀分布。压片分手工压片和机械压片，机械压片效果好于手工压片。压片机的技术要求是转速140～160 r/min，辊长22～24 cm，压辊间距0.8～1.2 cm。如果生产夹馅面包，压辊间距应为0.4～0.6 cm，面片不能太厚。

成型是将压片的小面团做成所需要的形状，使面包的外观一致。一般花色面包多用手工成型，主食面包多用机械成型。

成型后还需要一个醒发过程，也称为最后发酵，就是将成型后的面包坯经最后一次发酵使其达到应有的体积和形状。醒发的工艺条件为：温度38～40℃，湿度80%～90%，时间55～65 min。

二维码5-1　面包的成型和醒发

5.3.3.4　面包的焙烤与冷却

焙烤是面包制作的三大基本工序之一，是指醒发好的面包坯在烤炉中成熟的过程。面团在入炉后的最初几分钟内，体积迅速膨胀。其主要原因有两方面，一方面由于面团中已存留的气体受热膨胀；另一方面由于温度的升高，在面团内部温度低于45℃时，酵母变得相当活跃，产生大量气体。一般面团的快速膨胀期不超过10 min。随后的焙烤过程主要是使面团中心温度达到100℃，水分挥发，面包成熟，表面上色。

面包焙烤的温度和时间取决于面包辅料成分多少、面包的形状、大小等因素。焙烤条件的范围大致为180～220℃，时间15～50 min。焙烤的最佳温度、时间组合必须在实践中摸索，根据烤炉不同、配料不同、面包大小不同具体确定，不能生搬硬套。

有些面包烤炉上有加湿器，通过加湿可以控制面包皮的厚薄。面包皮的形成是面团表面迅速干燥的结果。由于面团表面与干燥的高温空气接触，其水分汽化非常快。如果需要较厚的面包皮，一般需向烤炉内加湿，使面包表面水分汽化速率减慢，表面受到较大程度的焙烤，从而形成较厚的面包皮。

若使用的烤炉能控制面火和底火，在焙烤的初始阶段，底火应高于面火，以利于水分挥发，体积最大限度地膨胀。面火160℃，底火180～185℃，在焙烤的后期，面火应上升至210～220℃上色，底火仍在180～185℃。

如果不能控制底火和面火，可用分阶段升温法。初始温度180～185℃，中间温度190～200℃，最后温度210～220℃。

面包需冷却后才能包装。由于刚出炉的面包表面温度高（一般大于180℃），面包的表皮硬而脆，面包内部含水量高，瓤心很软，经不起外界压力，稍微受力就会使面包压扁，压扁的面包回弹性差，失去面包固有的形态和风味。出炉后经过冷却，面包内部的水分随热量的散发而蒸发，表皮冷却到一定程度就能承受压力，再进行挪动和包装。

5.3.4 面包的制作实例

5.3.4.1 咸面包的制作(一次发酵法)

(1)配方

以面包专用粉为100,水58%,鲜酵母2%,面粉改良剂0.25%,盐2%,糖2%,黄油2%。

(2)操作要点

①除黄油外,将所有的原料放入和面机内慢速搅拌4～5 min,然后加入黄油,中速搅拌7～8 min,使面筋网络充分形成,搅拌后面团温度为26℃。

②在温度28℃,相对湿度80%条件下,发酵2 h 50 min。

③分割、揉圆、中间醒发10 min,整形。

④在38℃下最后发酵55 min。

⑤先用200℃烤15 min,最后在220℃烤5 min上色。

5.3.4.2 甜面包的制作(二次发酵法)

(1)配方 种子面团:以专用粉为75%,水45%,鲜酵母2%,面粉改良剂0.25%。主面团:以专用粉为25%,糖20%,人造奶油12%,蛋5%,奶粉4%,盐1.5%,水12%。

(2)操作要点

①种子面团原辅料放入和面机中,慢速搅拌3 min,中速搅拌5 min成面团,面团温度24℃。

②种子面团在28℃下发酵4 h。

③将糖、盐、蛋、水等主面团辅料搅拌均匀,然后加入种子面团,拌开,再加入奶粉、面粉,慢速搅拌成面团,加油后改成中速搅拌至搅拌结束。搅拌结束时主面团温度28℃。

④主面团在30℃发酵2 h。

⑤分块、搓圆后中间醒发12 min,成型。

⑥在38℃,相对湿度85%的条件下最后发酵30 min。

⑦炉温200～205℃,焙烤10～15 min。

二维码5-2 甜面包的制作方法

5.3.4.3 酥面包的制作

(1)配方 以专用粉为100,人造奶油15%,蛋12%,牛奶51%,鲜酵母10%,奶油20%,奶油馅料35%。

(2)操作要点

①由于配料中含有较多的油脂和糖分,为了使面团搅拌均匀,一般使用浆状搅拌机而不使用钩状搅拌机。将面粉、牛奶、鸡蛋放入搅拌机中,先慢速搅拌,然后中速搅拌,使之形成面团,最后加入人造奶油,继续搅拌成成熟面团。

②1～3℃下低温发酵12～24 h。

③包油。将面团压成长方形面片,将冷冻的奶油在面片上压成一薄层,然后用三折法折起。

④成形。折叠后的面团静置20 min压片,切成10 cm×10 cm的正方形,每块中间包入一小块奶油馅料,对角拉起折向中间成花瓣形,放置烤盘上。

⑤在温度 35℃，相对湿度 80%下，醒发 30 min。醒发后，表面刷一层蛋液，增加面包的光泽。

⑥在 175～180℃下烤 10～15 min。

⑦面包冷却后可在表面撒一层糖粉。

5.4　饼干生产

5.4.1　饼干配方

饼干生产所用的原辅料与面包相似，所不同的是饼干使用的面粉为低筋粉，而且饼干生产中需用较多的香精、香料、色素、抗氧化剂、化学疏松剂等。各种饼干的常用基本配方见表 5-3、表 5-4、表 5-5。

表 5-3　韧性饼干配方　　kg

原料	蛋奶饼干	玛利饼干	波士顿饼干	白脱饼干	字母饼干	动物饼干、玩具饼干
小麦粉	100	100	100	100	100	100
白砂糖	30	28	24	22	26	18
饴糖	2	3	5	4	2	6
精炼油	18	7	—	—	—	—
磷脂	2	—	—	—	2	2
猪板油	—	7	14	5	—	2
人造奶油	—	—	—	10	—	—
乳粉	3	2	—	—	—	—
香蕉香精/mL	—	—	—	—	100	—
香兰素	0.025	0.002	0.002	—	—	—
柠檬香精/mL	—	—	—	—	—	80
鸡蛋香精/mL	—	100	—	—	—	—
香草香精/mL	—	—	80	—	—	—
白脱香精/mL	—	—	—	100	—	—
食盐	0.5	0.3	0.3	0.4	0.25	0.25
碳酸氢钠	0.8	0.8	0.8	1	1	1
碳酸氢铵	0.4	0.4	0.4	0.4	0.6	0.8
抗氧化剂 BHT	0.02	0.002	0.001	0.002	0.002	0.002
柠檬酸	0.004	0.004	0.003	0.004	0.004	0.002
酸式焦亚硫酸钠	—	—	0.003	0.004	0.003	0.003

表 5-4 酥性饼干配方 kg

原料	奶油饼干	葱香饼干	蛋酥饼干	蜂蜜饼干	芝麻饼干	早茶饼干
小麦粉(弱)	96	95	95	96	96	96
淀粉	4	5	5	4	4	4
白砂糖粉	34	30	33	30	35	28
饴糖	4	6	3	2	3	4
精炼油	—	6	—	4	10	8
猪板油	8	12	10	12	6	8
人造奶油	18	—	8	4	4	—
磷脂	—	1	0.5	0.5	—	0.5
乳粉	5	1	1.5	2	1	1.5
鸡蛋	3	2	4	2	2	2.5
香兰素	0.035	0.02	0.04	0.03	0.025	0.05
食盐	0.5	0.8	0.4	0.5	0.6	0.7
香精	—	—	适量(带鸡蛋味)	—	—	适量(带香草味)
蜂蜜	—	—	—	8	—	—
葱汁	—	3	—	—	—	—
白芝麻	—	—	—	—	4	—
碳酸氢钠	0.3	0.4	0.4	0.4	0.4	0.5
碳酸氢铵	0.2	0.2	0.2	0.3	0.3	0.3
抗氧化剂	0.002	0.002	0.002 5	0.002	0.002	0.002
柠檬酸	0.003	0.003	0.003	0.003	0.003	0.003

表 5-5 苏打饼干配方 kg

分区	原料	咸奶苏打饼干	芝麻苏打饼干	葱油苏打饼干	蘑菇苏打饼干
第一次调粉	弱筋小麦粉	40	35	40	50
	白砂糖	2.5	1.5	1.5	3.5
	鲜酵母	1.5	1.2	2	2.5
	食盐	0.75	0.5	0.75	0.8
第二次调粉	低筋小麦粉	50	55	50	40
	饴糖	3	2	1.5	2
	精炼油	8	8	10	—
	猪板油	4	5	4	6
	人造奶油	6	5	—	10
	乳粉	3	2	1	1.5
	鸡蛋	2	2.5	2	3
	白芝麻	—	4	—	—
	洋葱汁	—	—	5	—
	鲜蘑菇汁	—	—	—	3

续表 5-5

分区	原料	咸奶苏打饼干	芝麻苏打饼干	葱油苏打饼干	蘑菇苏打饼干
	碳酸氢钠	0.4	0.3	0.25	0.4
	碳酸氢铵	—	—	0.2	0.2
	面团改良剂	0.002	0.002 5	0.002	0.003
	抗氧化剂	0.003	0.003 5	0.003	0.004
擦油酥	低筋小麦粉	10	10	10	10
	猪板油	1	5	5	2
	人造奶油	4	—	—	3
	食盐	0.35	0.3	0.5	0.5

5.4.2　典型饼干生产工艺

5.4.2.1　韧性饼干、发酵饼干成型工艺

如图 5-8 所示，典型的韧性饼干、发酵饼干成型工艺为：

三辊轧面机 1→三辊轧面机 1→叠层机 2→二辊轧面机 3→二辊轧面机 3→二辊轧面机 3→辊切成型机 4→过渡机 5→边料分离机 8→喷蛋机 6→撒粉机 7→烤炉

该工艺适合于韧性饼干、奶油薄脆饼干、苏打饼干、夹层饼、双色饼等各种低糖饼干的生产。三辊轧面机与叠层机可组合或分开使用。组合使用时可生产夹层饼或三色饼，单独使用叠层机可生产各种韧性饼干和发酵饼干。喷蛋机和撒粉机是增加饼干品种、改善饼干口感和颜色的设备，可选择使用，不需使用时不会影响饼干的正常生产，此方案适合于二楼调粉的厂房结构。

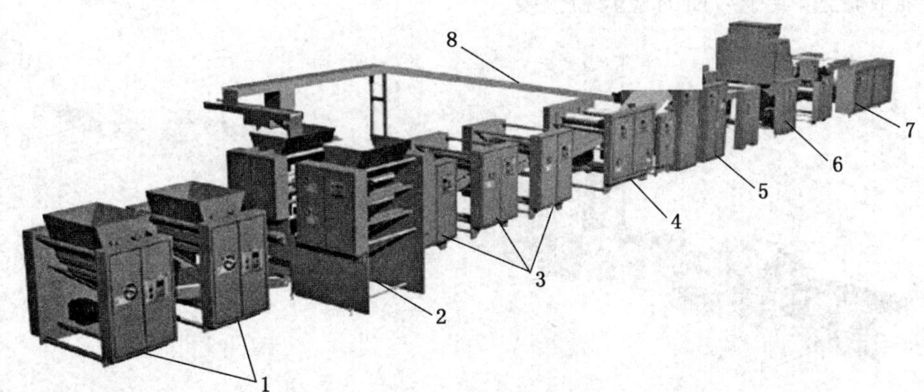

1. 三辊轧面机　2. 叠层机　3. 二辊轧面机　4. 辊切成型机　5. 过渡机　6. 喷蛋机　7. 撒粉机　8. 边料分离机

图 5-8　韧性饼干和发酵饼干成型工艺

5.4.2.2　酥性、甜酥饼干成型工艺

如图 5-9 所示，典型的酥性、甜酥饼干成型工艺为：

喂料斗→辊印成型机 1→过渡机 2→喷蛋机 3→撒粉机 4→入炉机 5(带盐糖回收)→烤炉

本工艺属于经济型的酥性饼干成型方案，投资少，占地面积小。同样，喷蛋机和撒粉机是

增加饼干品种、改善饼干口感和颜色的设备,可选择使用。

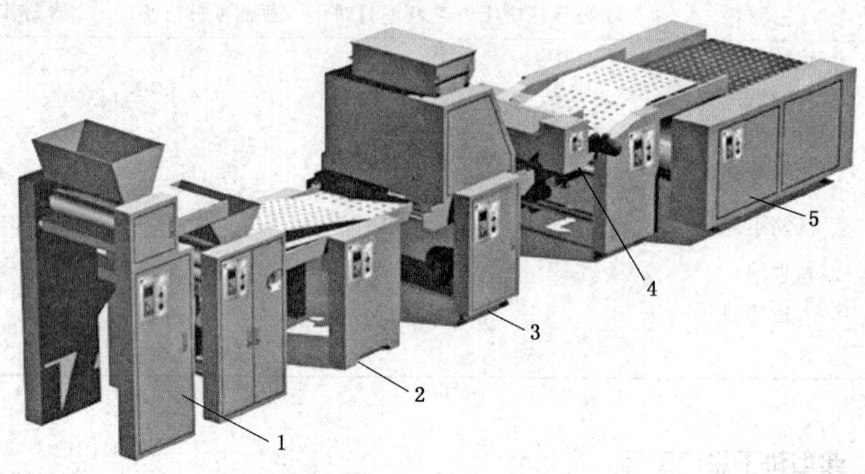

1.辊印成型机　2.过渡机　3.喷蛋机　4.撒粉机　5.入炉机

图 5-9　酥性、甜酥饼干成型工艺

5.4.3　烤炉后配置方案

方案一(图 5-10):烤炉→出炉机 1→喷糖机 2→喷油机 3→二次烘干炉 4→冷却输送带 5→饼干整理机 6→包装

这是完整的饼干生产线后部配置方案,饼干的后部处理包括喷糖和喷油,是增加饼干品种和提高饼干档次的理想配置。喷糖机和二次烘干炉配套使用,可选择性使用,不用时这两台设备作过渡冷却机用。理饼机将冷却输送机输送过来的饼干进行整理,使平放输送的饼干整行侧立有序堆放输送,便于后面的检验和包装。

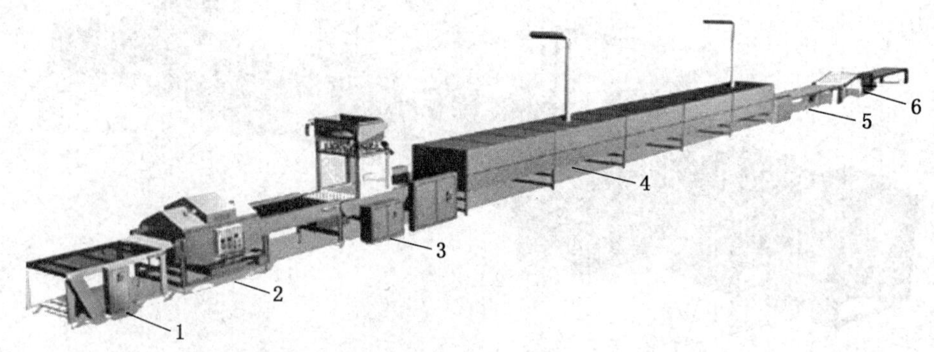

1.出炉机　2.喷糖机　3.喷油机　4.二次烘干炉　5.冷却输送带　6.饼干整理机

图 5-10　烤炉后配置方案一

方案二(图 5-11):烤炉→出炉机 1→喷油机 2→冷却输送带 3→饼干整理机 4→包装

这是饼干生产线后部基本配置,饼干出炉后经喷油、整理后进行二次加工或包装。

方案三(图 5-12):烤炉→出炉机 1→喷油机 2→90°或 180°转弯机 3→冷却输送带 4→饼干整理机 5→包装

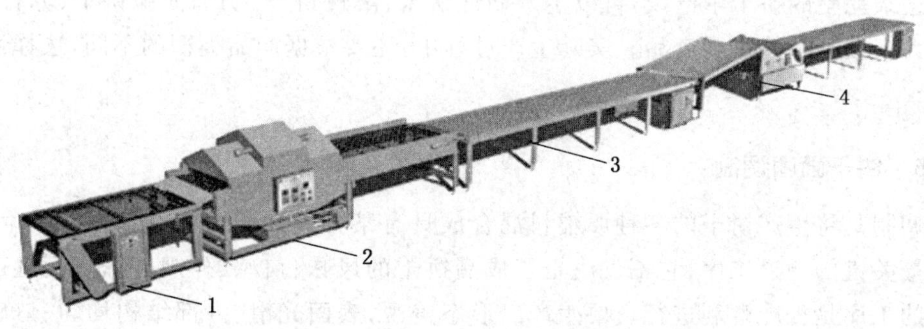

1. 出炉机　2. 喷油机　3. 冷却输送带　4. 饼干整理机

图 5-11　烤炉后配置方案二

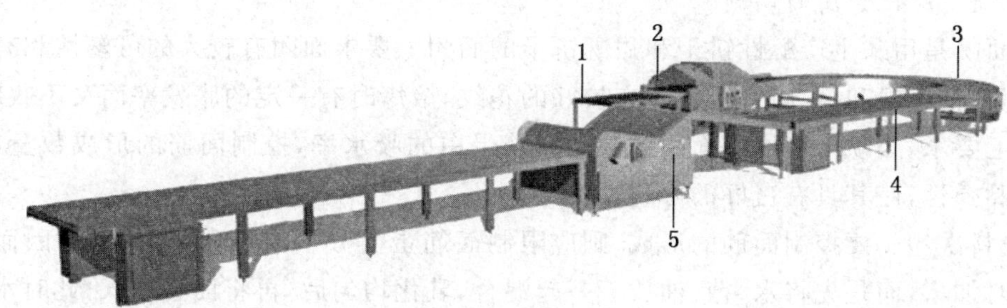

1. 出炉机　2. 喷油机　3. 90°或 180°转弯机　4. 冷却传输带　5. 饼干整理机

图 5-12　烤炉后配置方案三

饼干生产线后部基本配置，根据厂房要求，在出炉后的喷油机前或喷油机后经 90°或 180°转弯输送，然后进行冷却和整理。

5.4.4　饼干生产线

图 5-13 是一条相对完整的饼干生产线。

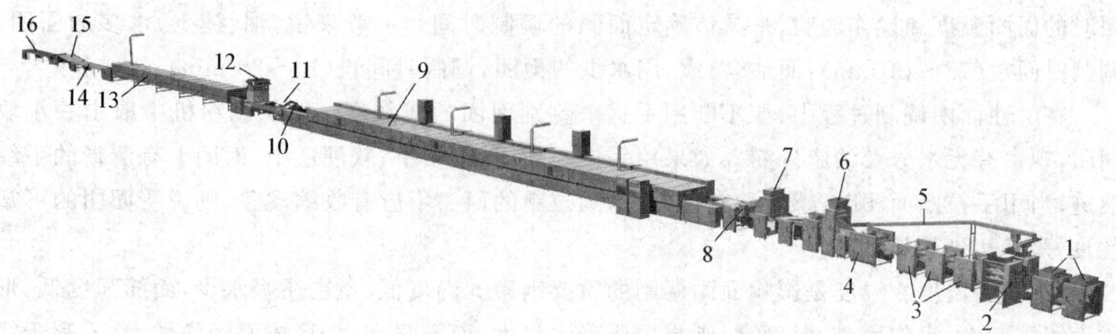

1. 三辊轧面机　2. 叠层机　3. 二辊轧面机　4. 辊切成型机　5. 边料输送带　6. 辊印成型机　7. 喷蛋机　8. 撒粉机　9. 烤炉　10. 出炉机　11. 喷油机　12. 喷糖机　13. 二次烘干炉　14. 冷却输送带　15. 饼干整理机　16. 检饼台

图 5-13　饼干生产线

利用这条完整的饼干生产线，可以生产韧性饼干、酥性饼干、奶油薄脆饼干、苏打饼干、咸味饼干等大多数品种的饼干产品。实际生产过程中，还要根据产品类型的不同，选择性使用相关设备。

5.4.5 饼干面团调制

面团调制是将生产饼干的各种原辅料混合成具有某种特性面团的过程。饼干生产中，面团调制是最关键的一道工序，它不仅决定了成品饼干的风味、口感、外观、形态，而且还直接关系到以后的工序是否能顺利进行。要生产出形态美观，表面光滑、内部结构均匀、口感酥脆的优质饼干，必须严格控制面团质量。饼干面团调制过程中，面筋蛋白并没有完全形成面筋，不同的饼干品种，面筋形成量是不同的，而且阻止面筋形成的措施也不一样。

5.4.5.1 酥性面团的调制

酥性面团是用来生产酥性饼干和甜酥饼干的面团。要求面团有较大的可塑性和有限的黏弹性，面团不粘轧辊和模具，饼干坯应有较好的花纹，焙烤时有一定的胀发率而又不收缩变形。要达到以上要求，必须严格控制面团调制时面筋蛋白的吸水率，控制面筋的形成数量，从而控制面团的黏弹性，使其具有良好的可塑性。

(1)投料次序　要控制面筋的形成，则应限制面筋蛋白分子与水分子的接触，因而水与面粉不能同时加入，而是先将水、糖、油放于一起混合，乳化均匀后，再将面粉加入，此时水分子与蛋白质分子接触机会大大下降，面筋在糖和油的反水化作用下有限润胀，形成的面团可塑性强，面团弹性小。切忌在面团调制时随便加水，一旦加水过量，面筋大量形成，塑性变差，还可能造成大量游离水，使面团发黏，而无法进行后续工序。加水量一般控制在使面团含水量16%～18%为宜。如果面团太散太干，在补加水时，混入少量植物油和乳化剂，充分乳化后，边搅拌边以喷雾的形式加入。

(2)面团调制时间和面团成熟度判断　面团调制时间的控制，是酥性面团调制的又一关键技术。延长调粉时间，会促进面筋蛋白的进一步水化，因而面团调制时间是控制面筋形成程度和限制面团黏性的最直接因素。在实际生产中，应根据糖、油、水的量和面粉质量，以及调制面团时的面团温度和操作经验，来具体确定面团的调制时间。一般来说，油、糖少，水多的面团，调制时间短(12～15 min)，而油、糖大，用水少的面团，调制时间长(15～20 min)。

在酥性面团调制过程中，要不断用手感来鉴别面团的成熟度。即从调粉机中取出一小块面团，观察有无水分及油脂外露。如果用手搓捏面团，不粘手，软硬适中，面团上有清晰的手纹痕迹，当用手拉断面团时，感觉稍有连接力，两拉断的面头不应有收缩现象，则说明面团的可塑性良好，已达到最佳程度。

(3)面团温度　温度是影响面团调制的重要因素。温度低，蛋白质吸水少，面筋强度低，形成面团黏度大，操作困难；温度高，则蛋白质吸水量大，面筋强度大，形成面团弹性大，不利于饼干的成型和保形，成品饼干酥松感差；另外温度高，用油量大的面团可能出现走油现象，对饼干质量和工艺都有不利影响。因此在生产中，应严格控制面团温度，一般用加水的温度来调节最终面团的温度。酥性饼干的面团温度一般控制在 26～28℃，而甜酥饼干面团温度在20～25℃。

(4)静置时间　面团调制好后,适当静置几分钟到十几分钟,使面筋蛋白水化作用继续进行,以降低面团黏性,适当增加其结合力和弹性。若调粉时间较长,面团的黏弹性较适中,则不进行静置,立即进行成型工序。面团是否需静置和静置多少时间,视面团调制程度而定。

5.4.5.2　韧性面团的调制

韧性面团是用来生产韧性饼干的面团。这种面团要求具有较强的延伸性和韧性,适度的弹性和可塑性,面团柔软光润。与酥性面团相比,韧性面团的面筋形成比较充分,但面筋蛋白仍未完全水合,面团硬度仍明显大于面包面团。

(1)投料顺序　由于韧性面团用油量一般较少,用水量较大,可先将面粉加入到搅拌机中搅拌,然后将油、糖、蛋、奶等辅料加热水或热糖浆混匀后,缓慢倒入搅拌机中。如果使用改良剂,则应在面团初步形成时加入。由于韧性面团调制温度较高,疏松剂、香精、香料一般在面团调制的后期加入,以减少分解和挥发。

(2)面团调制时间和成熟度的判断　韧性面团的调制,不但要使面粉和各种辅料充分混匀,还要通过搅拌,使面筋蛋白与水分子充分接触,形成大量面筋,降低面团黏性,增加面团的抗拉强度,有利于压片操作。另一方面通过过度搅拌,将一部分面筋在搅拌浆剪切作用下不断撕裂,使面筋逐渐处于松弛状态,一定程度上增强面团的塑性,使冲印成型的饼干坯有利于保持形状。韧性面团的调制时间一般在 30～35 min。

对面团调制时间不能生搬硬套,应根据经验,通过判断面团的成熟度来确定。韧性面团调制到一定程度后,取出一小块面团搓捏成粗条,用手感觉面团柔软适中,表面干燥,当用手拉断粗面条时,感觉有较强的延伸力,拉断面团两断头有明显的回缩现象,此时面团调制已达到了最佳状态。

(3)面团温度　面团温度直接影响面团的流变学性质,根据经验,韧性面团温度一般在 38～40℃。面团的温度常用加入的水或糖浆的温度来调整,冬季用水或糖浆的温度为 50～60℃,夏季 40～45℃。

(4)面团静置　为了得到理想的面团,韧性面团调制好后,一般需静置 18～20 min,以松弛形成的面筋,降低面团的黏弹性,适当增加其可塑性。

5.4.5.3　苏打饼干面团调制和发酵

苏打饼干是采用生物发酵剂和化学疏松剂相结合的发酵性饼干,具有酵母发酵食品的特有香味,多采用两次搅拌、两次发酵的面团调制工艺。

(1)面团的第一次搅拌与发酵　将配方中面粉的 40%～50%与活化的酵母溶液混合,再加入调节面团温度的生产配方用水,搅拌 4～5 min。然后在相对湿度 75%～80%、温度 26～28℃下发酵 4～8 h。发酵时间的长短依面粉筋力、饼干风味和性状的不同而异。通过第一次较长时间的发酵,使酵母在面团内充分繁殖,以增加第二次面团发酵潜力,同时酵母的代谢产物酒精会使面筋溶解和变性,产生的大量 CO_2 使面团体膨胀至最大后,继续发酵,气体压力超过了面筋的抗拉强度而塌陷,最终使面团的弹性降到理想程度。

(2)第二次搅拌与发酵　将第一次发酵成熟的面团与剩余的面粉、油脂和除化学疏松剂以外的其他辅料加入搅拌机中进行第二次搅拌,搅拌开始后,缓慢撒入化学疏松剂,使面团的 pH 达 7.1 或稍高为止。第二次搅拌所用面粉,主要是使产品口感酥松,外形美观,因而需选用低筋粉。第二次搅拌是影响产品质量的关键,它要求面团柔软,以便辊轧操作。搅拌时间一般 4～5 min,使面团弹性适中,用手较易拉断为止。第二次发酵又称后续发酵,主要是利用第一次发酵产生的大量酵母,进一步降低面筋的弹性,并尽可能地使面团结构疏松。一般在 28～30℃发酵 3～4 h 即可。

5.4.6 饼干成型

对于不同类型的饼干,成型方式是有差别的,成型前的面团处理也不相同。如生产韧性饼干和苏打饼干一般需辊轧或压片,生产酥性饼干和甜酥饼干一般直接成型,而生产威化饼干则需挤浆成型。

5.4.6.1 面团的辊轧

辊轧是将面团经轧辊的挤压作用,压制成一定厚薄的面片,一方面便于饼干冲印成型或辊切成型,另一方面面团受机械辊轧作用后,面带表面光滑、质地细腻,且使面团在横向和纵向的张力分布均匀,这样,饼干成熟后,形状完美,口感酥脆。对于制作苏打饼干的发酵面团,经辊压后,面团中的大气泡被赶出或分成许多均匀的小气泡。同时经过多次折叠,压片,面片内部产生层次结构,焙烤时有良好的胀发度,成品饼干有良好的酥脆性。

韧性饼干面团一般采用包含 9～13 道辊的连续辊轧方式进行压片(图 5-14),在整个辊轧过程中,应有 2～4 次面带转向(90°)过程,以保证面带在横向与纵向受力均匀。

对苏打饼干面团多采用往返式压片机,这样便于在面带中加入油酥,反复压延。苏打饼干面团的每次辊轧的压延比不宜过大,一般控制在 1∶(2～2.5),否则,表面易被压破,油酥外露,饼干膨发率差,颜色变劣。苏打饼干面团的压延过程如图 5-15。

5.4.6.2 成型

饼干成型方式有冲印成型、辊印成型、辊切成型、挤浆成型等多种成型方式。对于不同类型的饼干,由于它们的配方不同,所调制的面团特性不同,这样就使成型方法也各不相同。

(1)冲印成型　冲印成型是一种古老而且目前仍广泛使用的饼干成型方法。它的优点是能够适应多种大众产品的生产,如粗饼干、韧性饼干、苏打饼干等。其动作最接近于手工冲印动作(图 5-16),对品种的适应性广,凡是面团具有一定韧性的饼干品种都可用冲印成型。冲印成型机有旧式的间歇式冲印成型机和较新式的摆动冲印成型机。

(2)辊印成型　辊印成型机如图 5-17 所示。上方为料斗,料斗的底部是一对直径相同的辊筒。一个叫作喂料辊,另一个称作模具辊。喂料辊表面是与轴线相平行的沟槽,以增加对面团的携带能力,模具辊上装有使面团成型的模具。两辊相对转动,面团在重力和两辊相对运动的摩擦力作用下不断填充到模具辊的模具中。在两辊中间有一紧贴模具辊的刮刀,可将饼干坯上超出模具厚度的部分刮下来,即形成完整的饼干坯。当嵌在模具辊上的饼干坯随辊转动到正下方时,接触帆布传送带和脱模辊,在饼干坯自身重力和帆布摩擦力的作用下,饼坯脱模。脱了模的饼坯由帆布传送带输送到烤炉的钢丝网带上进入烤炉。这种设备只适用于配方中油脂较多的酥性饼干和甜酥饼干,对有一定韧性的面团不易操作。

(3)辊切成型　辊切成型是综合冲印成型及辊印成型两者的优点,克服其缺点设计出来的新的饼干成型工艺。它的前部分用的是冲印成型的多道压延辊,成型部分由印花辊、切割辊及

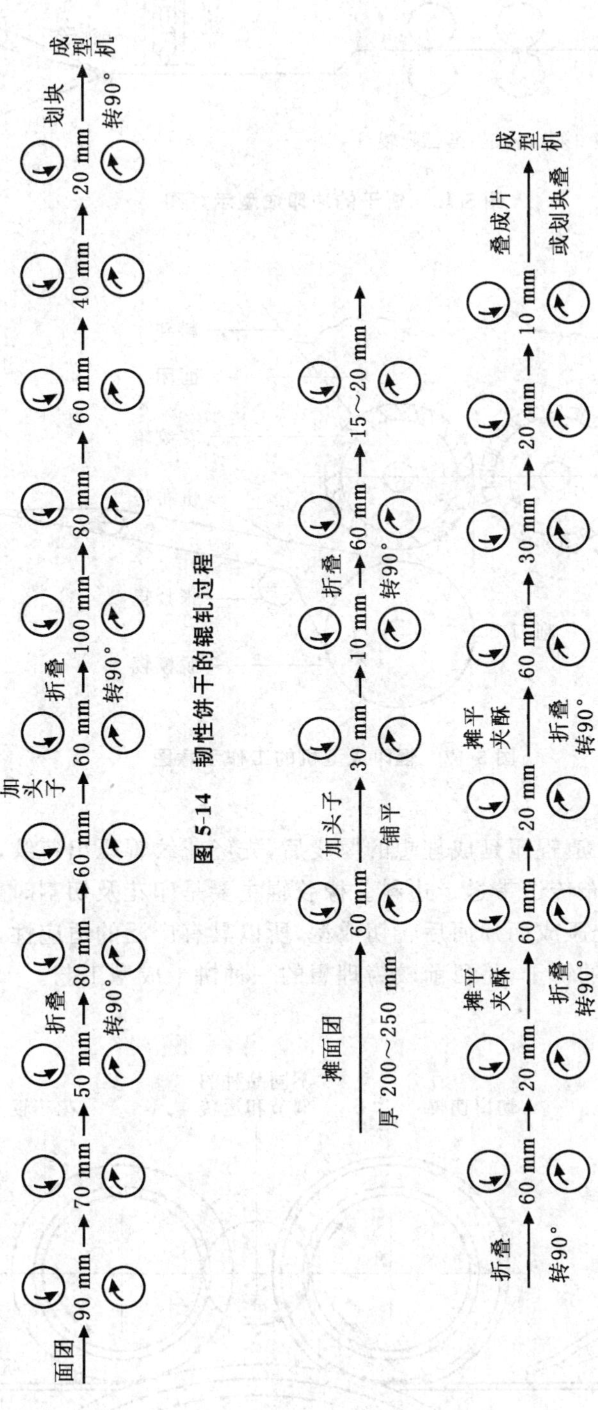

图 5-14　韧性饼干的辊轧过程

图 5-15　苏打饼干辊轧过程

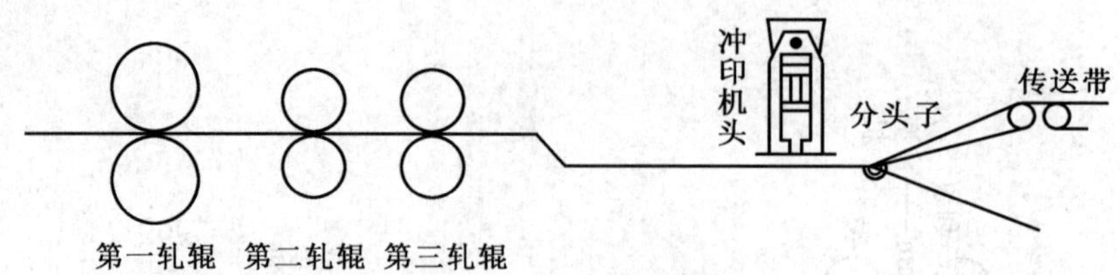

图 5-16 饼干的冲印成型示意图

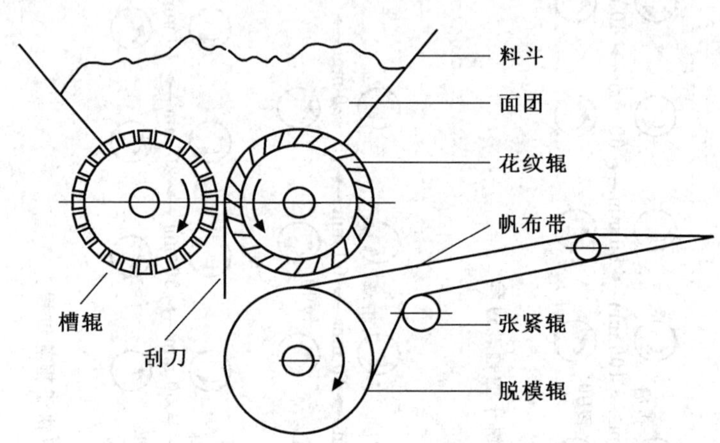

图 5-17 辊印成型机的工作示意图

橡胶辊组成。面带经前几道辊压延成理想的厚度后,先经花纹辊压出花纹,再在前进中经切割辊切出饼坯,然后由斜帆布传送带送走边料。橡胶辊主要是印花及切割时作垫模用(图 5-18)。这种成型方法由于它是先压成面片而后辊切成型,所以具有广泛的适应性,能生产韧性、酥性、甜酥性、苏打等多种类型的饼干,是目前较为理想的一种饼干成型工艺。

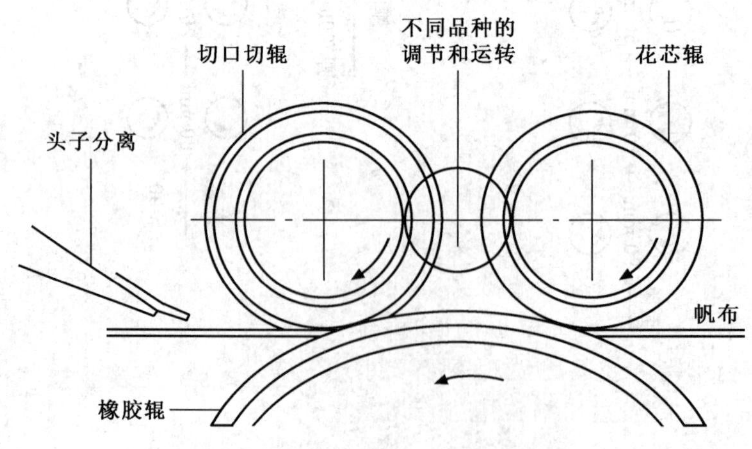

图 5-18 饼干的辊切成型示意图

(4)其他成型方式　除以上三种常用的成型方式外，还有钢丝切割成型、挤条成型、挤浆成型等成型方式。钢丝切割成型是利用挤压装置将面团从模孔中挤出，模孔有花瓣形和圆形多种，每挤出一定厚度，用钢丝切割成饼坯。挤条成型与钢丝切割成型原理相同，只是挤出模孔的形状不同。挤浆成型是用液体泵将糊状面团间歇挤出，挤出的面糊直接落在烤盘上。由于面糊是半流体，所以在一定程度上，因挤出模孔的形状不同或挤出头做 O 型或 S 型运动，就可得到不同形状的饼干。蛋黄饼干、威化饼干一般采用挤出成型工艺。

5.4.6.3　饼干的焙烤、冷却与包装

(1)焙烤　饼干焙烤的主要作用是降低产品水分，使其熟化，并赋予产品特殊的香味、色泽和组织结构。在焙烤过程中，化学疏松剂分解产生的大量 CO_2，使饼干的体积增大，并形成多孔结构，淀粉胶凝，蛋白质变性凝固，使饼干定型。在工业化生产中，饼干的焙烤基本上都是使用可连续化生产的隧道式烤炉。整个隧道式烤炉由 5～6 节可单独控制温度的烤箱组成，分为前区、中区和后区三个烤区。前区一般使用较低的焙烤温度，大约在 160～180℃，中区是焙烤的主区，焙烤温度 210～220℃，后区温度在 170～180℃。对于配料不同、大小不同、厚薄不同的饼干，焙烤温度，焙烤时间都不相同。韧性饼干的饼干坯中面筋含量相对较多，焙烤时水分蒸发缓慢，一般采用低温长时焙烤。酥性饼干由于含油糖多，含水量少，入炉后易发生“油摊”现象，因此常采用高温短时焙烤。苏打饼干入炉初期底火应旺，面火略低，使饼干坯表面处于柔软状态有利于饼干坯体积膨胀和 CO_2 气体的逸散。如果炉温过低，时间过长，饼干易成僵片。进入烤炉中区后，要求面火逐渐增加而底火逐渐减弱，这样可使饼干膨胀到最大限度并将其体积固定下来，以获得良好的产品。

(2)冷却、包装　刚出炉的饼干表面温度在 160℃以上，中心温度也在 110℃左右，必须冷却后才能进行包装。一方面，刚出炉的饼干水分含量较高，且分布不均匀，口感较软，在冷却过程中，水分进一步蒸发，同时使水分分布均匀，口感酥脆，另一方面，冷却后包装还可防止油脂的氧化酸败和饼干变形。冷却通常是在输送带上自然冷却，也可在输送带上方用风扇进行吹风冷却，但不宜用强烈的冷风吹，否则饼干会发生裂缝。饼干冷却至 30～40℃即可进行包装，贮藏和上市出售。

5.5　挂面和方便面生产

5.5.1　挂面生产

挂面是由湿面条挂在面杆上干燥而得名的。挂面是我国目前生产量最大、销售范围最广的面食，它以物美价廉、食用方便、品种多、保存期长等优点，深受人们的欢迎。为了改善挂面的食用品质、常在配料中加入少量的食用碱或盐。

挂面制作的基本原理是：先将各种原辅料加入和面机中充分搅拌，静置熟化后将成熟面团通过两个大直径的辊筒压成约 10 mm 厚的面片，再经压薄辊连续压延面片 6～8 道，使之达到所要求的厚度(1～2 mm)，之后通过切割狭槽进行切条成型，干燥切齐后即为成品。

二维码 5-3　挂面生产线

5.5.1.1 生产工艺流程

挂面生产工艺流程如 5-19 所示：

原辅料→和面→熟化→轧片→切条→烘干→切断→包装→成品

图 5-19 挂面生产工艺流程

5.5.1.2 生产原理与技术

(1)和面与熟化　和面是通过和面机的搅拌、揉和作用，将各种原辅料均匀混合，最后形成的面团坯料干湿合适、色泽均匀且不含生粉的小团块颗粒，手握成团，轻搓后仍可分散为松散的颗粒状结构。

和面的加水量为 30%～35%，而面粉中蛋白质和淀粉完全吸水膨胀成成熟面团吸水量在 55%～60%。这是由面条的生产工艺决定的，面筋网络结构需要在和面、静置熟化、轧片挤压等工艺后才能形成。如果加水过多，轧片时易粘压辊，上架干燥时会因面条的自重而被拉断并且增加干燥过程的能耗。具体的加水量应依面粉的特性及面条的制作工艺而定。

和面用水温度 25～30℃，经过和面机的搅拌作用面团温度上升为 37～40℃，此温度是面筋形成的最佳温度。和面时间为夏季 7～8 min，冬季 10～15 min。

和面机的种类有卧式直线搅拌杆和面机、卧式曲线搅拌杆和面机和立式连续和面机三种。后两者是在吸收日本先进的和面设备的基础上加以改进的，和面效果很好。

熟化是指将和好的面团静置或低速搅拌一段时间，以使和好的面团消除内应力，使水分、蛋白质和淀粉之间均匀分布，促使面筋结构进一步形成，面团结构进一步稳定。熟化的实质是依靠时间的延长使面团内部组织自动调节，从而使各组分更加均匀分布。熟化时间一般需 20～30 min，但在连续化生产中，只能熟化 10～15 min。

(2)压片与切条　压片与切条是将松散的面团转变成湿面条的过程，该过程对面条产品的内在品质、外观质量及后续的烘干操作均有显著影响。

压片是通过多道轧辊对面团的挤压作用，使面团中松散的面筋成为细密的沿压延方向排列的束状结构，并将淀粉包络在面筋网络中，提高面团的黏弹性和延伸性。影响压片的主要因素是压延比和压延速率。

a. 压延比：是指轧延前后面片厚度之差与轧延前面片厚度的百分比。

$$压延比=(轧前面片厚-轧后面片厚)/轧前面片厚\times 100\%$$

要获得具有理想内部结构的面片，需经过多次压延成型。如果对面片做急剧的过度压延，会破坏面筋的网络结构，通过控制压延比可调节压延程度。第一道压延其压延比为 50%，以后的 3～6 道压延比依次为 40%、30%、25%、15%、10%，面片厚度由 4～5 mm 逐渐减薄到 1 mm。

b. 压延速率：面团压延过程中，面带的线速度称为压延速率。轧辊的转速过高，面片被拉伸速度过快，易破坏已形成的面筋网络，且光洁度差。转速低，面片紧密光滑，但影响产量。一般面片的线速度在 20～35 m/min。

压延速率受两方面的影响：一是每对辊的转速大小，二是各道轧辊的压延比匹配。如果各道辊的转速或压延比匹配不合理，则在生产过程中会出现两道轧辊间面带被拉断或积料现象，影响连续化生产的进行。各道轧辊的配备方法是：首先确定好末道轧辊的转速和压延比，然后根据物料平衡的原则依次调节前道轧辊的转速和压延比。根据实践，比较合理的压延道数为 6～8 道。

切条是在切面机上完成的。在连续化生产的过程中，切面机安装在压延机的后端，切面机由切条刀和切断刀组成。挂面的外观质量取决于切刀的机械加工精度。

(3)干燥　干燥过程是面条生产中最重要和关键的环节。

①干燥原理　当湿面条进入干燥室内与热空气直接接触时，面条表面首先受热温度上升，引起表面水分蒸发，这一过程称为“表面汽化”。随着“表面汽化”的进行，面条表面的水分含量降低而内部水分含量仍较高，由此产生了内外水分差。当热空气的能量逐渐转移到面条内部，使其温度上升，并借助内外水分差所产生的推动力，内部水分就向表面转移，这一过程称为“水分转移”。在面条干燥中，随“表面汽化”和“水分转移”两过程的协调进行，面条逐渐被干燥。

当表面汽化速度低于内部水分转移速度时，面条的干燥过程就取决于表面汽化速度。但在实际生产中，由于面条外部与热空气的接触面积大，能量吸收快，而面条是热的不良导体，热能转移到面条内部的速度很慢，这样在面条干燥过程中经常出现内部水分转移速度低于表面汽化速度。当这两者的速度差超过一定限度时，由于内外干燥速率的不一致导致出现内应力，内应力会破坏面筋完好的网络结构，结果就会出现“酥面”现象。这种面外观和好面条一样，其内部结构受到严重破坏，在包装运输过程中很容易碎成短面。

因此，面条干燥的一个技术难题就是要控制内部水分转移速度等于或略大于表面水分汽化速度。为了达到这一目的，有两个途径：一是采用低温慢速干燥工艺，降低表面水分蒸发速度；二是采用高温、高湿干燥工艺，提高内部水分转移速度。

②干燥过程　湿面条在烘房内的干燥可分为预干燥、主干燥和终干燥三个阶段。高温高湿干燥工艺大约 3.5 h，低温慢速干燥则需 7～8 h。

a. 预干燥。刚进入干燥室的湿面条长度一般 1.4 m 左右(总长 2.8 m)，由于水分含量大，在悬挂移动中，很容易因自身重量而拉伸，造成断条。预干燥的主要任务是将面条表面的自由水除去，使面条由塑性体向弹性—塑性体转变，初步定型，增加强度。如果用升温方法除去水分，湿面条中的面筋强度会因温度的升高而减弱，这样反而增加了断条的可能性。因此，在实际生产中可采用加强空气流动的办法以大量干燥空气促进面条去湿。干燥室的温度控制在 20～30℃之内，将面条水分由 33%～35%降至 27%～28%。此阶段也称为“冷风定条”阶段。干燥时间占总干燥时间的 15%。

b. 主干燥。主干燥又分为前后两个阶段，前阶段是内蒸发阶段，俗称“保湿发汗”，后阶段是全蒸发阶段，俗称“升温降湿”。在内蒸发阶段，一方面使面条表面水分汽化，另一方面使面条内部水分顺利向外扩散。要保持外部汽化和内部扩散的平衡，关键在于保持干燥房内较高的相对湿度以控制表面水分蒸发速度。比阶段干燥温度 35～45℃，相对湿度 80%～85%，干燥时间为总干燥时间的 25%，面条水分降至 25%以下。经过内蒸发阶段后，面条内部水分转移速度与表面水分汽化速度基本平衡，进入全蒸发阶段。在这一阶段，常通过升高干燥介质温度，降低其湿度的办法来加速表面水分的去除。此间介质的温度为 45～50℃，相对湿度为 55%～60%，面条水分由 25%降至 16%～17%，干燥时间为总干燥时间的 30%。

c. 终干燥。在这一阶段，主要靠流动空气的风力作用，借助主干燥的余温，除去部分水分，使产品的含水量降至13%～14%。此阶段降温速度不能太快,否则会因面条被急剧冷却而产生新的内应力,从而出现酥面。比较理想的降温速度为0.5℃/min。终干燥时间占总干燥时间的30%。

为了避免酥面的产生,在整个干燥过程中,要注意温、湿度的变化应呈平滑的曲线,不能剧烈波动。另外,面条的形状也影响面条的干燥,正方形、圆形面条在干燥中不易产生酥面,截面为扁形的面条因其宽度和厚度差别较大,干燥中收缩不均匀,易产生酥面,更应注意干燥参数的选择与控制。

③干燥设备　目前常见的挂面干燥设备有固定式和移动式两种。固定式烘干法是使面条处于静止状态下进行干燥,多为烘房干燥。移动式干燥设备又分隧道式干燥和索道式干燥,隧道式干燥法的特点是挂面多排并列进入烘房,排数为3～9排,由传动装置带动链条在烘房内运动。索道式干燥烘房是我国从日本引进的挂面自动生产线上的烘干设备,挂面在传动链索上单行排列。其特点是移行距离长,面条从悬挂上架到烘干下架共要移行400 m左右,干燥时间长达8 h,温度和相对湿度可自动控制,采用这种低温长时干燥工艺挂面的品质较好。

(4)切断、包装与面头处理　干燥好的面条被切断成一定长度,20 cm或24 cm,然后称量,包装得成品。常用的切断设备有圆盘锯齿式切割机和往复切刀式切割机。

在挂面生产中,压片过程或烘房入口处常出现一些湿面头,这些面头可返回和面机中和面。对于半干或干面头,经粉碎过筛后也可返回和面机,由于干面头面筋网络已受到一定程度的破坏,为了保证挂面质量,干面头回机率不得超过15%。

5.5.2 方便面生产

5.5.2.1 方便面的加工原理

二维码5-4 方便面的生产流程

方便面的基本加工原理是将成型后的面条通过汽蒸,使其中的蛋白质变性,淀粉高度α化,然后借助油炸或热风将煮熟的面条进行迅速脱水干燥。这样制得的产品不但易保存,而且易复水食用。

5.5.2.2 方便面的加工工艺流程

方便面的加工工艺流程如图5-20。

配料→和面→熟化→轧片→切条折花→蒸面→切断折叠
包装←冷却←油炸或热风干燥←┘

图5-20 方便面的加工工艺流程

5.5.2.3 方便面加工工艺操作要点

(1)配料　方便面配料中,水、盐、碱的添加量与挂面相似,根据方便面本身的工艺特点,还常添加一些改善面团工艺性能的添加剂,如磷酸盐、乳化剂、增稠剂和防止油脂氧化变质的抗氧化剂。磷酸盐主要是提高面条的复水性并使复水后的面条具有良好的咀嚼感。乳化剂可有效延缓面块的老化。增稠剂如羧甲基纤维素钠和变性淀粉,可改善面条的口感,降低面条的吸油量。我国各地的方便面配方如表5-6。

表 5-6　我国各地生产的方便面配方

原料	油炸型方便面				干燥型方便面
	上海	福州	厦门	广东	上海
面粉/kg	25	25	25	25	25
精盐/kg	0.625	0.35	1.5	0.75	1.25
鸡蛋/kg	1.3	—	蛋清 2.5	—	3.5
CMC/g	100	—	—	—	25
碳酸钾或纯碱/g	15	35	—	50	—
单硬脂酸甘油酯/g	—	—	—	—	25
色素/g	0.5	适量	—	适量	0.5
复合磷酸盐/g	7.5	—	6.5	—	10
BHA/g	—	—	—	—	0.625
BHT/g	—	—	—	—	0.625
柠檬酸/g	—	—	—	—	0.625
酒精(溶剂)/mL	—	—	—	—	6.0
水/kg	7.5～8.0	8.25	6.5	6.5	6.0

方便面的生产工艺中轧片以前的工序和挂面生产相似,本节主要介绍不同于挂面加工的一些工序。

(2)切条折花　切条折花就是生产出一种具有独特的波浪形花纹的面条,其主要目的是防止直线型面条在蒸煮时会粘结在一起,折花后脱水快,食用时复水时间短。面条的波纹形成通常是由波纹成型机来完成,工作原理如图 5-21 所示。利用面刀切成的面条具有前后往复摆动的特点,使面条通过一个成型导箱,导箱下部有一条无级变速的传送带,它的线速度比面条小,从而形成阻力面。面条通过成型导箱时与箱体前后壁发生碰撞而产生扭曲力,在下面的传送带上扭曲堆积形成波浪状花纹。

面条线速度与传送带的速度是影响波纹成型效果的主要因素。两者的速度之比通常在 6～8,成型效果好,速度比大则波纹密,速度比小则波纹稀。

(3)蒸面　蒸面的目的是使淀粉受热糊化和蛋白质变性,面条由生变熟。蒸面是在连续式自动蒸面机上进行的。蒸面机有水平式和倾斜式两种。水平蒸面机槽内盛有自来水,过热蒸汽直接喷入水中,使之沸腾,产生大量的供蒸面用的水蒸气。倾斜式蒸面机是使喷入槽内的过热蒸汽沿着斜面由低到高在槽中分布,冷凝水由高向低流动。由于热蒸汽具有上升的特性,这样在水槽低的一端蒸汽量少,温度低,湿度大。温度较低的面块由底部进入,遇蒸汽易冷凝结露,面带可多吸收水分,以利淀粉糊化。在水槽高的一端蒸汽量多,温度高,湿度低,面块受热蒸熟。倾斜式蒸面机内从槽底端到槽顶端温度由低到高,而湿度则由高到低,这种温、湿度分布有利于面块蒸熟。为了保证淀粉糊化度在 80%以上,采用的蒸汽压力为 1～3 kg/cm^2,时间 90～120 s。

(4)切断、折叠　蒸熟的面块经切刀切成一定长度的面块,同时将切后的小面块对折起来,送往热风或油炸干燥工序。

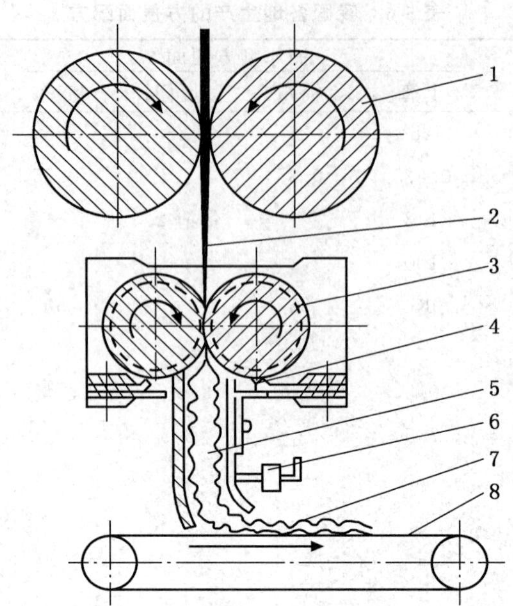

1.末道轧辊 2.面带 3.面刀 4.铜梳 5.成型导箱 6.调整压力的重锤
7.已成型的波纹面块 8.不锈钢丝编织网带

图 5-21 切条折花过程示意图

(5)脱水干燥 面块干燥方式有热风干燥和油炸干燥。为了防止面块在热风干燥中淀粉老化，干热空气的温度应大于淀粉的糊化温度即 70～80℃，相对湿度低于 70%，干燥时间 35～45 min，面块的最终含水量为 8%～10%。油炸干燥是将蒸熟的面块放入 140～150℃的棕榈油中脱水。由于油温较高，面块中的水分迅速汽化逸出，并在面条中留下许多微孔，因而其复水性好于热风干燥方便面。但油炸后，面条含 20%左右的油脂，易氧化酸败，且食用过多油脂，对人体健康不利。

(6)冷却与包装 面块的冷却是在冷却隧道中，借助鼓风机，用冷风强制冷却，3～4 min，使干燥后的面条降至室温。从冷却机出来的面块落在检查输送带上，加上调味汤料包进入自动包装机，对面块进行袋装或筒装。

5.5.2.4 调味汤料

调味汤料是方便面的重要组成部分，相同的面块，不同的汤料可以组成多种产品。常用的汤料有鸡肉汤料、牛肉汤料、三鲜汤料和麻辣汤料等。汤料的形态有粉末状、颗粒状、膏状和液体状，我国方便面生产中，这几种形式的汤料均有应用。

(1)调味汤料组成 生产调味汤料的原料很多，根据其性能及作用，大体上可分为咸味剂、鲜味剂、甜味剂、香辣料、风味料、香精、着色剂等。

(2)调味汤料配方 配方的好坏直接影响调味料的风味和香气，在实际生产中，应根据产品定位，消费对象的口味，经合理调配、反复试验筛选，最后确定所用配方。下面提供几种配方，供实际生产中参考。

a. 鸡肉汤料

味精	9.7	大蒜粉末	0.8	呈味核苷酸	0.5
黑胡椒粉末	2.4	粉末状酱油	6.6	干燥葱片	2.9
食盐	61.7	葱汁粉末	2.4	洋葱粉末	6.6
琥珀酸钠	0.4	姜粉末	1.6	焦糖色素	2.6
胡萝卜粉末	0.8	鸡肉香精	1.0	合计	100

b. 肉汤料

精制盐	59.2	黑胡椒	0.15	牛肉精	9.90
豆芽粉末	2.00	呈味核苷酸	0.20	韭菜	0.10
味精	9.00	葱头粉末	0.10	琥珀酸钠	0.50
蒜粉末	0.05	柠檬酸	0.30	姜粉末	0.05
焦糖色素	1.70	葡萄糖	11.25	粉末酱油	5.50
合计	100				

c. 虾子汤料

鲜虾粉	11.7	味精	10.3	虾子香精	1.37
砂糖	7.51	生姜粉	1.86	香葱粉	1.46
大蒜粉	1.88	胡椒粉	2.12	榨菜粉	2.58
干葱片	1.12	盐	58.1	合计	100

d. 辣味汤料

辣椒粉	3.78	榨菜粉	4.56	胡椒粉	2.17
花椒粉	2.12	芥末粉	1.75	咖喱粉	3.12
生姜粉	1.89	大蒜粉	2.13	砂糖	7.51
盐	60.27	味精	10.70	合计	100

5.6　传统面制食品生产

5.6.1　糕点制作

糕点是以面粉、糯米、砂糖、油脂为主要原料，配以蛋品、乳品、果仁等辅料，经过面团或面浆调制、成形、装饰等加工工序，以人们的嗜好要求为基础制成的调理食品。

5.6.1.1　*糕点加工工艺*

各类糕点的制作工艺虽有所不同，但总的工艺流程仍可大致归纳如下：

原料的选择与配比→混料→成型→熟制→冷却→装饰

(1)原料选择与配比　各类糕点都有一定的配方，但配料的种类和用量并不是一成不变的，而是可以根据条件和需要在一定范围内进行变动，这种变动需遵循一定的配方平衡原则。建立在原料工艺性能基础上的配方平衡原则对糕点的配方设计、配方调整和产品缺陷分析都具有重要的指导意义。糕点原料按其工艺性能可分为以下几组：干性原料（包括面粉、奶粉、淀粉、发酵粉、砂糖、可可粉等）、湿性原料（鸡蛋、牛奶和水）、强性原料（面粉、鸡蛋、牛奶）和弱性原料（糖、油、发酵粉）。干性原料需要定量的湿性原料湿润，才能调制成面团或面浆料。强性原料含有高分子的蛋白质，特别是面粉中的面筋蛋白质是构成制品基本骨架物质。相反，弱性原料是低分子成分，具有减弱或分散制品结构的作用，使制品具有松散酥脆的结构，但必须有强性原料的携带才能发挥作用。配方平衡的基本原则是：在一个合理的配方中应该满足干性原料和湿性原料的平衡以及强性原料与弱性原料之间的平衡。

(2)混料　按一定次序投料后，通过搅打、翻拌或搅拌的方式将原辅料混合，调制成所需要的面团或面浆料。糕点制作所需面团大致可分为酥性面团、筋性面团、塑性面团和面浆四大类。酥性面团不形成面筋或仅形成少量面筋，调制时先将油、糖、蛋、疏松剂等调成乳状液，再拌入面粉，调制只进行翻拌，不进行揉和，且调制时间尽量短，调成的面团，内质疏松，宜硬不宜软，手握成团。筋性面团要求面筋充分形成，压成面皮或搓成细条都不易断裂，对面团的要求是表面光洁、均匀，有良好的弹性和延伸性。塑性面团介于以上两者之间，这种面团要求形成一定数量的面筋，既要有一定的韧性，又需良好的可塑性。蛋糕、长寿糕的制作一般都使用面浆料，调制时先将蛋液和砂糖放入打蛋机中搅打，当体积增大到原体积的1.5～2倍时再加入面粉，慢速搅拌，拌匀即可，尽量避免面筋的形成。糕点制作中，面团或面浆调制的关键是面筋形成的多少。

(3)成型　糕点成型是生产中的关键性环节，成型方法主要有手工成型、机械成型和印模成型。手工成型比较灵活，可以制成各种各样的形状，所以糕点制作仍以手工成型为主，手工成型又包括多种手法，如搓、捏、擀和挤注成型等。机械成型是在手工成型的基础上发展起来的，是传统糕点的工业化，目前西式点心中机械成型的品种较多，中式糕点机械成型相对较少。常见的糕点机械成型方式主要有压延、切片、浇模、辊印、包馅等。印模成型是借助于木制的或铁制的模具，使制品具有一定的外形或花纹。木制模具一般用于蒸制成熟产品，铁制模具一般用于焙烤成熟的产品。

(4)熟制　熟制是糕点由生坯通过加热熟化的过程，熟制的方法主要有焙烤、油炸和汽蒸。焙烤熟制的关键是控制好炉温和时间，焙烤温度和时间的选择应根据糕点配料、饼坯的大小、厚薄、含水量的多少，以及烤炉的性能在实践中进行摸索。油炸熟制时，由于油温较高，制品必须有一定的含水量，并且体积不能太大，防止外焦内生现象。炸油要经常进行补充或更换新油，以保证制品质量。汽蒸是将生坯放在蒸笼或蒸车中用水蒸气传热使之成熟的方法。汽蒸时一般是蒸笼内或蒸车内的温度达到100℃时，才将生坯放入，而且不可经常开门或掀盖观看，以免蒸僵。同样，汽蒸的时间应根据原料性质和料坯的大小灵活掌握。

(5)冷却　糕点熟制结束时，一般都有较高的温度，大多数产品需冷却至35～40℃再进行包装。

(6)装饰　许多糕点在包装前需要进行装饰，装饰能使糕点更加美观引人，也增加了糕点的风味和品种。常用的装饰方法有色调装饰、裱花装饰、馅料装饰、表面装饰和模型装饰。装饰需扎实的基本功，熟练精湛的技术，同时还涉及到审美情调和艺术想象力。但也并非高不可攀，只要注意开阔眼界，多学多练，反复实践，必能达到得心应手，随意发挥的境地。

5.6.1.2　糕点制作实例

(1)桃酥的制作　桃酥又称杏仁酥，其配方为：面粉50 kg、猪油25 kg、白砂糖25 kg、鸡蛋5 kg、臭粉0.5 kg、小苏打0.5 kg、杏仁3 kg。

a.将油、糖、蛋、奶等充分混匀并成乳状液。

b.倒入面粉，边翻边拌，尽量避免揉、搓动，防止形成的面团渗油或起筋，影响制品疏松。

c.将拌好的面团摊在不锈钢工作台上，用手稍稍压平后，盖上一层塑料布，然后用擀杖从一边向另一边反复擀压，擀至厚度1 cm面饼即可。

d.将杏仁瓣撒在擀好的面饼上，再盖上塑料布，用擀杖轻轻滚压，使杏仁瓣嵌入面饼即可。

e.印模成型，将印模放在面饼上使劲压下，将面饼分成若干个大小均匀的饼坯。

f.将成型后的生坯放入烤盘，注意不要放的太密，防止成品摊发时粘连。

g.立即送入烤炉焙烤，进炉温度150℃左右，在此温度下烤3～4 min，然后将温度升至180℃，烤5～6 min，这样的温度设置使制品摊发适度，表面裂纹良好。

h.出炉后，冷却至30～35℃，即可包装出售。

如果改换表面装饰料，即可制成其他品种，如芝麻酥、瓜籽酥、花生酥、核桃酥等。

(2)蛋白裱花蛋糕的制作　蛋白裱花蛋糕是一种在蛋糕坯表面刮上蛋白浆，然后裱上文字和图案的蛋糕。

糕坯配料：面粉3.5 kg、鸡蛋4.75 kg、白砂糖2.5 kg、饴糖1.5 kg。

蛋白浆配料：蛋清0.65 kg、白砂糖3.75 kg、琼脂0.025 kg、橘子香精5 mL、柠檬酸7.5 g、水约3.5 kg。

a.制作糕坯。将鸡蛋、白砂糖、饴糖放入打蛋机中搅打至乳白色后，轻轻加入过筛后的面粉，拌匀至无生粉为止。将蛋糕糊加入涂过油的有底的圆形铁皮烤模中，蛋糕糊高度约为模高的一半。用200℃左右炉温焙烤成熟，出炉、冷却。

b.制蛋白浆。将琼脂与水放入锅中煮，过滤后，加入白砂糖，继续熬至能拉出糖丝为止。再将蛋清搅打成乳白色后，倒入熬好的糖浆中，继续搅打至蛋白浆能挺住而不下塌为止，加入橘子香精、柠檬酸拌匀。

c.蛋糕裱花。将烤好的蛋糕表面焦皮削去，再一剖为二，成为两个圆片，糕坯呈鹅黄色，内层朝上。在两层糕坯之间夹一层5 mm的蛋白浆。舀一勺蛋白浆在糕坯上，用长刮刀均匀的将蛋白浆涂满糕坯表面和周围，要求刮面平整。将另一些蛋糕碎屑放于30目筛内，用手擦成碎屑，通过筛面。左手托起蛋糕，右手抓一把糕屑，均匀的撒满蛋糕四周，要避免糕屑落到糕面上。将裱花嘴放入绘图纸或牛皮纸制成的角袋中，然后灌入蛋白浆。右手握住上方的加料口，左手把持裱花嘴，根据需要裱成各种图案。

5.6.2　馒头制作

馒头是中国最典型的发酵面团蒸食，被誉为古代中华面食文化的象征，现代人常把它同西方的面包相媲美。由于加工温度低于焙烤和油炸食品，馒头是更安全、更营养的面制食品。目前我国馒头的工业化生产已初具规模。

中国主食馒头基本上是以面粉、酵母、水为原料制得的，有时也加少量的盐和糖，一般不再加其他物料。馒头的生产工艺和面包类似，只是馒头由汽蒸成熟，面包是焙烤成熟。馒头的制作工艺可分为直接成型醒发工艺、一次发酵二次和面工艺和二次发酵工艺。

二维码5-5　馒头制作工艺

5.6.2.1 直接成型醒发工艺

馒头直接成型醒发工艺如图 5-22 所示。

面粉、酵母、水→和面→静置→成型→醒发→蒸制→冷却→包装

图 5-22 馒头直接成型醒发工艺

(1)和面 将一定量的面粉倒入和面机中，搅拌 1～2 min，然后边搅拌边缓慢加入已用 30℃温水活化好的活性干酵母，干酵母用量为面粉量的 0.5%～1%，搅拌均匀后，加入温水和面。加水量一般为面粉量的 40%～45%。具体加水量与面粉的筋力有关，面粉的筋力高，适当多加水，筋力低则少加水。和面时间 7～9 min，搅拌至无干面，表面光滑，面团略微粘手为宜。

(2)静置 将和好的面团放在温度 30℃，相对湿度 80%左右的环境中静置 10 min，主要目的是松弛在搅拌中形成的面筋，以利于成型操作。

(3)成型 馒头成型由成型机完成。目前工厂应用较多的是双辊螺旋揉搓成型机，其工作过程为电动机启动后，将和好的面团投入料斗中，在拨料器的作用下将面团加入绞龙，并推出面嘴，被旋转的切刀切成大小均匀的圆形小面团，然后小面团依次进入双辊式成型槽中，在螺旋推动下迅速地揉搓成表面光滑的馒头坯。

(4)醒发 将成型好的馒头坯立即放入 35℃左右，相对湿度 85%的发酵室中醒发 70～90 min，有酒香味、色泽白净、滋润、发亮为止。

(5)蒸制 放入馒头前，预先向蒸车或蒸笼中通入蒸汽，使其内部温度达到 100℃，放入发酵好的馒头，汽蒸 25～30 min 即可。

(6)冷却包装 在室温下充分冷却后包装。

直接成型醒发工艺具有生产流程短、生产效率高、劳动强度小、面团黏性低有利于成型等优点，被许多馒头厂采用。其缺点是面团未经过发酵，酵母未经过大量增殖，酵母发酵所产生的风味和营养性不能充分发挥。可采取的措施是适当延长醒发时间，增加酵母的使用量。

5.6.2.2 一次发酵二次和面工艺

馒头一次发酵二次和面工艺流程如图 5-23 所示。

部分面粉、水、酵母→和面→发酵→二次和面→成型→醒发→蒸制→冷却→包装

图 5-23 馒头一次发酵二次和面工艺

该工艺将大部分面粉与全部的酵母和水调制成软质面团，在较短的时间内完成发酵，加入剩余面粉和其他辅料，再和面后成型醒发。此工艺让酵母有时间在最适宜的条件下活化和繁殖，菌种孢子大量产生，发酵潜力大大增加，使醒发时间缩短有利于馒头坯的保型，面团中的生化反应产生了明显的香甜风味和营养物质，面筋在发酵过程中进一步结合，形成良好的网络结构。面团较软有利于流变性的改善和酵母增殖。不利于发酵和易破坏面筋组织结构的辅料，在发酵后的第二次和面时加入，减少了对发酵和面团性质的影响。缺点是发酵后面团黏性增大，成型技术要求高，生产流程和生产周期长等。

5.6.2.3 二次发酵工艺

馒头的二次发酵工艺流程如图 5-24 所示。

面粉、酵母、水→和面→第一次发酵→和面→第二次发酵
冷却包装←蒸制←醒发←成型←

图 5-24　馒头的二次发酵工艺

二次发酵法馒头生产工艺可使酵母充分增殖，产生大量的风味物质，提高馒头品质。但二次发酵法存在流程长、生产效率低等缺陷，在实际生产中应用较少。

5.6.3　影响馒头质量的因素

影响馒头质量的主要因素包括面粉的质量、发酵工艺、酵母的类型与添加量以及馒头生产设备的性能。首先选用优质面粉原料，如面粉的白度高、湿面筋含量适中的面粉作原料。其次是选用性能先进的设备。最后使用专用原料和购置的设备优化馒头生产工艺，在最优工艺条件下制作馒头，才能保证馒头的质量和品质稳定。

5.6.4　中国主食馒头的发展方向

馒头在我国人民膳食结构中占十分重要的地位，随着生活水平的提高，人们对馒头的质量提出新的要求。为了解决好这一问题，必须做好以下几点：

对馒头生产进行标准化、规范化管理。虽然我国许多馒头生产企业已实现了机械化生产，但存在着产品质量不稳定，产品质量参差不齐的问题，还没有实现真正的工业化。应对选用原料，操作工艺参数进行规范化，制定完善馒头质量国家标准，以促进馒头质量的提高。

加速馒头新品种的开发，研制出既有传统地方特色，又有营养强化作用、保健作用的馒头，推动我国馒头向高档化发展。

加大对馒头生产基础理论的研究，解决馒头贮藏保鲜问题，延长馒头的货架寿命。

思考题

1. 面制食品加工中主要原料为小麦粉，换成其他谷物粉行不行？为什么？
2. 面包、饼干、挂面生产中所使用的原料有哪些不同？
3. 如何选用发酵面食用酵母？
4. 为什么面包面团搅拌过程中，必须控制面团温度？
5. 糕点生产中面团或面浆调制的关键是什么？
6. 面包、饼干、方便面都是方便食品，其生产原理有何不同？
7. 面包、饼干、挂面及糕点生产中，影响产品质量的因素有哪些？
8. 我国馒头的生产现状如何？你认为馒头在未来我国人民膳食结构中将占据怎样的地位？

参考文献

[1] 董海洲，邵宁华. 农产品加工. 北京：中国农业科技出版社，1997
[2] 李新华，杜连起，等. 粮油加工工艺学. 成都：成都科技大学出版社，1996
[3] R·卡尔·霍斯尼. 谷物科学与工艺学原理. 李庆龙译. 北京：中国食品出版社，1989

[4] 吴加根. 谷物与大豆食品工艺学. 北京：中国轻工业出版社，1995
[5] 周世英，钟丽玉. 粮食学与粮食化学. 北京：中国商业出版社，1987
[6] 林作楫. 食品加工与小麦品质改良. 北京：中国农业出版社，1993
[7] 张守文. 面包科学与加工工艺. 北京：中国轻工业出版社，1996
[8] 李里特，江正强，卢山. 焙烤食品工业学. 北京：中国轻工业出版社，2000
[9] 徐兆飞，张惠叶，张定一. 小麦品质及其改良. 北京：气象出版社，2000
[10] 董海洲. 焙烤工艺学. 北京：中国农业出版社. 2008
[11] American Association of Cereal Chemists. Approved Methods of the AACC [M], 10th ed. AACC International, St. Paul, MN, USA , 2000
[12] Laguna L. , Salvador A. , Sanz T. , et al. Fiszman Performance of a resistant starch rich ingredient in the baking and eating quality of short-dough biscuits [J]. LWT - Food Science and Technology, 2011, 44: 737-746
[13] Pareyt B. , Talhaoui F. , Kerckhofs G. , et al. The role of sugar and fat in sugar-snap cookies: Structural and textural properties [J]. Journal of Food Engineering, 2009, 90: 400-408
[14] Saha S. , Gupta A. , Singh S. R. K. , et al. Compositional and varietal influence of finger millet flour on rheological properties of dough and quality of biscuit [J]. LWT - Food Science and Technology, 2011, 44: 616-621
[15] Tiwari B. K. , Brennan C. S. , Jaganmohan R. , et al. Utilisation of pigeon pea (Cajanus cajan L.) byproducts in biscuit manufacture [J]. LWT - Food Science and Technology, 2011, 44: 1533-1537
[16] 谭斌，翟小童，田晓红. 我国杂粮挂面标准探讨 [J]. 粮油食品科技，2016

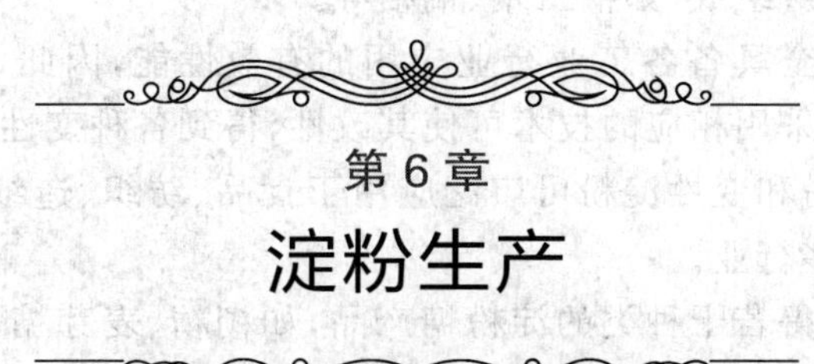

第6章
淀粉生产

本章学习目的与要求

玉米、薯类等淀粉的工业提取工艺原理、工艺流程和操作要点；淀粉生产副产品的综合利用；变性淀粉制备的工艺原理、工艺方法和操作要点。

淀粉是绿色植物经光合作用由水和二氧化碳形成的，富集在种子、块根、块茎等植物器官中，如玉米、小麦、水稻等谷类，绿豆、豇豆、菜豆等豆类，马铃薯、甘薯、木薯等薯类都含有大量的淀粉。淀粉工业采用湿磨技术，可以从上述原料中提取纯度约 99%的淀粉产品。湿磨得到的淀粉经干燥脱水后，呈白色，粉末状。

淀粉是食品的重要组分之一，是人体热能的主要来源。淀粉又是许多工业生产的原、辅料，其可利用的主要性状包括颗粒性质、糊或浆液性质、成膜性质等。淀粉分子有直链和支链2 种。一般地讲，直链淀粉具有优良的成膜性和膜强度，支链淀粉具有较好的黏结性。大多数植物所含的天然淀粉都是由直链和支链 2 种淀粉以一定的比例组成的。也有一些糯性品种，其淀粉全部是由支链淀粉所组成，如糯玉米、糯稻等。

由于天然淀粉并不完全具备各工业行业应用的有效性能，因此，根据不同种类淀粉的结构、理化性质及应用要求，采用相应的技术可使其改性，得到各种变性淀粉，从而改善了应用效果，扩大了应用范围。淀粉和变性淀粉可广泛应用于食品、纺织、造纸、医药、化工、建材、石油钻探、铸造以及农业等许多行业。

淀粉经水解作用可制得若干种类的淀粉糖产品，如糊精、麦芽糖、淀粉糖浆、葡萄糖、功能性低聚糖。葡萄糖经异构化还可以生产高果糖浆。淀粉经水解、发酵作用可转化成酒精、有机酸、氨基酸、核酸、抗生素、甘油、酶、山梨醇等若干种类的转化产品。

含淀粉的作物种类很多，根据原料的来源、性质、用途及经济可行性，用于工业提取淀粉的原料主要是玉米，其次还有马铃薯、木薯、甘薯等。

6.1 玉米淀粉生产

6.1.1 玉米籽粒的结构及化学组成

玉米是世界上主要粮食作物之一，在农业生产中占有重要的地位，世界上以美国为玉米最大的生产国，年产 3.7 亿多 t，占全世界玉米总产量的 46%。中国玉米产量为 2.3 亿 t 左右，居世界第 2 位。

玉米有很多类型，如马齿型、半马齿型、硬粒型、甜质型、糯质型、爆裂型、高直链淀粉型、高赖氨酸型和高油型等。世界上大面积种植的主要是马齿型、半马齿型和硬粒型玉米，适合生产淀粉的原料主要是马齿型，糯质型和高直链淀粉型玉米是专用型淀粉的原料。

6.1.1.1 玉米籽粒的结构特征

玉米的籽粒在植物学上称颖果，比其他禾谷类作物的籽粒大，形状为扁长形，平均大小为 12 mm×8 mm×4 mm，质量为 150～600 mg，平均为 350 mg。

玉米籽粒的表面覆盖着皮层，它是由坚硬而紧密的细胞（果皮）和一层很薄的不具备细胞构造的半透明膜（种皮）所组成。皮层保护玉米籽粒免受寄生霉菌及有害液体的侵蚀。种皮所含的色素决定了籽粒的颜色，皮层约占籽粒质量的 5.3%。

在皮层的下部是胚芽和胚乳。胚芽位于靠近籽粒基部的位置，占籽粒纵切面面积近 1/3，占籽粒质量的 8%～14%，胚芽是玉米植株的幼小生命体，在适宜的条件下，可萌发长成新的植株，繁育后代。胚芽含油量高，营养丰富，韧性强。

胚乳是籽粒的主要部分，胚乳细胞里充满了淀粉。胚乳的最外层是由巨大的透明细胞所组成，称为糊粉层。靠近糊粉层分布着角状胚乳，里面含有淀粉颗粒。这些颗粒一般呈多面体，凸凹不平而细小。这些颗粒总是不能占满细胞的膜体，细胞之间由粒状的蛋白质沉积物充填。胚乳的粉质部分分布在玉米籽粒内部，其淀粉粒为圆形，比较大，这些颗粒充满细胞膜体，颗粒相互之间几乎不连接。胚乳约占籽粒质量的 82%。

6.1.1.2　玉米籽粒的化学组成

玉米籽粒的化学组成主要是淀粉，约占籽粒质量的 71.8%，这是把玉米作为淀粉生产原料的主要依据。除此之外，还含有蛋白质、油脂、纤维素、可溶性糖、矿物质等。玉米籽粒的含水量一般在 15%左右(表 6-1)。

表 6-1　马齿型玉米的化学组成

化学成分	含量(以干基计)/%	
	平均	偏差
淀粉	71.8	1.5
蛋白质	9.6	1.1
脂肪	4.6	0.5
灰分	1.4	0.2
可溶性糖	2.0	0.4
纤维素	2.9	0.5
水分(湿基)/%	15.0	1.0
密度/(kg/m^3)	44.0	0.3

玉米籽粒结构的不同部分所含的化学成分的量是不同的，淀粉主要含在胚乳中，胚中脂肪含量最高，皮层主要含纤维素及灰分。胚芽中除脂肪外，蛋白质、灰分及可溶性糖含量也较高，如表 6-2 所示。

表 6-2　马齿型玉米各部分的化学组成

占整个籽粒的质量/%		含量(以干基计)/%				
		淀粉	蛋白质	脂肪	灰分	可溶性糖
胚芽	11.5	8.3	18.5	34.4	10.3	11.0
胚乳	82.3	86.6	8.6	0.86	0.31	0.61
种皮	0.8	5.3	9.7	3.8	1.7	1.5
果皮	5.3	7.3	3.5	0.98	0.07	0.34

6.1.1.3　玉米籽粒的特征与淀粉生产工艺的关系

从玉米籽粒中提取淀粉需要把籽粒的各种化学组分进行有效地分离，以最大限度地提纯淀粉，并回收其他成分。湿磨是目前唯一有效的方法。干燥状态的玉米籽粒，含水量在 15%左右，籽粒坚硬，机械强度大，籽粒内部各个结构部分及各种化学组分紧密结合在一起，加工时要根据籽粒的特点和各种化学组分相互结合的状况采用适当的工艺方法进行分离。

玉米籽粒硬度大，要采取浸泡法使其吸水软化。玉米籽粒皮层结构紧密，通透性差，浸泡时要采取添加 SO_2 等成分增加皮层膜的透性。胚芽含油量大，但韧性强，加工时根据这个特点，对玉米进行粗破碎、分离胚芽。可溶性成分一般通过浸泡工艺分离出来。玉米胚乳中淀粉与蛋白质的结合非常牢固，比小麦淀粉与蛋白质结合要牢固得多。在湿法加工中，单用水不能使蛋白质和淀粉很好地分离，要通过所添加的 SO_2 的氧化还原性质打开包围在淀粉粒表面的蛋白质网膜。皮层及纤维则主要是在湿磨后采取筛选方式去除。玉米淀粉厂的整体工艺流程,主要是根据玉米籽粒的性质设计的。

6.1.2 玉米淀粉提取工艺

玉米淀粉提取采用的湿磨工艺,自1842年开始在美国应用。在160多年中,对玉米湿磨工艺进行了许多改进,中国玉米淀粉工业起步较晚,湿磨工艺是1956年从前苏联引进的。直到20世纪80年代末期,中国的玉米淀粉工业才开始有较大幅度的发展。现在,我国淀粉年产量已近2000万t,其中玉米淀粉约占80%。

6.1.2.1 玉米淀粉生产的工艺流程

我国目前的玉米淀粉生产,形成了以引进整套国际先进设备,和在消化国际先进设备的基础上自行研制和设计的设备及工艺为主的生产体系,基本上淘汰了工艺陈旧落后、生产规模过小的小企业。本章以国内外主要应用的先进工艺为基础进行讨论和叙述。

玉米淀粉生产包括3个主要阶段:即玉米清理、玉米湿磨和淀粉的脱水干燥。如果与淀粉的水解或变性处理工序连接起来,可以考虑用湿磨的淀粉乳直接进行糖化或变性处理,省去脱水干燥的步骤。

玉米淀粉生产的工艺流程如图6-1所示。

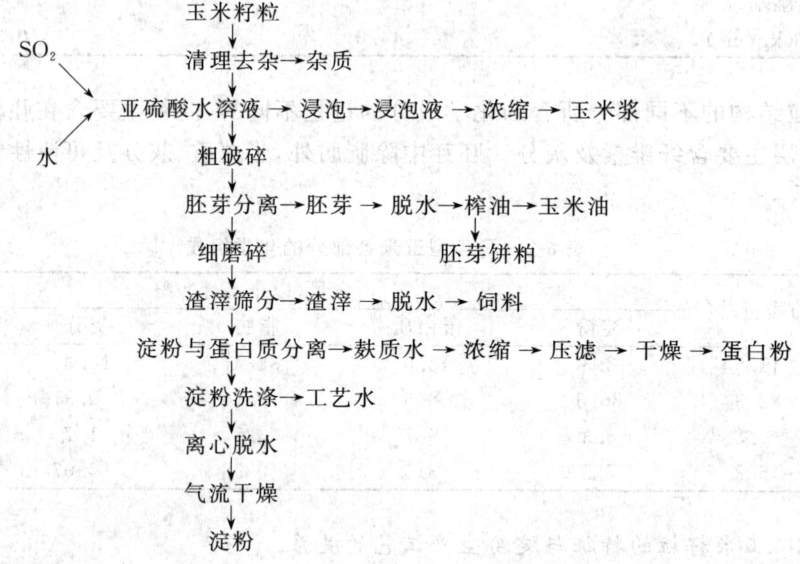

图6-1 玉米淀粉生产的基本工艺流程

从玉米的浸泡到玉米淀粉的洗涤整个过程都属玉米湿磨阶段。在这个阶段中,玉米籽粒的各个部分及化学组分实现了分离。得到湿淀粉浆液及浸泡液、胚芽、麸质水、湿渣滓等。

国际上先进的玉米湿磨的工艺流程如图6-2所示。

6.1.2.2 玉米淀粉提取的工艺原理及工艺操作要点

(1)玉米原料选择、加工前的清理和输送 马齿型和半马齿型黄玉米是主要的淀粉原料,糯玉米和高直链淀粉玉米是特种淀粉的加工原料。后两种玉米,我国目前还没有形成大的生产规模。

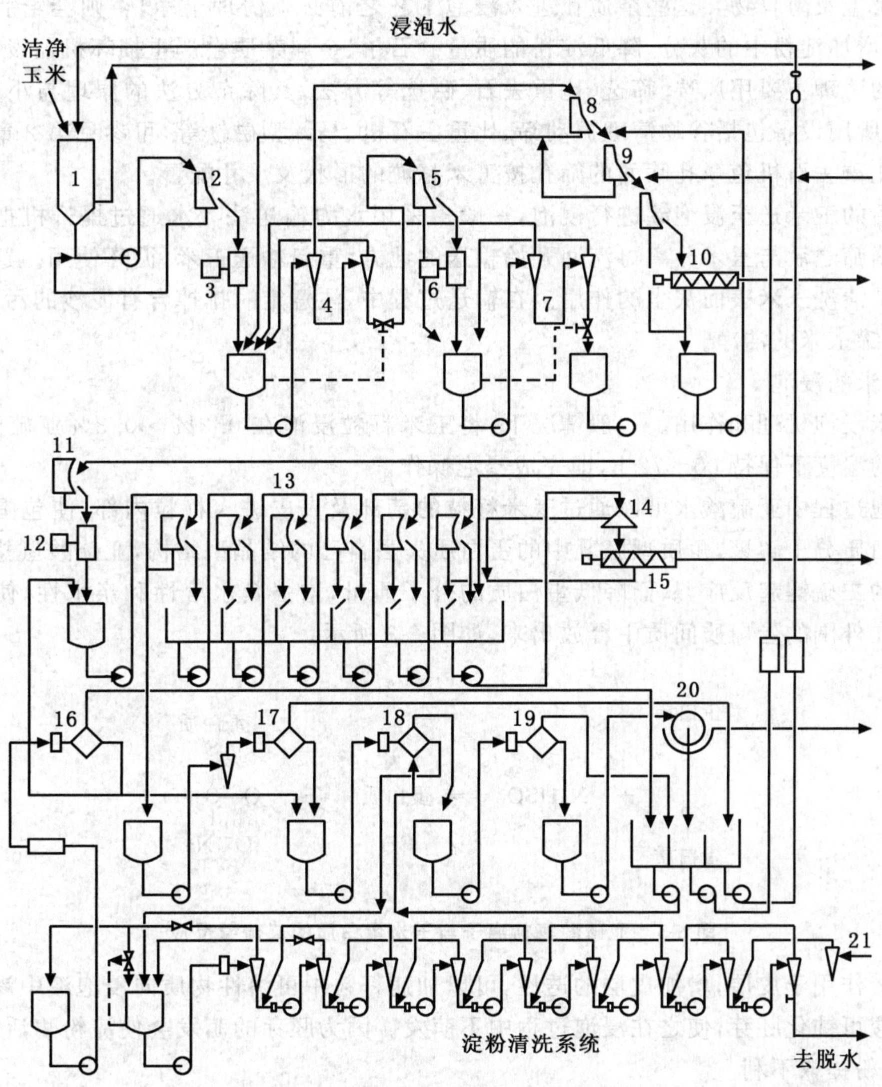

1. 浸泡罐　2. 玉米清洗筛　3. 第一道破碎磨　4,7. 旋液分离器　5. 曲筛　6. 第二道破碎磨　8,9. 胚芽清洗　10. 胚芽挤压脱水　11. 分离浆料中的淀粉　12. 第三道破碎磨　13. 皮渣筛洗曲筛组　14. 离心筛　15. 胚芽挤压脱水　16. 离心澄清　17. 淀粉乳离心浓缩　18. 麸质分离 19. 麸质浓缩　20. 麸质脱水　21. 引入清洗水

图 6-2　玉米湿磨工艺流程

生产淀粉要求玉米充分成熟,含水量符合标准,储存条件适宜,储存期较短,未经热风干燥处理,具有较高的发芽率。因为籽粒饱满,充分成熟的玉米是保证淀粉得率的基础。含水量过高的籽粒容易变质。未成熟的和过干的玉米籽粒加工时会遇到困难,影响技术经济指标。发芽率过低的玉米和经热风干燥过的玉米籽粒中淀粉老化程度高,蛋白质成为硬性凝胶不易与淀粉分离,会给淀粉的得率和质量带来不利的影响。

玉米在收获、脱粒及运输、储藏的过程中,不可避免地要混进各种杂质,如穗轴碎块、碎柴、土块、石子、其他植物种子以及瘦瘪、霉变的籽粒,还有昆虫粪便、虫尸以及金属杂质等,籽粒表面还附有灰尘及附着物。这些杂质在进入浸泡工艺之前必须清理干净，否则会给后面的工序带来麻烦，增加淀粉中的灰分，降低淀粉的质量。石子、金属杂质会严重损坏机器设备。

玉米的清理主要用风选、筛选、比重去石、磁选等方法，其除杂方法的原理与小麦、水稻的清理相同，所用设备包括谷物清理振动筛、比重去石机、马蹄型磁铁等，可参见第2章。振动筛的筛面及比重去石机鱼鳞孔筛面的筛孔按玉米籽粒的形状及尺寸配置。

清理后的玉米送至浸泡罐进行浸泡，一般多采用水力输送法。水通过提升机把玉米送至罐顶上的淌筛之后与玉米分离再流回开始输送的地方，重新输送玉米，循环使用。这一输送过程也起到了清洗玉米表面灰尘的作用。在输送过程中，注意定时排掉含有泥沙的污水，补充新水，保证进罐玉米的洁净。

(2)玉米的浸泡

①玉米浸泡机理和作用。一般情况下，将玉米籽粒浸泡在0.2%～0.3%亚硫酸水中，在48～55℃的温度下保持60～72 h，即完成浸泡操作。

在浸泡过程中亚硫酸水可以通过玉米籽粒的基部及表皮进入籽粒内部，使包围在淀粉粒外面的蛋白质分子解聚，角质型胚乳中的蛋白质失去自己的结晶型结构，亚硫酸氢盐离子与玉米蛋白质的二硫键起反应，从而降低蛋白质的分子质量，增强其水溶性和亲水性，使淀粉颗粒容易包围在外围的蛋白质间质中释放出来，如图6-3所示。

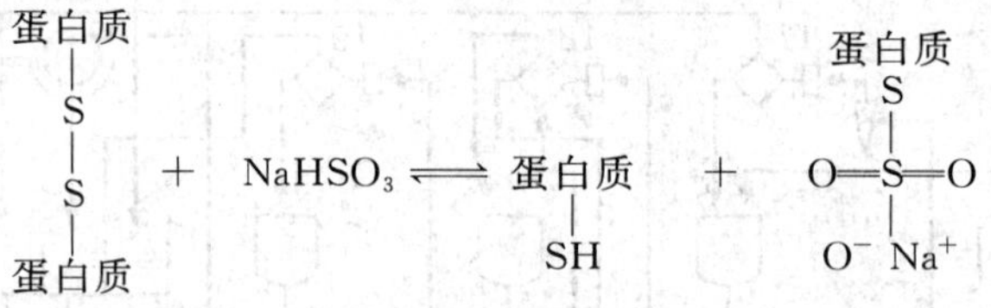

$$\text{蛋白质}-S-S-\text{蛋白质} + NaHSO_3 \rightleftharpoons \text{蛋白质}-SH + \text{蛋白质}-S-S(=O)_2-O^- \ Na^+$$

图6-3 亚硫酸氢盐离子与玉米蛋白质的二硫键反应

亚硫酸作用于皮层，增加皮层的透性，可以加速籽粒中可溶性物质向浸泡液中渗透。

亚硫酸可钝化胚芽，使之在浸泡过程中不萌发。因为胚芽的萌发会使淀粉酶活化，使淀粉水解，对淀粉提取不利。

亚硫酸具有防腐作用，它能抑制霉菌腐败菌及其他杂菌的生命活力，从而抑制玉米在浸泡过程中发酵。

亚硫酸可在一定程度上引起乳酸发酵形成乳酸，一定含量的乳酸有利于玉米的浸泡效果。

经过浸泡可起到降低玉米籽粒的机械强度，有利于粗破碎使胚乳与胚芽分离。

浸泡过程可浸提出玉米籽粒中部分可溶性物质，浸泡后的玉米完成部分可溶性物质的分离。玉米浸泡前后的化学组成和含水量变化如表6-3所示。

表6-3 玉米浸泡前后成分的变化

玉米成分	玉米组分的百分含量(对干物质质量)/%	
	浸泡前	浸泡后
淀粉	69.80	74.70
蛋白质	11.23	8.42

续表 6-3

玉米成分	玉米组分的百分含量(对干物质质量)/%	
	浸泡前	浸泡后
纤维素	2.32	2.48
脂肪	5.06	5.40
戊聚糖	4.93	5.27
可溶性碳水化合物	3.51	1.73
灰分	1.63	0.52
其他物质	1.52	1.48

经过浸泡,玉米中 7%～10%的干物质转移到浸泡水中,其中无机盐类可转移 70%左右;可溶性碳水化合物可转移 42%左右;可溶性蛋白质可转移 16%左右。淀粉、脂肪、纤维素、戊聚糖的绝对量基本不变。转移到浸泡水中的干物质有一半是从胚芽中浸出去的。浸泡好的玉米含水量应达到 40%以上。

②浸泡方法。采用科学的浸泡工艺,保证适宜的工艺条件,才能达到所要求的浸泡效果。

一般说来,浸泡水中的 SO_2 含量应控制在 0.2%～0.3%。含量过低达不到预期的浸泡效果,含量过高又易产生毒害及腐蚀作用。浸泡温度应控制在 48～55℃,因为温度低,浸泡时间要延长,温度高于 55℃,淀粉会发生糊化,蛋白质会发生变性而失去亲水性质,不易分离。浸泡时间随玉米品种及质量的不同而不同。一般说来,优质新鲜玉米浸泡时间为 48～50 h,未成熟的和过于干燥的玉米浸泡时间要延长到 55～60 h。高水分的玉米浸泡时间可短些,储藏期长的玉米浸泡时间要长些。目前,世界各国正在致力于在保证浸泡效果的同时,降低浸泡水中 SO_2 的含量、缩短浸泡时间的研究。

玉米浸泡的工艺有 3 种,即静止浸泡法、逆流浸泡法和连续浸泡法。

静止浸泡法是在独立的浸泡罐中完成浸泡过程,玉米中的可溶性物质浸出少,达不到要求,现静止浸泡法已被淘汰。

逆流浸泡法是国际上通用的方法,该工艺是将多个浸泡罐通过管路串联起来,组成浸泡罐组。各个罐的装料,卸料时间依次排开,使每个罐的玉米浸泡时间都不相同。在这种情况下,通过泵的作用,使浸泡液沿着装玉米相反的方向流动,使最新装罐的玉米,用已经浸泡过玉米的浸泡液浸泡,而浸泡过较长时间的玉米再注入新的亚硫酸水溶液,从而增加浸泡液与玉米籽粒中可溶性成分的浓度差,提高浸泡效率。

连续浸泡是从串联罐组的一个方向装入玉米,通过升液器装置使玉米从一个罐向另一个罐转移,而浸泡液则逆着玉米转移的方向流动,工艺效果很好,但工艺操作难度比较大。

③亚硫酸水溶液的制备。浸泡玉米用的亚硫酸水溶液是通过硫黄燃烧炉,使硫黄燃烧产生的 SO_2 气体与吸收塔喷淋的水流结合发生反应形成亚硫酸水溶液,经浓度调整后,进入浸泡罐。

(3)玉米的粗破碎与胚芽分离

①胚芽分离的工艺原理。玉米的浸泡为胚芽分离提供了条件,因为经浸泡、软化的玉米容易破碎,胚芽吸水后仍保持很强的韧性,只有将籽粒破碎,胚芽才能暴露出来,并与胚乳分离。所以玉米的粗破碎是胚芽分离的条件,而粗破碎过程保持胚芽完整,是浸泡的结果。破碎后的浆料中,胚乳碎块与胚芽的密度不同,胚芽的相对密度小于胚乳碎粒,在一定浓度的浆液中处

于漂浮状态，而胚乳碎粒则下沉，可利用旋液分离器进行分离。

②玉米的粗破碎。粗破碎就是利用齿磨将浸泡的玉米破成要求大小的碎粒。一般经过 2 次粗破碎，第一次破碎可将玉米破成 4～6 瓣，经第一次胚芽分离后，再进一步破碎成 8～12 瓣，将其中的胚芽再次分离。

进入破碎机的物料，固、液相之比应在 1∶3，以保证破碎要求。如果含液相过多，通过破碎机速度快，达不到破碎效果；如果含固相过多，会因稠度过大而导致过度破碎，使胚芽受到破坏。

③胚芽的分离。从破碎的玉米浆料中分离胚芽通用的设备是旋液分离器，如图 6-4 所示。水和破碎玉米的混合物在一定的压力下经进料管进入旋液分离器。破碎玉米的较重颗粒浆料做旋转运动，并在离心力的作用下抛向设备的内壁，沿着内壁移向底部出口喷嘴。胚芽和玉米皮壳密度小，被集中于设备的中心部位经过顶部喷嘴排出旋液分离器。

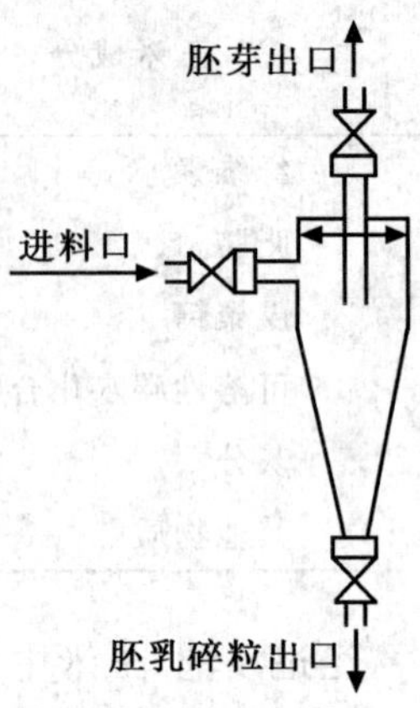

图 6-4 旋液分离器

在分离阶段，进入旋液分离器的浆料中淀粉乳含量很重要，第一次分离应保持在 11%～13%，第二次分离应保持在 13%～15%。

粗破碎及胚芽分离过程中，大约有 25% 的淀粉破碎形成淀粉乳，经筛分后与细磨碎的淀粉乳汇合。

分离出来的胚芽经漂洗，进入副产品处理工序。

(4)浆料的细磨碎　经过破碎和分离胚芽之后，由淀粉粒、麸质、皮层和含有大量淀粉的胚乳碎粒等组成破碎浆料。在浆料中大部分淀粉与蛋白质、纤维等仍是结合状态，要经过离心式冲击磨进行精细磨碎。这步操作的主要工艺任务是最大限度地释放出与蛋白质和纤维素相结合的淀粉，为以后这些组分的分离创造良好的条件。

磨碎机的主要工作构件是 2 个带有冲击部件（凸器）的转子，这些凸齿都分布在同心的圆周上，随着由中心向边缘的冲击，每后面一排的各冲击磨齿之间的间距逐渐缩小，以防没有经过凸齿捣碎的胚乳通过，如图 6-5 所示。

物料进入冲击磨，玉米碎粒经过强力的冲击，使玉米淀粉释放出来，而这种冲击作用，可以使玉米皮层及纤维质部分保持相对完整，减少细渣的形成。

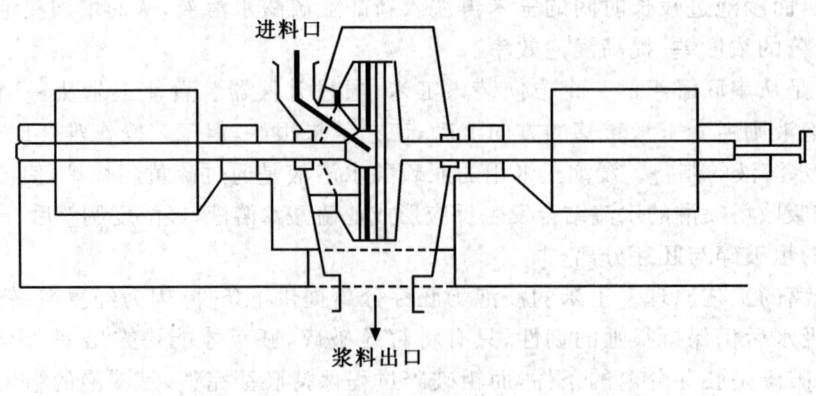

图 6-5 冲击磨

为了达到磨碎效果，要遵守下列工艺规程，进入磨碎的浆料应具有30～35℃的温度，稠度120～220 g/L。用符合标准的冲击磨，可经一次磨碎，达到所要求的磨碎效果。其他各种磨碎机，经一次研磨往往达不到磨碎效果，要经过多次研磨。

(5)纤维分离　细磨浆料中以皮层为主的纤维成分是通过曲筛逆流筛洗工艺从淀粉和蛋白质乳液中被分离出去。曲筛又叫120°压力曲筛，筛面呈圆弧形，筛孔50μm，浆料冲击到筛面上的压力要达到2.1～2.8 kg/cm²，筛面宽度为61 cm。由6～7个曲筛组成筛洗流程，如图6-6所示。

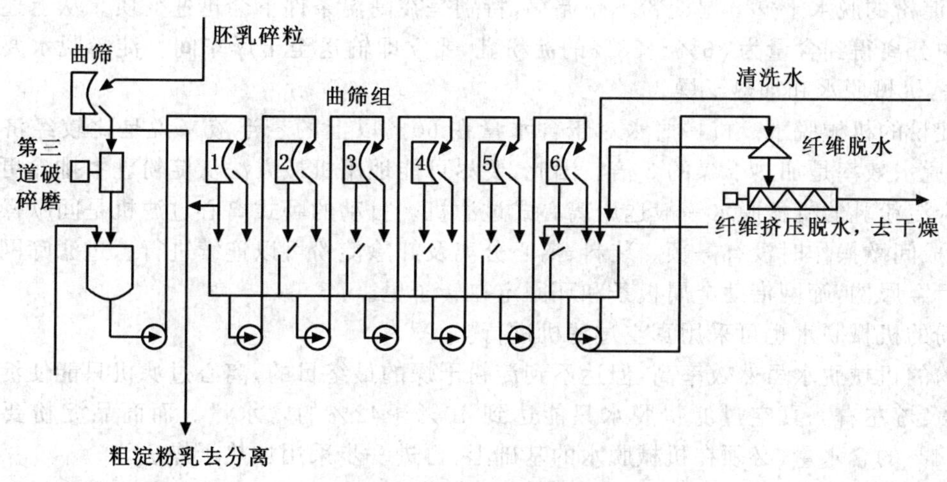

图6-6　皮渣曲筛筛洗流程

细磨后的浆料首先进入第一道曲筛，通过筛面的淀粉与蛋白质混合的乳液进入下一道工序。而筛出的皮渣还裹带部分淀粉，要经稀释后进入第二道曲筛，而稀释皮渣的正是第二道曲筛的筛下物，第二道曲筛的筛上物再经稀释后送入第三道曲筛，稀释第二道曲筛筛出的皮渣用的又是第三道曲筛的筛下物，以此类推。最后一道曲筛的筛上物皮渣则引入清水洗涤，洗涤水依次逆流，通过各道曲筛。最后一道筛的筛上物皮渣纤维被洗涤干净，淀粉及蛋白质最大程度地被分离进入下一道工序。曲筛逆流筛洗流程的优点是淀粉与蛋白质能最大限度地分离回收，同时节省大量的洗渣水。分离出来的纤维经挤压干燥作为饲料。

(6)麸质分离　通过曲筛逆流筛洗流程的第一道曲筛的乳液中的干物质是以淀粉、蛋白质和少量可溶性成分的混合物，干物质中有5%～6%的蛋白质。前面已经提到，经过浸泡过程中SO_2的作用，蛋白质与淀粉已基本游离开来，利用离心机可以使淀粉与蛋白质分离。在分离过程中，淀粉乳的pH应调到3.8～4.2，稠度应调到0.9～2.6 g/L，温度在49～54℃，最高不要超过57℃。

离心机分离的原理是蛋白质的相对密度小于淀粉，在离心力的作用下形成轻液与淀粉分离，麸质水和淀粉乳分别从离心机的溢流和底流喷嘴中排出。一次分离不彻底，还可将第一次分离的底流再经另一台离心机分离。

分离出来的麸质(蛋白质)浆液，经浓缩干燥制成蛋白粉。

(7)淀粉的清洗　分离出蛋白质的淀粉悬浮液含干物质为33%～35%，其中还含有0.2%～0.3%的可溶性物质，这部分可溶性物质的存在，对淀粉质量有影响，特别是对于加工糖浆或葡萄糖来说,可溶性物质含量高,对工艺过程不利,严重影响糖浆和葡萄糖的产品质量。

为了排除可溶性物质,降低淀粉悬浮液的酸度和提高悬浮液的浓度,可利用真空过滤器或螺旋离心机进行洗涤,也可采用多级旋流分离器进行逆流清洗,清洗时的水温应控制在49～52℃。

经过上述6道工序,完成了玉米的湿磨分离的过程,分离出了各种副产品,得到了纯净的淀粉乳悬浮液。如果连续生产淀粉糖等进一步转化的产品,可以在淀粉悬浮液的基础上进一步转入糖化等下道工序,而要想获得商品淀粉,则必须进行脱水干燥。

(8)淀粉的脱水干燥　湿淀粉不耐储存,特别是在高温条件下会迅速变质。从上述湿法工艺流程中分离得到含量为36%～38%的淀粉乳,要立即输送至干燥车间。淀粉脱水要相继用2种方法:机械脱水和加热干燥。

①淀粉的机械脱水。机械脱水对于含水量在60%以上的悬浮液来说是比较经济和实用的方法,脱水效率是加热干燥的3倍。因此,要尽可能地用机械方法从淀粉乳中排除更多的水分。玉米淀粉乳的机械脱水一般选用离心式过滤机。自动的卧式离心过滤机是间歇操作的机械,在完成间歇操作时没有停顿。装料、离心分离及卸除淀粉可以连续进行。过滤筛网一般选用120目金属网,筛网借助金属板条和环固定在转子里。

淀粉的机械脱水也可采用真空过滤机进行。

淀粉的机械脱水虽然效率高,但达不到淀粉干燥的最终目的,离心过滤机只能使淀粉含水量达到34%左右。真空过滤机脱水只能达到40%～42%的含水量。而商品淀粉要干燥到12%～14%的含水量,必须在机械脱水的基础上,再进一步采用加热干燥法。

②加热干燥。淀粉在经过机械脱水后,还含有36%～38%的水分,这些水分均匀地分布在淀粉各部分之中。为了蒸发出淀粉中的水分,必须供给对于提高淀粉颗粒内水分的温度所需要的热。

要迅速干燥淀粉,同时又要保证淀粉在加热时保持其天然淀粉的性质不变,主要采用气流干燥法。

气流干燥法是松散的湿淀粉与经过清净的热空气混合,在运动的过程中,使淀粉迅速脱水的过程。经过净化的空气一般被加热至120～140℃作为热的载体,这时利用了空气从被干燥的淀粉中吸收水分的能力。在淀粉干燥的过程中,热空气与被干燥介质之间进行热交换,即淀粉及所含的水分被加热,热空气被冷却;淀粉粒表面的水分由于从空气中得到的热量而蒸发,这时淀粉的水分下降;水分由淀粉粒中心向表面转移。空气的温度降低,淀粉被加热,淀粉中的水分蒸发出来。采用气流干燥法,由于湿淀粉粒在热空气中呈悬浮状态,受热时间短,仅3～5 s,而且120～140℃的热空气温度为淀粉中的水分汽化所降低。所以淀粉既能迅速脱水,同时又保证了天然性质不变。

淀粉干燥按下列顺序工作:

离心脱水机卸出的湿淀粉进入供料器,再由螺旋输送器按所需数量送入疏松器。在疏松器内进入淀粉的同时,送入热空气,这种热空气是预先经过净化,并在加热器内加热至140℃。由于风机在干燥机的空气管路中造成真空状态,使空气进入疏松器。疏松器的旋转转子把进入的淀粉在粉碎成极小的粒子,使其与空气强烈搅和。形成的淀粉空气混合物在真空状态下在干燥器的管线中移动,经干燥管进入旋风分离器,淀粉在这样的运动过程中变干。在旋风分离器中混合物分为干淀粉和废气。旋风分离器中沉降的淀粉沿着器壁慢慢掉下来,并经由螺旋输送器排至筛分设备。从而得到含水量为12%～14%的纯净、粉末状淀粉。

6.2　马铃薯淀粉的提取

6.2.1　马铃薯的原料特征

马铃薯是多年生草本植物，属于块茎类。马铃薯块茎呈扁圆形、椭圆形、长圆形及柱形等，其表皮上有若干个芽眼。块茎的外表面有基皮（周皮）覆盖，紧靠周皮的是形成层环。这个环的细胞充满了原生质，并含有大量的淀粉颗粒。形成层环往里是马铃薯含淀粉的主要部分，称外部果肉，中心部分是内部果肉，淀粉含量较少。马铃薯块茎中的主要物质含量随品种、土壤、气候条件、耕种技术、储存条件及储存时间等原因而有较大变化（表 6-4）。

表 6-4　马铃薯块茎中的物质含量在原料中的质量分数　　%

物质	最小量	最大量
水分	63.2	86.9
干物质	13.91	36.8
其中：		
淀粉	8.0	29.4
纤维素	0.2	3.5
糖	0.1	8.0
含氮物质（粗蛋白）	0.7	4.6
脂肪	0.04	1.0
矿物质	0.4	1.9
有机酸	0.1	1.0

块茎的化学成分中，水分占马铃薯全部质量的 3/4，淀粉约占块茎干物质质量的 80%，这也是马铃薯作为淀粉生产原料的主要依据。

6.2.2　马铃薯淀粉提取工艺

马铃薯淀粉生产的主要任务是尽可能地打破马铃薯块茎的细胞壁，从释放出来的淀粉颗粒中清除可溶性及不溶性的杂质。马铃薯淀粉提取工艺由下列工序组成：原料的输送及清洗、马铃薯的磨碎、细胞液的分离、从浆料中洗涤淀粉、细胞液水的分离、淀粉乳的精制、细渣的洗涤、淀粉的洗涤、淀粉的干燥等。马铃薯淀粉提取的总体工艺流程如图 6-7 所示。

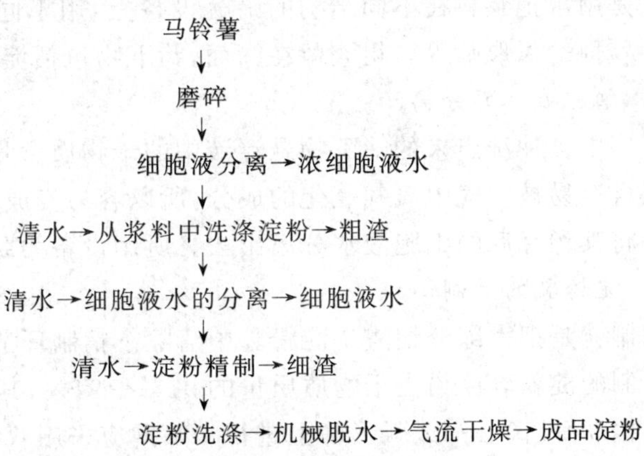

图 6-7　马铃薯淀粉提取工艺流程

6.2.3 马铃薯淀粉生产工艺要点

6.2.3.1 原料的输送和清洗

(1)原料的输送 规模较大的生产企业,由于加工量大,原料从贮仓向生产车间输送可采用水力输送。水力输送的方式是通过沟槽。连接仓库和加工车间的沟槽应具有一定的坡度。在始端连续供水,水流携带马铃薯一起流动到生产车间的洗涤工段。在水力输送的过程中,马铃薯表面的部分污泥被洗掉,输送的沟槽越长,马铃薯洗涤得越充分。

(2)马铃薯的洗涤 在水力输送过程中可洗除部分杂质,彻底的清洗是在洗涤机中进行。以洗净附着在马铃薯表面的污染物。洗涤机是通过搅动轴上安装的搅动杆,在旋转过程中使马铃薯在水中翻动,以洗净污物。在沙质土壤中收获的马铃薯洗涤时间可短些,为 8～10 min,在黑黏土中收获的马铃薯洗涤时间要长些,为 12～15 min。

6.2.3.2 马铃薯的磨碎

马铃薯磨碎的目的在于尽可能地使块茎的细胞破裂,并从中释放出淀粉颗粒。磨碎时多采用擦碎机,擦碎机的工作是通过旋转的转鼓上安装带齿的钢锯对进入机内的马铃薯进行擦碎操作。擦碎后的马铃薯悬浮液由破裂的和未破裂的细胞、细胞液及淀粉颗粒所组成。除擦碎机外,也可采用粉碎机进行破碎,如锤片式粉碎机等。

6.2.3.3 细胞液的分离

磨碎后,从马铃薯细胞中释放出来的细胞液是溶于水的蛋白质、氨基酸、微量元素、维生素及其他物质的混合物。天然的细胞液中含干物质 4.5%～7%。这些细胞液的存在,在空气中氧气的作用下,发生氧化作用导致淀粉的颜色发暗。为了合理地利用马铃薯中的营养成分,改善加工淀粉的质量,提高淀粉产量,应将这部分细胞液进行分离。

分离细胞液是通过离心机进行的。在分离时应尽量减少淀粉的损失。分离出的浓细胞液可作为副产品加以利用。为了便于浆料的输送,分离出细胞液的含淀粉的浆料,可用净水或工艺水按 1∶1至 1∶2的比例加以稀释,送至下道工序。

6.2.3.4 从浆料中洗涤淀粉

分离出细胞液后再用水稀释的马铃薯浆料是一种水悬浮液,其中包含了淀粉颗粒、破裂及未破裂的马铃薯细胞,还有残留在浆液中的部分可溶性物质。本工序的任务是从浆料中筛除粗渣滓。方法是用水把浆料在不同结构的筛分设备上,用不同的工艺流程进行洗涤。可选用振动筛、离心喷射筛、弧形筛等。粗渣留在筛面,筛下物包括淀粉及部分细渣的水悬浮液。

6.2.3.5 细胞液水的分离

在上面工序中被冲洗出来的筛下物悬浮液中的干物质含量只有 3%～4%,其中稀释后的细胞水由于仍含有易被空气中氧气氧化的成分,所以容易变成暗褐色,而影响淀粉的颜色。应立即用离心机将其稀释后的细胞液水分离出去。所用设备为卧式沉降式离心机。

6.2.3.6 淀粉乳的精制

淀粉乳精制就是把大部分细渣从淀粉乳中清除。精制环节对马铃薯淀粉最终质量有很大影响。进入精制的淀粉乳淀粉占干物质质量的 91%～94%,其余大部分为细渣滓。淀粉乳的精制一般也在振动筛、离心筛或弧形筛上进行。筛网应采用双料筛绢或尼龙筛绢,每平方厘米筛孔数在 1 400 个以上,孔眼尺寸在 140～160 μm,筛孔有效面积占筛面的 34%左右。

筛洗方法是将在离心机上分离出汁液水后的浓缩淀粉乳用水稀释至干物质含量为12%～14%，然后进行筛洗。筛洗后的淀粉乳中细渣对淀粉乳的干物质量不能大于0.5%。

6.2.3.7　细渣的洗涤

在淀粉乳精制工序中，留在筛面的细渣滓中，还含有30%～60%的游离淀粉。为了分离出这些淀粉，要对这些细渣进行洗涤。由于细渣和淀粉在大小和质量上相差不大，所以不易分离，最好采用曲筛洗涤工艺。

6.2.3.8　淀粉乳的洗涤

经过精制的淀粉乳中淀粉的干物质纯度可达97%～98%，但还有2%～3%的杂质，主要是细沙、纤维及少量的可溶性物质，有必要再进行清洗。除沙和洗涤淀粉可采用不同类型的旋液分离器进行。

6.2.3.9　淀粉的干燥

马铃薯淀粉的脱水和干燥，也和玉米淀粉的干燥相似，采用机械脱水和气流干燥工艺。

6.3　甘薯淀粉生产

生产甘薯淀粉的原料有鲜甘薯和甘薯干。鲜甘薯由于不便运输，储存困难，因而必须及时加工。用鲜甘薯加工淀粉季节性强，甘薯要在收获后两三个月内被加工，因而不能满足常年生产的需要，所以鲜甘薯淀粉的生产多属小型工业或农村传统作坊式。一般工业生产都是以薯干为原料，可实现机械化操作，淀粉的得率也较高。下面主要介绍以薯干为原料的淀粉加工工艺。

以甘薯干为原料生产淀粉的工艺流程如图6-8所示。

甘薯干→预处理→浸泡→破碎→筛粉→流槽分离→碱处理→清洗→酸处理→清洗

成品淀粉←干燥←离心分离←

图6-8　甘薯干为原料生产淀粉的工艺流程

6.3.1　预处理

甘薯干在加工和运输过程中混入了各种杂质，所以必须经过预处理。方法有干法和湿法2种。干法是采用筛选、风选及磁选等设备；湿法是用洗涤机或洗涤槽清洗除去杂质。

6.3.2　浸泡

为了提高淀粉出率可采用石灰水浸泡，浸泡液pH为10～11，浸泡时间约12 h，温度控制在35～40℃，浸泡后甘薯片的含水量为60%左右。然后用水淋洗，洗去色素和尘土。

用石灰水浸泡甘薯片的作用是：①使甘薯片中的纤维膨胀，以便在破碎后和淀粉分离，并减少对淀粉颗粒的破碎；②使甘薯片中色素溶液渗出，留存于溶液中，可提高淀粉的白度；③石灰钙可降低果胶等胶体物质的黏性，使薯糊易于筛分，提高筛分效率；④保持碱性，抑制微生物活性；⑤使淀粉乳在流槽中分离时，回收率增高。

6.3.3 磨碎

磨碎是薯干淀粉生产的重要工序。磨碎的好坏，直接影响到产品的质量和淀粉的收回率。浸泡后的甘薯片随水进入锤片式粉碎机进行破碎。一般采用2次破碎，即甘薯片经第一次破碎后，筛分出淀粉，再将筛上薯渣进行第二次破碎，然后过筛。在破碎过程中，为降低瞬时温升，根据2次破碎粒度的不同，调整粉浆浓度，第一次破碎为3～3.5°Bé，第二次破碎为2～2.5°Bé。

6.3.4 筛分

经过磨碎得到的甘薯糊，必须进行筛分，分离出粉渣。筛分一般分粗筛和细筛2次处理。粗筛使用80目尼龙布，细筛使用120目尼龙布。在筛分过程中，由于浆液中所含有的果胶等胶体物质易滞留在筛面上，影响筛分的分离效果，因此应经常清洗筛面，保持筛面畅通。

6.3.5 流槽分离

经筛分所得的淀粉乳，还需进一步将其中的蛋白质、可溶性糖类、色素等杂质除去，一般采用沉淀流槽。淀粉乳流经流槽，相对密度大的淀粉沉于槽底，蛋白质等胶体物质随汁水流出至黄粉槽，沉淀的淀粉用水冲洗入漂洗池。

6.3.6 碱、酸处理和清洗

为进一步提高淀粉乳的纯度，还需对淀粉进行碱、酸处理。用碱处理的目的是除去淀粉中的碱溶性蛋白质和果胶杂质。用酸处理的目的是溶解淀粉浆中的钙、镁等金属盐类。淀粉乳在碱洗过程中往往增加了这类物质，如不用酸处理，总钙量会过高，用无机酸溶解后再用水洗涤除去，便可得到灰分含量低的淀粉。

6.3.7 离心脱水

清洗后得到的湿淀粉的水分含量达50％～60％，用离心机脱水，使湿淀粉含水量降到38％左右。

6.3.8 干燥

湿淀粉气流干燥系统干燥至水分含量12％～13％，即得成品淀粉。

6.4 木薯淀粉生产

木薯又称树薯、树番薯、南洋薯、木番薯等，属大戟科、亚灌木，是多年生木本植物。木薯原产于南美，后传入非洲、亚洲各地。目前，世界上产木薯最多的国家有印尼、巴西、尼日利亚、刚果、泰国等。木薯适应性强，产量高，分布面积广，其栽培粗放，耐旱性强，除要求气温高外，对地势、土壤、雨量要求不高，贫瘠土地也可用来种植。我国木薯产地主要有广东、广西、福建、云南等省(区)。

木薯的块根呈圆筒形，前端较尖，长度可达 100 cm 以上。一棵木薯的块根可达 30～50 kg 或以上。木薯的块根可分为表皮、皮层、肉质和薯心 4 部分。表皮的色泽有紫红色、白色、灰白色和淡黄色。

6.4.1　木薯的主要成分

木薯的化学组成为：淀粉及碳水化合物 25%、维生素 2%、蛋白质 3%、其他 5%、水分 65%。木薯的化学组成因品种、生长期、土壤、降雨量而有很大的不同。从品种上来说，木薯可分为甜种薯和苦种薯。甜种薯适宜作食品原料，苦种薯则因淀粉含量比甜种薯高 5%左右，因而适于制作淀粉。苦种薯含有一种有毒物——氰配糖体，约为 0.05%，比甜种高 10 倍。氰配糖体在木薯本身所含的一种酶的作用下，可水解成丙酮氰酸，丙酮氰酸又可进一步分解成氢氰酸，氢氰酸有剧毒。经分析表明，木薯块根的外皮，每 100 g 含氢氰酸 17.7 mg，内皮层每 100 g 含 142.4 mg，薯肉中每 100 g 含 14.2 mg。因此无论是用于食用还是生产淀粉时，都应把薯皮去掉。另外，由于配糖体易溶于水，制取的淀粉，一般氰配糖体含量可降到卫生标准以下。应注意的是，氰配糖体与水中铁离子结合生成蓝色的亚铁氰化物，使淀粉着色。因此，在生产淀粉时应避免使用铁制的设备，所用水质也应符合要求。

6.4.2　木薯淀粉生产工艺流程

木薯淀粉生产工艺流程如图 6-9 所示。

木薯→洗涤→去皮→磨碎→筛分→流槽分离→酸碱处理→清洗→脱水→干燥→成品淀粉

图 6-9　木薯淀粉生产的工艺流程

6.4.3　操作规程

6.4.3.1　清洗

木薯加工前必须彻底清洗，将所有细微污物洗净；否则，木薯本身所带进的这些杂质会影响淀粉的色泽和品质。

6.4.3.2　去皮

洗净的木薯，在破碎前应该去皮，因为木薯的皮层含有有毒物——氰化物。木薯汁中的一种酶作用于氰化物则生成氢氰酸，遇铁生成蓝色的普鲁士蓝，影响淀粉的色泽。所以在生产木薯淀粉时，应避免使用铁制设备，而且必须除去木薯的内外皮，以防止淀粉着色，保证淀粉质量。

6.4.3.3　磨碎、筛分与分离

将去皮后的木薯，送入锤碎机进行磨碎，为了使木薯块根得到充分磨碎，可以采用 2 次磨碎处理。在磨碎过程中，不断加水，磨碎的薯糊用离心筛或平摇筛分离粉渣，并用流槽分离蛋白质、可溶性糖类等杂质，得到粗制淀粉。

6.4.3.4　酸碱处理

为使淀粉容易沉淀，经流槽处理后的淀粉乳应加入 0.3%的 $Ca(OH)_2$ 溶液处理，最后用水洗净；或在粗淀粉中加酸和盐类等化学试剂，以提高淀粉的纯度。例如，①加浓硫酸，按 1 L

2%的淀粉乳中加入相对密度1.84的浓硫酸0.001 mL,可加快淀粉的沉降速度,但淀粉黏度略有降低;②加硫酸铝,按1 L 2%的淀粉乳加0.1 g硫酸铝,能改善淀粉的沉降性,黏度也可提高;③加亚硫酸溶液,加入量为0.3~0.4 g/L淀粉乳,使蛋白质易于分离,并防止发酵和兼有漂白作用,但放置时间过长会使淀粉乳黏度降低,因此待淀粉沉淀后,必须用水清洗。

淀粉乳经酸、碱处理后,除去相应的杂质,然后经清洗、脱水、干燥,即得到成品淀粉。

6.5 绿豆淀粉生产

绿豆又名植豆、青小豆、吉豆,为豆科一年生草本植物的种子,我国绿豆资源较丰富,全国大部分地区均有生产。绿豆淀粉含直链淀粉较高,具有热黏度高等优良性能,在食品工业上是制备粉丝、粉皮、绿豆馅的良好原料。

绿豆淀粉的提取方法主要采用传统的酸浆法,其工艺流程如图6-10所示。

绿豆→清洗→浸泡→磨浆→筛分→沉淀→分离→脱水→干燥→成品淀粉

筛分↓渣　酸浆↑沉淀　分离↓黄浆水

图6-10 绿豆淀粉生产的工艺流程

6.5.1 浸泡

浸泡分2次。第一次浸泡以每50 kg绿豆加水60 kg,水温夏季60℃,冬季80℃,浸泡4 h,待浸渍水被绿豆吸干,用清水洗净绿豆中的泥沙杂质;第二次浸泡用冷水进行,浸泡时间夏天约6 h,冬天约18 h。经过浸泡使绿豆的皮能见横裂状即可。如果绿豆的裂纹太大,说明浸泡过熟,没有裂纹说明浸泡太生。太熟太生对绿豆淀粉成品率和质量均有影响。

6.5.2 磨浆

浸泡好的绿豆用石磨磨碎,磨浆时应一边加绿豆一边掺水,每50 kg原料掺水约25 kg,掺水要均匀,使绿豆磨得均匀细腻。

6.5.3 筛分

将磨好的绿豆浆液采用80目平筛过滤,除去豆渣,过滤时要在筛面上喷水两三次,总量为原料的150%,使豆渣内的淀粉充分过滤出来。

6.5.4 沉淀

绿豆淀粉沉降一般采用酸浆法,它是把豆粉浆的废液放置一定时间,经过自然发酵,使其逐渐变酸,就成了能沉淀淀粉的酸浆。豆粉浆中除淀粉外,还含有蛋白质、细纤维等,为了使它们与淀粉分开,加入酸浆,酸浆中的乳酸链球菌,具有凝集淀粉颗粒的能力,从而使淀粉颗粒脱离渣子中大部分蛋白质、细纤维的吸附作用,迅速沉淀下来,从而使淀粉与蛋白质和细纤维分离。用这种方法提取的绿豆淀粉制作的粉丝色泽好、亮度大、韧性强、味道美,是其他淀粉和其他提取方法所不能代替的。我国著名的龙口粉丝,就是用酸浆法提取的绿豆淀粉制作而成的。

酸浆沉降的淀粉经过滤、脱水、干燥,即得成品绿豆淀粉。

6.6　野生植物淀粉生产

在许多野生植物中，如橡子、苦槠子、甜槠子的果实及葛根、芭蕉芋等的块茎都含有很高的淀粉，可以为工业化精制淀粉生产及深度加工提供原料。

野生植物中粗淀粉提取的一般工艺如图 6-11 所示。

选料→润料→碾碎→过滤→漂洗→沉淀→干燥

图 6-11　野生植物淀粉生产的工艺流程

6.6.1　选料

选择完整、无病虫伤害的果实，块茎则应注意去掉泥沙，剥去外层粗皮或鳞片，清水洗净。

6.6.2　润料

对含淀粉的果实，通常加入一定量水分，同时不断翻动原料，使之渗水均匀。然后将原料堆闷 10～12 h，接着进行脱壳（或脱皮）处理。有些野生植物如百合头，还需加适量草木灰或碱的沸水烫漂，魔芋要加石灰水浸泡，在干制过程中熏硫防止氧化变色。

6.6.3　碾碎

将脱壳（或皮）的原料用磨或粉碎机进行粉碎，有些根茎可用木棒打烂，粉碎的粒度越细越好，要求完全没有颗粒。

6.6.4　过滤

把原料放入大缸中，加入清水充分搅拌，再用细筛或纱布过滤除去渣滓。

6.6.5　漂洗

为将原料中的水溶性物质或色素成分除去，应对浆汁进行漂洗。

6.6.6　沉淀

将漂洗好的浆汁放在大缸或桶中静置、沉淀，然后倾去上层清液。

6.6.7　干燥

将沉淀物晒干或烘干即得粗淀粉成品。

6.7　淀粉厂副产品的综合利用

6.7.1　玉米淀粉厂副产品的综合利用

玉米籽粒中含淀粉 70%～72%，较先进的淀粉提取工艺可提取淀粉 65%～70%。在淀粉生产工艺过程中未提取出来的淀粉和籽粒中的其他成分均为淀粉厂的副产品，这些副产品都具有重要的应用价值，如蛋白质、脂肪、可溶性物质、纤维素以及若干微量成分等。为了充分利用玉米籽粒的各种成分，有效开发玉米资源，提高经济效益，开展对淀粉厂副产品的综合利用，是非常必要的。

淀粉厂的副产品在玉米淀粉提取的不同环节以不同的形式被分离出来。根据化学成分不同、物质状态不同，采取适宜的方式加工，合理地进行利用。

6.7.1.1 玉米胚芽的利用

玉米胚位于玉米籽粒一侧的下部，质量为籽粒的10%～15%。玉米胚中营养丰富，集中了玉米籽粒中84%的脂肪、83%的无机盐、65%的糖和22%的蛋白质。玉米胚的成分随品种的不同，有较大幅度的变化，大致范围如表6-5所示。从玉米胚的成分可知，除了含有较多的脂肪以外，其次是蛋白质和灰分元素。此外，还含有磷脂、谷固醇、肌醇磷酸、蛋白质水解物、糖类等。在淀粉提取工艺中，玉米胚芽在籽粒的粗破碎和胚芽分离工序中分离出来，并经水洗得到含水的湿胚芽。

表6-5 玉米胚芽中的主要化学成分

成分	脂肪	淀粉	灰分	纤维	粗蛋白
含量/%	35～56	1.5～5.5	7～16	2.4～5.2	17～18

胚芽的加工利用主要是制取胚芽油并得到胚芽饼。加工工艺过程如图6-12所示。

玉米湿胚芽→挤干脱水→加热干燥→胚芽处理→制油→胚芽油
↓
胚芽饼

图6-12 玉米胚芽的加工工艺流程

湿胚芽通过挤干机脱除附着在胚芽表面的游离水分，然后通过沸腾炉进行烘干，干燥至含水量为3%～4%。

玉米胚芽制油可采用压榨制油机进行连续压榨。如采用浸出法制油，对胚芽要进行制坯等预处理。制得的胚芽油经过精炼加工成为高级食用油脂，含有很高的营养价值。

胚芽饼可做饲料，利用浸出法制油得到的胚芽粕，经脱臭处理，是营养价值很高的食品加工原料，可在糕点、饼干、面包等食品中添加使用。

6.7.1.2 玉米浸泡液的利用

玉米籽粒中的可溶性物质，在玉米浸泡工序中大部分转移到浸泡液中。静止浸泡法的浸泡液中含干物质5%～6%，逆流浸泡法的浸泡液中含干物质可达7%～9%。浸泡液中的干物质包括多种可溶性成分，如可溶性糖、可溶性蛋白质、氨基酸、肌醇磷酸、微量元素等。浸出液可提取植酸，浓缩生产玉米浆做饲料和生产抗生素、酵母及酒精。

(1)从浸泡液中提取植酸　将玉米浸泡液泵入贮罐，加入0.1%石灰，再加入0.01%的NaOH，搅拌10 min，浸泡液中溶解状态的植酸与石灰反应生成植酸钙析出。然后将提取液泵至板框过滤机，留在滤布上的滤饼即为含水的植酸钙。从板框过滤机卸下的植酸钙湿块，送至烘干箱内在120℃的温度下烘干，得到植酸钙成品。植酸钙经过精制可得到植酸。

(2)玉米浆的生产　经过提取植酸和未经过提取植酸的玉米浸泡液都可进行蒸发浓缩生产玉米浆。玉米浆的制备多采用双效或三效蒸发器，将玉米浸泡液进行负压蒸发。蒸发操作前应滤除浸泡液中悬浮的物质。三效蒸发各罐的工艺要求，第一罐温度为 75～80℃，真空度 $(5.333\sim5.999)\times10^4$ Pa(400～450 mmHg)；第二罐温度为 60～70℃，真空度 $(6.666\sim7.999)\times10^4$ Pa。用作饲料的玉米浆，可浓缩至干物质含量为 33%～40%。生产抗生素的玉米浆，应浓缩至干物质不低于 48%。玉米浆为棕褐色、黏稠状液体。

6.7.1.3　黄浆水的利用

在玉米淀粉加工的过程中，玉米蛋白质分别存在 3 种副产品中：一是水溶性蛋白，存在于浸泡液中；二是胚芽中所含的蛋白质。这两种副产品中的蛋白质，通过生产玉米浆和胚芽加工后进行合理利用；三是从淀粉乳中分离蛋白质时得到的黄浆水中含有大量不溶于水的蛋白质，主要是醇溶蛋白。黄浆水主要用于提取蛋白粉。蛋白粉可做饲料或其他加工利用。

(1)蛋白粉的制取　从淀粉乳中分离出的黄浆水含蛋白质 8%～15%、含淀粉 5%～8%、其他干物质 2%～4%，其余为水。生产蛋白粉首先要进行浓缩，浓缩的途径有自然沉降、离心机浓缩、气流浮选机增浓等。浓缩后的黄浆水打入板框过滤机，除去水分，得到湿滤饼。滤饼破碎后经气流干燥得到玉米蛋白粉。干燥后的蛋白粉呈粉状，含水量 10%～12%。蛋白粉中蛋白质和淀粉的含量比例，取决于淀粉生产工序中淀粉与蛋白质分离的工艺方法和生产管理。蛋白质含量最高可达到 60%～70%，其余是淀粉和纤维等。

(2)玉米蛋白粉的应用　玉米蛋白粉现主要用做饲料，如果进一步加工，还可以有多种应用途径。

①提取醇溶蛋白。蛋白粉中主要是醇溶蛋白，可做食品、药物的涂膜，经异丙醇溶液萃取可得到纯净的醇溶蛋白。其方法是：将含有 0.25%的氢氧化钠的 88%的异丙醇水溶液，于 60℃温度下浸提玉米蛋白粉，用离心机分离掉残渣，澄清的浸提液冷却到 15℃，醇溶蛋白沉淀于底部。将上层清液分去，得到含量为 30%的醇溶蛋白液，在真空条件下干燥，得到醇溶蛋白粉。这种醇溶蛋白溶于 90%的酒精中，喷涂于食品、药片等的表面，即可形成保护膜，起到防潮、保鲜的作用。

②提取玉米黄色素。玉米蛋白粉呈鲜黄色，其中含有 3,3′-2 羟基 β-胡萝卜素和 3-羟基 β-胡萝卜素，分子式为 $C_{40}H_{56}O_2$ 和 $C_{40}H_{56}O$。玉米黄色素的提取可用正己烷、醋酸乙酯、酒精等溶剂萃取。萃取液真空蒸发即得玉米黄色素，得率为玉米蛋白粉的 6%，玉米黄色素是一种天然色素，可作为人造奶油、糖果、糕点等食品的着色。

③提取谷氨酸。玉米蛋白粉中谷氨酸含量为 26.9%，谷氨酸是味精和一些医药的原料。玉米蛋白粉经盐酸水解、活性炭脱色、离子树脂交换和真空浓缩精制，可得到谷氨酸结晶。

④利用玉米蛋白粉制食品。玉米蛋白粉是很好的食品原料，但由于具有不愉快的风味，所以在加工食品方面受到影响。为了脱去不良风味，可用醋酸乙酯或醋酸乙酯和水的二元溶剂(93.9∶6.1)在 70～72℃下萃取 0.5～1 h，萃余物经热水洗涤，再经真空干燥，即去除不良风味。脱臭的玉米蛋白粉，可做许多食品的配料。为了强化蛋白质中的赖氨酸和色氨酸，可在玉米蛋白粉中添加适量的大豆蛋白。

6.7.1.4　玉米皮渣的利用

玉米的皮层中主要是以纤维素为主的多糖物质。在淀粉提取工序中，通过筛洗被排除。

在分离出来的玉米皮渣中，还会有一定量未被提取出来的淀粉。单位质量的玉米原料，皮渣产量越高，说明皮渣中残留的淀粉越多，而成品淀粉的得率必然下降。随着技术的进步，淀粉得率会不断提高，但皮渣中仍会有一定量的残留淀粉。副产品皮渣中的淀粉含量可在10%～30%。利用玉米皮渣的主要途径是用做饲料，可采用如下几个方式。

(1)直接用湿皮渣作饲料　玉米皮渣在经筛洗后排放到皮渣池，直接销售给当地农民做猪、牛等牲畜的饲料。这种方式浪费大，营养利用不科学，特别是气温高，容易发酵、腐烂。

(2)干燥后生产配合饲料　玉米皮渣经挤压脱水，再经加热干燥，成为干皮渣，干皮渣经过粉碎，再按比例与胚芽饼、蛋白粉、玉米浆等其他副产品调成配合饲料，如果按配方要求再加入适量大豆粉，可成为优质配合饲料，其营养可得到充分利用。

(3)利用玉米皮渣制饲料酵母　玉米皮渣中糖类较多，既有五碳糖，又有六碳糖。饲料酵母对五碳糖、六碳糖等均能代谢。所以利用玉米渣水解培养饲料酵母，是利用皮渣的有效途径，可得到高蛋白单细脑酵母，工艺过程如下：

①玉米皮的水解。在水解反应器中，装入皮渣，并按1:10的比例加入清水，加硫酸调到酸浓度为0.7%～0.8%，在125～127℃的温度条件下，水解2 h。

②水解液的中和。水解液含有硫酸，可用氨水中和，中和至pH为5.5左右。中和完毕，进行过滤得到水解液。滤除的渣滓仍可作饲料。

③酵母的繁殖。在水解液中接入种母，酵母繁殖温度控制在28～30℃，pH控制在5.5左右。水解液的糖含量控制在2%，所以要加以稀释。酵母繁殖时间可控制在12～20 h。在酵母繁殖过程中，应不断地加入新鲜的水解液，并排出成熟的醪液。

④酵母的离心和干燥。发酵完毕的成熟醪液中含有0.2%～0.3%的残糖和10 g/L的酵母菌体(以干物计)。通过酵母离心机浓缩至酵母含量为9%～10%或以上，然后通过压滤机得到含水分75%的压榨酵母。如需远途运输，可用滚筒干燥机干燥至含水量10%以下，经粉碎后，包装出厂。

6.7.2 马铃薯淀粉厂副产品的利用

马铃薯淀粉厂的副产品主要是粉渣、细胞液水，其中含有蛋白质、氨基酸、糖类、有机酸、微量元素、各种酶类、维生素的纤维素等。经过加工主要作为饲料。

6.7.2.1 湿、干饲料的制取

将脱水粉渣和浓细胞液水混合即为营养价值很高的湿饲料。但这种饲料不宜储存，极易腐坏。将细胞液用蒸汽加热，使蛋白质凝结，分离出的热凝结蛋白泥与脱水粉渣混合，再经加热干燥，成为方便储存和运输的干饲料。

6.7.2.2 糖-蛋白水解物和蛋白饲料的制取

将磨碎车间排出的粉渣用离心机脱水，再经压榨机压榨脱水到含水量为75%～80%。将细胞液经蒸汽加热后与粉渣混合，再用蒸汽加热至110～120℃起到灭菌和蛋白凝结的作用。然后，冷却至62～64℃，接入大麦芽进行糖化，糖化时间可用2 h左右。糖化后的混合料加温至70～80℃后，经压滤机过滤分成沉淀物蛋白饲料和滤液。过滤后的滤渣干燥即成干蛋白饲料。滤液经蒸发浓缩则成为糖-蛋白水解物，是浓而不透明的暗棕色液体，含有葡萄糖、蔗糖、麦芽糖和各种氨基酸等成分。

6.8　变性淀粉生产

6.8.1　变性淀粉的基本概念

天然淀粉的可利用性取决于淀粉颗粒的结构和淀粉中直链淀粉和支链淀粉的含量。不同种类的淀粉其分子结构和直链淀粉、支链淀粉的含量都不相同，因此不同来源的淀粉原料具有不同的可利用性。如薯类淀粉，颗粒大而松，易让水分子进去，糊化温度低，峰黏度高，分子大且直链淀粉少，不易分子重排，另外含 0.07%～0.09%的磷，吸水性强，不易回生。谷类淀粉，颗粒小而紧，水分子难进去，糊化温度高，峰黏度低，分子小且直链淀粉多，易重排，另外还含有脂肪，脂肪与直链淀粉结合不易吸收，故易胶凝回生，透明性差。天然淀粉在现代工业中的应用，特别是在广泛采用新工艺、新技术、新设备的情况下应用受到限制。大多数的天然淀粉都不具备有效的、能被很好利用的性能，为此根据淀粉的结构及理化性质开发了淀粉的变性技术。

在淀粉所具有的固有特性的基础上，为改善淀粉的性能和扩大应用范围，利用物理、化学或酶法处理，改变淀粉的天然性质，增加其某些功能性或引进新的特性，使其更适合于一定应用的要求。这种经过 2 次以上加工，改变了性质的产品统称为变性淀粉。

变性的目的一是为了适应各种工业应用的要求。例如，高温技术（罐头杀菌）要求淀粉高温黏度稳定性好，冷冻食品要求淀粉冻融稳定性好，果冻食品要求淀粉糊透明性好、成膜性好等。二是为了开辟淀粉的新用途，扩大应用范围。例如，纺织上使用羟乙基淀粉；用羟丙基淀粉代替血浆；高交联淀粉代替外科手套用滑石粉等。

天然淀粉不能满足或不能同时满足各种新的应用需求，因此要变性，且变性目的主要是改变糊的性质，如糊化温度、热黏度及其稳定性、冻融稳定性、凝胶力、成膜性、透明性等。

6.8.2　变性淀粉的分类

目前，变性淀粉的品种、规格达 2 000 多种，变性淀粉的分类一般是根据处理方式来进行。

6.8.2.1　物理变性

预糊化（α-化）淀粉、γ 射线和超高频辐射处理淀粉、机械研磨处理淀粉、湿热处理淀粉等。

6.8.2.2　化学变性

用各种化学试剂处理得到的变性淀粉。其中有两大类：一类是使淀粉分子部分降解，如酸解淀粉、焙烤糊精等；另一类是使淀粉分子质量增加，如交联淀粉、酯化淀粉、醚化淀粉、接枝淀粉等。

6.8.2.3　酶法变性（生物改性）

各种酶处理淀粉。如 α、β、γ-环状糊精、麦芽糊精、直链淀粉等。

6.8.2.4　复合变性

采用两种以上处理方法得到的变性淀粉。如氧化交联淀粉、交联酯化淀粉等。采用复合变性得到的变性淀粉一般具有两种变性淀粉的各自优点。

另外，变性淀粉还可按生产工艺路线进行分类，有干法、湿法、有机溶剂法（如羧甲基淀粉制备一般采用乙醇作溶剂）、挤压法和滚筒干燥法等。

6.8.3 变性条件

6.8.3.1 浓度

干法生产一般水分控制在 5%～25% 范围内；湿法生产淀粉乳浓度一般为 35%～40%（干基）。

6.8.3.2 温度

按淀粉的品种以及变性要求不同而不同，一般为 20～60℃，反应温度一般低于淀粉的糊化温度（糊精、酶法除外）。

6.8.3.3 pH

除酸水解外，pH 一般控制在 7～12 范围。pH 的调节，酸一般采用稀 HCl 或稀 H_2SO_4；碱一般采用 3% NaOH 或 Na_2CO_3、$Ca(OH)_2$。

在反应过程中为避免 O_2 对淀粉产生的降解作用，可考虑通入 N_2。

6.8.3.4 试剂用量

试剂用量取决于取代度（*DS*）要求和残留量等卫生指标。

不同试剂用量可生产不同取代度的系列产品，食品用变性淀粉对试剂用量及残留物质有具体要求。

6.8.3.5 反应介质

一般生产低取代度的产品采用水作为反应介质，成本低；高取代度的产品采用有机溶剂作为反应介质，但成本高。另外，可添加少量盐（如 NaCl、Na_2SO_4 等），其作用主要为：避免淀粉糊化；避免试剂分解（如 $POCl_3$ 遇水分解），加入 NaCl 可避免其在水中分解；盐还可以破坏水化层，使试剂容易进去，从而提高反应效率。

6.8.3.6 产品提纯

干法改性，一般不提纯，但用于食品的产品必须经过洗涤，使产品中残留试剂符合食品卫生质量指标；湿法改性，根据产品质量要求，反应完毕用水或溶剂洗涤两三次。

6.8.3.7 干燥

离心脱水后的淀粉水分含量一般在 40%左右，高水分含量的淀粉不便于储藏和运输，因此在它们作为最终产品之前必须进行加热干燥，使水分含量降到安全水分以下。目前，一般工业生产采用气流干燥，一些中小型工厂也有的采用烘房干燥或带式干燥机干燥。

6.8.4 变性程度的衡量

一般预糊化（α-化）淀粉评价指标为糊化度；酶法糊精评价指标为 *DE* 值，即还原糖含量占总固形物的比例，*DE* 值越高，酶解程度越高；酸解淀粉一般用黏度或分子质量来评价水解程度，一般水解程度越高，其黏度越低，分子质量越小；氧化淀粉用—COOH 含量或羰基含量或双醛含量来评价其氧化程度，一般—COOH 含量或羰基含量或双醛含量越高，氧化程度越高；接枝淀粉用接枝百分率来评价接枝程度；交联淀粉则用溶胀度或沉降体积来表示交联程度，溶胀度或沉降体积越小，表示交联程度越高；其他变性淀粉用平均取代度 DS 或摩尔取代度 MS 来表示，DS 或 MS 值越大，表示变性程度越高。

DS 是指每个 D-吡喃葡萄糖残基（AGU）中羟基被取代的平均数量。淀粉中大多数 D-吡喃葡萄糖残基上有 3 个可被取代的羟基，所以 DS 的最大值为 3，其计算公式如下：

$$DS=\frac{162\ W}{100\ W-(M-1)W}$$

式中：W 为取代基质量分数，%；M 为取代物相对分子质量。

当取代基进一步与试剂反应产生聚合取代物时，摩尔取代度（MS）就用来表示平均每摩尔的 AGU 中结合的取代基的物质量，这样 MS 便大于 3，即 $MS \geqslant DS$。

6.8.5　变性淀粉的生产方法

随着工业和科学技术的发展，变性淀粉品种不断增加，应用也越来越广泛，目前已开发的变性淀粉品种已有 2 000 多种。其生产的方法主要有湿法、干法、滚筒干燥法和挤压法等几种，其中最主要的生产方法还是湿法。

湿法也称浆法，即将淀粉分散在水或其他液体介质中，配成一定浓度的悬浮液，在一定的温度条件下与化学试剂进行氧化、酸解、酯化、醚化、交联等反应，生成变性淀粉。如果采用的分散介质不是水，而是有机溶剂，或含水的混合溶剂时，为了区别水又称为溶剂法。大多数变性淀粉都可采用湿法生产。

干法，即淀粉在含少量水（通常在 20%左右）或少量有机溶剂的情况下与化学试剂发生反应生成变性淀粉的一种生产方法。干法反应体系由于含水量少，所以干法生产中一个最大的困难是淀粉与化学试剂的均匀混合问题，工业上除采用专门的混合设备以外，还采用在湿的状态下混合，在干的状态下反应，分两步完成变性淀粉的生产。干法生产的品种不如湿法生产的品种多，但干法生产工艺简单，收率高，无污染，是一种很有发展前途的生产方法。

滚筒干燥法是工业上生产预糊化淀粉的一种主要方法，由于采用的关键设备是滚筒干燥机而得名。虽然生产的品种不多，但就品种而言，是不可缺少的生产方法，也可与化学变性结合使用。

挤压法与滚筒干燥法都是干法生产预糊化淀粉的方法。挤压法是将含水 20%以下的淀粉加入螺旋挤压机中，借助于挤压过程中物料与螺旋摩擦产生的热量和对淀粉分子的巨大剪切力使淀粉分子断裂，降低原淀粉的黏度。若在加料时同时加入适量的化学试剂，则在挤压过程中还可同时进行化学反应。此法比滚筒干燥法生产预糊化淀粉的成本低，但由于过高的压力和过度的剪切使淀粉黏度降低，因此维持产品性能的稳定是此法的关键。

6.8.5.1　湿法生产工艺流程

不同的变性淀粉品种、不同的生产规模和不同的生产设备，其生产工艺流程也有较大的区别。生产规模越大，生产品种越多，自动化水平越高，工艺流程越复杂；反之，则可以不同程度地简化。湿法变性淀粉生产工艺流程图如图 6-13 和图 6-14 所示。

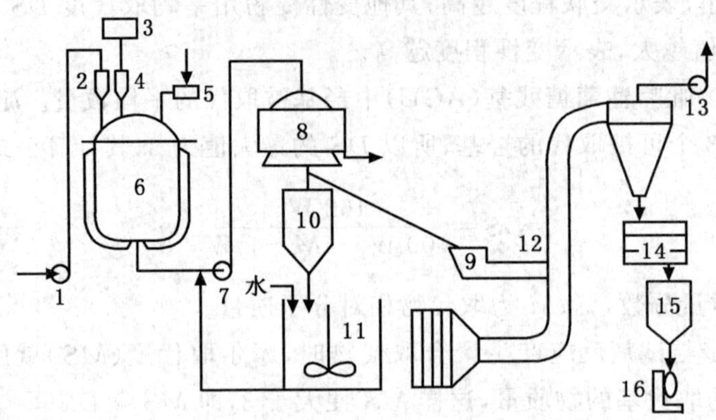

1,7. 泵 2,4. 计量器 3. 高位罐 5. 计量泵 6. 反应罐 8 自动卸料离心机 9. 螺旋输送机 10,11. 洗涤罐 12. 风机 13. 气流干燥器 14. 粉筛 15. 贮罐 16. 包装机

图 6-13 湿法变性淀粉生产工艺流程(一)

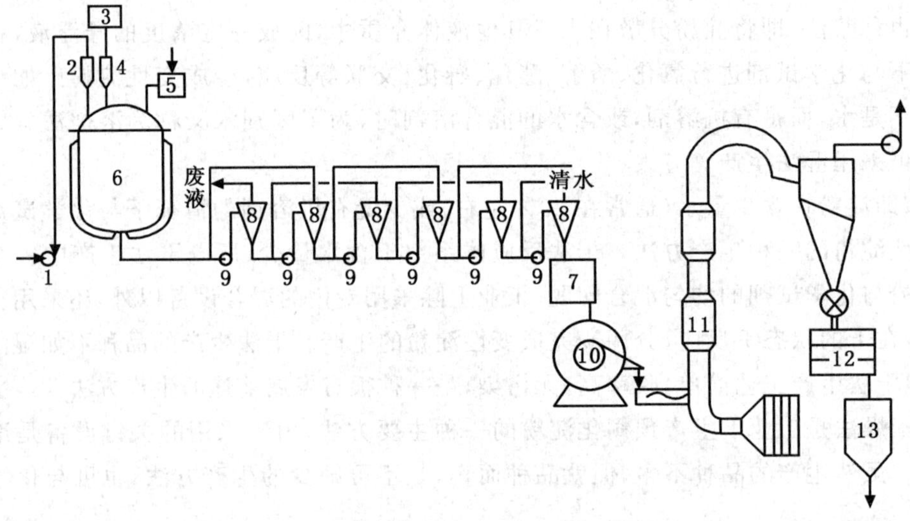

1,9. 泵 2,4. 计量器 3. 高位罐 5. 计量泵 6. 反应罐 7,13. 贮罐 8. 旋流器 10. 卧式刮刀离心机 11. 气流干燥器 12. 成品筛

图 6-14 湿法变性淀粉生产工艺流程(二)

湿法变性淀粉工艺主要分为 3 个阶段。

(1)淀粉的变性 淀粉浆用泵通过热交换器送入反应器,反应时用冷水或热水通过热交换器冷却或加热淀粉乳至所需温度,调节适宜 pH,根据产品要求加入一定量的化学试剂。反应持续时间根据所需变性淀粉的黏度、取代度和交联度来决定,一般从 1～24 h 不等。生产过程中,通过测试检查反应结果,达到要求后,立即停止反应,浆料送入放料桶。

(2)淀粉的提纯 浆液由放料桶用泵送到水洗工段,通过多级旋流或分离机串联对淀粉乳进行逆流清洗,淀粉乳经水洗后,过筛送入精浆桶内进入下道工序。

(3)淀粉的脱水干燥　精浆桶淀粉乳进入一个水平转轴的脱水机或三足式离心机内脱水，脱水后湿淀粉经气流干燥器干燥。再经筛分和包装，即为成品。若性能未达到要求可添加部分化学试剂解决其性能，但需增加混合器。

6.8.5.2　干法生产工艺流程

干法生产工艺流程如图6-15和图6-16所示。

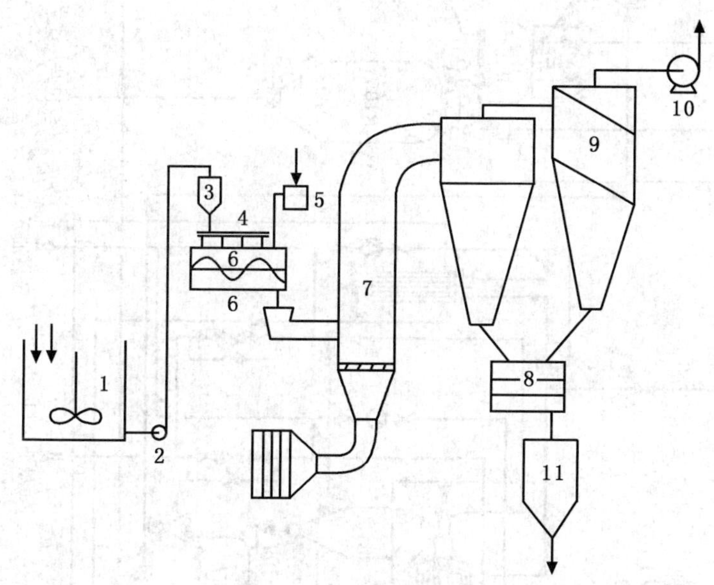

1.试剂贮罐　2.泵　3.计量器　4.分配系统　5.计量泵　6.混合器
7.沸腾反应器　8.成品筛　9.分离器　10.风机　11.贮罐

图6-15　干法生产工艺流程(一)

干法变性淀粉工艺主要分3个阶段。

(1)淀粉和化学品的准备　袋装或贮罐中的淀粉用气力输送或手工操作送到计量桶中计量；化学试剂预先按一定比例在带有搅拌装置的桶中溶解，并被引射至高速混合器中，于是化学试剂被逐步地分散在淀粉中，继而直接进入干法反应器。

(2)淀粉的变性反应　加入试剂的淀粉借重力或输送器进入反应器中，反应器可以是真空状态，壳体和搅拌器均为传热体，从而使得热载体和产品之间的温度差为最小。

若要降低淀粉黏度也可以加入气体盐酸来进行酸化分解。一旦达到降解黏度，热载体就被冷却。淀粉也随之冷却后倾出。

产品冷却、增湿、混合和包装。

6.8.5.3　滚筒干燥法生产工艺

(1)淀粉的准备　袋装或贮罐中的淀粉用气力输送或手工运输送到计量桶中计量，配成19～21°Bé的淀粉乳，过筛除去杂质，以防损伤滚筒。过筛的精制淀粉乳预热进入下道工段。

(2)淀粉的α-化　首先用蒸汽将滚筒表面加热至130～150℃，然后用泵输入预先加热的精制淀粉乳，淀粉乳液在滚筒表面立即被糊化，经小滚筒调节间隙，使滚筒表面形成厚薄一致

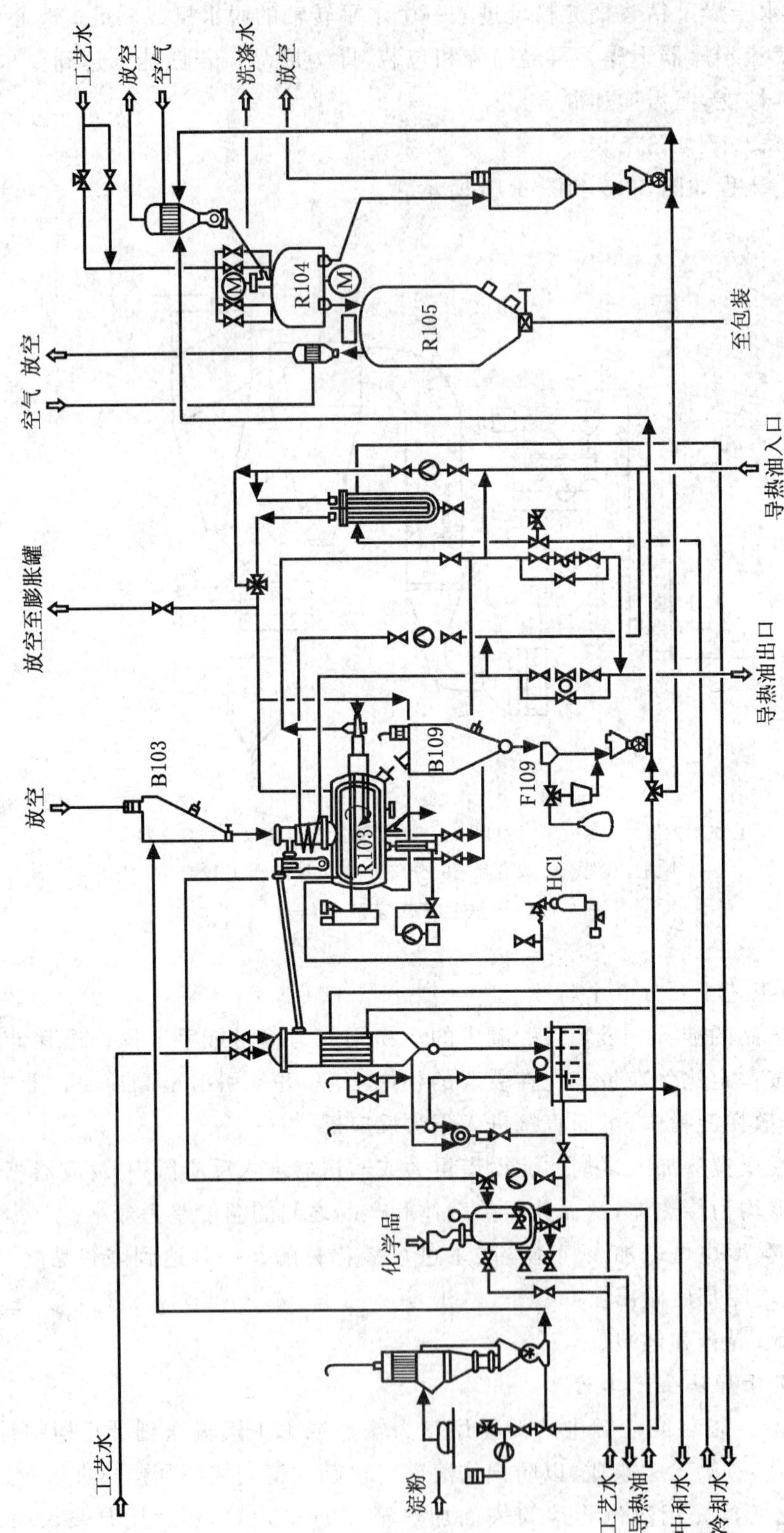

图 6-16 干法生产工艺流程(二)

的薄膜，用液压操作刮刀将滚筒表面淀粉薄膜刮下来。

预糊化后的产品粗碎、细碎、筛选、混合和包装。

6.8.6 主要变性淀粉的制备及应用

工业上生产的变性淀粉主要有：预糊化淀粉、酸变性淀粉、氧化淀粉、双醛淀粉、交联淀粉、磷酸酯淀粉、阳离子淀粉、接枝淀粉等。变性淀粉广泛应用于食品、医药、造纸、纺织、化工、冶金、建筑材料、三废治理以及农林业生产等方面，其应用领域正在不断扩大。

6.8.6.1 预糊化淀粉

将天然淀粉加热糊化，淀粉失去晶区结构，称糊化淀粉或 α 化淀粉。糊化后的淀粉再经滚筒干燥或喷雾干燥，重新得到固体。这种预糊化淀粉，加入冷水或热水，短时间内即能膨胀溶解于水，具有增黏、保型、速溶等优点，可应用于固体饮料、快餐布丁、糕点等食品中。

6.8.6.2 酸变性淀粉

用稀酸处理淀粉乳，在低于糊化温度的条件下搅拌至所要求的程度。然后用水洗至中性或先用碳酸钠中和后再用水洗，最后干燥，即得到酸变性淀粉。

这种酸变性淀粉并没有使淀粉分子发生实质的化学变化，而只是链长减少、颗粒削弱，分子排列没有改变。酸变性淀粉与原淀粉有同样的团粒外形，黏度比原淀粉低，在热水中糊化时颗粒膨胀较小，不溶于冷水，易溶于热水。糊化物冷却后可形成结实的胶体。

酸变性淀粉适合在口香糖、软糖、果冻等食品中应用。在纺织工业中，酸变性淀粉可用作黏胶剂，增强纤维的拉力。在造纸工业应用可作为胶料，增强纸张表面的印刷能力和耐摩擦能力。

6.8.6.3 氧化淀粉

氧化淀粉是通过氧化剂作用而得到的一种低黏度淀粉。氧化剂的种类很多，但氧化效果较好的是次氯酸钠或次氯酸钙。制备时，将淀粉调成水悬浮液，在连续搅拌的条件下，加入一定量稀释的次氯酸钠，用 NaOH 调节 pH 至 8～10，温度控制在 21～38℃，氧化反应是放热反应，应调节加入次氯酸钠溶液的速度，或者采用冷却的方法控制温度，用加氢氧化钠溶液控制pH，中和反应中产生的酸性物质。在氧化反应过程中，改变时间、温度、pH、次氯酸盐的含量可生产出多种氧化程度不同的产品。达到理想的反应程度时，用酸性亚硫酸钠处理淀粉浆液，终止氧化反应，调节 pH 至中性，然后进行过滤、冲洗并干燥，即得到氧化淀粉成品。

氧化反应的作用机制是氧化剂进入淀粉团粒结构的深处，在团粒低结晶区发生作用，在一些分子上发生强烈的局部化学反应，生成高度降解的酸性片段。这些片段在碱性反应介质中变成可溶性的，在水洗氧化淀粉时溶出。氧化淀粉的团粒结构虽无大的变化，但团粒上出现断裂和缝隙。

氧化淀粉不溶于冷水、糊化温度低、黏度下降、糊化物较清亮、冷却时不易形成凝胶体，糊化后再干燥可形成高强度的淀粉膜。

氧化淀粉主要用于造纸工业作胶料，也可作胶黏剂的配料，还可用于高固化的食品中。

6.8.6.4 交联淀粉

淀粉用多功能基团试剂处理可发生交联。试剂引起淀粉分子之间的桥接，使分子之间形成交联,因此明显地增加了平均相对分子质量,交联是淀粉分子的羟基与交联剂的多功能基团之间发生的。

交联剂种类很多,用于制备交联淀粉的交联剂有三氯氧磷、表氯醇、三偏磷酸盐、乙酸、乙烯砜、双环氧化合物、甲醛、乙醛、丙烯醛等。

交联淀粉的制法是在20～50℃的温度下,向碱性淀粉悬浮液中添加交联剂,反应进行到所需时间之后,进行过滤水洗和干燥,回收淀粉。交联的程度随交联剂的不同,反应时间等因素而不同。交联剂的用量一般为淀粉质量的0.005%～0.1%。

交联淀粉的团粒结构的抗高温、耐剪切、耐酸性明显增加,高度交联的淀粉在高温蒸煮条件下都难以糊化。交联淀粉的最高黏度值高于天然淀粉,黏度下降很小。

食品生产中所用的交联淀粉属低交联淀粉,进行交联反应时只需很低浓度的交联剂。对于那些需苛刻条件加工的食品如连续蒸煮食品中需添加交联度较高的交联淀粉。不少需高温杀菌处理的罐头食品,罐装的汤、汁、酱、婴儿食品等可添加交联淀粉,可使其保持一定的稠度,不懈水。

交联淀粉还用在纺织物的碱性印花浆中,使浆具有高黏度和所要求的不黏着的黏稠度。在其他方面的应用还有石油钻井泥浆、印刷油墨、干电池中固定电解质的介质、玻璃纤维上浆和纺织品上浆等。

6.8.6.5 淀粉磷酸酯

淀粉与磷酸盐发生酯化反应,即生成淀粉磷酸酯。淀粉分子的一个羟基经正磷酸作用而酯化,称淀粉磷酸单酯。淀粉分子中的2个羟基同一个正磷酸分子酯化或2个淀粉分子各有一个羟基同一个正磷酸分子酯化称淀粉磷酸二酯。

淀粉磷酸酯的制法是将10%含量的淀粉和正磷酸盐的充分掺和物在pH 5～6.5,温度120～160℃下加热0.5～6 h,可得到淀粉磷酸单酯。

将淀粉悬浮于含有溶解磷酸盐的水中,将此混合物搅拌10～30 min,并过滤。将滤饼进行空气干燥或在40～45℃下干燥至含水量为5%～10%,然后进行热反应。热反应时间的长短不同,获得的淀粉磷酸酯的取代度不同。

除正磷酸盐外,三聚磷酸钠、尿素磷酸盐、有机磷酸化试剂等都可与淀粉分子发生酯化反应。

玉米淀粉磷酸单酯的分散液透明、黏度高、具有抗老化稳定性。制备时,控制磷酸盐用量、反应温度、时间以及pH,可调节产物的黏度。淀粉磷酸酯衍生物具有乳化性能,磷酸酯的分散体具有冻融稳定性。

淀粉磷酸酯在食品加工系统中具有很好的性能,是水包油乳液的良好乳化剂。在火腿肠、冰激凌等食品中应用有很好的效果。除此之外,可用于纺织品上浆、黏合剂、除垢剂等方面。淀粉磷酸单酯以0.01%的含量加入水泥中,可改善施工性能和减少混凝土泛浆。

6.8.6.6 阳离子淀粉

阳离子淀粉是淀粉与叔胺和季胺生成的衍生物,如淀粉叔胺烷基醚和季胺淀粉醚等,是一种高分子表面活性剂。其合成方法分两类:一类是直接合成法,即淀粉与一类含氮化合物直接反应;另一类是间接合成法,淀粉通过中间连接物与作为亲水基的胺类化合物结合。中间连接物一般是含有双官能团的物质。例如，环氧氯丙烷、1，2-2 氯乙烷等。为了克服中间连接物与淀粉生成交联淀粉，要首先将中间连接物与胺类化合物进行反应制得较低相对分子质量的表面活性剂。然后将此反应物与淀粉反应制得阳离子淀粉。

随着阳离子取代基数目的增加，阳离子淀粉的糊化温度逐步降低，其分散体更为稳定、透明。阳离子淀粉带有正电荷，对带有负电荷的纤维素具有亲和能力。在造纸工业中，阳离子淀粉作为湿部添加，在纤维与矿物质填充剂和涂料之间起着离子桥的作用。阳离子淀粉优先吸附于纸浆的微小纤维之上，增加了微小纤维的留着率，并且通过长纤维包围微小纤维，形成内聚网络，改善了纸张强度，同样也导致了最好的滤水性。

除造纸工业应用外，阳离子淀粉在施胶、涂布、纺织等方面都可利用。阳离子淀粉(取代度为 0.1～0.45 的淀粉季胺醚)是破坏油包水和水包油乳化液的反乳化剂。可应用于在工业废水中除掉重金属离子，如铬酸盐、重铬酸盐铁氰化物、亚铁氰化物、钼酸盐和高锰酸盐等。

6.8.6.7　醋酸淀粉

醋酸淀粉又称乙酰化淀粉、淀粉酯，是由乙酐、醋酸、乙烯酮、醋酸乙烯等与淀粉发生乙酰化的产物。

淀粉在醋酸酐中加热，在 90～140℃发生乙酰化，同时伴有降解作用。在 140℃的温度下，加热 8 h 后可以引入 1.8%的乙酰基；15 h 以后，乙酰基含量可达 8.7%，74 h 后，达到 34%。如果加酸性催化剂，乙酰化加快，但淀粉产生明显降解。

酸酸酐和醋酸的混合物，在没有催化剂，50℃条件下，只能缓慢地与淀粉发生乙酰化反应。加入 1%的硫酸，乙酰化反应加快。50℃温度，6 h 以后，乙酰基可达 40%。同时降解度也增加。

乙酰化的淀粉，糊化温度降低，乙酰基越多，糊化温度降低越多。在糊化过程中也比天然淀粉更容易分散。

乙酰化淀粉糊化后，在冷却的过程中黏度增加得慢，低温时，黏度比乙酰化淀粉低。淀粉的乙酰化反应增加了淀粉团粒的溶胀和分散性，同时降低了凝沉作用，从而提高了溶胶的透明度。这在食品、造纸和纺织工业的应用方面都是很有价值的。例如，在罐头、冷冻、焙烤和干制食品中乙酰化淀粉可以满足长时间陈列在货架上承受各种温度。在纺织、造纸等方面应用，其糊浆具有分散快速、黏度稳定、不凝结等特点，便于制备、储藏和使用。

6.8.6.8　接枝淀粉

在催化剂硝酸铈铵的作用下，将丙烯腈接枝聚合在糊化淀粉上，生成的淀粉接枝-聚丙烯腈共聚物，经碱皂化，将腈基转化成氨基甲酰基和碱金属羧酸基团的混合体。这种聚合物除去水，便可提供一种能够吸收为自身数百至上千倍质量的而不溶解的固体物质，因为它能够快速吸收大量水，故而称作超级吸水剂。

接枝淀粉最适宜农业应用，如在干旱地区用于种子和植物根须的包埋、覆盖，施于渗水过快的土壤用来保持水分。

二维码 6-1　高压淀粉介绍

在医药方面，接枝淀粉可制作治疗疮伤的药物。还可作为柔软、吸水物品的添加剂，如一次性使用的医用绷带布、病人的垫褥、医院用的床垫垫料等。

吸水后的接枝淀粉还具有很强的抗压性,保水能力极强。

思考题

1. 淀粉生产的原料主要有哪些?
2. 为什么玉米是淀粉工业的最主要原料?
3. 玉米淀粉生产过程中,浸泡的作用是什么?
4. 玉米逆流浸泡的优点有哪些?
5. 利用曲筛筛洗皮渣的优点有哪些?
6. 淀粉的脱水为什么采用气流干燥法?
7. 玉米淀粉生产有哪些副产品?
8. 薯类淀粉的提取工艺为什么不同于玉米淀粉?
9. 什么是变性淀粉?
10. 变性淀粉生产有哪几种工艺方法?
11. 变性淀粉有哪些种类?

参考文献

[1] 李新华,杜连起,等.粮油加工工艺学.成都:成都科技大学出版社,1996
[2] 尤新.玉米的综合利用及深加工.北京:中国轻工业出版社,1993
[3] 张燕萍.变性淀粉制造与应用.北京:化学工业出版社,2001
[4] 张友松.变性淀粉生产与应用手册.北京:中国轻工业出版社,1999
[5] 高嘉安.淀粉与淀粉制品工艺学.北京:中国农业出版社,2001
[6] 谢文磊.粮油化工产品化学与工艺学.北京:科学出版社,1998
[7] 程建军.淀粉工艺学.北京:科学出版社,2011
[8] 白坤.玉米淀粉工程技术.北京:中国轻工业出版社,2012
[9] 曹龙奎,李风林.淀粉制品生产工艺学.北京:中国轻工业出版社,2008
[10] 余平,石彦忠.淀粉与淀粉制品工艺学.北京:中国轻工业出版社,2011
[11] Paul Harwood Blanchard. Technology of Corn Wet Milling. Industrial Chemistry Library. Volume 4: 1

第7章 淀粉制糖

本章学习目的与要求

各种淀粉糖的性质及应用；淀粉糖的生产原理和工艺；酶液化和酶糖化的工艺方法及工艺要点；果葡糖浆的生产原理及工艺；现代生物工程技术在淀粉制糖生产中的应用。

淀粉糖是以淀粉为原料，通过酸或酶的催化水解反应生产的糖品的总称，是淀粉深加工的主要产品。在美国，淀粉糖年产量已达 1 300 多万 t，占玉米深加工总量的 60%，从 20 世纪 80 年代中期开始，美国国内淀粉糖消费量已超过蔗糖。从 20 世纪 90 年代以来，我国淀粉糖工业进入快速发展阶段，由于现代生物工程技术的应用，生产淀粉糖所用酶制剂品种的增加及质量的提高，淀粉糖产量以年均 10%的速度增长，而且品种也日益增加，形成了各种不同甜度及功能的麦芽糊精、葡萄糖、麦芽糖、功能性糖及糖醇等几大系列的淀粉糖产品。淀粉糖消费领域广，消费数量大，是淀粉深加工的支柱产品，长期以来被广泛地应用于食品、医药、造纸等诸多行业。近年来，伴随着玉米深加工，食品工业的发展以及酶制剂等生物技术的进步和人们消费结构的变化，我国淀粉糖行业取得了显著的发展，总产量已接近美国，并朝着多品种、个性化、专一化、规模化发展，产量大幅增加，品种结构日益完善。

淀粉糖的原料是淀粉，任何含淀粉的农作物，如玉米、大米、木薯等均可用来生产淀粉糖，生产不受地区和季节的限制。淀粉糖在口感、功能性上比蔗糖更能适应不同消费者的需要，并可改善食品的品质和加工性能，如低聚异麦芽糖可以增殖双歧杆菌、防龋齿；麦芽糖浆、淀粉糖浆在糖果、蜜饯制造中代替部分蔗糖可防止“返砂”“发烊”等，这些都是蔗糖无可比拟的。因此，淀粉糖具有很好的发展前景。

7.1 淀粉的种类及特性

7.1.1 淀粉糖的种类

淀粉糖种类按成分的组成大致可分为液体葡萄糖、结晶葡萄糖、麦芽糖浆（饴糖、高麦芽糖浆、麦芽糖）、麦芽糊精、麦芽低聚糖、果葡糖浆等。

液体葡萄糖是控制淀粉适度水解得到的以葡萄糖、麦芽糖以及麦芽低聚糖组成的混合糖浆，葡萄糖和麦芽糖均属于还原性较强的糖，淀粉水解程度越大，葡萄糖等含量越高，还原性越强。淀粉糖工业上常用葡萄糖值（dextrose equivalent），简称 *DE* 值（糖化液中还原性糖全部当作葡萄糖计算，占干物质的百分率称葡萄糖值），来表示淀粉水解的程度。液体葡萄糖按转化程度可分为高、中、低 3 大类。工业上产量最大、应用最广的中转化糖浆，其 *DE* 值为 30%～50%，其中 *DE* 值为 42%左右的又称为标准葡萄糖浆。高转化糖浆 *DE* 值在 50%～70%，低转化糖浆 *DE* 值为 30%以下。不同 *DE* 值的液体葡萄糖在性能方面有一定差异，因此不同用途可选择不同水解程度的淀粉糖。

葡萄糖是淀粉经酸或酶完全水解的产物，由于生产工艺的不同，所得葡萄糖产品的纯度也不同，一般可分为结晶葡萄糖和全糖两类。淀粉经淀粉糖化酶水解后，葡萄糖值（*DE* 值）可达 95%～97%，其余为少量因水解不完全而剩下的低聚糖。将所得的糖化液用活性炭脱色，再流经离子交换树脂柱，除去无机物等杂质，便得到了无色、纯度高的精制糖化液。将此精制糖化液浓缩，在结晶罐冷却结晶，得含水 α-葡萄糖结晶产品；在真空罐中于较高温度下结晶，得到无水 β-葡萄糖结晶产品；在真空罐中结晶，得无水 α-葡萄糖结晶产品。生产上主要是含水 α-葡萄糖结晶产品，结晶葡萄糖纯度接近 100%。全糖是糖化液经浓缩后冷却凝固成块状，研磨成粉末，或经喷雾干燥成粉状产品，全糖的葡萄糖纯度低于结晶葡萄糖。

如果把精制的葡萄糖液流经固定化葡萄糖异构酶柱，使其中葡萄糖一部分发生异构化反应，转变成其异构体果糖，得到糖分组成主要为果糖和葡萄糖的糖浆，再经活性炭和离子交换树脂精制，浓缩得到无色透明的果葡糖浆产品。这种产品的浓度为71%，糖分组成为果糖42%（干基计），葡萄糖53%，低聚糖5%，这是国际上在20世纪60年代末开始大量生产的果葡糖浆产品，甜度等于蔗糖，但风味更好，被称为第一代果葡糖浆产品。20世纪70年代末期世界上研究成功用无机分子筛分离果糖和葡萄糖技术，将第一代产品用分子筛模拟移动床分离，得果糖含量达94%的糖液，再与适量的第一代产品混合，得果糖含量分别为55%和90%两种产品。甜度高过蔗糖分别为蔗糖甜度的1.1倍和1.4倍，也被称为第二、第三代产品。第二代产品的浓度为77%，果糖55%（干基计），葡萄糖40%，低聚糖5%。第三代产品的浓度为80%，果糖90%（干基计），葡萄糖7%，低聚糖3%。

麦芽糖浆是以淀粉为原料，经酶或酸结合法水解制成的一种淀粉糖浆，和液体葡萄糖相比，麦芽糖浆中葡萄糖含量较低（一般在10%以下），而麦芽糖含量较高（一般在40%～90%），按制法和麦芽糖含量不同可分别称为饴糖、高麦芽糖浆、超高麦芽糖浆等，其糖分组成主要是麦芽糖、糊精和低聚糖。

7.1.2 淀粉糖的性质

不同淀粉糖产品在许多性质方面存在差别，如甜度、黏度、胶黏性、增稠性、吸潮性和保潮性，渗透压力和食品保藏性、颜色稳定性、焦化性、发酵性、还原性、防止蔗糖结晶性、泡沫稳定性等。这些性质与淀粉糖的应用密切相关，不同的用途，需要选择不同种类的淀粉糖品。下面简单地叙述淀粉糖的有关特性。

7.1.2.1 甜度

甜度是糖类的重要性质，但影响甜度的因素很多，特别是浓度。浓度增加，甜度增高，但增高程度不同糖类之间存在差别，葡萄糖溶液甜度随浓度增高的程度大于蔗糖，浓度较低时，葡萄糖的甜度低于蔗糖，但随浓度的增高差别减小，当含量达到40%以上两者的甜度相等。

淀粉糖浆的甜度随转化程度的增高而增高，此外，不同糖品混合使用有相互提高的效果。几种糖类的甜度如表7-1所示。

表7-1 几类糖的相对甜度

糖类名称	相对甜度	糖类名称	相对甜度
蔗糖	1.0	果葡糖浆（42型）	1.0
葡萄糖	0.7	淀粉糖浆（*DE*值42%）	0.5
果糖	1.5	淀粉糖浆（*DE*值70%）	0.8
麦芽糖	0.5		

7.1.2.2 溶解度

各种糖的溶解度不相同，果糖最高，其次是蔗糖、葡萄糖。葡萄糖的溶解度较低，在室温下含量约为50%，过高的浓度则葡萄糖结晶析出。为防止有结晶析出，工业上储存葡萄糖溶液需要控制葡萄糖含量在42%（干物质）以下，高转化糖浆的糖分组成保持葡萄糖35%～40%，麦芽糖35%～40%，果葡糖浆（转化率42%）的浓度一般为71%。

7.1.2.3 结晶性质

蔗糖易于结晶，晶体能生长很大。葡萄糖也容易结晶，但晶体细小。果糖难结晶。淀粉糖浆是葡萄糖、低聚糖和糊精的混合物，不能结晶，并能防止蔗糖结晶。糖的这种结晶性质与其应用有关。例如，硬糖果制造中，单独使用蔗糖，熬煮到水分 1.5%以下，冷却后，蔗糖结晶、破裂，不能得到坚韧、透明的产品。若添加部分淀粉糖浆可防止蔗糖结晶，防止产品储存过程中返砂，淀粉糖浆中的糊精，还能增加糖果的韧性、强度和黏性，使糖果不易破碎。此外，淀粉糖浆的甜度较低，有冲淡蔗糖甜度的效果，使产品甜味温和。

7.1.2.4 吸潮性和保潮性

不同种类食品对于糖吸潮性和保潮性的要求不同。例如，硬糖果需要吸潮性低，避免遇潮湿天气吸收水分导致溶化，所以宜选用蔗糖、低转化或中转化糖浆为好。转化糖和果葡糖浆含有吸潮性强的果糖，不宜使用。但软糖果则需要保持一定的水分，面包、糕点类食品也需要保持松软，应使用高转化糖浆和果葡糖浆为宜。果糖的吸潮性是各种糖中最高的。

7.1.2.5 渗透压力

较高浓度的糖液能抑制许多微生物的生长，这是由于糖液的渗透压力使微生物菌体内的水分被吸走，生长受到抑制。不同糖类的渗透压力不同，单糖的渗透压力约为二糖的 2 倍，葡萄糖和果糖都是单糖，具有较高的渗透压力和食品保藏效果，果葡糖浆的糖分组成为葡萄糖和果糖，渗透压力也较高，淀粉糖浆是多种糖的混合物，渗透压力随转化程度的增加而升高。此外，糖液的渗透压力还与浓度有关，随浓度的增高而增加。

7.1.2.6 黏度

葡萄糖和果糖的黏度较蔗糖低，淀粉糖浆的黏度较高，但随转化度的增高而降低。利用淀粉糖浆的高黏度，可应用于多种食品中，提高产品的稠度和可口性。

7.1.2.7 化学稳定性

葡萄糖、果糖和淀粉糖浆都具有还原性，在中性和碱性条件下化学稳定性低，受热易分解生成有色物质，也容易与蛋白质类含氮物质起羰氨反应生成有色物质。蔗糖不具有还原性，在中性和弱碱性条件下化学稳定性高，但在 pH 9 以上受热易分解产生有色物质。食品一般是偏酸性的，淀粉糖在酸性条件下稳定。

7.1.2.8 发酵性

酵母能发酵葡萄糖、果糖、麦芽糖和蔗糖等，但不能发酵较高的低聚糖和糊精。有的食品需要发酵，如面包、糕点等；有的食品不需要发酵，如蜜饯、果酱等。淀粉糖浆的发酵糖分为葡萄糖和麦芽糖，且随转化程度而增高。生产面包类发酵食品应用发酵糖分高的高转化糖浆和葡萄糖为好。

7.2 淀粉糖的酸糖化工艺

淀粉在酸或淀粉酶的催化作用下发生水解反应，其水解最终产物随所用的催化剂种类而异。在酸作用下，淀粉水解的最终产物是葡萄糖，在淀粉酶作用下，随酶的种类不同而产物各异。

7.2.1 淀粉的酸糖化机理

淀粉乳加入稀酸后加热，经糊化、溶解，进而葡萄糖苷链裂解，形成各种聚合度的糖类混合溶液。在稀溶液的情况下，最终将全部变成葡萄糖。在糖化过程中，酸仅起催化作用。淀粉的酸水解反应可由化学式简示于下：

$$(C_6H_{10}O_5)_n + nH_2O \longrightarrow nC_6H_{12}O_6$$

在淀粉的水解过程中，颗粒结晶结构被破坏。α-1,4-糖苷键和α-1,6-糖苷键被水解生成葡萄糖，而α-1,4-糖苷键的水解速度大于α-1,6-糖苷键。

淀粉水解生成的葡萄糖受酸和热的催化作用，又发生复合反应和分解反应。复合反应是葡萄糖分子通过α-1,6-糖苷键结合生成异麦芽糖、龙胆二糖、潘糖和其他具有α-1,6-糖苷键的低聚糖类。复合糖可再次经水解转变成葡萄糖，此反应是可逆的。分解反应是葡萄糖分解成5′-羟甲基糠醛、有机酸和有色物质等。葡萄糖的复合反应和分解反应简示于下：

淀粉→葡萄糖
↓
5′-羟甲基糠醛→有色聚合物
↓
甲酸和其他有机酸　⇌龙胆二糖和其他低聚糖

在糖化过程中，水解、复合和分解3种化学反应同时发生，而水解反应是主要的。复合与分解反应是次要的，但对糖浆生产是不利的，降低了产品的收得率，增加了糖液精制的困难，所以要尽可能降低这两种反应。

7.2.2　影响淀粉酸糖化的因素

7.2.2.1　酸的种类和浓度

由于各种酸的电离常数不同，虽摩尔数相同，但H^+浓度不同，因而水解能力不同。若以盐酸的水解力为100，则硫酸为50.35，草酸为20.42，亚硫酸为4.82，醋酸为0.8，因此淀粉糖工业常用盐酸来水解淀粉。盐酸水解，用碳酸钠中和，生成的氯化钠存在于糖液中，若生成大量的氯化钠，就会增加灰分和咸味，且盐酸对设备的腐蚀性很大，对葡萄糖的复合反应催化作用也强。硫酸催化效率仅次于盐酸，用硫酸水解后，经石灰中和，生成的硫酸钙沉淀在过滤时大部分可除去，但它仍具有一定的溶解度，会有少量溶于糖液中，在糖液蒸发时，形成结垢，影响蒸发效率，且糖浆在储存中，硫酸钙会慢慢析出而变混浊，因此，工业上很少使用硫酸。草酸虽然催化效率不高，但生成的草酸钙不溶于水，过滤时可全部除去，而且可减少葡萄糖的复合、分解反应，糖液的色泽较浅，不过草酸价格贵，因此，工业上也较少采用。

酸水解时，生产上常控制糖化液pH 1.5～2.5。同一种酸，浓度增大，能增进水解作用，但两者之间并不表现为等比例关系。因此，酸的浓度就不宜过大，否则会引起不良后果。

7.2.2.2　淀粉乳浓度

酸催化淀粉水解生成的葡萄糖，在酸和热的作用下，会发生复合和分解反应，影响葡萄糖的产率和增加糖化液精制的困难。所以生产上要尽可能降低这两种副反应，有效的方法是通过调节淀粉乳的浓度来控制，生产淀粉糖浆一般淀粉乳浓度控制在22～24°Bé，结晶葡萄糖则为12～14°Bé。淀粉乳浓度越高，水解糖液中葡萄糖浓度越大，葡萄糖的复合分解反应就强烈，生成龙胆二糖（苦味）和其他低聚糖也多，影响制品品质，降低葡萄糖产率；但淀粉乳浓度太低，水解糖液中葡萄糖浓度也过低，设备利用率降低，蒸发浓缩耗能大。

7.2.2.3　温度、压力、时间

温度、压力、时间的增加均能增进水解作用，但过高温度、压力或过长时间，也会引起不良

后果。生产上对淀粉糖浆一般控制在283～303 kPa、温度142～145℃、时间8～9 min;结晶葡萄糖则采用252～353 kPa、温度138～147℃、时间16～35 min。

7.2.3 酸糖化工艺

工业上常用的糖化方法有两种:一种是间断糖化法;另一种是连续糖化法。

7.2.3.1 间断糖化法

间断糖化法是在一密闭的糖化罐内进行的。糖化进料前,首先开启糖化罐进汽阀门,排除罐内冷空气。在罐压保持0.03～0.05 MPa的情况下,连续进料,为了使糖化均匀,尽量缩短进料时间。进料完毕,迅速升压至规定压力,并立即快速放料,避免过度糖化。由于间断糖化在放料过程中仍可继续进行糖化反应,为了避免过度糖化,其中间品的 *DE* 值要比成品的 *DE* 值标准略低。

7.2.3.2 连续糖化法

由于间断糖化操作麻烦,糖化不均匀,葡萄糖的复合、分解反应和糖液的转化程度控制困难,又难以实现生产过程的自动化,许多国家采用连续糖化技术。连续糖化分为直接加热式和间接加热式两种。

(1)直接加热式　直接加热式的工艺过程为:淀粉与水在一个贮槽内调配好,酸液在另一个槽内储存,然后在淀粉乳调配罐内混合,调整浓度和酸度。利用定量泵输送淀粉乳,通过蒸汽喷射加热器升温,并送至维持罐,流入蛇管反应器进行糖化反应,控制一定的温度、压力和流速,以完成糖化过程。而后糖化液进入分离器闪急冷却。二次蒸汽急速排出,糖化液迅速至常压,冷却到100℃以下,再进入贮槽进行中和。

(2)间接加热式　间接加热式的工艺过程为:淀粉浆在配料罐内连续自动调节pH,并用高压泵打入三套管式的管束糖化反应器内,被内外间接加热。反应一定时间后,经闪急冷却后中和。物料在流动中可产生搅动效果,各部分受热均匀,糖化完全,糖化液颜色浅,有利于精制,热能利用效率高。蒸汽耗量和脱色用活性炭都比间断糖化法节约很多。

7.3 淀粉的酶液化和酶糖化工艺

7.3.1 淀粉酶

淀粉的酶水解法是用专一性很强的淀粉酶将淀粉水解成相应的糖。在葡萄糖及淀粉糖浆生产时应用α-淀粉酶与糖化酶(葡萄糖苷酶)的协同作用,前者将高分子的淀粉割断为短链糊精,后者便迅速地把短链糊精水解成葡萄糖。同理,生产饴糖时,则用α-淀粉酶与β-淀粉酶配合,α-淀粉酶转变的短链糊精被β-淀粉酶水解成麦芽糖。

7.3.1.1 α-淀粉酶

α-淀粉酶属内切型淀粉酶,它作用于淀粉时从淀粉分子内部以随机的方式切断α-1,4-糖苷键,但水解位于分子中间的α-1,4-糖苷键的概率高于位于分子末端的α-1,4-糖苷键,α-淀粉酶不能水解支链淀粉中的α-1,6-糖苷键,也不能水解相邻分支点的α-1,4-糖苷键;不能水解麦芽糖,但可水解麦芽三糖及以上的含α-1,4-糖苷键的麦芽低聚糖。由于在其水解产物中,还原性末端葡萄糖分子中C_1的构型为α-型,故称为α-淀粉酶。

α-淀粉酶作用于直链淀粉时，可分为两个阶段：第一个阶段速度较快，能将直链淀粉全部水解为麦芽糖、麦芽三糖及直链麦芽低聚糖；第二阶段速度很慢，如酶量充分，最终将麦芽三糖和麦芽低聚糖水解为麦芽糖和葡萄糖。α-淀粉酶水解支链淀粉时，可任意水解α-1，4-糖苷键，不能水解α-1，6-糖苷键及相邻的α-1，4-糖苷键，但可越过分支点继续水解α-1，4-糖苷键，最终水解产物中除葡萄糖、麦芽糖外还有一系列带有α-1，6-糖苷键的糊精，不同来源的α-淀粉酶生成的糊精结构和大小不尽相同。

来源于芽孢杆菌的α-淀粉酶水解淀粉分子中的α-1，4-糖苷键时，最初速度很快，淀粉分子急速减小，淀粉浆黏度迅速下降，工业上称之为"液化"。随后，水解速度变慢，分子继续断裂、变小，产物的还原性也逐渐增高，用碘液检验时，淀粉遇碘变蓝色，糊精随分子由大至小，分别呈紫色、红色和棕色，到糊精分子小到一定程度(聚合度小于6个葡萄糖单位时)就不起碘色反应，因此实际生产中，可用碘液来检验α-淀粉酶对淀粉的水解程度。

α-淀粉酶较耐热，但不同来源的α-淀粉酶具有不同的热稳定性和最适反应温度。目前市售酶制剂中，以地衣芽孢杆菌所产α-淀粉酶耐热性最高，其最适反应温度达95℃左右，瞬间可达105～110℃，因此该酶又称耐高温淀粉酶。由枯草杆菌所产生的α-淀粉酶，最适反应温度为70℃，称为中温淀粉酶。来源于真菌的α-淀粉酶，最适反应温度仅为55℃左右，为非耐热性α-淀粉酶，一般作为糖化酶使用。

一般而言，工业生产用α-淀粉酶均不耐酸，当pH低于4.5时，活力基本消失。在pH为5.0～8.0较稳定，最适pH为5.5～6.5。不同来源的α-淀粉酶在此范围内略有差异。

不同来源的α-淀粉酶均含有钙离子，钙与酶分子结合紧密，钙能保持酶分子最适空间构象，使酶具有最高活力和最大稳定性。钙盐对细菌α-淀粉酶的热稳定性有很大的提高，液化操作时，可在淀粉乳中加少量Ca^{2+}，对α-淀粉酶有保护作用，可增强其耐热力至90℃以上，因此最适液化温度为85～90℃。

7.3.1.2　β-淀粉酶

β-淀粉酶是一种外切型淀粉酶，它作用于淀粉时从非还原性末端依次切开相隔的β-1，4-糖苷键，顺次将它分解为两个葡萄糖基，同时发生尔登转化作用，最终产物全是β-麦芽糖。所以也称麦芽糖酶。β-淀粉酶能将直链淀粉全部分解，如淀粉分子由偶数个葡萄糖单位组成，最终水解产物全部为麦芽糖；如淀粉分子由奇数个葡萄糖单位组成，则最终水解产物除麦芽糖外，还有少量葡萄糖。但β-淀粉酶不能水解支链淀粉的α-1，6-糖苷键，也不能跨过分支点继续水解，故水解支链淀粉是不完全的，残留下β-极限糊精。β-淀粉酶水解淀粉时，由于从分子末断开始，总有大分子存在，因此黏度下降慢，不能作为糖化酶使用；而β-淀粉酶水解淀粉水解产物如麦芽低聚糖时，水解速度很快，可作为糖化酶使用。

β-淀粉酶活性中心含有巯基(—SH)，因此，一些氧化剂、重金属离子以及巯基试剂均可使其失活，而还原性的谷胱甘肽、半胱氨酸对其有保护作用。

β-淀粉酶和α-淀粉酶的最适pH范围基本相同，一般均为5.0～6.5，但β-淀粉酶的稳定性明显低于α-淀粉酶，70℃以上一般就失活。不同来源的β-淀粉酶稳定性也有较大的差异，大豆β-淀粉酶最适作用温度为60℃左右，大麦β-淀粉酶最适作用温度为50～55℃，而细菌β-淀粉酶最适作用温度一般低于50℃。

7.3.1.3　糖化酶(葡萄糖淀粉酶)

糖化酶(葡萄糖淀粉酶)对淀粉的水解作用是从淀粉的非还原性末端开始，依次水解α-1，

4-葡萄糖苷键，顺次切下一个一个葡萄糖单位，生成葡萄糖。

葡萄糖淀粉酶专一性差，除水解α-1,4-葡萄糖苷键外，还能水解α-1,6-糖苷键和α-1,3糖苷键，但后两种键的水解速度较慢，由于该酶作用于淀粉糊时，糖液黏度下降较慢，还原能力上升很快，所以又称糖化酶，不同微生物来源的糖化酶对淀粉的水解能力也有较大区别。

不同来源的葡萄糖淀粉酶在糖化的最适温度和pH上存在一定的差异。其中，黑曲霉为55～60℃，pH 3.5～5.0；根霉50～55℃，pH 4.5～5.5；拟内孢霉为50℃，pH 4.8～5.0，糖化时间根据相应淀粉糖质量指标中*DE*值的要求而定，一般为12～48 h，糖化温度一般采用55℃以上可避免长时间保温过程中细菌的生长；糖化pH一般为弱酸性，不易生成有色物质，有利于提高糖化液的质量。

7.3.1.4 *脱支酶*

脱支酶是水解支链淀粉、糖原等大分子化合物中α-1,6-糖苷键的酶，脱支酶可分为直接脱支酶和间接脱支酶两大类，前者可水解未经改性的支链淀粉或糖原中的α-1,6-糖苷键，后者仅可作用于经酶改性的支链淀粉或糖原，这里仅讨论直接脱支酶。

根据水解底物专一性的不同，直接脱支酶可分为异淀粉酶和普鲁兰酶两种。异淀粉酶只能水解支链结构中的α-1,6-糖苷键，不能水解直链结构中的α-1,6-糖苷键；普鲁兰酶不仅能水解支链结构中的α-1,6-糖苷键，也能水解直链结构中的α-1,6-糖苷键，因此它能水解含α-1,6-糖苷键的葡萄糖聚合物。

脱支酶在淀粉制糖工业上的主要应用是和β-淀粉酶或葡萄糖淀粉酶协同糖化，提高淀粉转化率，提高麦芽糖或葡萄糖得率。

7.3.2 淀粉液化

淀粉液化是使糊化后的淀粉发生部分水解，暴露出更多可被糖化酶作用的非还原性末端。它是利用液化酶使糊化淀粉水解到糊精和低聚糖程度，使黏度大为降低，流动性增高，所以工业上称为液化。酶液化和酶糖化的工艺称为双酶法或全酶法。液化也可用酸，酸液化和酶糖化的工艺称为酸酶法。

由于淀粉颗粒的结晶性结构，淀粉糖化酶无法直接作用于生淀粉，必须加热生淀粉乳，使淀粉颗粒吸水膨胀并糊化，破坏其结晶结构，但糊化的淀粉乳黏度很大，流动性差，搅拌困难，难以获得均匀的糊化结果，特别是在较高浓度和大量物料的情况下操作有困难。而α-淀粉酶对于糊化的淀粉具有很强的催化水解作用，能很快水解到糊精和低聚糖范围大小的分子，黏度急速降低，流动性增高。此外，液化还可为下一步的糖化创造有利条件，糖化使用的葡萄糖淀粉酶属于外酶，水解作用从底物分子的非还原尾端进行。在液化过程中，分子被水解到糊精和低聚糖范围的大小程度，底物分子数量增多，糖化酶作用的机会增多，有利于糖化反应。

7.3.2.1 *液化机理*

液化使用α-淀粉酶，它能水解淀粉和其水解产物分子中的α-1,4-糖苷键，使分子断裂，黏度降低。α-淀粉酶属于内酶，水解从分子内部进行，不能水解支链淀粉的α-1,6-糖苷键，当α-淀粉酶水解淀粉切断α-1,4-糖苷键时，淀粉分子支叉地位的α-1,6-糖苷键仍然留在水解产物中，得到异麦芽糖和含有α-1,6-糖苷键、聚合度为3～4的低聚糖和糊精。但α-淀粉酶能越过α-1,6-糖苷键继续水解α-1,4-糖苷键，不过α-1,6-糖苷键的存在，对于水解速度有降低的影响，所以α-淀粉酶水解支链淀粉的速度较直链淀粉慢。

国内常用的α-淀粉酶有由芽孢杆菌 BF-7658 产的液化型淀粉酶和由枯草杆菌产生的细菌糖化型α-淀粉酶以及由霉菌产生的α-淀粉酶。因其来源不同，各种酶的性能和对淀粉的水解效能亦各有差异。

7.3.2.2　液化程度

在液化过程中，淀粉糊化、水解成较小的分子，应当达到何种程度合适？葡萄糖淀粉酶属于外酶，水解只能由底物分子的非还原尾端开始，底物分子越多，水解生成葡萄糖的机会越多。但是，葡萄糖淀粉酶是先与底物分子生成络合结构，而后发生水解催化作用，这需要底物分子的大小具有一定的范围，有利于生成这种络合结构，过大或过小都不适宜。根据生产实践，淀粉在酶液化工序中水解到葡萄糖值 15～20 范围合适。水解超过此程度，不利于糖化酶生成络合结构，影响催化效率，糖化液的最终葡萄糖值较低。

利用酸液化，情况与酶液化相似，在液化工序中需要控制水解程度在葡萄糖值 15～20 之间为宜，水解程度高，则导致糖化液的葡萄糖值降低；若液化到葡萄糖值 15 以下，液化淀粉的凝沉性强，易于重新结合，对于过滤性质有不利的影响。

7.3.2.3　液化方法

液化方法有 3 种：升温液化法、高温液化法和喷射液化法。

(1)升温液化法　升温液化法是一种最简单的是液化方法。30%～40%的淀粉乳调节 pH 为 6.0～6.5，加入 $CaCl_2$ 调节钙离子浓度到 0.01 mol/L，加入需要量的液化酶，在保持剧烈搅拌的情况下，喷入蒸汽加热到 85～90℃，在此温度保持 30～60 min 达到需要的液化程度，加热至 100℃以终止酶反应，冷却至糖化温度。此法需要的设备和操作都简单，但因在升温糊化过程中，黏度增加使搅拌不均匀，料液受热不均匀，致使液化不完全，液化效果差，并形成难以受酶作用的不溶性淀粉粒，引起糖化后糖化液的过滤困难，过滤性质差。为改进这种缺点，液化完后加热煮沸 10 min，谷类淀粉(如玉米)液化较困难，应加热到 140℃，保持几分钟。虽然如此加热处理能改进过滤性质，但仍不及其他方法好。

(2)高温液化法　将淀粉乳调节 pH 和钙离子浓度，加入需要量的液化酶，用泵打到经喷淋头引入液化桶中约 90℃的热水中，淀粉受热糊化、液化，由桶的底部流出，进入保温桶中，于 90℃保温约 40 min 或更长的时间达到所需的液化程度。此法的设备和操作都比较简单，效果也不差。缺点是淀粉不是同时受热，液化欠均匀，酶的利用也不完全，后加入的部分作用时间较短。对于液化较困难的谷类淀粉(如玉米)，液化后需要加热处理以凝结蛋白质类物质，改进过滤性质。在 130℃加热液化液 5～10 min 或在 150℃加热 1～1.5 min。

(3)喷射液化法　先通蒸汽入喷射器预热到 80～90℃，用位移泵将淀粉乳打入，蒸汽喷入淀粉乳的薄层，引起糊化、液化。喷射液化器的结构如图 7-1 所示。蒸汽喷射产生的湍流使淀粉受热快而均匀，黏度降低也快。液化的淀粉乳由喷射器下方卸出，引入保温桶中在 85～90℃保温约 40 min，达到需要的液化程度。此法的优点是液化效果好，蛋白质类杂质的凝结好，糖化液的过滤性质好，设备少，也适于连续操作。马铃薯淀粉液化容易，可用 40%浓度。玉米淀粉液化较困难，以 27%～33%浓度为宜，若浓度在 33%以上，则需要提高用酶量 2 倍。

喷射液化也可以分段进行，将全部用量的酶分 2～3 次加入，并进行 2～3 次喷射液化，使淀粉液化更均匀。

酸液化法的过滤性质好，但最终糖化程度低于酶液化法。酶液化法的糖化程度较高，但过滤性质较差。为了利用酸和酶液化法的优点，有酸酶合并液化法，先用酸液化到葡萄糖值约

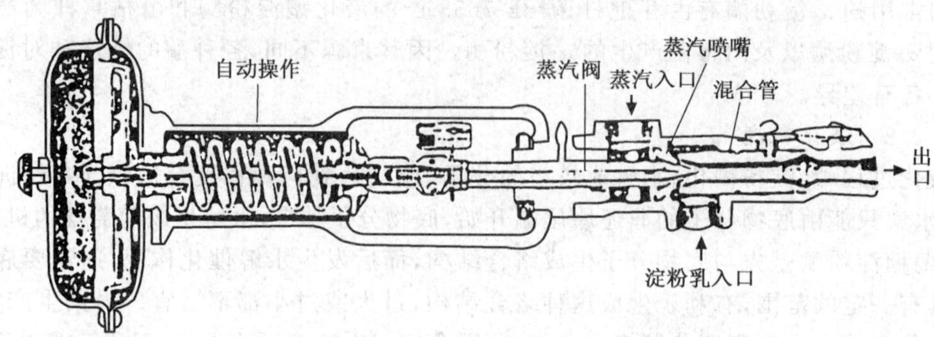

图 7-1 喷射液化器的结构示意图

4，再用酶液化到需要程度，经用酶糖化，糖化程度能达到葡萄糖值约 97，稍低于酶液化法，但过滤性质好，与酸液化法相似。此法只能用管道设备连续进行，因为调节 pH、降温和加液化酶的时间快，也避免回流。若不用管道设备，则由于低葡萄糖值淀粉液的黏度大，凝沉性也强，过滤性质差。

7.3.3 淀粉糖化

在液化工序中，淀粉经 α-淀粉酶水解成糊精和低聚糖范围的较小分子产物，糖化是利用葡萄糖淀粉酶进一步将这些产物水解成葡萄糖。纯淀粉通过完全水解，会增加质量，理论上每 100 份淀粉完全水解能生成 111 份葡萄糖，但现在工业生产技术还没有达到这种水平，这是因为有水解不完全的剩余物和复合产物如低聚糖和糊精等存在。如果在糖化时采取多酶协同作用的方法，例如，除葡萄糖淀粉酶以外，再加上异淀粉酶或普鲁兰酶并用，能使淀粉水解率提高，且所得糖化液中葡萄糖占总糖的百分率可达 99%以上。

双酶法生产葡萄糖工艺糖化 48 h 葡萄糖值可达到 95～98。在糖化的初阶段，速度快，第一天葡萄糖达到 90 以上，以后的糖化速度变慢。葡萄糖淀粉酶对于 α-1,6-糖苷键的水解速度慢。提高用酶量能加快糖化速度，但考虑到生产成本和复合反应，不能增加过多。降低浓度能提高糖化程度，但考虑到蒸发费用，浓度也不能降低过多，一般采用浓度约 30%。

7.3.3.1 淀粉糖化机理

糖化是利用葡萄糖淀粉酶从淀粉的非还原性尾端开始水解 α-1,4-葡萄糖苷键，使葡萄糖单位逐个分离出来，从而产生葡萄糖。它也能将淀粉的水解初产物如糊精、麦芽糖和低聚糖等水解产生 β-葡萄糖。它作用于淀粉糊时，反应液的碘色反应消失很慢，糊化液的黏度也下降较慢，但因酶解产物葡萄糖不断积累，淀粉糊的还原能力却上升很快，最后反应几乎将淀粉 100%水解为葡萄糖。

葡萄糖淀粉酶不仅由于酶源不同造成对淀粉分解率有差异，即使是同一菌株产生的酶中也会出现不同类型的糖化淀粉酶。如将黑曲霉产生的粗淀粉酶用酸处理，使其中的 α-淀粉酶破坏，然后用玉米淀粉吸附分级，获得易吸附于玉米淀粉的糖化型淀粉酶Ⅰ及不吸附于玉米淀粉的糖化型淀粉酶Ⅱ两个分级，其中Ⅰ能 100%地分解糊化过的糯米淀粉和较多的 α-1,6-糖苷键的糖原及 β-界限糊精，而酶Ⅱ仅能分解 60%～70%的糯米淀粉，对于糖原及 β-界限糊精则难以分解。除了淀粉的分解率因酶源不同而有差异外，耐热性、耐酸性等性质也会因酶源不同而有差异。

不同来源的葡萄糖淀粉酶在糖化的适宜温度和 pH 也存在差别。例如，曲霉糖化酶为 55～60℃，pH 3.5～5.0；根霉的糖化酶为 50～55℃，pH 4.5～5.5；拟内孢酶为 50℃，pH 4.8～5.0。

7.3.3.2　糖化操作

糖化操作比较简单，将淀粉液化液引入糖化桶中，调节到适当的温度和 pH，混入需要量的糖化酶制剂，保持 2～3 d 达到最高的葡萄糖值，即得糖化液。糖化桶具有夹层，用来通冷水或热水调节和保持温度，并具有搅拌器，保持适当的搅拌，避免发生局部温度不均匀的现象。

糖化的温度和 pH 值决定于所用糖化酶制剂的性质。根据酶的性质选用较高的温度，可使糖化速度较快，感染杂菌的危险变小。选用较低的 pH，可使糖化液的色泽浅，易于脱色。加入糖化酶之前要注意先将温度和 pH 调节好，避免酶在不适当的温度和 pH 条件下，活力受影响。在糖化反应过程中，pH 会稍有降低，可以调节 pH，也可将开始的 pH 稍调高一些。

达到最高的葡萄糖值以后，应当停止反应，否则，葡萄糖值趋向降低，这是因为葡萄糖发生复合反应，一部分葡萄糖又重新结合生成异麦芽糖等复合糖类。这种反应在较高的酶浓度和底物浓度的情况下更为显著。葡萄糖淀粉酶对于葡萄糖的复合反应亦具有催化作用。

糖化液在 80℃，受热 20 min，酶活力全部消失。实际上不必单独加热，脱色过程中即达到这种目的。活性炭脱色一般是在 80℃保持 30 min，酶活力同时消失。

提高用酶量，糖化速度快，最终葡萄糖值也增高，能缩短糖化时间。但提高用酶量有一定的限度，过多反而引起复合反应，导致葡萄糖值降低。

7.4　糖化液的精制和浓缩

淀粉糖化液的糖分组成因糖化程度而不同，为葡萄糖、低聚糖和糊精等。另外，还有糖的复合和分解反应产物、原存在于原料淀粉中的各种杂质、水带来的杂质以及作为催化剂的酸或酶等，这些杂质对于糖浆的质量和结晶、葡萄糖的产率和质量都有不利的影响，需要对糖化液进行精制，以尽可能地除去这些杂质。

糖化液精制的方法一般采用碱中和、活性炭吸附、脱色和离子交换脱盐。

7.4.1　中和

采用酸糖化工艺，需要中和，酶法糖化不用中和。使用盐酸作为催化剂时，用碳酸钠中和；用硫酸作为催化剂时，用碳酸钙中和。在这里并不是中和到真正的中性点(pH 7.0)，而是中和大部分催化用的酸，同时调节 pH 到蛋白质等胶体物质的等电点。糖化液中蛋白质类胶体物质在酸性条件下带正电荷，当糖化液被逐渐中和时，胶体物质的正电荷也逐渐消失，当糖化液的 pH 达到这些胶体物质的等电点(pH 4.8～5.2)时，电荷全部消失，胶体凝结成絮状物，但并不完全。若在糖化液中加入一些带负电荷的胶性黏土如膨润土为澄清剂，能更好地促进蛋白质类物质的凝结，降低糖化液中蛋白质的含量。

7.4.2　过滤

过滤就是除去糖化液中的不溶性杂质，目前普遍使用板框过滤机，同时最好用硅藻土为助滤剂，来提高过滤速度，延长过滤周期，提高滤液澄清度。一般采用预涂层的办法，以保护滤布的毛细孔不被一些细小的胶体粒子堵塞。

为了提高过滤速率，糖液过滤时，要保持一定的温度，防止黏度增加，同时要正确地掌握过滤压力。因为滤饼具有可压缩性，其过滤速度与过滤压力差密切相关。但当超过一定的压力差后，继续增加压力，滤速也不会增加，反而会使滤布表面形成一层紧密的滤饼层，使过滤速度迅速下降。所以，过滤压力应缓慢加大为好。不同的物料，使用不同的过滤机，其最适压力要通过试验确定。

7.4.3 脱色

糖液中含有的有色物质和一些杂质必须除去，才能得到澄清透明的糖浆产品。工业上一般采用骨炭和活性炭脱色。活性炭又分颗粒和粉末炭两种。骨炭和颗粒炭可以再生重复使用，但因设备复杂，仅在大型工厂使用。一般中小型工厂使用粉末活性炭，重复使用 2 或 3 次后弃掉，成本高，但设备简单，操作方便。

7.4.3.1 脱色工艺条件

(1)糖液的温度　活性炭的表面吸附力与温度成反比，但温度高，吸附速率快。在较高温度下，糖液黏度较低，加速糖液渗透到活性炭的吸附内表面，对吸附有利。但温度不能太高，以免引起糖的分解而着色，一般以 80℃为宜。

(2)pH　糖液 pH 对活性炭吸附没有直接关系，但一般在较低 pH 下进行，脱色效率较高，葡萄糖也稳定。工业上均以中和操作的 pH(4.8～5.2)作为脱色的 pH。

(3)脱色时间　一般认为吸附是瞬间完成的，为了使糖液与活性炭充分混合均匀，脱色时间以 25～30 min 为好。

(4)活性炭用量　活性炭用量少，利用率高，但最终脱色差；用量大，可缩短脱色时间，但单位质量的活性炭脱色效率降低。因此，要恰当掌握，一般采取分次脱色的办法，并且前脱色用废炭，后脱色用好炭，以充分发挥脱色效率。

7.4.3.2 脱色设备

糖液脱色是在具有防腐材料制成的脱色罐内完成的。罐内设有搅拌器和保温管，罐顶部有排气筒。脱色后的糖液经过滤得到无色透明的液体。

7.4.4 离子交换树脂处理

糖液经活性炭处理后，仍有部分无机盐和有机杂质存在，工业上采用离子交换树脂处理糖液，起到离子交换和吸附的作用。离子交换树脂除去蛋白质、氨基酸、羟甲基糠醛和有色物质等的能力比活性炭强。经离子交换树脂处理的糖液，灰分可降低到原来的 1/10，对有色物质去除彻底，因而，不但产品澄清度好，而且久置也不变色，有利于产品的保存。

离子交换树脂分为阳离子交换树脂和阴离子交换树脂两种，目前普遍应用的工艺为阳-阴-阳-阴 4 只滤床，即 2 对阳、阴离子交换树脂滤床串联使用。

7.4.5 浓缩

经过净化精制的糖液，浓度比较低，不便于运输和储存，必须将其中大部分水分去掉，即采用蒸发使糖液浓缩，达到要求的浓度。

淀粉糖浆为热敏性物料，受热易着色，所以要在真空状态下进行蒸发，以降低液体的沸点。

一般蒸发温度不宜超过68℃。蒸发操作有间歇式、连续式和循环式3种。采用间歇式蒸发，糖液受热时间长，不利于糖浆的浓缩，但设备简单，最终浓度容易控制，有的小型工厂还采用间歇式蒸发操作。采用连续式蒸发，糖液受热时间短，适应于糖液浓缩，处理量大，设备利用率高，但最终浓度控制不易，在浓缩比很大时难于一次蒸发达到要求。采用循环式蒸发可使一部分浓缩液返回蒸发器，物料受热时间比间歇式短，浓度也较易控制，适合糖液的浓缩。蒸发操作中的主要费用是蒸汽消耗量，为了节约蒸汽，可采用多效蒸发，充分利用二次蒸汽，又节约大量的冷却用水。外循环蒸发器如图7-2所示。

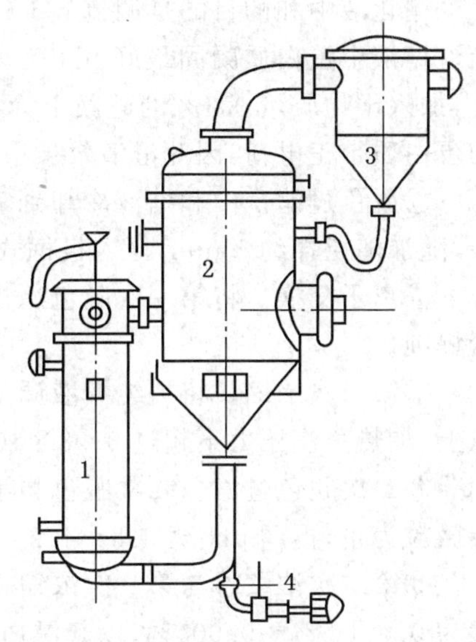

1. 加热器　2. 蒸发罐　3. 气液分离器　4. 出料罐

图7-2　外循环蒸发器

7.5　主要淀粉糖品的生产工艺流程

7.5.1　液体葡萄糖

液体葡萄糖常用的生产工艺有酸法、酸酶法和双酶法。

7.5.1.1　酸法工艺

酸法工艺是以酸作为水解淀粉的催化剂，淀粉是由多个葡萄糖分子缩合而成的碳水化合物。酸水解时，随着淀粉分子中糖苷键断裂，逐渐生成葡萄糖、麦芽糖和各种相对分子质量较低的葡萄糖多聚物。该工艺操作简单，糖化速度快，生产周期短，设备投资少。

(1)工艺流程　酸法工艺流程如图7-3所示。

淀粉→调浆→糖化→中和→第一次脱色过滤→离子交换→第一次浓缩→第二次脱色过滤
成品←第二次浓缩←

图7-3　酸法生产淀粉糖浆工艺流程

(2)操作要点

①淀粉原料要求。常用纯度较高的玉米淀粉，次之为马铃薯淀粉和甘薯淀粉。

②调浆。在调浆罐中，先加部分水，在搅拌情况下，加入粉碎的干淀粉或湿淀粉，投料完毕，继续加入80℃左右的水，使淀粉乳浓度达到22～24°Bé(生产葡萄糖淀粉乳浓度为12～14 °Bé)，然后加入盐酸或硫酸调pH为1.8。调浆需用软水，以免产生较多的磷酸盐使糖液混浊。

③糖化。调好的淀粉乳，用耐酸泵送入耐酸加压糖化罐。边进料边开蒸汽，进料完毕后，升压至$(2.7\sim2.8)\times10^4$ Pa，蒸汽压力(温度142～144℃)，在升压过程中每升压0.98×10^4 Pa，开排气阀约0.5 min，排出冷空气，待排出白烟时关闭，并借此使糖化醪翻腾，受热均匀，待升压至要求压力时保持3～5 min后，及时取样测定其*DE*值，达38～40时，糖化终止。

④中和。糖化结束后，打开糖化罐将糖化液引入中和桶进行中和。盐酸水解，用10%碳酸钠中和，硫酸水解，用碳酸钙中和。前者生成的氯化钠，溶存于糖液中，但数量不多，影响风味不大，后者生成的硫酸钙可于过滤时除去。

糖化液中和的目的是调节 pH 到蛋白质的凝固点，使蛋白质凝固过滤并除去，保持糖液清晰。糖液中蛋白质凝固最好 pH 为 4.75，因此，一般中和到 pH 4.6～4.8 为中和终点。中和时，加入干物质量 0.1% 的硅藻土为澄清剂，硅藻土分散于水溶液中带负电荷，而酸性介质中的蛋白质带正电荷，因此澄清效果很好。

⑤脱色过滤。中和糖液冷却到 70～75℃，调 pH 至 4.5，加入干物质量 0.25% 的粉末活性炭，随加随搅拌约 5 min，压入板框式压滤机或卧式密闭圆筒形叶滤机过滤出清糖滤液。

⑥离子交换。将第一次脱色滤出的清糖液，通过阳—阴—阳—阴 4 个离子交换柱进行脱盐提纯。

⑦第一次浓缩。将提纯糖液调 pH 至 3.8～4.2，用泵送入蒸发罐保持真空度 66 661 Pa 以上，加热蒸汽压力不超过 0.98×10^4 Pa，浓缩到 28～31°Bé，出料，进行第二次脱色。

⑧二次脱色过滤。二次脱色与第一次相同。第二次脱色糖浆必须反复回流过滤至无活性炭微粒为止，再调 pH 至 3.8～4.2。

⑨第二次浓缩。与第一次浓缩相同，只是在浓缩前加入亚硫酸氢钠，使糖液中二氧化硫含量为 0.001 5%～0.004%，以起漂白及护色作用。蒸发至 36～38°Bé，出料，即为成品。

(3)酸酶法工艺　由于酸法工艺在水解程度上不易控制，现许多工厂采用酸酶法，即酸法液化、酶法糖化。在酸法液化时，控制水解反应，使 *DE* 值在 15%～20% 时即停止水解，迅速进行中和，调节 pH 4.5 左右，温度为 55～60℃ 后加葡萄糖淀粉酶进行糖化，直至所需 *DE* 值，然后升温、灭酶、脱色、离子交换、浓缩。

(4)双酶法工艺　酸酶法工艺虽能较好地控制糖化液最终 *DE* 值，但和酸法一样，仍存在一些缺点，设备腐蚀严重，反应中生成副产物较多，最终糖浆甜味不纯，因此淀粉糖生产厂家大多改用双酶法生产工艺。其最大的优点是液化、糖化都采用酶法水解，反应条件温和，对设备几乎无腐蚀；双酶法不仅适用于淀粉原料，也可直接采用大米(碎米)等粮食作为原料，有利于降低生产成本，糖液纯度高，得率也高。

生产工艺：双酶法工艺流程如图 7-4 所示。

淀粉→调浆→液化→糖化→脱色→离子交换→真空浓缩

图 7-4　双酶法淀粉糖浆工艺流程

操作要点：淀粉乳浓度控制在 30% 左右(如用米粉浆则控制在 25%～30%)，用 Na_2CO_3 调节 pH 至 6.2 左右，加适量的 $CaCl_2$，添加耐高温 α-淀粉酶 10 U/g 左右(以干淀粉计，U 为活力单位)，调浆均匀后进行喷射液化，温度一般控制在(110±5)℃，液化 *DE* 值控制在 15%～20%，以碘色反应为红棕色、糖液中蛋白质凝聚好、分层明显、液化液过滤性能好为液化终点时的指标。糖化操作较为简单，将液化液冷却至 55～60℃ 后，调节 pH 为 4.5 左右，加入适量糖化酶，一般为 25～100 U/g(以干淀粉计)，然后进行保温糖化，到所需 *DE* 值时即可升温灭酶，进入后道净化工序。淀粉糖化液经过滤除去不溶性杂质，得澄清糖液，仍需再进行脱色和离子交换处理，以进一步除去糖液中水溶性杂质。脱色一般采用粉末活性炭，控制糖液温度 80℃ 左右，添加相当于糖液固形物 1% 活性炭，搅拌 0.5 h，用压滤机过滤，脱色后糖液冷却至 40～50℃，进入离子交换柱，用阳、阴离子交换树脂进行精制，除去糖液中各种残留的杂质离子、蛋白质、氨基酸等，使糖液纯度进一步提高。精制的糖化液真空浓缩至固形物为 73%～80%，即可作为成品。

7.5.1.2　性质及应用

液体葡萄糖是我国目前淀粉糖工业中最主要的产品，广泛应用于糖果、糕点、饮料、冷饮、焙烤、罐头、果酱、果冻、乳制品等各种食品中，还可作为医药、化工、发酵等行业的重要原料。该产品甜度低于蔗糖，黏度、吸湿性适中。用于糖果中能阻止蔗糖结晶，防止糖果返砂，使糖果口感温和、细腻。葡萄糖浆杂质含量低，耐储存性和热稳定性好，适合生产高级透明硬糖。此外，该糖浆黏稠性好、渗透压高，适用于各种水果罐头及果酱、果冻中，可延长产品的保存期。液体葡萄糖浆具有良好的可发酵性，适合面包、糕点生产中的使用。

7.5.2　结晶葡萄糖、全糖

葡萄糖是淀粉完全水解的产物，由于生产工艺的不同，所得葡萄糖产品的纯度也不同，一般可分为结晶葡萄糖和全糖两类。结晶葡萄糖纯度较高，主要用于医药、试剂、食品等行业。全糖省掉结晶工序由酶法得到的糖浆直接制成的产品，纯度略低于结晶葡萄糖，但生产工艺简单，成本较低，在食品、发酵、化工、纺织等行业应用也十分广泛。

7.5.2.1　生产工艺

(1)工艺流程　酸法含水α-葡萄糖的生产工艺流程如图7-5所示。

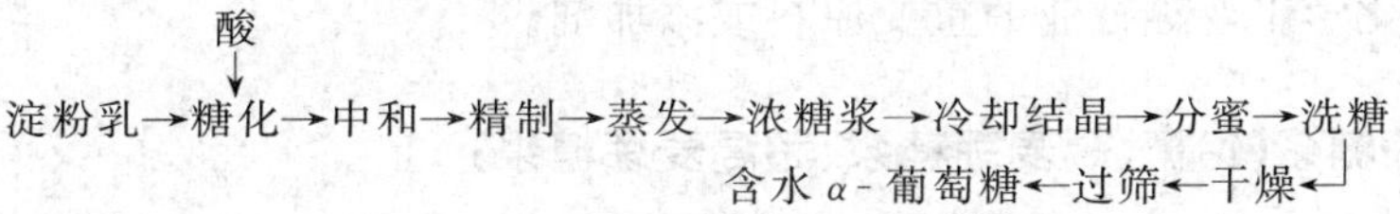

酸

淀粉乳→糖化→中和→精制→蒸发→浓糖浆→冷却结晶→分蜜→洗糖

含水α-葡萄糖←过筛←干燥

图7-5　酸法含水α-葡萄糖的生产工艺流程

酶法结晶葡萄糖、全糖生产工艺流程如图7-6所示。

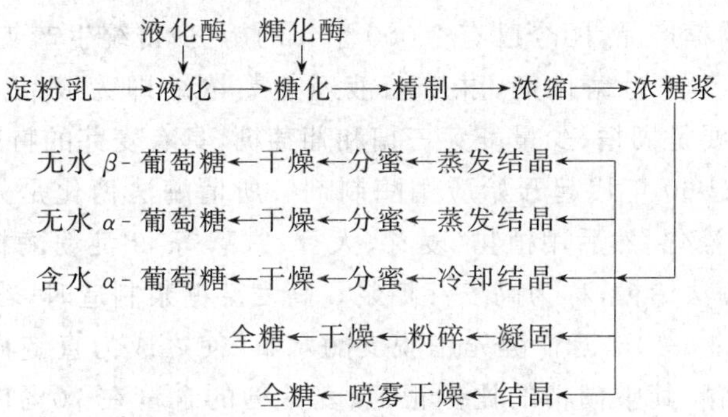

图7-6　酶法结晶葡萄糖、全糖生产工艺流程

(2)操作要点　结晶葡萄糖主要生产工序包括糖化、精制、结晶，其中结晶工艺较为复杂，而糖化、精制工艺和全糖生产类似，酶法生产全糖的工艺操作要点如下。

①调浆。淀粉乳含量为30%～35%，调节pH到6.2～6.5，以10 U/g添加量加入高温α-淀粉酶。

②液化。采用喷射液化法。

一级喷射液化，105℃，进入层流罐保温30～60 min；

二级喷射液化，125～135℃，汽液分离，如碘色反应未达棕色，可补加少量中温α-淀粉酶，进行二次液化。

③糖化。液化液冷却至60℃，调pH 4.5，按50～100 U/g加入糖化酶进行糖化、保温，定时搅拌，时间一般为24～48 h，当*DE*值≥97%时，即可结束糖化。如欲得到*DE*值更高的产品，可在糖化时加少量普鲁兰酶。

④过滤。升温灭酶，同时使糖化液中蛋白质凝结。过滤，最好加少量硅藻土作为助滤剂。

⑤脱色。加1%活性炭脱色，80℃搅拌保温30 min，过滤。

⑥离子交换。采用阳-阴离子交换树脂对糖液进行离子交换。

⑦浓缩。采用真空浓缩锅浓缩至固形物75%～80%(如用于喷雾干燥，浓缩至45%～65%即可)。

⑧凝固。将糖液冷却到40～50℃，放入混合桶，加入相当于糖浆总量1%左右的葡萄糖粉，作为结晶的晶种，搅拌冷却至30℃，放入马口铁制成的长方形浅盘中，静置结块，即得工业生产用全糖块。也可将糖块粉碎，过20～40目筛，再干燥至水分小于9%，即为粉状成品。

7.5.2.2 性质与应用

酶法生产的葡萄糖、全糖纯度高、甜味纯正，在食品工业中可作为甜味剂代替蔗糖，还可作为生产食品添加剂焦糖色素、山梨醇等产品的主要原料；在发酵工业上，可作为微生物培养基的最主要原料(碳源)，广泛用于酿酒、味精、氨基酸酶制剂及抗生素等行业；全糖还可作为皮革工业、化纤工业、化学工业等行业的重要原料或添加剂。

7.5.3 麦芽糖浆(饴糖、高麦芽糖浆、超高麦芽糖浆)

麦芽糖浆是以淀粉为原料，经酶法或酸酶结合的方法水解而制成的一种以麦芽糖为主(40%～50%或50%以上)的糖浆，按制法与麦芽糖含量不同可分为饴糖、高麦芽糖浆和超高麦芽糖浆等。

饴糖是最早的淀粉糖产品，距今已有2 000余年的历史，传统生产工艺是以大米或其他粮食为原料，煮熟后加麦芽作为糖化剂，淋出糖液经煎熬浓缩即为成品。该糖浆含有40%～60%的麦芽糖，其余主要是糊精、少量麦芽三糖和葡萄糖，具有麦芽的特殊香味和风味，因此又称为麦芽饴糖。20世纪60年代起开始应用酶制剂。所谓酶法糖化是先将淀粉质原料磨浆，加热糊化，用α-淀粉酶液化，然后用植物(麦芽、大豆、甘薯等)β-淀粉酶糖化做成糖浆，再经脱色和离子交换精制成酶法饴糖，称为高麦芽糖浆。高麦芽糖浆制造时，若在糖化时将淀粉分子中的支链淀粉分支点的α-1,6-糖苷键先用脱支酶水解，使之成为直链糊精，再经β-淀粉酶作用，可生成更多的麦芽糖，其中糊精的比例很低，麦芽糖的含量在70%以上，这种糖浆被称为超高麦芽糖浆活液体麦芽糖浆(表7-2)。

表7-2 各类麦芽糖浆的主要糖组成成分 %

类别	*DE*值	葡萄糖	麦芽糖	麦芽三糖	其他
饴糖	35～50	10以下	40～60	10～20	30～40
高麦芽糖浆	35～50	0.5～3	45～70	10～25	
超高麦芽糖浆	45～60	1.5～2	70～85	8～21	

7.5.3.1 饴糖

饴糖为我国自古以来的一种甜食品，以淀粉质原料——大米、玉米、高粱、薯类经糖化剂作用生产的，糖分组成主要为麦芽糖、糊精及低聚糖，营养价值较高，甜味柔和、爽口，是婴幼儿的良好食品。我国特产"麻糖""酥糖"麦芽糖块、花生糖等都是饴糖的再制品。

饴糖生产根据原料形态不同，有固体糖化法与液体酶法，前者用大麦芽为糖化剂，设备简单，劳动强度大，生产效率低，后者先用 α-淀粉酶对淀粉浆进行液化，再用麸皮或麦芽进行糖化，用麸皮代替大麦芽，既节约粮食又简化工序，现已普遍使用。但用麸皮作糖化剂，用前需对麸皮的酶活力进行测定，β-淀粉酶活力低于 2 500 U/g(麸皮)者不宜使用，否则用量过多，会增加过滤困难。

(1)工艺流程　饴糖液体酶法生产工艺流程如图 7-7 所示。

原料(大米)→清洗→浸渍→磨浆→调浆→液化→糖化→过滤→浓缩→成品

图 7-7　饴糖液体酶法生产工艺流程

(2)操作要点

①原料。最好选用淀粉含量高，蛋白质、脂肪、单宁等含量低的原料。蛋白质水解生成的氨基酸与还原性糖在高温下易发生羰氨反应生成红、黑色素；油脂过多，影响糖化作用进行，单宁氧化，使饴糖色泽加深。据此，以碎大米、去胚芽的玉米胚乳、新鲜的薯类为原料生产的饴糖品质好。

②清洗。去除灰尘、泥沙、污物。

③浸渍。除薯类含水量高不需要浸泡外，碎大米须在常温下浸泡 1～2 h，玉米浸泡 12～14 h，以便湿法磨浆。

④磨浆。不同的原料选用的磨浆设备不同，但要求磨浆后物料的细度能通过 60～70 目筛。

⑤调浆。加水调整粉浆浓度为 18～22°Bé，再加碳酸钠溶液调 pH 6.2～6.4，然后加入粉浆量 0.2%氯化钙，最后加入 α-淀粉酶酶制剂，用量按每克淀粉加 α-淀粉酶 80～100 U 计(30℃测定)，配料后充分搅匀。

⑥液化。将调浆后的粉浆送入高位贮浆桶内，同时在液化罐中加入少量底水，以浸没直接蒸汽加热管为止，进蒸汽加热至 85～90℃。再开动搅拌器，保持不停运转。然后开启贮浆桶下部的阀门，使粉浆形成很多细流均匀地分布在液化罐的热水中，并保持温度在 85～90℃，使糊化和酶的液化作用顺利进行。如温度低于 85℃，则黏度保持较高，应放慢进料速度，使罐内温度升至 90℃后再适当加快进料速度。待进料完毕，继续保持此温度 10～15min，并以碘液检查至不呈色时，即表明液化效果良好，液化结束。最后升温至沸腾，使酶失活并杀菌。

⑦糖化。液化醪迅速冷却至 65℃，送入糖化罐，加入大麦芽浆或麸皮 1%～2%(按液化醪量计，实际计量以大麦芽浆或麸皮中 β-淀粉酶 100～120 U/g 淀粉为宜)，搅拌均匀，在控温 60～62℃温度下糖化 3 h 左右，检查 *DE* 值到 35～40 时，糖化结束。

⑧压滤。将糖化醪趁热送入高位桶，利用高位差产生压力，使糖化醪流入板框式压滤机内压滤。初滤出的滤液较混浊，由于滤层未形成，须返回糖化醪重新压滤，直至滤出清汁才开始收集。压滤操作不宜过快，压滤初期推动力宜小，待滤布上形成一薄层滤饼后，再逐步加大压力，直至滤框内由于滤饼厚度不断增加，使过滤速度降低到极缓慢时，才提高压力过滤，待加大压力过滤而过滤速度缓慢时，应停止进行压滤。

⑨浓缩。分两个步骤，先开口浓缩，除去悬浮杂质，并利用高温灭菌；后真空浓缩，温度较低，糖液色泽淡，蒸发速度也快。

开口浓缩，将压滤糖汁送入敞口浓缩罐内，间接蒸汽加热至 90～95℃时，糖汁中的蛋白质凝固，与杂质等悬浮于液面，先行除去，再加热至沸腾。如有泡沫溢出，及时加入硬脂酸等消泡剂，并添加 0.02%亚硫酸钠脱色剂。至浓缩至糖汁浓度达 25°Bé 停止。

真空浓缩，利用真空罐真空将 25°Bé 糖汁自吸入真空罐，维持真空度在 79 993.2 Pa 左右（温度为 70℃左右），进行浓缩至糖汁浓度达 42°Bé/20℃停止，解除真空，放罐，即为成品。

7.5.3.2 高麦芽糖浆

高麦芽糖浆与饴糖的制法大同小异，只是前者的麦芽糖含量应高于普通饴糖，一般要求在 50%以上，而且产品应是经过脱色、离子交换精制过的糖浆，其外观澄清如水，蛋白质与灰分含量极微，糖浆熬煮温度远高于饴糖，一般达到 140℃以上。

(1)普通高麦芽糖浆　制造高麦芽糖浆的糖化剂除麦芽外，也常用由甘薯、大麦、麸皮、大豆制取的 β-淀粉酶。为了保证麦芽糖生成量不低于 50%，糖化时常用补加脱支酶。

也可用霉菌 α-淀粉酶制造高麦芽糖浆，霉菌 α-淀粉酶虽然不能水解支链淀粉的 α-1,6-糖苷键，但它属于内切酶，能从淀粉分子内部切开 α-1,4-糖苷键，作用结果生成麦芽糖与带 α-1,6-糖苷键的 α-极限糊精。后者的相对分子质量远比 β-极限糊精为小，故制成的高麦芽糖浆黏度低而流动性好，产品中其他低聚糖的组成也不同于 β-淀粉酶制成的糖，除麦芽糖外，还含有较多的麦芽三糖及 α-极限糊精。麦芽三糖可抑制肠道中产生毒素的产气荚膜梭菌的繁殖，具有一定的保健作用。

欧美各国的高麦芽糖浆大多是用真菌 α-淀粉酶作糖化剂来生产的，商品真菌 α-淀粉酶制剂如 Mycolase(Gist Brocades 公司生产)、Fungamyl 800 L(Novo 公司生产)、Clarase(Miles 公司生产)都是用米曲霉(*A. oryzae*)所生产的，其制剂有液状浓缩物，也有用酒精沉淀制成的粉状制剂。曲霉 α-淀粉酶生产的高麦芽糖浆称为改良高麦芽糖浆，其中麦芽糖占 50%～60%，麦芽三糖约 20%，葡萄糖 2%～7%以及其他低聚糖与糊精等。

高麦芽糖浆制造工艺如下：干物质浓度为 30%～40%的淀粉乳，在 pH 6.5 加细菌 α-淀粉酶，85℃液化 1 h，使 *DE* 达 10%～20%，将 pH 调节到 5.5，加真菌 α-淀粉酶(Fungamyl 800 L)(0.4 kg/t 淀粉)，60℃糖化 24 h(其时反应物中含麦芽糖 55%、麦芽三糖 19%、葡萄糖 3.8%、其他 2.2%)，过滤后经活性炭脱色，真空浓缩成制品。

(2)超高麦芽糖浆　超高麦芽糖浆的麦芽糖含量超过 70%，其中发酵性糖的含量达 90%或以上，麦芽糖含量超过 90%者也称作液体麦芽糖。超高麦芽糖浆的用途不同于一般高麦芽糖浆，主要是用于制造纯麦芽糖，干燥后制成麦芽糖粉，氢化后制造麦芽糖醇等。生产超高麦芽糖浆必须并用脱支酶，为了提高麦芽糖的含量，常使用一种以上的脱支酶和糖化用酶，并严格控制液化程度，*DE* 值应不超过 10%。底物浓度不宜太高，一般控制在 30%以下，操作最好用喷射液化法来完成。

超高麦芽糖的制法举例如下：

①并用 β-淀粉酶和脱支酶的糖化方法。以固形物浓度 30%，*DE* 值 8%的淀粉液化液为底物，加入不同的 β-淀粉酶、支链淀粉酶和异淀粉酶，在 50℃水解不同时间，其结果如表 7-3 所示。

表 7-3 支链淀粉酶与异淀粉酶同时使用的效果

反应时间/h	支链淀粉酶（以干物质）/(μg/g)	异淀粉酶（以干物质）/(μg/g)	葡萄糖含量/%	麦芽糖含量/%	麦芽三糖含量/%
24	0	0	0.1	56.6	7.5
24	1.5	0	0.3	67.8	10.5
24	6.5	0	0.2	70.4	12.0
74	0	200	0.3	75.4	13.8
74	1.5	200	0.2	77.5	12.6
72	1.5	200	0.3	81.4	12.8

②并用β-淀粉酶与支链淀粉酶生产超高麦芽糖浆。浓度35%的木薯淀粉粉浆，加入70 mg/kg $CaCl_2$，按干物质计添加0.06%耐热性α-淀粉酶（Termamyl L-120），喷射液化后*DE*值8.2%，用盐酸调节pH5.2，加β-淀粉酶和支链淀粉酶，60℃水解20～110 h，用高压液相色谱测定糖液的组成，如表7-4所示。由表7-4可见，在单独用β-淀粉酶时，无论酶的用量是0.2%或0.4%，对麦芽糖的生成量无明显影响，即使糖化时间由20 h延长到100 h，麦芽糖的生成量也只增加5%，但若糖化时并用由支链淀粉酶，则麦芽糖生成量由60%增加到80%。

表 7-4 β-淀粉酶和脱支酶并用生产麦芽糖浆

加酶量（以淀粉计）/(kg/t)	时间/h	葡萄糖含量/%	麦芽糖含量/%	麦芽三糖含量/%	三糖以上含量/%
β-淀粉酶 2	20	微量	58.49	3.34	38.19
	40	微量	60.86	5.59	33.54
	70	0.10	62.37	5.99	31.52
	110	0.13	63.02	6.10	30.73
β-淀粉酶 4	20	微量	59.1	3.43	37.45
	40	0.10	61.41	5.88	32.59
	70	0.14	62.42	6.22	31.20
	110	0.18	64.36	6.36	29.08
β-淀粉酶 2	20	微量	66.56	7.50	25.83
脱支酶 2	40	0.12	73.09	8.10	18.68
	70	0.15	76.22	10.95	12.67
	110	0.19	78.84	11.13	9.84
β-淀粉酶 4	70	0.34	79.01	10.14	10.49
脱支酶 4	110	0.50	80.33	11.69	7.45

③并用β-淀粉酶、麦芽糖生成酶和支链淀粉酶生产超高麦芽糖浆。使用同上的液化淀粉为底物，同时添加β-淀粉酶和麦芽糖生成酶进行糖化，麦芽糖生成量并不比单独使用β-淀粉酶者为多，但若同时使用支链淀粉酶，则麦芽糖的产量明显增加。由于麦芽糖生成酶可水解麦

芽三糖，故水解物中的麦芽三糖很少，而葡萄糖的生成量较单独使用β-淀粉酶时为高，且由于它对糊精的作用较慢，故糖化液中的麦芽三糖以上的低聚糖和糊精残留量较多。因此，如生产普通高麦芽糖浆，则不宜用麦芽糖生成酶，因为这种酶不仅价格高，而且用其生产的糖浆中因葡萄糖含量较多，会使成品熬糖温度降低。但单独使用一种β-淀粉酶或麦芽糖生成酶，或并用脱支酶时，糖化液中由于残留较多糊精而会严重干扰麦芽糖的结晶，即使β-淀粉酶与麦芽糖生成酶并用，如不用脱支酶也不能减少糊精的生成，只有同时并用脱支酶，糊精才显著降低，因而适合于超高麦芽糖的生产（表 7-5）。

表 7-5　β-淀粉酶麦芽糖生成酶单独或并用脱支酶糖化淀粉的结果

β-淀粉酶（以淀粉计）/(kg/t)	麦芽糖生成酶（以淀粉计）/(kg/t)	脱支酶（以淀粉计）/(kg/t)	时间/h	葡萄糖含量/%	麦芽糖含量/%	麦芽三糖含量/%	三糖以上含量/%
2	—	—	40	微量	60.86	5.59	33.54
2	—	—	110	0.13	63.02	6.10	30.73
2	—	2	40	0.12	73.09	8.10	18.68
2	—	2	110	0.19	78.84	11.13	9.84
—	2	—	40	4.61	48.15	1.42	45.82
—	2	—	110	6.68	58.65	1.99	32.66
—	2	2	40	3.61	49.28	3.98	43.11
—	2	2	110	7.32	62.82	2.57	27.27
2	2	—	40	2.95	61.71	4.05	30.29
2	2	—	110	5.30	63.29	1.17	30.25
2	2	2	40	5.74	76.38	5.43	12.45
2	2	2	110	9.54	80.99	2.81	6.76

7.5.3.3　性质与应用

麦芽糖浆因含大量的糊精，具有良好的抗结晶性，食品工业中用在果酱、果冻等制造时可防止蔗糖的结晶析出，而延长商品的保存期。麦芽糖浆具有良好的发酵性，也可大量用于面包、糕点及啤酒制造，并可延长糕点的淀粉老化。高麦芽糖浆在糖果工业中用以代替酸水解生产的淀粉糖浆，不仅制品口味柔和、甜度适中、产品不易着色，而且硬糖具有良好的透明度，有较好的抗砂、抗烊性，从而可延长保存期。高麦芽糖浆因很少含有蛋白质、氨基酸等可与糖类发生美拉德反应的物质，故热稳定性好，在制造糖果时比饴糖更适合于用真空薄膜法熬糖和浇铸法成型。

在医药上用纯麦芽糖输液滴注静脉时，血糖可不致升高，适合于作为糖尿病人补充营养之用。麦芽糖氢化后可生成麦芽糖醇，这是一种甜度与蔗糖相当而热量值低的甜味剂。麦芽糖也是制造麦芽酮糖和低聚异麦芽糖的原料，后两者对肠道中有益人体的双歧杆菌的繁殖有促进作用，是很好的功能性食品原料。

当前，在食品工业中高麦芽糖浆主要的用途是制造糖果及果冻、糕点、饮料等产品。有关研究表明，对高麦芽糖浆的利用正在向两个方向发展：一是制备常温条件下不发生结晶的固形物含量达 80％的超高麦芽糖浆；二是制造纯麦芽糖浆。在过去，麦芽糖是以饴糖作原料，用酒精沉淀除去糊精，再结晶而生成的。自从脱支酶开发成功后，利用高温 α-淀粉酶的喷射液化、经 β-淀粉酶糖化，可容易地制造麦芽糖含量高达 85％的超高麦芽糖浆，从而为工业化大规模制造麦芽糖创造了条件。

7.5.4　麦芽低聚糖浆

在众多品种的淀粉糖中，麦芽低聚糖不仅具有良好的食品加工适应性，而且具有多种对人体健康有益的生理功能，正作为一种新的“功能性食品”原料，日益受到人们重视。虽然麦芽低聚糖在淀粉糖工业中问世时间较短，但“异军突起”，发展迅猛，目前已成为淀粉糖工业中重要的产品。麦芽低聚糖按其分子中糖苷键类型的不同可分为两大类，即以 α-1,4-糖苷键连接的直链麦芽低聚糖，如麦芽三糖、麦芽四糖……麦芽十糖；另一大类为分子中含有 α-1,6-糖苷键的支链麦芽低聚糖，如异麦芽糖、异麦芽三糖、潘糖等。这两类麦芽低聚糖在结构、性质上有一定差异，其主要功能也不尽相同。

7.5.4.1　生产工艺

麦芽低聚糖的生产无法用简单的酸法或酶法水解来得到。直链麦芽低聚糖（简称麦芽低聚糖）如麦芽四糖等，是一种具有特定聚合度的低聚糖，必须采用专一的麦芽低聚糖酶（如麦芽四糖淀粉酶）水解经过适当液化的淀粉；而支链麦芽低聚糖（简称异麦芽低聚糖）的生产必须采用特殊的 α-葡萄糖苷转移酶，其原理是淀粉糖中麦芽糖浆分子受该酶作用水解为 2 分子的葡萄糖，同时将其中 1 分子的葡萄糖转移到另一麦芽糖分子上生成带 α-1,6-糖苷键的潘糖，或转移到另一葡萄糖分子上生成带 α-1,6-糖苷键的异麦芽糖。

自 20 世纪 70 年代以来，随着多种特定聚合度的麦芽低聚糖酶的不断发现，特别是 α-葡萄糖苷酶的出现，为各种麦芽低聚糖的研制、开发以及工业化生产奠定了基础。

(1)直链麦芽低聚糖的生产工艺

①工艺流程。直链麦芽低聚糖的生产工艺如图 7-8 所示。

淀粉→喷射液化→麦芽低聚糖酶和普鲁兰酶协同糖化→脱色→离子交换→真空浓缩或喷雾干燥→成品

图 7-8　直链麦芽低聚糖的生产工艺

②操作要点。生产麦芽低聚糖关键是喷射液化时要尽量控制 α-淀粉酶的添加量和液化时间，防止液化 *DE* 值过高，造成最终产物中葡萄糖等含量较高。一般 *DE* 值控制在 10％～15％，既能保证终产物中低聚糖含量较高，又能防止因液化程度太低造成糖液过滤困难。麦芽低聚糖的精制和其他淀粉糖生产基本相同。

其主要参数为：淀粉乳质量分数 25％，喷射液化 *DE* 值控制在 10％～15％，按一定量加入麦芽低聚糖酶和普鲁兰酶，在 pH 为 5.6，温度为 55℃条件下协同糖化 12～24 h，经精制、浓缩得到的成品中，麦芽低聚糖占总糖比率大于 70％。

(2)支链麦芽低聚糖的生产工艺

①工艺流程。支链麦芽低聚糖的生产工艺如图 7-9 所示。

淀粉→喷射液化→β-淀粉酶糖化→α-葡萄糖苷转移酶转化→脱色→离子交换→真空浓缩或喷雾干燥→成品

图 7-9　支链麦芽低聚糖的生产工艺

②操作要点。支链麦芽低聚糖(简称异麦芽低聚糖)生产工艺的关键是首先用淀粉生产高麦芽糖,然后再用葡萄糖苷转移酶转化麦芽糖为异麦芽糖和潘糖,由于β-淀粉酶和葡萄糖苷转移酶最适pH和温度接近,该两种酶可同时用于糖化。

其主要参数为:淀粉浆质量分数30%,喷射液化至*DE*值为10%,按一定添加量加入β-淀粉酶和葡萄糖苷转移酶,在pH为5.0,60℃条件下反应48～72 h。经精制浓缩得到的成品中,异麦芽低聚糖占总糖比例不低于50%。

7.5.4.2 性质与应用

(1)麦芽低聚糖的性质与应用

①麦芽低聚糖的性质

低甜度:甜度仅为蔗糖的30%,可代替蔗糖,有效地降低食品甜度,改善食品质量。

高黏度:具有较高黏度,增稠性强,载体性好。

抗结晶性:可有效防止糖果、巧克力制品中的返砂现象,防止果酱、果冻中蔗糖的结晶。

冰点下降:用于冷饮制品中,可有效减少冰点下降作用,使冷饮抗融性得到改善。

②麦芽低聚糖的功能。麦芽低聚糖能促进人体对钙的吸收,可有效促进婴儿骨骼的生长发育及满足中老年人补钙的需要。

麦芽低聚糖能抑制人体肠道内有害菌的生长,促进人体有益菌的增殖,可增进老人身体健康,减少发病的可能性。

麦芽低聚糖具有低渗透压及供能时间长等葡萄糖和蔗糖不具备的优点,特别适合用于运动员专用饮料及食品中。

麦芽低聚糖易消化吸收,不必经过唾液淀粉酶和胰淀粉酶的消化,可直接由肠上皮细胞中的麦芽糖酶水解吸收。

麦芽低聚糖能抑制淀粉老化,防止蛋白质变性,保持速冻食品的新鲜度。

③麦芽低聚糖可在如下产品中应用。

糖果糕点:软糖、饼干、糕点、西点、巧克力等。

饮料:非酒精液体饮料、运动饮料、固体饮料等。

乳制品:调味乳、乳酸制品、调制奶粉等。

冷饮制品:冰激凌、雪糕、冰棒等。

焙烤食品:面包、蛋糕等。

果酱、蜜饯、果冻、婴幼儿食品、罐头食品、速冻食品、传统糖制品、各种营养保健液等产品中都可应用。

(2)异麦芽低聚糖的性质与应用

①异麦芽低聚糖能促进人体内有益细菌双歧杆菌的增殖,被称为“双歧杆菌增殖因子”,是理想的保健食品原料。

②异麦芽低聚糖不易被人体吸收,具有类似水溶性膳食纤维的功能,可广泛应用于治疗糖尿病及肥胖病的保健食品中。

③异麦芽低聚糖不易被酵母菌、乳酸菌利用,特别不易被蛀牙病原菌——变异链球菌发酵,同时还能阻止蔗糖在口腔中产生不溶性高分子葡萄糖,对预防龋齿意义重大。

④异麦芽低聚糖有许多优良的性质和保健功能,适合代替蔗糖添加到各种饮料、乳制品、糖果、糕点、焙烤食品、冷冻饮品等食品中。

7.5.5 麦芽糊精

麦芽糊精是指以淀粉为原料，经酸法或酶法低程度水解，得到的 *DE* 值在20%以下的产品。其主要组成为聚合度在10以上的糊精和少量聚合度在10以下的低聚糖。麦芽糊精具有独特的理化性质、低廉的生产成本及广阔的应用前景，成为淀粉糖中生产规模发展较快的产品。

7.5.5.1　生产工艺

麦芽糊精的生产有酸法、酸酶法和酶法等。由于酸法生产中存在过滤困难、产品溶解度低以及易发生凝沉等缺点，且酸法生产中须以精制淀粉为原料，因此麦芽糊精生产现采用酶法工艺居多。

酶法工艺主要以 α-淀粉酶水解淀粉，具有高效、温和、专一等特点，因此可用原粮进行生产。下面以大米(碎米)为原料简述酶法生产工艺。

(1)工艺流程　麦芽糊精的酶法生产工艺流程如图7-10所示。

原料(碎米)→浸泡清洗→磨浆→调浆→喷射液化→过滤除渣→脱色→真空浓缩→喷雾干燥→成品

图7-10　麦芽糊精的酶法生产工艺流程

(2)操作要点

①原料预处理。原料预处理包括原料筛选、计量投料、温水浸泡、淘洗去杂、粉碎磨浆等，具体操作和其他淀粉糖生产类似。

②喷射液化。采用耐高温 α-淀粉酶，用量为10～20 U/g，米粉浆质量分数为30%～35%，pH在6.2左右。一次喷射入口温度控制在105℃，并于层流罐中保温30 min。而二次喷射出口温度控制在130～130℃，液化最终 *DE* 值控制在10%～20%。

③喷雾干燥。由于麦芽糊精产品一般以固体粉末形式应用，因此必须具备较好的溶解性，通常采用喷雾干燥的方式进行干燥。其主要参数为：进料质量分数40%～50%，进料温度60～80℃，进风温度130～160℃，出风温度70～80℃，产品水分≤5%。

7.5.5.2　性质与应用

麦芽糊精甜度低、黏度高、溶解性好、吸湿性小、增稠性强、成膜性能好，在糖果工业中麦芽糊精能有效降低糖果甜度、增加糖果韧性、抗"砂"、抗"烊"，提高糖果质量；在饮料、冷饮中麦芽糊精可作为重要配料，能提高产品溶解性，突出原有产品风味，增加黏稠感和赋形性；在儿童食品中，麦芽糊精因低甜度和易吸收可作为理想载体，预防或减轻儿童龋齿病和肥胖症。

低 *DE* 值麦芽糊精遇水易生成凝胶，口感和油脂类似，因此能用于油脂含量较高的食品中如冰激凌、鲜奶蛋糕等，代替部分油脂，降低食品热量，同时不影响口感。麦芽糊精具有较好的载体性、流动性，无淀粉异味，不掩盖其他产品风味或香味，可用于各种粉末香料、化妆品中。此外，麦芽糊精还具有良好的遮盖性、吸附性和黏合性，能用于铜版纸表面施胶等，提高纸张质量。

7.6 果葡糖浆生产

7.6.1 果葡糖浆的性质与应用

果葡糖浆是淀粉糖中甜度最高的糖品，除可代替蔗糖用于各种食品加工外，还具有许多优良特性如味纯、清爽、甜度大、渗透压高、不易结晶等，可广泛应用于糖果、糕点、饮料、罐头、焙烤等食品中，提高制品的品质。

果葡糖浆的糖分组成决定于所用原料淀粉糖化液的糖分组成和异构化反应的程度。主要为葡萄糖和果糖，相对分子质量较低，具有较高的渗透压力，不利于微生物生长，具有较高的防腐能力，有较好的食品保藏效果。这种性质有利于蜜饯、果酱类食品的应用，保藏性质好，不易发霉；且由于具有较高的渗透压，能较快地透过水果细胞组织内部，加快渗糖过程。

果葡糖浆的甜度与异构化转化率、浓度和温度有关。一般随异构化转化率的升高而增加，在浓度为15%，温度为20℃时，42%的果葡糖浆甜度与蔗糖相同，55%的果葡糖浆甜度为蔗糖的1.1倍，90%的果葡糖浆甜度为蔗糖的1.4倍。一般果葡糖浆的甜度随浓度的增加而提高。此外，果糖在低温下甜度增加，在40℃下，温度越低，果糖的甜度越高；反之，在40℃以上，温度越高，果糖的甜度越低，可见，果葡糖浆很适合于冷饮食品。

果葡糖浆吸湿性较强，利用果葡糖浆作为甜味剂的糕点，质地松软，储存不易变干，保鲜性能较好。

果葡糖浆的发酵性高热稳定性低，尤其适合于面包、蛋糕等发酵和焙烤类食品。发酵性好，产品多孔，松软可口。果糖的热稳定性较低，受热易分解，易与氨基酸起反应，生成有色物质具有特殊的风味，因此，使产品易获得金黄色外表并具有浓郁的焦香风味。

7.6.2 异构化机理

葡萄糖和果糖都是单糖，分子式为$C_6H_{12}O_6$，但葡萄糖为己醛糖，果糖为己酮糖，二者为同分异构体，通过异构化反应能相互转化。现以开链结构式表示如下：

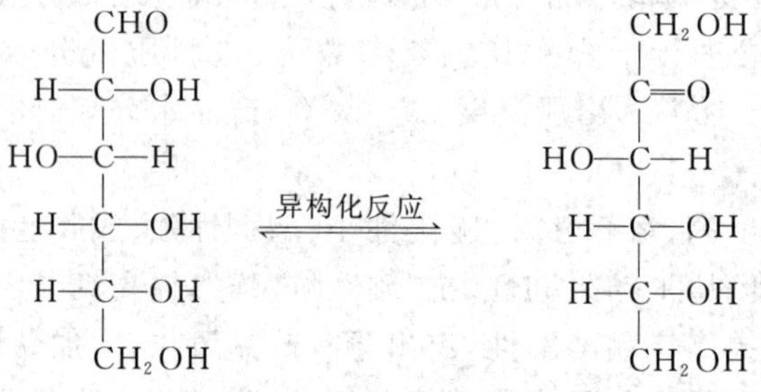

$$
\begin{array}{c}
CHO \\
| \\
H-C-OH \\
| \\
HO-C-H \\
| \\
H-C-OH \\
| \\
H-C-OH \\
| \\
CH_2OH
\end{array}
\quad \underset{}{\overset{\text{异构化反应}}{\rightleftharpoons}} \quad
\begin{array}{c}
CH_2OH \\
| \\
C=O \\
| \\
HO-C-H \\
| \\
H-C-OH \\
| \\
H-C-OH \\
| \\
CH_2OH
\end{array}
$$

D-葡萄糖　　　　*D*-果糖

葡萄糖和果糖分子结构差别在C_1、C_2碳原子上，葡萄糖的C_1碳原子为醛基，果糖的C_2碳原子为酮基，异构化反应是葡萄糖分子C_2碳原子上的氢原子转移到C_1碳原子上转化为果糖。这种反应是可逆的，在一定条件下，果糖分子C_1的氢原子也能转移到C_2的碳原子上成为葡萄糖。在碱性条件下，其反应是可逆的，而葡萄糖异构酶为专一性酶，仅能使葡萄糖转化为果糖。

7.6.3 生产工艺

7.6.3.1 生产工艺流程

果葡糖浆生产工艺流程如图7-11所示。

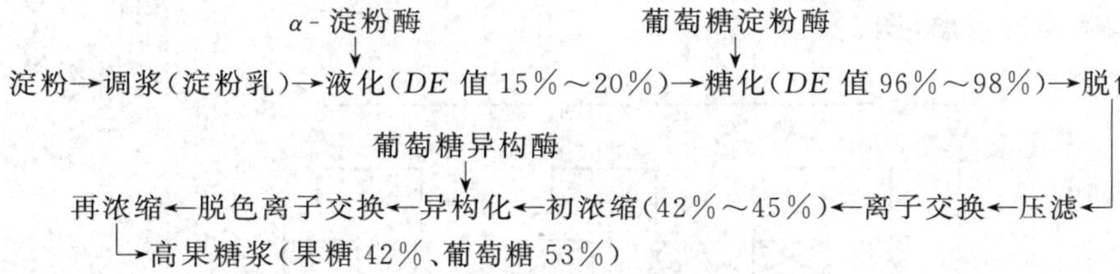

α-淀粉酶　　　　葡萄糖淀粉酶

淀粉→调浆(淀粉乳)→液化(*DE* 值15%～20%)→糖化(*DE* 值96%～98%)→脱色

葡萄糖异构酶

再浓缩←脱色离子交换←异构化←初浓缩(42%～45%)←离子交换←压滤←

└→高果糖浆(果糖42%、葡萄糖53%)

图7-11　果葡糖浆生产工艺流程

7.6.3.2　操作要点

(1)液化　液化工艺与前述饴糖相同。

(2)糖化　液化液调节pH 4.0～4.5,加入葡萄糖淀粉酶80～100 U/g淀粉,控制温度60℃,糖化48～72 h,*DE* 值达96%～98%时,加热至90℃ 10 min,使糖化酶活性破坏,糖化反应终止。

(3)精制　脱色、压滤、离子交换、浓缩等精制工序与前述淀粉糖浆相同。

(4)异构化

①固定化异构酶制备。葡萄糖异构酶为水溶性酶,在异构化反应过程中,虽本身基本上不起质量消失作用,但可游离于反应底物中不能回收。固定化后变成水不溶性酶,称固相酶,可以连续使用直至失活,而且酶的热稳定性及pH适应性在微环境中均有提高。固定方法有包埋法、吸附法和共价交联法等,所用的载体有明胶、树脂、纤维素、多孔陶瓷以及多孔高分子有机化合物等。一般企业生产可直接购买商品固定化异构酶。

②葡萄糖液配制。精制葡萄糖液配成42%～45%(干物质计),透光率90%以上,然后添加$MgSO_4$ 2.5×10^{-3} mol/L(每吨葡萄糖液约用0.62 kg)、$NaHSO_3$ 5×10^{-3} mol/L(每吨葡萄糖液约用0.25 kg),用NaOH调整pH 7.5～8.5,温度60～65℃。

③异构化反应。葡萄糖异构化是在反应器中进行,分分批法与连续法反应。

分批法反应:糖液与固相酶混合盛保温反应桶中,控温60℃左右,在搅拌条件下使糖液与固定化异构酶充分接触产生反应,一般约经20 h,异构率可达45%。反应结束后,停止搅拌,让酶自行沉淀,放出清的异构糖液。反应桶另加新糖液进行异构化。该批固相酶可重复使用20次以上,酶活降低,需加新酶补充或更换新酶。此法生产周期长,生产率低。

连续反应法:连续反应器有酶层法与酶柱法。

酶层法,选用叶片式过滤机。先将固相酶混于糖液中过滤,使酶沉淀在叶片滤布表面上厚3～7 cm,可3个过滤机串联。然后将配制葡萄糖液通过酶层发生异构化反应。因其接触的酶量多,反应速度快,酶层较薄,过滤阻力小。

酶柱法,将固相酶经糖液膨润后,装于直立保温反应塔中,有如离子交换树脂柱。可3个塔串联。配制葡萄糖液由塔底进料,流经酶柱,发生异构化反应,由塔顶出料,连续操作,反应速度快,时间短,副反应的程度也低。

在连续反应过程中,酶活力逐渐降低,需相应降低进料速度,以保持一定的异构率。连续使用约500 h后,酶活力约降低50%,700～750 h可降低到原酶活力的25%,需更换新酶。每千克固相酶(150 U/g)约能异构1 000 kg葡萄糖液,异构率45%。

连续酶柱法必须保持糖液均匀地分布于酶柱反应塔的整个横断面,流经酶柱。但操作时,pH、温度的变化可引起酶颗粒的膨胀和收缩变形,导致酶柱产生“沟路”影响糖液与酶接触不均匀，从而影响异构效率(图 7-12)。

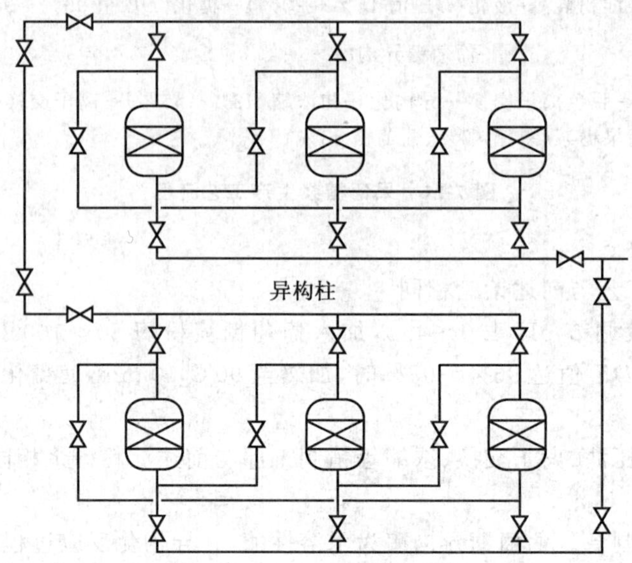

图 7-12 酶柱连续异构化装置

(5)异构糖精制、浓缩及保存　经异构反应放出的糖液，含有颜色及储存过程中产生颜色的物质及灰分等杂质，须经脱色、离子交换除去，然后再用盐酸或柠檬酸调 pH 4.0，真空浓缩至浓度 71%，即成 42%果葡糖浆或称 42 型高果糖。储存温度在 30℃左右，以免葡萄糖结晶，但不超过 32℃，否则色泽加深。

思考题

1. 淀粉糖的种类有哪些？
2. 对比各种淀粉糖的性质特点。
3. 酸糖化的机理？影响酸糖化的因素有哪些？
4. 酶法生产淀粉糖为什么要经过液化？液化的机理？液化程度控制在什么范围较好？
5. 酶糖化的机理是什么？
6. 试述液体葡萄糖的生产工艺流程。
7. 试述结晶葡萄糖的生产工艺流程。
8. 试述饴糖的生产工艺流程。
9. 试述超高麦芽糖的生产方法有哪几种？
10. 试述低聚麦芽糖的生产工艺流程。
11. 试述麦芽糊精的生产工艺流程。
12. 试述果葡糖浆的生产原理及工艺流程。
13. 如何保存果葡糖浆？

参考文献

[1] 张力田. 淀粉糖. 北京：轻工业出版社，1988

[2] 尤新.玉米深加工技术.北京:中国轻工业出版社,1999
[3] 王宜庆.玉米淀粉和高果糖浆.北京:中国食品出版社,1987
[4] 秦波涛,李和平,王晓曦.薯类的综合加工及利用.北京:中国轻工业出版社,1996
[5] 张燕萍.变性淀粉制造与应用.北京:化学工业出版社,2001
[6] 惠斯特勒.王维文译.淀粉的化学与工艺学.北京:中国食品出版社,1988
[7] 邱瑞钦.淀粉的深度加工与综合利用.南京:东南大学出版社,1990
[8] 尤新.淀粉糖品生产与应用手册.北京:中国轻工业出版社,2015
[9] 李平凡,钟彩霞.淀粉糖与糖醇加工技术.北京:中国轻工业出版社,2012
[10] 李慧东.淀粉制品加工技术.北京:中国轻工业出版社,2012
[11] 中国产业调研网.中国淀粉糖行业现状调研及发展前景分析报告(2016—2022年)

第 8 章 植物油脂制取

本章学习目的与要求

植物油脂制取是通过研究油料的性质，选择合理的加工技术，使油料资源得到充分的利用，制造符合人类需求的产品。目前，植物油脂制取方法主要有机械压榨法、溶剂浸出法、超临界流体萃取法及水溶剂法。

8.1　植物油料的种类及工艺性质

8.1.1　植物油料的分类

植物油料种类很多,资源非常丰富。由植物油料制取的食用油脂,不仅产量大,而且油脂品质好,是深受消费者欢迎的主要食用油脂。凡是油脂含量达 10%以上,具有制油价值的植物种子和果肉等均称为油料。

根据植物油料的植物学属性,可将植物油料分成四类。草本油料:常见的有大豆、油菜籽、棉籽、花生、芝麻、葵花籽等。木本油料:常见的有棕榈、椰子、油茶籽等。农产品加工副产品油料:常见的有米糠、玉米胚、小麦胚芽。野生油料:常见的有野茶籽、松籽等。根据植物油料的含油率高低,可将植物油料分成两类。高含油率油料:菜籽、棉籽、花生、芝麻等含油率大于30%的油料。低含油率油料:大豆、米糠等含油率在 20%左右的油料。

8.1.2　植物油料的子实结构与化学组成

8.1.2.1　油料种子的形态结构

油料子实的形态结构是判别油料种类、评价油料工艺性质、确定油脂制取工艺与设备的重要依据之一。油料籽粒由壳及种皮、胚、胚乳或子叶等部分组成。不同的油料子实具有不同的形态结构。虽然油料种子的种类繁多,外部形状也各具特点,但基本结构相同。种皮包在油料籽粒外层,起保护胚和胚乳的作用。种皮含有大量的纤维物质,其颜色及厚薄随油料的品种而异,具此可鉴别油料及其质量。胚是种子最重要的部分,大部分油料的油脂储存在胚中。胚乳是胚发育时营养的主要来源,内存有脂肪、糖类、蛋白质、维生素及微量元素等。但是有些种子的胚乳在发育过程中已被耗尽,因此可分为有胚乳种子和无胚乳种子两种。无胚乳种子,营养物质储存在胚内。

8.1.2.2　油料种子的细胞结构

油料和其他有机体一样,都由大量的细胞组织组成。不同油料及油料不同组成部分的细胞的大小及形状不同,以大豆、花生的细胞最大,棉籽的细胞最小。油料细胞的形状一般呈球形,也有呈圆柱形、纺锤形、多角形等。组成油料种子各组织的细胞其形状、大小及所具有的生理功能虽不相同,但基本构造几乎相似,都是由细胞壁和细胞内容物构成的。细胞壁由纤维素、半纤维素等物质组成,犹如细胞的外壳,使每个细胞具有一定的特殊形状。细胞壁的结构使其具有一定的硬度和渗透性。用机械外力可使细胞壁破裂,水和有机溶剂能通过细胞壁渗透到细胞的内部,引起细胞内外物质的交换,细胞内物质吸水膨胀可使细胞壁破裂。细胞的内容物由油体原生质、细胞核、糊粉粒及腺粒体等组成。油料中的油脂主要存在于原生质中,通常把油料种子的原生质和油脂所组成的复合体称作油体原生质。油体原生质在细胞中占有很大体积,是由水、无机盐、有机化合物(蛋白质、脂肪、碳水化合物等)所组成。在成熟干燥的油料中,油体原生质呈一种干凝胶状态,富有弹性。

8.1.2.3　油料种子的主要化学成分

油料种子的种类很多,不同油料的化学成分及其含量不尽相同,但各种油料种子中一般都含有油脂、蛋白质、糖类、脂肪酸、磷脂、色素、蜡质、烃类、醛类、酮类、醇类、油溶性维生素、水分及灰分等物质。表 8-1 列出了几种油料种子的主要化学成分。下面简单介绍油料种子中几种主要的化学成分及它们的性质。

表 8-1 常见油料种子的主要化学成分 %

名称	水分	脂肪	蛋白质	磷脂	碳水化合物	粗纤维	灰分
大豆	9～14	16～20	30～45	1.5～3.0	25～35	6	4～6
花生仁	7～11	40～50	25～35	0.5	5～15	1.5	2
棉籽	7～11	35～45	24～30	0.5～0.6	—	6	4～5
油菜籽	6～12	14～25	16～26	1.2～1.8	25～30	15～20	3～4
芝麻	5～8	50～58	15～25	—	15～30	6～9	4～6
葵花籽	5～7	45～54	30.4	0.5～1.0	12.6	3	4～6
米糠	10～15	13～22	12～17	—	35～50	23～30	8～12
玉米胚	—	35～56	17～28	—	5.5～8.6	2.4～5.2	7～16
小麦胚	14	14～16	28～38	—	14～15	4.0～4.3	5～7

(1)油脂　油脂是油料种子在成熟过程中由糖转化而形成的一种复杂的混合物,是油料中主要的化学成分,油脂是由一分子甘油和三分子高级脂肪酸形成的中性酯,又称为甘油三酸酯。在甘油三酸酯中脂肪酸的相对分子质量约占 90%,甘油约占 10%,构成油脂的脂肪酸的性质及脂肪酸与油结合的形式,决定了油脂的物理状态和性质。根据脂肪酸与甘油结合的形式不同,可分成单纯甘油酯和混合甘油三酸酯。在甘油三酸酯分子中与甘油结合的脂肪酸均相同则称之为单纯甘油三酸酯。若组成甘油三酸酯的三个脂肪酸不相同则称为混合甘油三酸酯。构成油脂的脂肪酸主要有饱和脂肪酸、不饱和脂肪酸两大类。最常见的饱和脂肪酸有软脂酸、硬脂酸、花生酸等;不饱和脂酸有油酸、亚油酸、亚麻酸、芥酸等。油脂中不饱和脂肪酸含量较高时,在常温下呈液态;油脂中饱和脂肪酸含量较高时,在常温下呈固态。

油脂中脂肪酸的饱和程度常用碘价反应,碘价用每 100 g 油脂吸收碘的克数表示。碘价越高,油脂中脂肪酸不饱和程度越高。按碘价不同油脂分成三类:碘价＜80 为不干性油;碘价 80～130 为半干性油;碘价大于 130 为干性油。植物油脂大部分为半干性油。

纯净的油脂中不含游离脂肪酸,但油料未完全成熟及加工、储存不当时,能引起油脂的分解而产生游离脂肪酸,游离脂肪酸使油脂的酸度增加从而降低油脂的品质。常用酸价反应油脂中游离脂肪酸的含量。酸价用中和 1g 油脂中的游离脂肪酸所使用的氢氧化钾的毫克数。酸价越高,油脂中游离脂肪酸含量越高。

(2)蛋白质　蛋白质是由许多氨基酸组成的高分子复杂化合物,按照蛋白质的分子形状可以将其分为线蛋白和球蛋白两种。油料种子中的蛋白质基本上都是球蛋白。按照蛋白质的化学结构,通常又将其分为简单蛋白质和复杂蛋白质两类,其中最重要的简单蛋白质有白蛋白、球蛋白、谷蛋白和醇溶蛋白等几种,而重要的复杂蛋白质则有核蛋白、糖蛋白、磷蛋白和脂蛋白等几种。

在油料种子中,蛋白质主要存在于子仁的凝胶部分。因此,蛋白质的性质对油料的加工影响很大。蛋白质除醇溶蛋白外都不溶于有机溶剂;蛋白质在加热、干燥、压力以及有机溶剂等作用下会发生变性;蛋白质可以和糖类发生作用,生成颜色很深的不溶于水的化合物,也可以和棉籽中的棉酚作用,生成结合棉酚;蛋白质在酸、碱或酶的作用下能发生水解作用,最后得到各种氨基酸。

(3)磷脂　磷脂即磷酸甘油酯,简称磷脂。两种最主要的磷脂是磷脂酰胆碱俗称卵磷脂和磷脂酰乙醇氨俗称脑磷脂。

油料中的磷脂是一种营养价值很高的物质,其含量在不同的油料种子中各不相同。以大豆和棉籽中的磷脂含量最多。磷脂不溶于水,可溶于油脂和一些有机溶剂中;磷脂不溶于丙酮。磷脂有很强的吸水性,吸水膨胀形成胶体物质,从而在油脂中的溶解度大大降低。磷脂容易被氧化,在空气中或阳光下会变成褐色至黑色物质。在较高温度下,磷脂能与棉籽中的棉酚作用,生成黑色产物。磷脂还可以被碱皂化,可以被水解。另外,磷脂还具有乳化性和吸附作用。但是油脂中含有磷脂,易造成油脂吸水变质,储藏稳定性差;烹调时,易产生泡沫,油色变黑,影响油脂的使用性能。

(4)色素　纯净的甘油三酸酯是无色的液体。但油脂带有色泽,有的毛油甚至颜色很深,这主要是各种油溶性色素引起的。油料种子的色素一般有叶绿素、类胡萝卜素、黄酮色素及花色苷等。个别油料种子中还含有一些特有的色素,如棉籽中的棉酚等。油脂中的色素能够被活性白土或活性炭吸附除去,也可以在碱炼过程中被皂脚吸附除去。

(5)蜡　蜡是高分子的一元脂肪酸和一元醇结合而成的酯,主要存在于油料种子的皮壳内,且含量很少。但米糠油中含蜡较多。蜡的主要性质是熔点较甘油三酸酯高,常温下是一种固态黏稠的物质。蜡能溶于油脂中,溶解度随温度升高而增大,在低温时会从油脂中析出影响其外观。另外,蜡会使油脂的口感变劣,降低油脂的食用品质。

(6)糖类　糖类是含有醛基和酮基的多羟基的有机化合物,按照糖类的复杂程度可以将其分为单糖和多糖两类。糖类主要存在于油料种子的皮壳中,仁中含量很少。糖在高温下能与蛋白质等物质发生作用,生成颜色很深且不溶于水的化合物。在高温下糖的焦化作用会使其变黑并分解。

(7)维生素　植物油料含有多种维生素,但油脂中主要有脂溶性的维生素 E,维生素 E 能防止油脂氧化酸败,增加植物油的储藏稳定性。

(8)其他物质　油料种子中除含有上述化学成分外,还含有甾醇、灰分(即无机矿物质,如磷、钾、钙、镁等)以及烃类、醛类、酮类及醇类等物质,这些物质的含量很小,对油脂生产的影响也很小。个别油料中含有一些特殊成分,如大豆中含尿素酶、胰蛋白酶抑制素、凝血素,棉籽中有棉酚,芝麻中有芝麻素和芝麻酚,菜籽中有含硫化合物等。

8.1.3　油料种子的物理性质

油料种子的物理性质,如容重、散落性、自动分级、导热性、吸附性等,对油料的安全储存、输送、加工生产均有直接或间接的影响。其中容重、散落性和自动分级等性质的定义及作用,可以参考稻谷小麦加工等章节内容。这里重点介绍油料的导热性和吸附性。

8.1.3.1　质量热容和热导率

使 1 kg 油料的温度升高 1℃所需要的热量,称为油料的质量热容,以 kJ/(kg・℃)表示。油料质量热容的大小与油料的化学成分及其比例有关,与油料的含水量有关。

热导率为面积热流量除以温度梯度。热导率越大,导热性越好。油料是热的不良导体,其热导率很小,一般为 0.12～0.23 W/(m・℃)。由于油料的导热性差,因此在储存、加热等过程中应注意散热及加热的均匀性。

8.1.3.2 吸附性和解吸性

油料是一种多细胞的有机体，从油料表面到内部分布着无数直径很小的毛细管，这些毛细管的内壁具有从周围环境尤其是从空气中吸附各种蒸汽和气体的能力。当被吸附的气体分子达到一定的饱和程度时，气体分子也能从油料表面或毛细管内部释放出来而散发到周围的空气中，油料的这种性能称为吸附性和解吸性。

由于油料具有吸附性，因此当油料吸湿后水分增大时，容易发热霉变，给油料的安全储存带来困难。油料吸附有毒气体或有味气体后不易散尽，造成油料污染，因此应避免油料接触有毒或有味的气体。

8.2 植物油料的预处理

植物油料制油对油料的工艺性质具有一定的要求。因此，制油前对油料进行一系列的处理，使油料具有最佳的制油性能，以满足不同制油工艺的要求。通常将制油前对油料进行清理除杂、剥壳、破碎、软化、轧坯、膨化、蒸炒等工作统称为油料的预处理。

8.2.1 油料的清理

8.2.1.1 油料清理的目的和要求

油料清理是指利用各种清理设备去除油料中所含杂质的工序的总称。

进入油厂的植物油料中不可避免地夹带一些杂质，一般情况油料含杂质达1%～6%，最高达10%。混入油料中绝大多数杂质在制油过程中会吸附一定数量的油脂而存在于饼粕内，造成油分损失，出油率降低。混入油料中的有机杂质会使油色加深或使油中沉淀物过多影响油的品质，同时饼粕质量较差，影响饼粕资源的开发利用。混入油料的杂质，往往会造成生产设备效率下降、生产环境的粉尘飞扬，空气混浊。因此采用各种清理设备将这些杂质清除减少油料油脂损失，提高出油率；提高油脂及饼粕的质量；提高设备的处理能力；保证设备的安全运行；保证生产的环境卫生。

清理后油料不得含有石块、铁杂、绳头、蒿草等杂质。油料中总杂质含量及杂中含油料量应符合规定。花生、大豆含杂量不得超过0.1%；棉籽、油菜籽、芝麻含杂量不得超过0.5%；花生、大豆、棉籽清理下脚料中含油料量不得超过0.5%，油菜籽、芝麻清理下脚料中含油料量不得超过1.5%。

8.2.1.2 油料清理的方法及机理

油料中杂质种类较多。油料与杂质在粒度、密度、表面特性、磁性及力学性质等物理性质上存在较大差异，根据油料与杂质在物理性质上的明显差异，可以选择稻谷、小麦加工中常用筛选、风选、磁选等方法除去各种杂质。对于棉籽脱绒、菜籽分离，可采用专用设备进行处理。选择清理设备应视原料含杂质情况，力求设备简单、流程简短、除杂效率高。

8.2.2 油料的剥壳及仁壳分离

8.2.2.1 剥壳的目的

大多数油料都带有皮壳，除大豆、油菜籽、芝麻含壳率较低外，其他油料如棉籽、花生、葵花籽等含壳率均在20%以上。含壳率高的油料必须进行脱壳处理，而含壳率低的油料仅在考虑其蛋白质利用时才进行脱皮处理。油料皮壳中含油率极低，制油时不仅不出油，反而会吸附油脂，造成出油率降低。剥壳后制油，能减少油脂损失，提高出油率。油料皮壳中色素、胶质和蜡含量较高。在制油过程中这些物质溶入毛油中，造成毛油色泽深、含蜡高、精炼处理困难。剥壳后制油，毛油质量好，精炼率高。油料带壳制油，体积大造成设备处理能力下降，皮壳坚硬造成设备磨损，影响轧坯的效果。

8.2.2.2　剥壳的方法

油料剥壳时根据油料皮壳性质、形状大小、仁皮结合情况的不同，采用不同的剥壳方法。常用的剥壳方法有：

(1)摩擦搓碾法　借粗糙工作面的搓碾作用使油料壳破碎，如圆盘剥壳机用于棉籽花生的剥壳。

(2)撞击法　借壁面或打板与油料之间的撞击作用使皮壳破碎。如离心式剥壳机用于葵花籽、茶籽的剥壳。

(3)剪切法　借锐利工作面的剪切作用使油料皮壳破碎。如刀板剥壳机用于棉籽剥壳。

(4)挤压法　借轧辊的挤压作用使油料皮壳破碎。如轧辊剥壳机用于蓖麻籽剥壳。

(5)气流冲击法　借助于高速气流将油料与壳碰撞，使油料皮壳破碎。

油料剥壳时，应根据油料种类选择合适的剥壳方式。同时应考虑油料水分对剥壳的影响。油料含水量低，则皮壳脆性大易破碎，但水分过低，使在剥壳过程中易产生粉末。

油料经剥壳机处理后，还需进行仁壳分离，仁壳分离的方法主要有筛选和风选法。

8.2.3　油料的破碎与软化

8.2.3.1　破碎

破碎是在机械外力作用下将油料粒度变小的工序。对于大粒油料如大豆、花生仁破碎后粒度有利于轧坯操作，对于预榨饼经破碎后其粒度应符合浸出和二次压榨的要求。

对油料或预榨饼的破碎要求：破碎后粒度均匀、不出油、不成团、粉末少。对大豆，花生仁要求破碎成6～8瓣即可，预榨饼要求块粒长度控制在6～10 mm为好。

为了使油料或预榨饼的破碎符合要求，必须正确掌握破碎时油料水分的含量。水分过低将增大粉末度；粉末过多，容易结团；水分过高，油料不容易破碎，易出油。

破碎的设备种类较多，常用的有辊式破碎机、锤片式破碎机，此外也有利用圆盘剥壳机进行破碎。其中辊式破碎机是借助一对拉丝辊相向差速运动产生剪切挤压作用，使油料破碎的设备；锤片式破碎机是利用安装于高速旋转的转子上的锤片的打击作用使油料破碎，并由筛网控制破碎的粒度的破碎设备。

8.2.3.2　软化

软化是调节油料的水分和温度，使油料可塑性增加的工序。对于直接浸出制油而言，软化也是调节油料入浸水分的主要工序。

软化的目的在于调节油料的水分和温度，改变其硬度和脆性，使之具有适宜的可塑性，为轧坯和蒸炒创造良好操作条件。对于含油率低的、水分含量低的油料，软化操作必不可少；对于含油率较高的花生、水分含量高的油菜籽等一般不予软化。

软化操作应视油料的种类和含水量，正确地掌握水分调节、温度及时间的控制。一般原料含水量少，软化时可多加些水，原料含水量高，则少加水；软化温度与原料含水量相互配合，才能达到理想的软化效果。一般水分含量高时，软化温度应低一些，反之软化温度应高一些。软化时间应保证油料吃透水汽，温度达到均匀一致。要求软化后的油料碎粒具有适宜的弹性和可塑性及均匀性。

8.2.4 轧坯

轧粒是利用机械的挤压力，将颗粒状油料轧成片状料坯的过程。经轧坯后制成的片状油料称为生坯，生坯经蒸炒后制成的料坯称为熟坯。

8.2.4.1 轧坯的目的

轧坯的目的是通过轧辊的碾压和油料细胞之间的相互作用，使油料细胞壁破坏，同时使料坯成为片状，大大缩短了油脂从油料中排出的路程，从而提高了制油时出油速度和出油率。此外，蒸炒时片状料坯有利于水热的传递，从而加快蛋白质变性，细胞性质改变，提高蒸炒的效果。

8.2.4.2 轧坯的要求

料坯厚薄均匀、大小适度、不露油、粉末度低，并具有一定的机械强度。生坯厚度要求：大豆为 0.3 mm 以下，棉仁 0.4 mm 以下，菜籽 0.35 mm 以下，花生仁 0.5 mm 以下。粉末度要求：过 20 目筛的物质不超过 3％。

8.2.4.3 轧坯设备

轧坯设备又称轧坯机。轧坯机由两个或几个相对旋转的轧辊组成，按轧辊排方式可分为平列式轧坯机和直列式轧坯机两类，平列式轧坯机使用较多。平列式轧坯机有单对辊和双对辊两种，单对辊轧坯机的轧辊是光面辊，双对辊轧坯机的对辊一般是带槽辊。轧坯机主要由喂料器、轧辊、轧辊调节装置、刮刀等机构组成。

8.2.5 油料生坯的挤压膨化

油料料坯的挤压膨化是利用挤压膨化设备将生坯制成膨化颗粒物料的过程。生坯经挤压膨化后可直接进行浸出取油。油料生坯的膨化浸出是一种先进的油脂制取工艺，油料生坯挤压膨化浸出工艺和设备的研究及应用发展迅速。含油率低的油料生坯的膨化浸出工艺在国内外已得到广泛的应用，含油率高的油料生坯的膨化浸出工艺也已开始得到应用。油料生坯的挤压膨化浸出工艺大有取代直接浸出和预榨浸出制油工艺的趋势。

8.2.5.1 挤压膨化的目的

油料生坯经挤压膨化后，其容重增大，多孔性增加，油料细胞组织被彻底破坏，酶类被钝化。这使得膨化物料浸出时，溶剂对料层的渗透性和排泄性都大为改善，浸出溶剂比减小，浸出速率提高，混合油浓度增大，湿粕含溶降低，浸出设备和湿粕脱溶设备的产量增加，浸出毛油的品质提高，并能明显降低浸出生产的溶剂损耗以及蒸汽消耗。

8.2.5.2 挤压膨化原理

油料生坯由喂料机送入挤压膨化机，在挤压膨化机内，料坯被螺旋轴向前推进的同时受到强烈的挤压作用，使物料密度不断增大，并由于物料与螺旋轴和机膛内壁的摩擦发热以及直接蒸汽的注入，使物料受到剪切、混合、高温、高压联合作用，油料细胞组织被较彻底地破坏，蛋白质变性，酶类钝化，容重增大，游离的油脂聚集在膨化料粒的内外表面。物料被挤出膨化机的模孔时,压力骤然降低,造成水分在物料组织结构中迅速汽化,物料受到强烈的膨胀作用,形成内部多孔、组织疏松的膨化料。物料从膨化机末端的模孔中挤出,并立即被切割成颗粒物料。

8.2.6　油料的蒸炒

油料的蒸炒是指生坯经过湿润、加热、蒸坯、炒坯等处理,成为熟坯的过程。

8.2.6.1　蒸炒的目的与要求

(1)蒸炒的目的　蒸炒的目的在于使油脂凝聚,为提高油料出油率创造条件;调整料坯的组织结构,借助水分和温度的作用,使料坯的可塑性、弹性符合入榨要求;改善毛油品质,降低毛油精炼的负担。

蒸炒可使油料细胞结构彻底破坏,分散的游离态油脂聚集;蛋白质凝固变性,结合态油脂暴露;磷脂吸水膨胀;油脂黏度、表面张力降低。因此,蒸炒促进了油脂的凝聚,有利于油脂流动,为提高出油率提供了保证。

蒸炒可使油料内部结构发生改变,其可塑性、弹性得到适当的调整,这一点对压榨制油至关重要。油料的组织结构特性直接影响到制油操作和效果。

蒸炒可改善油脂的品质。料坯中磷脂吸水膨胀,部分与蛋白质结合,在料坯中大部分棉酚与蛋白质结合,这些物质在油脂中溶解度降低,对提高油脂质量极为有利。

料坯中部分蛋白质、糖类、磷脂等在蒸炒过程中,会和油脂发生结合或络合反应,产生褐色或黑色物质会使油脂色泽加深。

(2)蒸炒的要求　蒸炒后的熟坯应生熟均匀,内外一致,熟坯水分、温度及结构性满足于制油要求。以湿润蒸炒为例:蒸炒采用高水分蒸炒、低水分压榨、高温入榨、保证足够的蒸炒时间等措施,从而保证蒸炒达到预定的目的。

8.2.6.2　蒸炒的方法

蒸炒方法按制油方法和设备的不同,一般分为两种。

(1)湿润蒸炒　湿润蒸炒是指生坯先经湿润过程,水分达到要求,然后进行蒸坯、炒坯,使料坯水分、温度及结构性能满足压榨或浸出制油的要求。湿润蒸炒按湿润后料坯水分不同又分为一般湿润蒸炒和高水分蒸炒。一般湿润蒸炒中,料坯湿润后水分一般不超过 13%～14%,适用于浸出法制油以及压榨法制油。高水分蒸炒中,料坯湿润后水分一般可高达 16%以上,仅适用于压榨法制油。

(2)加热蒸坯　加热蒸坯是指生坯先经加热或干蒸坯,然后再用蒸汽蒸炒,是采用加热与蒸坯结合的蒸炒方法。主要应用于人力螺旋压榨制油、液压式水压机制油、土法制油等小型油脂加工厂。

8.3　机械压榨法制油

机械压榨法制油就是借助机械外力把油脂从料坯中挤压出来的过程。压榨制油过程中,榨料粒子主要发生物料变形、摩擦生热、水分蒸发、油脂分离等物理变化,同时也有蛋白质变性、酶的钝化失活、某些物质之间结合等生物化学反应。压榨过程实际是油脂从榨料粒子孔隙中被挤压出来和榨料粒子受压变形形成油饼的两个过程。即油脂流出和榨料成饼同时进行的过程。

压榨法制油的历史悠久，原始的压榨法制油是以人力、水力、畜力等为动力的静态压榨制油，水压机的发明，出现了以水压机作为动力的液压静态压榨制油。连续式螺旋榨油机的发明，出现了动态压榨制油。目前，压榨法制油主要以动态压榨制油为主，动态压榨制油的主要设备是连续式螺旋榨油机。

二维码 8-1 橄榄油压榨工艺介绍

压榨法取油与其他取油方法相比具有以下特点：工艺简单、配套设备少、对油料品种适应性强、生产灵活、油品质量好、色泽浅、风味纯正。但压榨后的饼残油量高、出油效率较低、饼粕质量差、动力消耗大、零件易损耗。

8.3.1 压榨法制油的基本原理

8.3.1.1 压榨过程

在压榨取油过程中，受榨料坯的粒子受到强大的压力作用，致使其中的油脂的液体部分和非脂物质的凝胶部分分别发生两个不同的变化，即油脂从榨料空隙中被挤压出来和榨料粒子经弹性变形形成坚硬的油饼。

油脂从榨料中被分离出来的过程：在压榨的开始阶段，粒子发生变形并在个别接触处结合，粒子间空隙缩小，油脂开始被压出；在压榨的主要阶段，粒子进一步变形结合，其内空隙缩得更小，油脂大量压出；压榨的结束阶段，粒子结合完成，其内空隙的横截面突然缩小，油路显著封闭，油脂已很少被榨出。解除压力后的油饼，由于弹性变形而膨胀，其内形成细孔，有时有粗的裂缝，未排走的油反而被吸入。

油饼形成的过程：在压榨取油过程中，油饼的形成是在压力作用下，料坯粒子间随着油脂的排出而不断挤紧，由粒子间的直接接触，相互间产生压力而造成某粒子的塑性变形，尤其在油膜破裂处将会相互结成一体。榨料已不再是松散体而开始形成一种完整的可塑体，称为油饼。油饼的成型是压榨制油过程中建立排油压力的前提，更是压榨制油过程中排油的必要条件。

8.3.1.2 压榨法制油的基本原理

压榨过程中，压力、黏度和油饼成型的三要素。压力和黏度是决定榨料排油的主要动力和可能条件，油饼成型是决定榨料排油的必要条件。

(1)排油动力　榨料受压之后，料坯间空隙被压缩，空气被排出，料坯密度迅速增加，发生料坯互相挤压变形和位移的运动状态。这样，料坯的外表面被封闭，内表面的孔道迅速缩小。孔道小到一定程度，常压液态油变为高压油。高压油产生了流动能量。在流动中，小油滴聚成大油滴，甚至成独立液相存在料坯的间隙内。当压力大到一定程度，高压油打开流动油路，摆脱榨料蛋白质分子与油分子、油分子与油分子的摩擦阻力，冲出榨料高压力场之外，与塑性饼分离。

压榨过程中，黏度、动力表现为温度的函数。榨料在压榨中，机械能转为热能，物料温度上升，分子运动加剧，分子间的摩擦阻力降低，表面张力减少，油的黏度变小，从而为油迅速流动聚集与塑性饼分离提供了方便。

(2)排油深度　压榨取油时，榨料中残留的油量可反映排油深度，残留量愈低，排油深度愈深。排油深度与压力大小、压力递增量、黏度影响等因素有关。

压榨过程中，必须提供一定的压榨压力使料坯被挤压变形，密度增加，空气排出，间隙缩小，内外表面积缩小。压力大，物料变形也就大。

压榨过程中，合理递增压力，才能获得好的排油深度。在压榨中，压力递增量要小，增压时间不过短。这样，料间隙逐渐变小，给油聚集流动以充分时间，聚集起来的油又可以打开油路排出料外，排油深度方可提高。土法榨油总结"轻压勤压"的道理适用于一切榨机的增压设计。

压榨过程中，榨料温度升高，油脂黏度降低，油脂在榨料内运动阻力减少，有利于出油。调整适宜的压榨温度，使黏度阻力减少到极值，即可提高排油深度。

(3)油饼的成型　排油的必要条件就是饼的成型。如果榨料塑性低，受压后，榨料不变形或很难变形，油饼不能成型，排油压力建立不起来，坯外表面不能被封闭，内表面孔道不被压缩变小，密度不能增加。在这种状况下，油不能由不连续相变为连续相，不能由小油滴集聚为大油滴，常压油不能被封闭起来变为高压油，也就产生不了流动的排油动力，排油深度也就无从谈起。饼的顺利成型，是排油必要条件。料坯受压形成饼，压力可以顺利建立起来，适当控制温度，减少排油阻力，排油深度就会提高。

饼能否成型，与以下因素有关：一是物料含水量要适当；含水量适当，温度适当，求得物料有一定的受压变形可塑性，抗压能力减小到一个合理数值，压力作用就可以充分发挥起来；二是排渣排油量适当；三是物料应封闭在一个容器内，形成受力而塑性变性的空间力场。

8.3.2　影响压榨制油的因素

压榨取油效果的好坏其决定因素很多。主要包括榨料结构与压榨条件两个方面。

8.3.2.1　榨料结构性质对出油效果的影响

榨料结构性质主要取决于油料本身的成分和预处理效果。

对榨料结构的一般要求是榨料颗粒大小应适当且均匀一致，如果榨料颗粒粒子过大，易结皮封闭油路，不利于出油；如粒子过细，也不利于出油，因压榨中会带走细粒，增大流油阻力，甚至堵塞油路。同时，颗粒细会使榨料塑性加大，不利于压力提高；榨料内外结构的一致性好；榨料中完整细胞的数量愈少愈好，榨料中被破坏的细胞的数量愈多愈好，这样有利于出油；榨料容重在不影响内外结构的前提下愈大愈好，这样有利于设备处理量的提高；榨料中油脂黏度与表面张力尽量要低；榨料粒子具有足够的可塑性。

在诸多的榨料结构性质中，榨料的机械性质特别是可塑性对压榨取油效果的影响最大。制油过程中榨料粒子应具有足够的可塑性。榨料的可塑性必须有一定的范围。一方面，须不低于某一限度，以保证粒子有相当完全的塑性变形；另一方面，塑性又不能过高，否则，榨料流动性大，不易建立压力，压榨时会出现"挤出"现象，增加不必要的回料。同时，塑性高，早成型、提前出油，易成坚饼而不利出油，而且油质也差。

压榨取油的效果，在某种意义上说，决定于榨料本身的性质。榨料性质不仅包括凝胶部分，同时还与油脂的存在形式、数量以及可分离程度等有关。不过，在处理各种油料时，在含油、含壳以及其他条件大致相同时，榨料凝胶部分的性质对压榨取油具有决定性意义。对榨料性质，特别是可塑性方面的影响因素有水分、温度以及蛋白质变性等。

榨料要有适当的水分，流动性要好。榨料要有必要的温度，尽量降低榨料中油脂黏度与表面张力，以确保油脂在压榨全过程中保持良好的流动性。水分含量与榨料可塑性有很大关系。

一般地说，随着水分含量的增加，可塑性也逐渐增加。当水分达到某一点时，压榨出油情况最佳。一旦略为超过此含量，则会产生很剧烈的"挤出"现象，即"突变"现象。如果水分略低，也会使可塑性突然降低，使粒子结合松散，不利于油脂榨出。因此，在榨油操作技术可能的水分范围之内，对于某一种榨料，在一定条件下，都有一个较狭窄的最佳水分范围。当然，最佳水分范围与温度、蛋白质变性程度的等因素密切相关。

一般地说，榨料加热，可塑性提高，榨料冷却，则可塑性降低。压榨时，若温度显著降低，则榨料粒子结合就不好，所得饼块松散不易成型。但是，温度也不宜过高，否则将会因高温而使某些物质分解成气体或产生焦味。因此，保温是压榨过程重要的条件之一。

蛋白质变性程度适当才能保证好的压榨取油效果。蛋白质过度变性，会使榨料塑性降低，从而提高榨油机的"挤出"压力，这与提高水分和温度的作用相反。蛋白质变性是压榨法取油所必需的。榨料中蛋白质变性充分与否，衡量着油料内胶体结构破坏的程度。压榨时，由于加热与高压的联合作用，会使蛋白质继续变性，但是，温度、压力不适当，会使变性过度，同样不利于出油。因此，榨料蛋白质变性，既不能过度而使可塑性太低，也不能因变性不足而影响出油效率和油品质量，如油中带入未变性胶体物质而影响精炼。

实际上，榨料性质是由水分、温度、含油率、蛋白质变性等因素的相互配合体现出来的。在通常的生产中，榨料水分与温度的配合是水分愈低则所需温度愈高。在要求残油率较低的情况下，榨料的合理低水分和高温是必需的。但榨料温度过高而超过了一定限度(如 130℃)是不允许的。此外，不同的预处理过程可能得到相同的入榨水分和温度，但蛋白质变性程度则大不一样。

8.3.2.2 压榨条件对出油效果的影响

压榨条件即工艺参数(压力、时间、温度、料层厚度、排油阻力等)是提高出油效率的决定因素。

(1)榨膛内的压力　压榨法取油的本质在于对榨料施加压力取出油脂。影响压榨效果的主要因素有压力大小、榨料受压状态、施压速度以及压力变化规律等。

压榨过程中榨料的压缩，主要是由于榨料受压后固体内外表面的挤紧和油脂被榨出造成的。同时，水分的蒸发、排出液体中带走饼屑、凝胶体受压后凝结以及某些化学转化使密度改变等因素也造成榨料体积收缩。压榨时所施压力愈高，粒子塑性变形的程度也愈大，油脂榨出也愈完全。然而，在某一定压力条件下，某种榨料的压缩总有一个限度，此时即使压力增加至极大值而其压缩也微乎其微，因此被称为不可压缩体。此不可压缩开始点的压力，称为"极限压力"(或临界压力)。压榨时，压力大小与榨料的压缩比有关，两者之间呈指数或幂函数关系。在同样的出油率要求下，动态压榨所需最大压力将比静态压榨低而且压榨时间也短。

对榨料施加的压力必须合理，压力变化必须与排油速度一致，即做到"流油不断"，对榨料突然施加高压将导致油路迅速闭塞。研究认为，压力在压榨过程中的变化一般呈指数或幂函数关系。为了适应不同油料取得最大出油效果，压榨过程可分阶段(称为级数)进行，有一级、二级和多级压榨之分。然而，每一级压榨的压力变化仍应连续并符合上述变化规律。螺旋榨油机的最高压力区段较小，最大压力一般分布在主榨段。对于低油分油料籽粒的一次压榨，其最高压力点一般在主压榨段开始阶段；而对于高油分油料籽粒的压榨或预榨，最高压力点一般分布在主压榨段中后段。长期实践中总结的施压方法——"先轻后重、轻压勤压"是行之有效的。

(2)压榨时间　压榨时间是影响榨油机生产能力和排油深度的重要因素。通常认为,压榨时间长,出油率高。这在静态压榨中比较明显。然而,压榨时间过长,会造成不必要的热量散失,对出油率的提高不利,还会影响设备处理量。控制适当的压榨时间,必须综合考虑榨料特性、压榨方式、压力大小,料层厚薄、含油量、保温条件以及设备结构等因素。在满足出油率的前提下,尽可能缩短压榨时间。

(3)温度的影响　温度的变化将直接影响榨料的可塑性及油脂黏度,进而影响压榨取油效率,关系到榨出油脂和饼粕的质量。若压榨时榨膛温度过高,将导致饼色加深甚至发焦,饼中残油率增加,以及榨出油脂的色泽加深。用冷的、不加热的榨油机压榨,不可能得到成型的硬的压榨饼和榨出最多的油脂。因此,保持适当的压榨温度是不可忽视的。

合适的压榨温度范围通常是指榨料入榨温度(100～135℃)。不同的压榨方式及不同的油料有不同的温度要求。但是,此参数只是控制入榨时才有必要和可能,压榨过程中温度的变化要控制在上述范围实际是很难做到的。不同的压榨方式及不同的油料有不同的温度要求。对于静态压榨,由于其本身产生的热量小,而压榨时间长,多数考虑采用加热保温措施。对于动态压榨,其本身产生的热量高于需要量,故以采取冷却或保温为主。

8.3.3　压榨工艺及设备

8.3.3.1　压榨法制油工艺

压榨法制油按压榨法取油的作用原理,可分为静态压榨和动态压榨两大类。静态压榨是间歇式压榨制油,而动态压榨是连续式压榨制油。

(1)静态压榨　所谓静态压榨,即榨料受压时颗粒间位置相对固定,无剧烈位移交错,因而在高压下粒子因塑性变形易结成坚饼。静态压榨易产生油路过早闭塞、排油分布不匀现象。

静态压榨的液压传递过程:静态压榨过程采用的液压榨油机有多种形式,但工作原理相同。均按液体静压力传递原理(即巴斯喀原理)设计,即“在密闭系统内,凡加于液体上的压力以不变的压强传遍到该系统内任何一切方向”。如图8-1所示,在两个连通的充满液体的圆筒内,各有

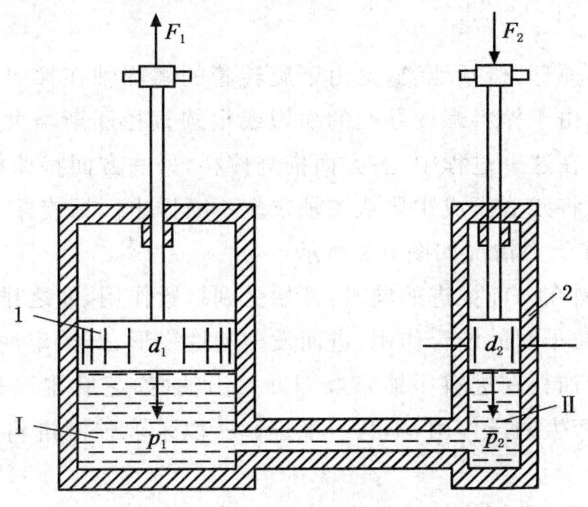

图8-1　液体静压力传递原理

活塞 1 和活塞 2，其直径分别为 d_1 和 d_2，若活塞 2 上的压力为 p_2，通过液压传递到活塞 1 上所产生的压力为 p_1，根据巴斯喀原理，两个活塞上压强 F_1、F_2 相等(不考虑阻力损失时)，

即 $$\frac{p_1}{F_1}=\frac{p_2}{F_2}$$

由上述关系式可知，在密闭系统内，可利用改变受压面积的大小来形成巨大的压力差。液压机上的高压(顶榨力)，系通过小直径的高压泵用很小的动力传递产生的。必须指出，所有液压榨油机都应包括液压系统(压力泵，压力储存器或分配装置、控制阀门与管路系统)和榨油机本体两大部分，形成一个封闭回路系统。目前榨油机中一般都是用食用油或油水混合物作为压力传递的介质。在各类水压机中，榨板的压紧和油脂的榨取，皆由施压流体通过系统内油缸活塞的升降控制压力大小而完成。当然，各类榨机所使用的工作压力也不尽相同。其中闭式水压机由于安装了榨板，榨料在内受压时不易蠕散，有条件采用较高工作压力(420～600 kg/cm^2 而饼面压力可达 1 000 kg/cm^2)，因此，有利于一次压榨芝麻、油棕、可可仁、蓖麻籽等高油分油料，减少油脂氧化，以及提高出油效率与单机处理量。

液压榨油机属静态压榨过程。为了确保"流油不断"，必须掌握压力与排油速率的关系。榨料受压过程一般分成预压成型，开始压缩(快榨)，塑性变形结成多孔物(慢榨)，最后压成油饼(沥油)等阶段。其中最主要的出油阶段在榨料塑性变形的前期(一般占总排油量的 75%以上，时间 15～20 min)。此时阻力不宜突然升得太高，否则易闭塞油路和使饼过早硬化。因此，分阶段施压形成曲线变化，在液压式榨油机操作中是十分重要的。同时，在榨料相对固定的饼中，出油还受到油路长短的影响。因此，不可忽视的是，液压式榨油机必须保持较长时间的高压，以排尽(饼中间位置)剩留的油分，不致"返吸"，这就是所谓"沥油"。但是，同样要注意，沥油时间过长也毫无意义。随着压榨时间的延长，榨料温度的下降不利于出油，故榨膛保温(或车间保温)就更有必要。

(2)动态压榨　动态压榨(如连续螺旋榨油机)，榨料在全过程中则呈运动变形状态，粒子间在不断运动中压榨成型，且油路不断被压缩和打开，有利于油脂在短时间内从孔道中被挤压出来。

螺旋榨油机的工作原理，概括地说，是由于旋转着的螺旋轴在榨膛内的推进作用，使榨料连续地向前推进，同时，由于榨料螺旋导程的缩短或根圆直径逐渐增大，使榨膛空间体积不断缩小而产生压榨作用。在这一过程中，一方面推进榨料，另一方面将榨料压缩后油脂则从榨笼缝隙中挤压流出，同时，将残渣压成饼块从榨轴末端不断排出。螺旋榨油机的工作原理如图 8-2 所示，榨螺结构及压榨受力情况如图 8-3 所示。

进料段：进料段榨料在向前推进的同时，开始受到挤紧作用，使之排出空气与少量水分，形成"松饼"。此时，由于粒子间的结合作用，进而发生塑性变形，开始出油。当采用强制喂料时，变形尤为明显。高油分油料在进料压缩阶段即开始出油(如芝麻排油量可达 40%左右)。同时，应注意在进料段易产生回压作用，不利于推进。所以采取强制进料和预压成型，对于克服"回料"阻力是必要的。

压榨取油的基本过程：在螺旋榨油机中，压榨取油过程一般分 3 个阶段，即进料(预压)段、主压榨段(出油段)和成饼段(重压沥油段)。其体积压缩情况如图 8-4 所示。

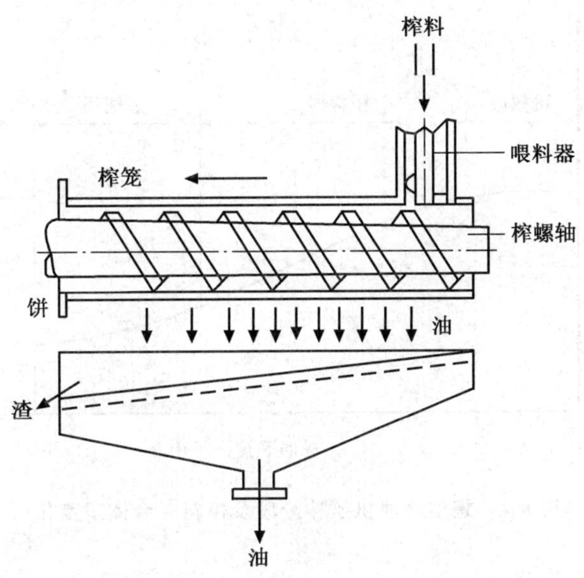

图 8-2　螺旋榨油机的工作原理

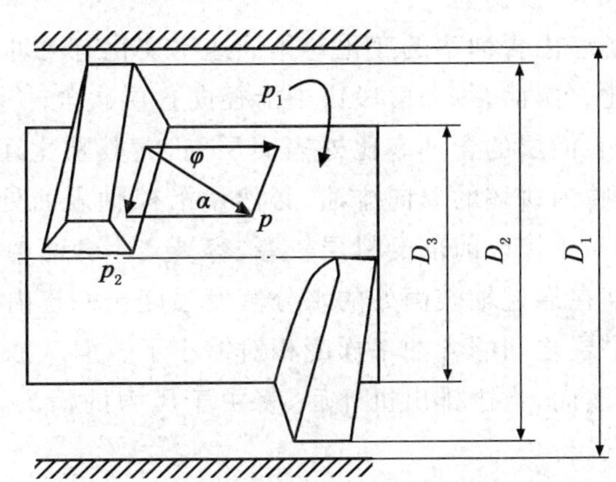

图 8-3　榨螺结构及压榨受力情况

主压榨段:此阶段是形成高压大量排油的阶段。这时由于榨膛空间迅速有规律地减小,使个别粒子间开始结合,榨料在榨膛内成为连续的多孔物而不再松散。它在高压下出油与水压机的不同点在于,榨料粒子被压缩出油的同时,还会因螺旋中断,榨膛阻刀、榨笼棱角的剪切作用,而引起料层速差位移、断裂混合等现象,使油路不断打开,有利于迅速排尽油脂。

成饼段:在成饼段,榨料已形成瓦饼,成为完整的可塑体,几乎呈整体式推进,因而也产生了较大的压缩阻力(主要指轴向力)。此时的受压瓦饼体积缩小不多,但仍须保持较高的压力,以便将油沥干而不致被"回吸";出饼段特别要注意适当延长压榨时间和减少轴向阻力。因这时体积的缩小不再是主要的了。最后段的榨螺相应可制成数节而结构尺寸相同。然而,最后从榨油机排出的瓦状饼块,还会出现由于弹性或膨胀作用面增大体积的现象。

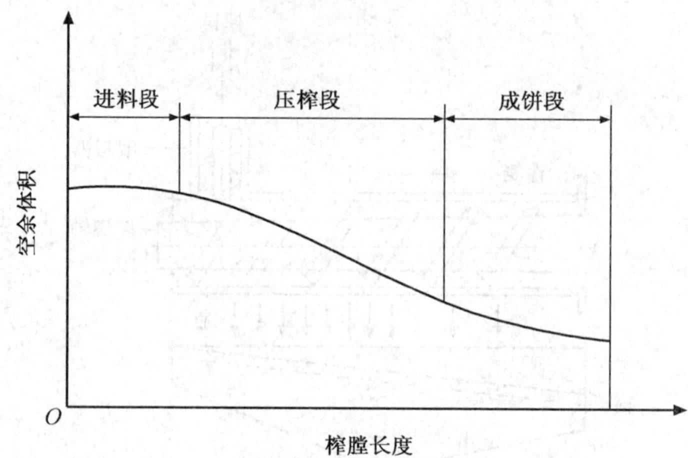

图 8-4 螺旋榨油机压榨阶段及榨料空余体积变化

在整个压榨过程中，在榨膛内沿轴向分布的排油情况，随着榨料含油率和榨机结构的不同而有变化。但总的希望是出现在主压榨段内（与压力成对应关系）。螺旋榨油机结构设计或操作不当会引起排油位置的后移或提前。

在整个压榨过程中，饼坯内含油率的变化与排油速率变化有关，同样要求与特定榨膛结构相适应，呈曲线规律性变化。然而，每一区段饼中沿径向各层次含油率的分布并非一致。螺旋榨油机的结构特点导致内表面层的含油率比外表面层高，尤其在主压榨段前期特别明显。原因有 2 个方面：一方面，榨膛内饼坯的单向排油，必然使沿榨轴表面处榨料的油路较长而不易排出；另一方面，在进料段和压榨段前部的料层较厚，容易产生含油率梯度。在压榨后期（出饼段），饼压缩变薄，以及后期在靠近轴表面处的水分蒸发强度比榨笼内壁处高，以致挤出粒子孔隙内油脂，从而使得内外饼层之间的含油率梯度相对缩小了。但从油料入榨到出口前，内表面层的含油始终要高一些。然而，当饼排出机外后，将由于压力的消失，水分急剧蒸发回吸等原因，反而使含油率低于外表层。

螺旋榨油机制油的另一特点是瞬时高压取油。压榨时由于榨料粒子强烈破坏与摩擦而产生的大量热能，形成高温。据研究测定，当榨料进入主压榨前段时升温最高。

8.3.3.2 榨油机

为取得良好的压榨取油效果，设备也同样重要。设备类型与结构的优劣，一定程度上将影响到工艺规程的制订和参数的确定。油料品种繁多，要求压榨设备在结构设计中尽可能满足多方面的要求，同时，榨油设备应具有生产能力大、出油效率高、操作维护方便、一机多用、动力消耗少等特点。目前压榨设备主要有两大类：间隙式生产的液压式榨油机和连续式生产的螺旋榨油机。

二维码 8-2 一种螺旋榨油机的操作

(1)液压式榨油机 液压式榨油机是利用液体传送压力的原理，使油料在饼圈内受到挤压，将油脂取出的一种间隙式压榨设备。该机结构简单、操作方便、动力消耗小、油饼质量好、能够加工多种油料，适用于油料品种多、数量又不大地区的小型油厂，进行零星分散油料的加工。但其劳动强度大、工艺条件严格，已逐渐被连续式压榨设备所取代。在边远缺乏电力的地区，它仍是可取的取油设备。

液压式榨油机按榨料暴露于空间的形式分成开式（板式）、半开式（盘式）与闭式（笼式）三类；按油饼叠放的位置分为卧式、立式和斜式；按饼的外形又可分为方饼车、圆饼车。此外，若按照液压泵的结构类型，则又有手掀式和电动式之分。但总的说来，其原理相同，结构形式也大同小异。目前在我国尚存的液压式榨油机，主要是立式或卧式带电动泵的圆饼液压式榨油机和小型手掀式液压榨油机等少数几种产品，而且除少数边远地区以外，手掀式也逐渐被电动式联动液压泵所代替。

常见的液压式榨油机有卧式和立式之分。凡液压式榨油机均包括榨油机本体与液压系统两大部分。

卧式液压榨油机的特点是饼块横叠，便于滤油，且流油顺畅。由于油不会积于饼圈上，因而有利于提高出油效率。据统计，在同样条件下，卧式榨油机比立式榨油机出油率高 0.2%～0.5%。采用液压自动退榨有利于清渣和卸饼自动化。便于操作，安装不需打地脚。卧式液压榨油机的缺点是：占地面积大、稳定性差、装饼时易受重力影响而“歪垛”，必须装重锤式或液压式等退榨装置。

卧式液压榨油机适用于可可仁、芝麻、花生仁等软质高油分油料的制浆连续成型压榨。

卧式液压榨油机（图 8-5）由主油缸、副油缸、圆柱螺杆、榨缸、进浆阀、液压系统、电气系统等组成。工作时，齿轮泵将浆料打入榨机，先经进浆总管再分配到 10 只进浆阀，使浆料充满 10 个榨板空腔，随即开启压缩空气阀，依靠空气的压力迫使阀杆关闭进浆阀门。由液控系统输来的高压油，进入主缸体推动柱塞前移，迫使榨板空腔体积缩小，内压逐渐增高，腔内浆料在压力作用下，油脂与浆料分离并经过多层不锈钢筛网和滤油板排出，汇集流入油池。当压榨达到预定工艺要求时，主缸释放油压，同时副油缸中进入高压油推动活塞，通过出饼拉杆等机构使榨膛打开，油饼脱落排出，经皮带输送机输送出来。饼经粉碎机粉碎和颗粒压制机造粒，即可送往浸出车间浸出，以提取残留油脂。副油缸释压，榨板在弹簧作用下复位，又形成空腔，重复上述循环。

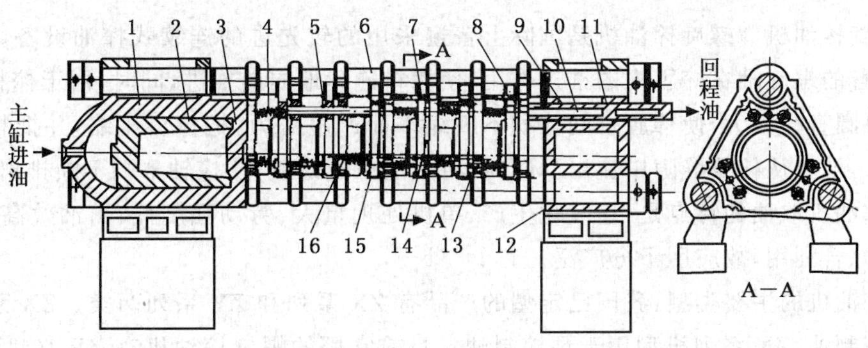

1. 油缸　2. 活塞　3. 嵌入板　4. 弹簧　5. 回程杆　6. 榨柱（连续柱）　7. 出饼推杆　8. 榨膛顶端导轨轴承　9. 回程油缸　10. 回程杆　11. 回程活塞　12. 顶盖　13. 出饼拉杆　14. 榨膛　15. 底部导轨轴承　16. 压盖（蒸汽板）

图 8-5　卧式液压榨油机

立式液压榨油机（图 8-6）由分油缸、机架、挡饼装置、油盘及承饼盘等几部分组成。工作时，先将预制成型的料坯放置在承饼盘和顶板之间，当压力油进入榨机油缸后，由于活塞上升，使固定在活塞上的承饼盘随之一起上升，而容纳在承饼板与顶板之间的饼块因顶板位置固定而受压出油，榨出的油脂经中座从油槽流出。压榨结束后，压力油自榨机油缸回入油箱，此时活塞、承饼盘及上面放置的饼块一起下降，进行卸榨。

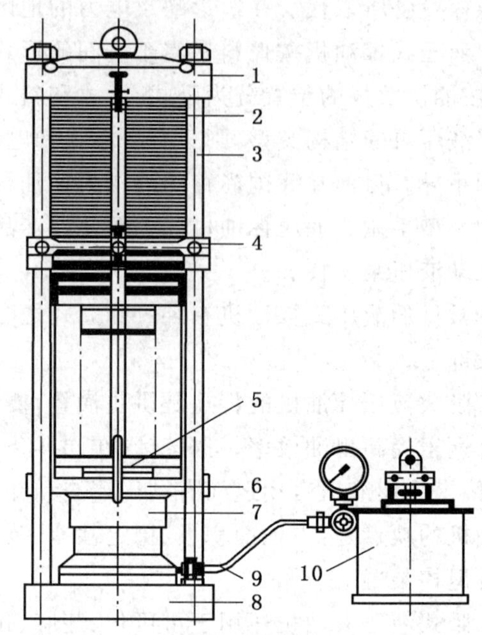

1. 顶板 2. 支柱 3. 拉杆 4. 支板 5. 承饼板 6. 中座 7. 油缸 8. 底板 9. 管路 10. 油泵及油箱

图 8-6 立式液压榨油机

立式液压榨油机的特点是：占地面积小、操作使用方便。其主要缺点是：装卸饼的劳动强度大，装卸料饼自动化组合较困难。属于间歇操作，仅适于小型榨油厂使用。

液压榨油机具有结构简单、油饼质量好、消耗动力小，甚至不需电力等特点。但也存在着饼残存油较高、生产能力小、间歇性生产、压榨周期长、辅助工作时间约占压榨周期的 15%～25%、操作麻烦、劳动强度大等缺点。目前，液压榨油机主要用于零星分散油料的压榨制油，对油、饼质量有特殊要求的油棕果、油橄榄、可可仁等油料的压榨制油以及缺乏电力的边远地区。液压榨油机在相当范围内逐渐被螺旋榨油机所取代。但就其对特殊油料榨油工艺的效果而言，又有其他榨油设备不可替代的优势。同时研究讨论液压静态榨油的有关理论和实践，认识静态榨油与其他机械制油的共性，对于开拓压榨制油的新领域具有重要意义。

（2）螺旋榨油机 螺旋榨油机是国际上普遍采用的较先进的连续式榨油设备。其工作原理是：旋转着的螺旋轴在榨膛内的推进作用，使榨料连续地向前推进，同时，由于榨料螺旋导程的缩短或根圆直径增大，使榨膛空间体积不断缩小而产生压力，把榨料压缩，并把料坯中的油分挤压出来，油分从榨笼缝隙中流出。同时，将残渣压成饼块，从榨轴末端不断排出。

螺旋榨油机取油的特点是：连续化生产、单机处理量大、劳动强度低、出油效高、饼薄易粉碎、有利于综合利用，故应用十分广泛。

螺旋榨油机的主要类型：我国已定型的产品有 ZX 系列和 ZY 系列两类。ZX 系列机型用于一次压榨制油，ZY 系列机型用于预榨制油。目前常用的螺旋榨油机有 ZX 10 型、ZX 18 型以及 ZY 24 型、ZY 28 型、ZY 32 型螺旋榨油机等。

螺旋榨油机的结构：常见螺旋榨油机形式有单纯螺旋榨油机（图 8-7）、带有蒸炒锅的螺旋榨油机（图 8-8）、双榨笼螺旋榨油机（图 8-9）等。

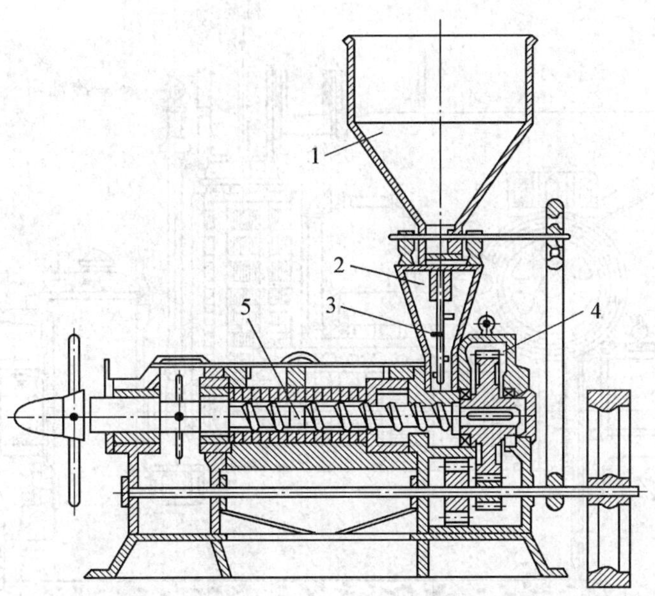

1. 存料斗　2. 进料斗　3. 拨料杆　4. 齿轮箱　5. 螺旋轴

图 8-7　螺旋榨油机结构图

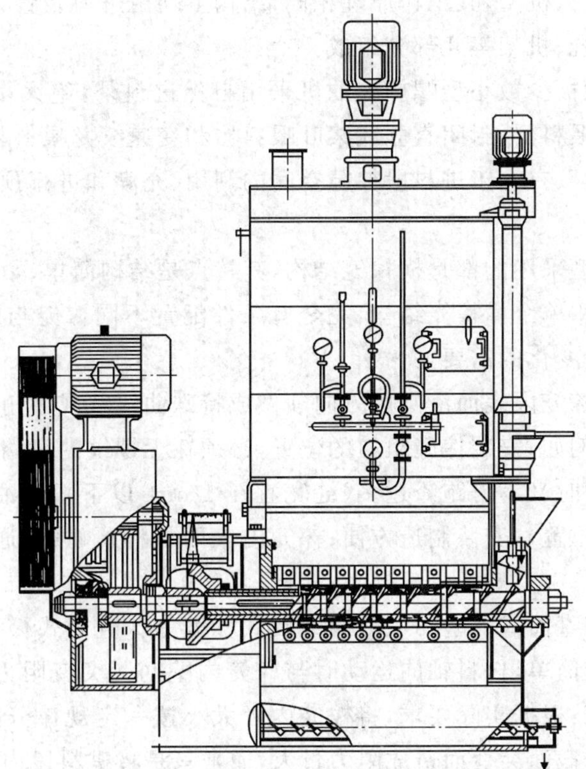

图 8-8　带蒸炒锅的螺旋榨油机

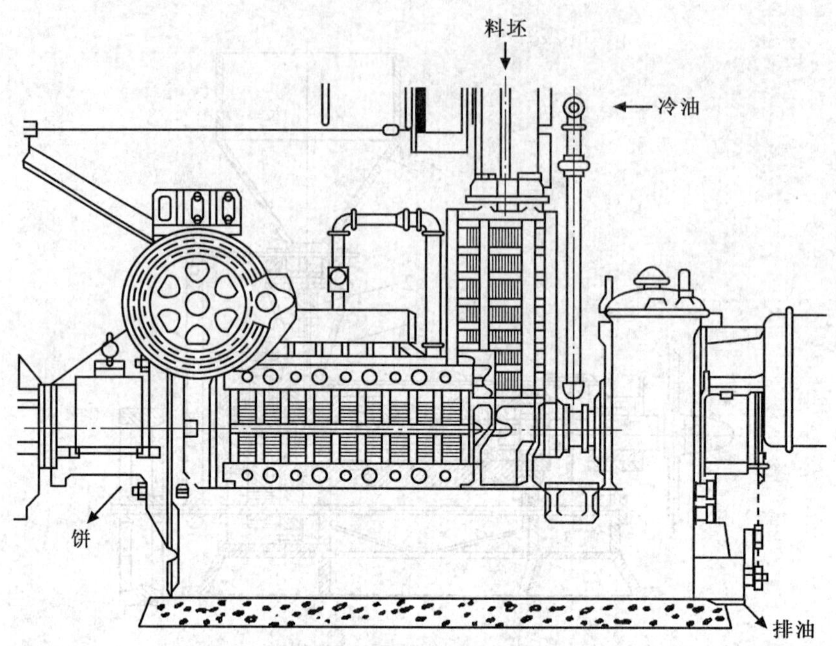

图 8-9 双榨笼螺旋榨油机

螺旋榨油机无论什么机型，其工作原理相同，结构上均由进料装置、榨膛（包括榨笼和螺旋轴）、调饼机构、传动系统、机架等几部分组成。

进料装置：目前，除极少数小型螺旋榨油机采用自然进料外，绝大多数机型采用强制进料结构，其中有开式料斗喂料器、封闭直立式桨叶喂料器和变速绞龙喂料装置。强制进料结构具有喂料均匀、防止“搭桥”、有利于进料段榨膛空间的利用、充满和进行预压，同时可提高单机处理量等特点。

榨笼：国内主要机型采用的都是横榨笼结构，其特点是结构简单、紧凑，有利于层叠式辅助炒锅的配置。此外，采用单个横榨笼结构，完全有条件配置不同榨笼与螺旋轴结构形式，可以适应各种油料与处理量变化的需要。

榨笼的一般要求：榨笼内表面沿圆周方向须做成特殊曲线状或棱角，以利于榨料翻动。严格地与螺旋轴相配合，例如，安装榨膛阻刀的位置，必须在无螺纹的衬圈处；具有足够的排油缝隙，且分布位置合理，同时又不得跑渣过多（缝宽宜在 1 mm 以下）；含油量不同的油料须配置相应的榨笼分段（排油位置）；安装制造方便；榨笼内表面材料须耐磨，通常经表面渗碳处理使硬度达 HRC56～62。

榨笼的结构形式有直筒式、梯段式、分段组装式榨笼等。直筒式榨笼：榨笼内径沿全长大小一致者。此结构比较简单，榨料轴向运动时与榨笼内壁间无突变阻力。小型榨油机采用此结构居多。梯段式榨笼：根据实际要求，将榨笼内径大小按一定规律分阶段式变化。然而，为防止榨料在榨膛内造成截面突变而造成阻力过大，通常只是将进料段内径做大些（为了满足产量与总压缩比的要求），其余区段尽可能使内径相一致，否则螺旋轴结构也得相应改变。分段组装式榨笼：当螺旋轴较长时，为了装拆方便，而将榨笼制成数段，即所谓“分段组装”。其结构形式可以是直筒式，但多数做成梯段式。

按榨笼构成的主要零件不同，榨笼又有榨条型（图 8-10）、榨圈型（图 8-11）或组合型榨笼之分。榨条型结构简单，加工方便，出油缝隙易调节，故应用广泛。可是这种结构只有配置榨笼板、压紧块和大螺栓等方能装配，故较笨重。虽经某些改进，其装拆仍不方便。

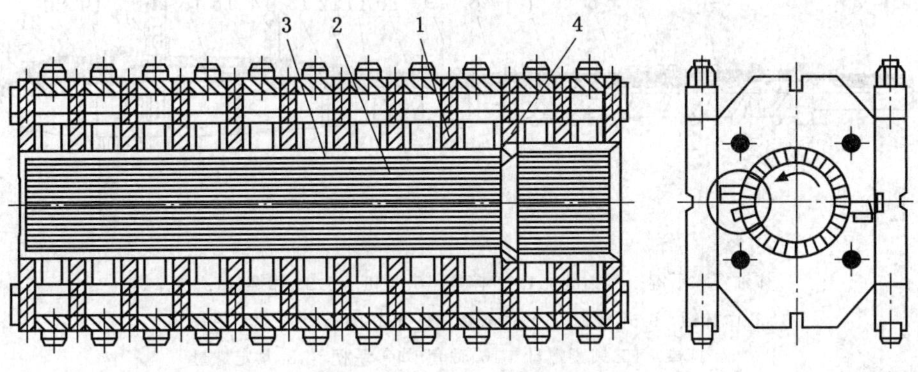

1. 装笼板　2. 榨条　3. 压板　4. 对开圈

图 8-10　榨条型榨笼

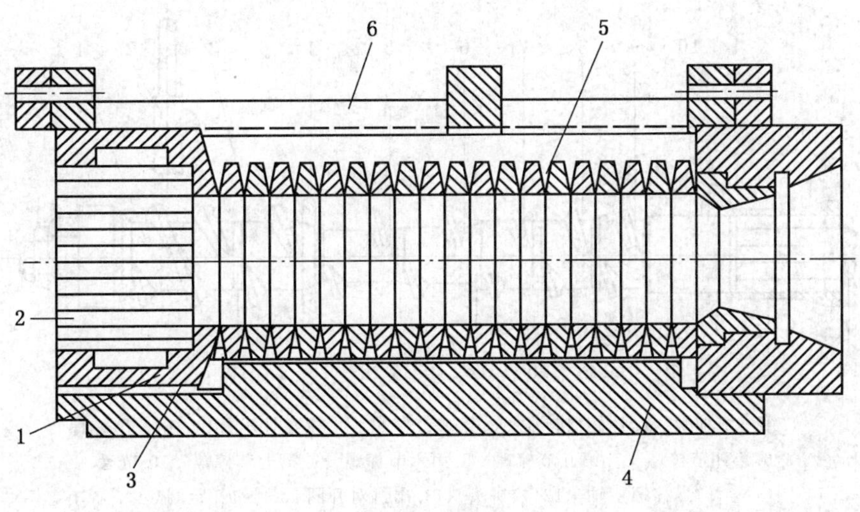

1. 榨条圈　2. 榨条　3. 键槽　4. 下榨笼壳　5. 榨圈　6. 上榨笼壳

图 8-11　榨圈型榨笼

与此相反，榨圈型具有装拆方便、耐压、使用寿命较长的特点。但其缝隙可调性差，加工时须有专用机床，故一般用于小型榨油机较多。

螺旋轴：螺旋轴的结构形式有整体式、套装式等，整体式螺旋轴就是采用一根轴车制而成，一般仅在小型榨油机中采用。由于榨螺易磨损，整轴更换很不经济。因此，此结构已被淘汰。目前绝大多数榨油机均采用套装结构，即由榨螺和榨轴装配而成。套装式榨螺又可分为连续螺旋式和配有衬圈结构的断续螺旋式两种。前者一般只适用于小型榨油机，其特点是回料少，榨膛压力大，压榨时间较短，适于冷榨或整子压榨，同时不需衬圈和阻刀，可使榨膛结构相应简化。后者主要特点是可以利用衬圈和阻刀的配合造成榨料的翻动,从而避免了随轴转动等不良现象,同时相对地延长了压榨时间,有利于提高出油率,但存在阻刀易磨损等问题。ZX 10型、ZX 18型榨油机螺旋轴结构分别如图 8-12、图 8-13 所示。

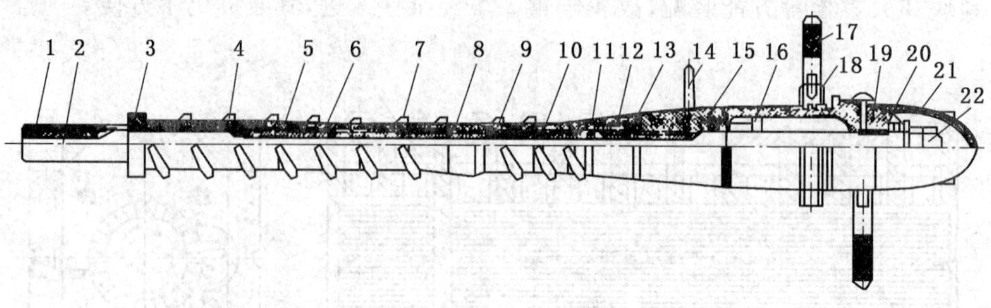

1.榨轴 2.平键 3.挡圈 4.1#榨螺 5.平键 6.2#榨螺 7.3#榨螺 8.4#榨螺 9.5#榨螺 10.6#榨螺 11.校饼圈 12.平键 13.衬套 14.打棒 15.锁紧螺母 16.轴套 17.手柄 18.紧定螺母 19.调节螺栓 20.轴套 21.防护帽 22.螺母

图 8-12 ZX 10 型榨油机螺旋轴结构示意图

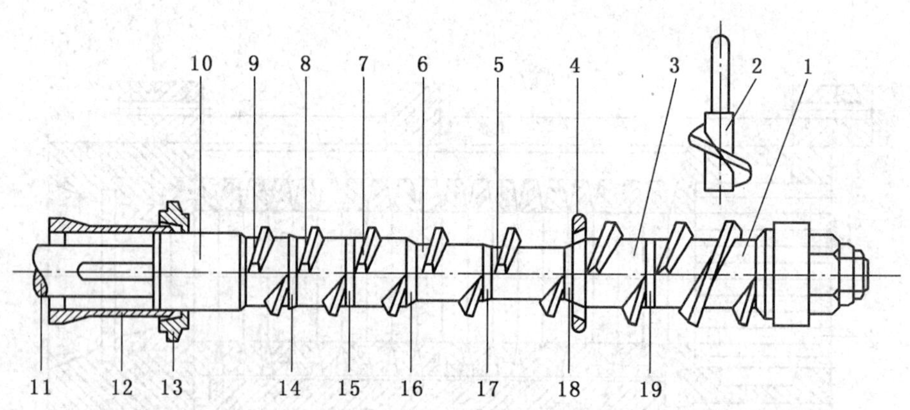

1.第一节榨螺 2.螺旋喂料器 3.第二节榨螺 4.榨笼对开圈 5.第三节榨螺 6.第四节榨螺 7.第五节榨螺 8.第六节榨螺 9.第七节榨螺 10.光套 11.榨螺主轴 12.校饼头 13.出饼对开圈 14～19.距圈

图 8-13 ZX 18 型榨油机螺旋轴结构示意图

螺旋轴结构选择的一般原则:根据不同的油料,配置不同的组装螺旋轴,例如,压榨高油分、特殊油料(米糠、油棕等)时,均须配置不同的结构。榨螺与衬圈的表面必须耐磨,尤其是压榨段要求更应严格。

调饼装置:调饼装置是用来调节出饼厚薄,并能随之改变榨膛压力的部件。目前多数机型仍采用手轮或撬杆校饼机构,也出现了新型的自动调节装置。一般要求调饼装置结构简单,装拆容易,且应防止漏渣、结死;能在榨油机工作时调整饼厚而不必停车;调饼灵活、可靠,施力小而均匀,饼面光滑。

8.4 溶剂浸出法制油

浸出是植物油厂对用溶剂提取油料中的油脂的俗称，浸出法制油又称萃取法取油，属固-液萃取原理。固-液萃取是利用选定的溶剂分离固体混合物中的组分的单元操作。浸出法制油就是用溶剂对含有油脂并通过一定的处理后油料料坯进行浸泡或淋洗，使料坯中的油脂被萃取溶解在溶剂中，经过滤得到含有溶剂和油脂的混合油。由于溶剂的挥发温度低于油脂，通过蒸发和蒸馏加热混合油，使溶剂挥发并与油脂分离得到的毛油，毛油经水化、碱炼、脱色等精炼工序的处理，成为符合国家标准的食用油脂。浸出分离混合油后所得的固体物称作湿粕，湿粕进行干燥脱溶剂后生产出饲料所需的成品粕，混合油蒸发和蒸馏以及湿粕干燥脱溶挥发出来的溶剂气体，经过冷却回收，循环使用。浸出法制油的基本工艺过程包括油料浸出、混合油蒸发、湿粕蒸脱和溶剂回收等工序。

浸出法制油是现代植物油脂提取方法之一，是目前植物油脂提取率最高的一种方法，在经济效益方面比其他制油方法具有明显的优势。浸出法与压榨法相比，具有以下特点：一是出油率高。采用浸出法制油，粕中残油可控制在 1%以下，出油率明显提高。二是粕的质量好。由于溶剂对油脂有很强的浸出能力，浸出法取油完全可以不进行高温加工而取出其中的油脂，使大量水溶性蛋白质得到保护，饼粕可以用来制取植物蛋白。三是加工成本低。浸出法制油容易实现生产规模的增大从而使加工成本降低。四是自动化控制程度高、劳动强度低。浸出法制油容易实现温度、压力、液位、真空、流量、料位等工艺的自动控制，生产过程自动化控制程度高，劳动强度低。其缺点：一是一次性投资较大。由于浸出生产工艺采用的溶剂易燃易爆，且对人体有害，故其生产车间建筑、火灾危险类别应为甲类，最低耐火等级应达二级。车间设备要做接地处理，采用的电器需是防爆型的，车间要设避雷装置。此外，车间的设备、管道需要严格密封等。这样，整个浸出车间建设就要增大总投资。二是浸出溶剂一般为易燃、易爆和有毒的物质，生产安全性差。现阶段浸出法选用的溶剂主要是烃类化合物。国内现行浸出工艺采用的轻汽油，以已烷为主要成分。这类溶剂易燃易爆，且对人的神经系统具有强烈的刺激作用。例如，当轻汽油在空气中的蒸汽浓度达到 1.20%～7.50%时，一遇火种就会爆炸；当其浓度达 30～40 mg/L 时，与人直接接触稍时即会致死。对于溶剂的这些缺点，只要我们严格执行《浸出制油工厂防火安全规范》，严格遵守操作规程，保持高度警惕，一般是不会发生事故的。三是浸出毛油质量稍差。由于有机溶剂的溶解能力很强，它不仅能够溶解油脂，也会将油料中的一些色素、类脂物溶解出来，混在油脂中，使油脂色泽变深，杂质增多。这样，浸出毛油的质量与压榨毛油相比要差些，精炼率也要低些，同时也会相应增加精炼工序的工作负担。四是浸出溶剂在油脂中有残留。虽然经过混合油分离和毛油精炼过程，成品油中溶剂残留可以达到国家规定的安全标准，但其少量的残留仍然对油脂品质和食用安全产生不利的影响。

8.4.1 浸出法制油的原理

油脂浸出过程是油脂从固相转移到液相的传质过程。这一传质过程是借助分子扩散和对流扩散两种方式完成的。

(1)分子扩散　分子扩散是指以单个分子的形式进行的物质转移，是由于分子无规则的热运动引起的。

当油料与溶剂接触时，油料中的油脂分子借助于本身的热运动，从油料中渗透出来并向溶剂中扩散，形成了混合油；同时溶剂分子也向油料中渗透扩散，这样在油料和溶剂接触面的两侧就形成了两种浓度不同的混合油。由于分子的热运动及两侧混合油浓度的差异，油脂分子将不断地从其浓度较高的区域转移到浓度较小的区域，直到两侧的分子浓度达到平衡为止。

在分子扩散过程中，扩散物通过某一扩散面进行扩散的数量，应与该扩散面积的大小成正比，与该截面垂直方向上扩散物分子的浓度梯度成正比，与扩散时间成正比，与分子扩散系数成正比。分子扩散系数取决于扩散物分子的大小，介质的黏度和温度。提高温度，可加速分子的热运动并降低液体的黏度，因此分子扩散系数增大，分子扩散速度提高。

(2)对流扩散　对流扩散是指物质溶液以较小体积的形式进行的转移。与分子扩散一样，扩散物的数量与扩散面积、浓度差、扩散时间及扩散系数有关。在对流扩散过程中，对流的体积越大，单位时间内通过单位面积的这种体积越多；对流扩散系数越大，物质转移的数量也就越多。

油脂浸出过程的实质是传质过程，其传质过程是由分子扩散和对流扩散共同完成的。在分子扩散时，物质依靠分子热运动的动能进行转移。适当提高浸出温度，有利于提高分子扩散系数，加速分子扩散。而在对流扩散时，物质主要是依靠外界提供的能量进行转移。一般是利用液位差或泵产生的压力使溶剂或混合油与油料处于相对运动状态下，促进对流扩散。

8.4.2　浸出溶剂的选择

浸出法制油过程中浸出溶剂存在于整个油脂浸出工艺之中，溶剂的成分与性质对油脂浸出工艺的生产技术指标、经济效益、产品质量以及安全生产都具有不同程度的影响。

浸出法制油过程中所采用的溶剂应该在技术和工艺上满足浸出工艺的各项要求。浸出法制油过程中所采用的溶剂应该保证油料中的有效营养成分不被破坏，保持油脂中的脂溶性物质不被破坏，保持脱脂后的粕中蛋白质不变性，有利于开发油料蛋白质，充分利用资源。浸出法制油过程中所采用的溶剂应该保证浸出油脂的安全生产和除去油料粕中的有毒物质。

在浸出工艺中也可用混合溶剂来分别提取油料中的不同物质。选择性溶解油料中的脂溶性物质、提取出油料中各种不同物质。选用混合溶剂浸出油料是油脂工业中的一个待开发的领域。

8.4.2.1　*浸出法制油对溶剂的要求*

一般来说，对溶剂的要求是力求在浸出过程中获得最高出油率，保证获得高质量的油脂和成品粕，溶剂应尽量避免对人体产生伤害，保证生产操作的安全。其具体要求表现在溶剂的性质和对油脂的溶解性能方面。

物质的溶解一般遵循“相似相溶”的原理，即溶质分子与溶剂分子的极性愈接近，相互溶解程度愈大，否则，相互溶解程度小甚至不溶. 分子极性大小通常以“介电常数”来表示，分子极性愈大，其介电常数也愈大。植物油脂的介电常数较小，在常温下一般在 3.0～3.2 之间。所选用的浸出溶剂也应极性较小。几种主要有机溶剂的理化性质见表 8-2。正是这几种有机溶剂的介电常数与油脂比较接近，从而保证油脂的浸出过程得以顺利进行。

表 8-2　常用有机溶剂的理化性质

溶剂	正己烷	轻汽油	正丁烷	丙　烷
相对分子质量	86.176	91(平均)	58	44
介电常数(20℃)	1.89	2.0	1.78	1.69
沸点(常压)/℃	68.7	70～85	－0.5	－42.2
爆炸极限/(mg/L)	1.2～6.9	1.25～4.9	1.6～8.5	2.4～9.5

根据油脂浸出工艺及安全生产的需要，用作浸出油脂的溶剂，应符合以下几项要求：

(1)油脂有较强的溶解能力　在室温或稍高于室温的条件下，能以任何比例很好的溶解油脂，对油料中的其他成分，溶解能力要尽可能地小，甚至不溶。这样，就能一方面把油料中的油脂尽可能多地提取出来；另一方面使混合油中少溶甚至不溶解其他杂质，提高毛油质量。

(2)既要容易汽化，又要容易冷凝回收　为了容易脱除混合油和湿粕中的溶剂，使毛油和成品粕不带异味，要求溶剂容易汽化，也就是溶剂的沸点要低，汽化潜热要小。但又要考虑在脱除混合油和湿粕的溶剂时产生的溶剂蒸汽容易冷凝回收，要求沸点不能太低，否则，会增加溶剂损耗，实践证明，溶剂的沸点在65～70℃范围内比较合适。

(3)具有较强的化学稳定性　溶剂在生产过程中是循环使用的，反复不断地被加热、冷却。一方面，要求溶剂本身物理、化学性质稳定，不起变化；另一方面，要求溶剂不与油脂和粕中的成分起化学变化，更不允许产生有毒物质；另外对设备不产生腐蚀作用。

(4)在水中的溶解度小　在生产过程中，溶剂不可避免要与水接触，油料本身也合有水。要求溶剂与水互不相溶，便于溶剂与水分离，减少溶剂损耗，节约能源。安全性溶剂在使用过程中不易燃烧，不易爆炸，对人、畜无毒。在生产中，往往因设备、管道密闭不严和操作不当，会使液态和气态溶剂泄漏出来。因此，应选择闪点高、不含毒性成分的溶剂。

(5)溶剂来源丰富　油脂浸出的溶剂要满足较大工业规模生产的需求，即溶剂的价格要便宜，来源要充足。

综上所述，完全符合以上要求的溶剂可以称作为理想溶剂。事实上，到目前为止，国内外都还没有发现这样的理想溶剂。因此，对浸出溶剂的要求，主要作为选择浸出溶剂时参考的依据。在选择工业溶剂时，应该选择优点较多的溶剂，至于它的缺点，可以通过工艺和操作方面采取适当的措施加以克服。

8.4.2.2　常用的浸出溶剂

可用于油脂浸出的工业有机溶剂，按照溶剂化学结构成分大体可归纳为五类。脂肪族碳氢化合物：此类溶剂以已烷、6号溶剂油、石油醚为主。氯代脂肪族碳氢化合物：此类溶剂以二氯乙烷、三氯乙烯、四氯化碳为主。芳香族碳氢化合物：此类溶剂以苯为主。脂肪醇化合物：此类溶剂以乙醇、异丙醇、甲醇为主。混合溶剂与气态溶剂：此类溶剂以乙醇-轻汽油、乙醇-工业已烷、含水乙醇、含水丙酮、丁烷-丙烷混合气体为主。按照溶剂的极性可分成三类：低极性($\varepsilon=9\sim12$)、中极性($\varepsilon=12\sim50$)和高极性($\varepsilon>50$)溶剂。按照黏度的大小可分成三类：低黏度($\eta<2\times10^{-3}$ Pa·s)、中黏度[$\eta=(2\sim10)\times10^{-3}$ Pa·s]和高黏度($\eta>10^{-3}$ Pa·s)溶剂。按照溶剂的沸点的大小可分成三类：低沸点($T<100$℃)、中沸点($T=100\sim150$℃)和高沸点(>150℃)溶剂。工业用植物油的浸出溶剂一般是低黏度、低沸点、低极性或中极性的物质。在国内和国外浸出植物油的实践中，脂肪族碳氢化合物获得了最广泛的应用。其中轻汽油、工业已烷是目前工业化制取植物油脂中应用最广泛的溶剂。

(1)轻汽油　我国目前普遍采用的6号溶剂油俗称浸出轻汽油。浸出用的轻汽油比较便宜,对设备材料呈中性,对油脂有很好的溶解特性,所以得到了广泛的应用。轻汽油是石油原油的低沸点分馏物,为多种碳氢化合物的混合物,没有固定的沸点,通常只有一沸点范围(馏程)。其质量标准规定如下:

馏程初沸点	不低于60℃
98%馏出温度	不高于90℃
水溶性酸和碱	无
含硫量	不大于0.05%
机械杂质和水分含量	无
油渍试验	合格

6号溶剂油的理化性质以及组成如下:

色泽及透明度		无色透明
气味与滋味		刺鼻
相对密度		0.674 2
平均分子量		93
碘价		4.20 g碘/100 g
组成/%		
芳烃:	苯	0.046
	甲苯	0.017
	8碳芳烃	0.002 5
烯烃		1.55
环烷烃:	5碳环烷烃	1.56
	6碳环烷烃	16.43
	7碳环烷烃	0.16
烷烃:	5碳烷烃	2.57
	6碳烷烃	74.08
	7碳烷烃	3.52

6号溶剂油对油脂的溶解能力强,在室温条件下可以任何比例与油脂互溶;对油中胶状物、氧化物及其他非脂肪物质的溶解能力较小,因此浸出的毛油比较纯净。6号溶剂油物理、化学性质稳定,对设备腐蚀性小,不产生有毒物质,与水不互溶,沸点较低易回收,来源充足,价格低,能满足大规模工业生产的需要。6号溶剂油轻汽油最大缺点是容易燃烧爆炸,并对人体有害,损伤神经。6号溶剂油的蒸汽与空气混合能形成爆炸气体;轻汽油蒸汽易积聚在地面及低洼处,造成局部溶剂蒸汽含量超标;溶剂蒸汽对人的中枢神经系统有毒害作用,所以,工作场所每升空气中的溶剂油气体的含量不得超过0.3 mg。并注意工作场所中低洼地方的空气流通。另外,6号溶剂油的沸点范围较宽,在生产过程中沸点过高和过低的组分不易回收,造成生产过程中溶剂的损耗增大。

(2)正己烷　正己烷是一种六碳烷烃,其沸点为68.7℃。而用于浸出工业的工业己烷是一种混合物，它的主要成分是正己烷，还含有戊烷和环己烷等化合物。己烷的沸点范围是66.1～69.4℃。作为浸出油脂的溶剂，工业己烷的优点是，沸点低且沸点范围小，溶剂易回收，对设备腐蚀性小，汽水潜热也较小。美国、日本大都采用工业己烷作浸出溶剂，但由于工业己烷的价格较高，在我国应用较少。

(3)正丁烷　正丁烷在常温下为无色无臭的气体，常压下沸点为－0.5℃。然而在常温(18.9℃)和压力高于2 000 kPa汞柱时，正丁烷呈液体状态。试验证明，采用液态正丁烷(或丙烷混合物)在低压条件下浸出油脂时，浸出速度大大提高，毛油中非脂肪物质含量下降。而且脱脂粕的脱溶方法也十分简单，只需在常温或稍加温(40～50℃)条件下便可很容易回收丁烷和丙烷。由于油脂浸出在常温下进行，脱脂粕中蛋白质变性程度极低，提供了制取高质量蛋白质的基础。缺点是对浸出设备条件和安全要求较高。优点是工艺简单、设备少，生产灵活投资省；低温低压浸出确保毛油和脱脂粕蛋白质的高质量；可利用工艺系统内部热交换技术，大大降低生产成本与能耗；浸出车间基本无三废排放，减少环境污染。

丙烷的资源比丁烷丰富。在国外丙烷作为浸出溶剂已成功地应用于植物油脂的工业化生产。美国FDA规定，己烷和轻汽油不能用作浸出溶剂。所以，用丙烷或丁烷作为浸出溶剂是浸出法制油的发展方向。

(4)丙酮　丙酮与水以任何比例都能互溶。化学纯的丙酮是中性的，不会对设备产生腐蚀，因为它不会与水形成共沸混合物，且沸点低、生产中容易回收，所得产品质量较好，所以是一种很好的溶剂。丙酮在水中的无限溶解度，使其能够采用简单的洗涤进行回收。

丙酮是亲油、亲水溶剂。最近在选择性浸出上，特别是在加工亚麻籽、棉籽时，建议应用丙酮。因为丙酮浸出棉籽，与油一起提取出来的还有棉酚和某些其他非脂肪物质，从而获得脱除棉酚的粕。其次，丙酮不溶解磷脂和胶质，这有利于油脂的精炼，提高了粕的饲料价值。在对丙酮混合油进行相应的处理(蒸发、浓缩、添加碱液，然后再添加大量的水)后形成了两层：油层，其中含有所有的中性油和少量的丙酮；水层，其中几乎包含了所有的丙酮和油脂伴随物质。

丙酮浸出棉籽粕的颜色极淡，含游离棉酚0.03%和小于0.5%的结合棉酚，这是工业己烷浸出粕所无法相比的。这个数据是在预榨浸出的操作下取得的，如果采用一次浸出，则粕中含有的结合棉酚和游离棉酚将更低一些。一般粕中残油率均可达到1%以下。

(5)乙醇　乙醇是具有一定化学成分和固定沸点的溶剂。乙醇对油的溶解度，如使用98%以上的乙醇，在达到其沸点以前，就可使油和乙醇完全互溶；但要使用95.92%的乙醇，就要在88℃左右才能与油互溶，这就超过了乙醇的沸点，也就是说，必须在压力下，才能使乙醇和油互溶。其次，乙醇和水易形成恒沸溶液。此时乙醇的浓度为92.97%，为此在常压下，当温度为60～70℃时，油在乙醇中的溶解度仅为5%左右，这就需要大量的乙醇才能将一定量的油从大豆中浸取出来，而且必须消耗较多的热量和动力。

应用醇的优点就在于温度达到120℃时能够充分地溶解油脂，而醇冷却到16～24℃时很易分层，用这样的方法，油脂能够在比较纯的状态下，不经加热即可在混合油中使其分离。

乙醇浸出毛油的质量较其他溶剂浸出毛油的质量好，乙醇浸出毛油的颜色、酸值和油经加热后的沉淀物，均较其他浸出油为佳。为此，所得毛油可不需处理或略加处理即可食用。乙醇用作油脂的浸出溶剂，特别是连续式的浸出，还需做更多的研究。

对于浸出法取油的生产来说，如何选择一种适合于生产用的溶剂，是一个极为重要的问题。因为它不仅影响产品的质量和数量，而且也影响浸出的工艺效果、各种消耗和安全生产。

8.4.3 浸出制油的工艺流程及工艺要点

8.4.3.1 浸出法制油的分类

浸出法制油工艺按操作方式可分成间歇式浸出和连续式浸出。按接触方式,浸出法制油工艺可分成浸泡式浸出、喷淋式浸出和混合式浸出。按生产取油次数,浸出法制油工艺可分为直接浸出和预榨浸出。

(1)按操作方式分类 可分成间歇式浸出和连续式浸出

间歇式浸出:料坯进入浸出器、粕自浸出器中卸出,新鲜溶剂的注入、浓混合油的抽出等工艺操作,都是分批、间断、周期性进行的浸出过程属于这种工艺类型。

连续式浸出:料坯进入浸出器,粕自浸出器中卸出,新鲜溶剂的注入和浓混合油的抽出等工艺操作,都是连续不断进行的浸出过程属于这种工艺类型。目前在植物油生产中,绝大部分采用连续式浸出法。

(2)按取油次数分类 可分为直接浸出与预榨浸出 2 种。

直接浸出:油料经一次浸出,浸出其中的油脂之后,油料中残留的油脂量就可以达到极低值。这种取油方式称为直接浸出取油。该取油方法,常限于加工大豆等含油量在 20%左右的油料。

预榨浸出:对一些含油量在 30%~50%的高含油量油料加工,若采用直接浸出取油,粕中残留油脂量偏高。为此,在浸出取油之前,先采用压榨取油,提取油料内 80%~85%的油脂,并将产生的饼粉碎成一定粒度后,再进行浸出法取油。这种方法称作预榨浸出。棉籽、菜籽、花生、葵花籽等高含油量油料,均采用此法加工。预榨浸出不仅提高出油率而且制取的毛油质量高,同时提高了浸出设备的生产能力。预榨的毛油无溶剂残留,卫生安全性好。

(3)按溶剂与油料的混合方式分类 可分为浸泡式、喷淋式、混合式 3 种。

浸泡式:油料浸泡在溶剂之中,完成油脂溶解出来的过程。属浸泡式的浸出设备有罐组式,另外还有弓形、U 形和 Y 形浸出器等。

喷淋式:溶剂喷洒到油料料床上,溶剂在油料间往往是非连续的滴状流动,完成浸出过程。属喷淋式的浸出设备有履带式浸出器等。

混合式:溶剂与油料接触过程中,既有浸泡式,又有喷淋式,两种方式同在一个设备内进行。这种浸出方式称混合式。属于混合式的浸出设备有平转式浸出器和环形浸出器等。

8.4.3.2 浸出法制油的工艺

浸出法制油工艺,一般包括预处理、油脂浸出、湿粕脱溶、混合油蒸发和汽提、溶剂回收等工序。

(1)油脂浸出 在植物油料浸出的工艺中,最重要的工艺过程为油料的浸出工序。无论是直接浸出、预榨浸出还是膨化浸出,它们的浸出机理是相同的,只不过在浸出的深度和速度上存在差别。不同油料和相同油料生产目的不同时,浸出工艺参数和所选择的溶剂也是不同的,生产手段和生产规模是浸出过程中选择浸出设备的主要依据。作为直接浸出的油料生坯,预榨浸出的油料预榨饼,膨化浸出的油料颗粒的性质由于其处理的技术和方法不同,油脂在油料中存在的状态和形式不尽相同,往往在工艺加工过程中要经过一定程度的处理。生坯进行烘干,控制浸出油料的水分;榨机出饼经过破碎变成适宜浸出的饼块,方可进行浸出;膨化颗粒应进行温度和水分的调节。油料浸出的深度和浸出效率取决于油脂在油料结构中存在的状态,油脂在物料中的状态取决于油料预处理方法。

经预处理后的料坯送入浸出设备完成油脂萃取分离的任务。经油脂浸出工序分别获得混合油和湿粕。

(2)湿粕脱溶　从浸出设备排出的湿粕，一般含有25%～35%的溶剂。必须进行脱溶处理，才能获得合格的成品粕。

湿粕脱溶通常采用加热解吸的方法，使溶剂受热汽化与粕分离。浸出油厂称之为湿粕蒸烘。湿粕蒸烘一般采用间接蒸汽加热，同时结合直接蒸汽负压搅拌等措施，促进湿粕脱溶。湿粕脱溶过程中要根据粕的用途来调节脱溶的方法及条件，保证粕的质量。经过处理后，粕中水分不超过8.0%～9.0%，残留溶剂量不超过0.07%。

(3)混合油蒸发和汽提　从浸出设备排出的混合油是由溶剂、油脂、非油物质等组成的。混合油经蒸发、汽提，从混合油分离出溶剂而获得浸出毛油。

混合油蒸发是利用油脂与溶剂的沸点不同，将混合油加热至沸点温度，使溶剂汽化与油脂分离。混合油沸点随混合油浓度增加而提高，相同浓度的混合油沸点随蒸发操作压力降低而降低。混合油蒸发一般采用二次蒸发法。第一次蒸发使混合油浓度由20%～25%提高到60%～70%，第二次蒸发使混合油浓度达到90%～95%。

混合油汽提是指混合油的水蒸气蒸馏。混合油汽提能使高浓度混合油的沸点降低，从而使混合油中残留的少量溶剂在较低温度下尽可能地完全地被脱除。混合油汽提在负压条件下进行油脂脱溶，毛油品质更为有利。为了保证混合油气提效果，用于汽提的水蒸气必须是干蒸汽，避免直接与蒸汽中的含水与油脂接触，造成混合油中磷脂沉淀，影响汽提设备正常工作，同时可以减少汽提液泛现象。

(4)溶剂回收　在油脂浸出生产中，所用的溶剂是循环使用的，溶剂回收是浸出生产中的一个重要工序，它直接关系到生产的成本和经济效益，浸出毛油和粕的质量，生产的安全，废气、废水对环境的污染以及车间的工作条件等，因此，应予以高度重视。生产中应对溶剂进行有效的回收，并进行循环使用。

油脂浸出生产过程中的溶剂回收包括溶剂气体冷凝和冷却、溶剂和水分离、废水中溶剂回收、废气中溶剂回收等。由湿粕蒸脱机、混合油蒸发器、汽提塔、蒸煮罐等设备排出的溶剂气体，通常采用冷凝器进行冷凝回收，一般经冷凝后的冷凝液需经分水处理后方可进行循环使用。

8.4.4　影响浸出制油的主要因素

在浸出过程中，有许多因素影响浸出速率，主要的影响因素包括以下六个方面。

8.4.4.1　料坯和预榨饼的性质

料坯和预榨饼的性质主要取决于料坯的结构和料坯入浸水分。

料坯结构应具有均匀一致性，料坯的细胞组织应最大限度地被破坏且具有较大的孔隙度，以保证油脂向溶剂中迅速地扩散。料坯应该具有必要的机械性能，容重和粉末度小，外部多孔性好，以保证混合油和溶剂在料层中良好的渗透性和排泄性，提高浸出速率和减少湿粕含溶。

料坯的水分应适当。料坯入浸水分太高会使溶剂对油脂的溶解度降低，溶剂对料层的渗透发生困难，同时会使料坯或预榨饼在浸出器内结块膨胀，造成浸出后出粕的困难。料坯入浸水分太低，会影响料坯的结构强度，从而产生过多的粉末，同样削弱了溶剂对料层的渗透性，而增加了混合油的含粕末量。物料最佳的入浸水分量取决于被加工原料的特性和浸出设备的形式。一般认为料坯入浸水分低一些为好。

8.4.4.2 浸出的温度

浸出温度对浸出速度有很大的影响。提高浸出温度,可以促进扩散作用,分子热运动增强,油脂和溶剂的黏度减小,因而提高了浸出速度。但若浸出温度过高,会造成浸出器内汽化溶剂量增多,油脂浸出困难,压力增高,生产中的溶剂损耗增大,同时浸出毛油中非油物质的量增多。一般浸出温度控制在低于溶剂馏程初沸点5℃左右,如用浸出轻汽油作溶剂,浸出温度为55℃左右。若有条件的话,也可在接近溶剂沸点温度下浸出,以提高浸出速度。

8.4.4.3 浸出时间

根据油脂与物料结合的形式,浸出过程在时间上可以划分为两个阶段。第一阶段提取位于料坯内外表面的游离油脂,第二阶段提取未破坏细胞和结合态的油脂。浸出时间应保证油脂分子有足够的时间扩散到溶剂中去。但随着浸出时间的延长,粕残油的降低已很缓慢,而且浸出毛油中非油物质的含量增加,浸出设备的处理量也相应减小。因此,过长的浸出时间是不经济的。在实际生产中,应在保证粕残油量达到指标的情况下,尽量缩短浸出时间,一般为90～120 min。在料坯性能和其他操作条件理想的情况下,浸出时间可以缩短为60 min左右。

8.4.4.4 料层高度

料层高度对浸出设备的利用率及浸出效果都有影响。一般说来,料层提高,同一套而言,浸出设备的生产能力提高,同时料层对混合油的自过滤作用也好,混合油中含粕末量减少,混合油浓度也较高。但料层太高,溶剂和混合油的渗透、滴干性能会受到影响。高料层浸出要求料坯的机械强度要高,不易粉碎,且可压缩性小。应在保证良好效果的前提下,尽量提高料层高度。

8.4.4.5 溶剂比和混合油浓度的影响

浸出溶剂比是指使用的溶剂与所浸出的料坯质量之比。一般来说,溶剂比愈大,浓度差愈大,对提高浸出速率和降低粕残油愈有利,但混合油浓度会随之降低。混合油浓度太低,增大溶剂回收工序的工作量。溶剂比太小,又达不到或部分达不到浸出效果,而使干粕中的残油量增加。因此,要控制适当的溶剂比,以保证足够的浓度差和一定的粕中残油率。

对于一般的料坯浸出,溶剂比多选用(0.8～1)∶1,混合油浓度要求达到18%～25%。对于料坯的膨化浸出,溶剂比可以降低为(0.5～0.6)∶1,混合油浓度可以更高。在浸出生产中,应在保证粕残油量小于1%的前提下,尽量提高混合油浓度。提高混合油浓度有利于减少浸出毛油中的残溶量,有利于降低混合油蒸发和汽提的蒸汽消耗及溶剂冷凝的冷凝水消耗,并由于减少了溶剂的周转量,而减轻了溶剂回收的负荷,使浸出生产的溶剂损耗降低。

混合油浓度越高,料坯与混合油中的油脂浓度差越小。浓度差是浸出过程的主要推动力,因此,浸出速率也越小。同时混合油浓度越高,其黏度越大,也会降低浸出速率。降低饼粕中的残油率,混合油浓度低一些较好。混合油浓度太低会增加混合油蒸发、汽提和溶剂回收的困难。一般要求在保证饼粕残油达到规定指标的前提下,尽量提高混合油的浓度。

8.4.4.6 沥干时间和湿粕含溶剂量

料坯经浸出后,尚有一部分溶剂(或稀混合油)残留在湿粕中,须经蒸烘将这部分溶剂回收。为了减轻蒸烘设备的负荷,往往在浸出器内要有一定的时间让溶剂(或稀混合油)尽可能地与粕分离,这种使溶剂与粕分离所需的时间,称为沥干时间。生产中,在尽量减少湿粕含溶剂量的前提下，尽量缩短沥干时间。沥干时间就依浸出所用原料而定，一般为 15～25 min。

湿粕含溶剂量与浸出器的种类和操作时间有关。对于同一种浸出器，预榨饼浸出后湿粕含溶剂量比一次浸出后湿粕含溶剂量小。例如，豆坯一次浸出，湿粕含溶剂量为 25%～35%，而预榨饼浸出湿粕含溶剂量为 15%～30%。

综上所述，油脂浸出过程能否顺利进行是由许多因素决定的，而这些因素又是错综复杂、相互影响的。所以，在浸出生产过程中要能辩证地掌握这些因素并很好地加以运用，提高浸出生产效率，降低粕中残油。浸出是植物油厂对用溶剂提取油料中的油脂的俗称，浸出法制油又称萃取法取油，属固-液萃取原理。固-液萃取是利用选定的溶剂分离固体混合物中的组分的单元操作。浸出法制油就是用溶剂将含有油脂的油料料坯进行浸泡或淋洗，使料坯中的油脂被萃取溶解在溶剂中，经过滤得到含有溶剂和油脂的混合油。由于溶剂的挥发温度低于油脂，加热混合油，使溶剂挥发并与油脂分离得到的毛油，毛油经水化、碱炼、脱色等精炼工序的处理，成为符合国家标准的食用油脂。挥发出来的溶剂气体，经过冷却回收，循环使用。

8.5　超临界流体萃取法制油

超临界流体萃取技术是用超临界状态下的流体作为溶剂对油料中油脂进行萃取分离的技术。

8.5.1　超临界流体萃取法制油的原理

一般物质，当液相和气相在常压下平衡时，两相的物理特性如密度、黏度等差异显著。但随着压力升高，这种差异逐渐缩小。当达到某一温度 T_c(临界温度)和压力 p_c(临界压力)时，两相的差别消失，合为一相，这一点就称为临界点。在临界点附近，压力和温度的微小变化都会引起气体密度的很大变化。随着向超临界气体加压，气体密度增大，逐渐达到液态性质，这种状态的流体称为超临界流体。超临界流体具有介于液体和气体之间的物化性质，其相对接近液体的密度使它有较高的溶解度，而其相对接近气体的黏度又使它有较高的流动性能，扩散系数介于液体和气体之间，因此其对所需萃取的物质组织有较佳的渗透性。这些性质使溶质进入超临界流体较进入平常液体有较高的传质速率。将温度和压力适宜变化时，可使其溶解度在 100～1 000 倍的范围内变化。一般地讲，超临界流体的密度越大，其溶解力就越强，反之亦然。也就是说，超临界流体中物质的溶解度在恒温下随压力 p($p>p_c$ 时)升高而增大，而在恒压下，其溶解度随温度 T($T>T_c$ 时)增高而下降。这一特性有利于从物质中萃取某些易溶解的成分，而超临界流体的高流动性和扩散能力，则有助于所溶解的各成分之间的分离，并能加速溶解平衡，提高萃取效率。通过调节超临界流体的压力和温度来进行选择性的萃取所要的物质。

油脂工业开发应用超临界 CO_2 作为萃取剂。从 CO_2 的相平衡图(图 8-14)，可以看到，CO_2 的临界温度为 31.1℃，临界压力 7.3MPa；当温度高于 31.1℃，压力大于 7.3MPa 时，CO_2 即处于超临界流体状态。而这样的条件在现代工业中是完全可以实现的。经研究发现，CO_2 超临界流体萃取技术与普通分离技术相比有许多优点，CO_2 超临界流体萃取可以在较低温度和无氧条件下操作，保证了油脂和饼粕的质量。CO_2 对人体无毒性，且易除去，不会造成污染，食用安全性高。采用 CO_2 超临界流体分离技术，整个加工过程中，原料不发生相变，有明显的节能效果。CO_2 超临界流体萃取分离效率高。CO_2 超临界流体具有良好的渗透性和溶解性。CO_2 超临界流体萃取具有极高的选择性。通过调节温度、压力,可以进行选择性提取。CO_2 成本低,不燃,无爆炸性,方便易得。

超临界 CO_2 提取技术的发展为油脂加工提供了新的、有前途的工艺。近 30 年来,国内外在超临界 CO_2 萃取植物油脂的基础理论研究和应用开发上都取得了一定的进展,对超临界 CO_2 提取大豆油、小麦胚芽油、玉米胚芽油、棉籽油、葵花籽油、红花籽油等都做了系统的研究,制造出容积超过 10 000 L 的提取装置,并在特种油脂方面已有工业化生产,德国、日本、美国在这方面处于领先地位。国内近年来也对超临界提取植物油脂做了大量的开发性研究,在提取设备方面,已生产出了 1～10 000 L 的超临界 CO_2 提取装置,供实验和生产使用。植物油脂的 CO_2 超临界流体萃取制油技术,可以说是该技术领域中最有商业价值的应用技术,在不久的将来必然会得到迅速的推广和应用。

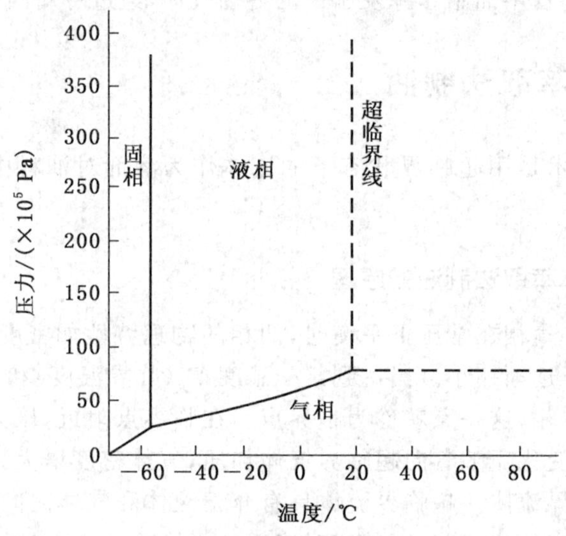

图 8-14　CO_2 的相平衡图

8.5.2　临界流体萃取工艺

超临界流体萃取工艺是以超临界流体为溶剂,萃取所需成分,然后采用升温、降压或吸附等手段将溶剂与所萃取的组分分离。所以,超临界流体萃取工艺主要由超临界流体萃取溶质和被萃取的溶质与超临界流体分离两部分组成。根据分离过程中萃取剂与溶质分离方式的不同,超临界流体萃取可分为 3 种加工工艺形式(图 8-15)。

8.5.2.1　恒压萃取法

从萃取器出来的萃取相在等压条件下,加热升温,进入分离器溶质分离。溶剂经冷却后回到萃取器循环使用。

8.5.2.2　恒温萃取法

从萃取器出来的萃取相在等温条件下减压、膨胀,进入分离器溶质分离,溶剂经调压装置加压后再回到萃取器中。

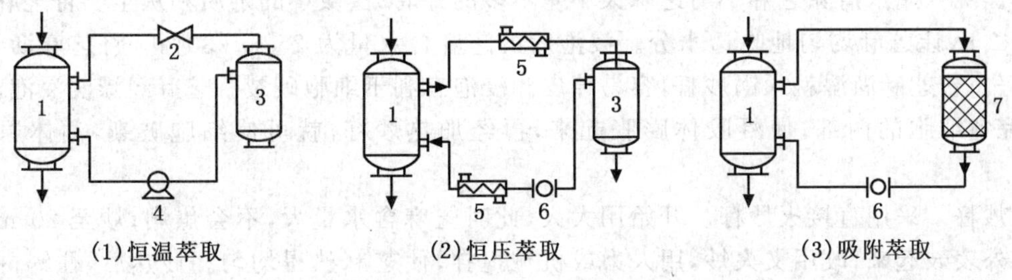

1.萃取罐　2.膨胀阀　3.分离罐　4.压缩机　5.换热器　6.输送泵　7.吸附罐

图 8-15　超临界萃取基本流程

8.5.2.3　吸附萃取法

从萃取器出来的萃取相在等温等压条件下进入分离器，萃取相中的溶质由分离器中吸附剂吸附，溶剂再回到萃取器中循环使用。

8.6　水溶剂法制油

水溶剂法制油是根据油料特性、水、油物理化学性质的差异，以水为溶剂，采取一些加工技术将油脂提取出来的制油方法。根据制油原理及加工工艺的不同，水溶剂法制油有水代法制油和水溶法制油两种。

8.6.1　水代法制油

8.6.1.1　水代法生产原理

水代法制油是利用油料中非油成分对水和油的亲和力不同，以及油水之间的比重差，经过一系列工艺过程，将油脂和亲水性的蛋白质、碳水化合物等分开。水代法制油主要运用于传统的小磨麻油的生产。芝麻种子的细胞中除含有油分外，还含有蛋白质、磷脂等，它们相互结合成胶状物，经过炒子，使可溶性蛋白质变性，成为不可溶性蛋白质。当加水于炒熟磨细的芝麻酱中时，经过适当的搅动，水逐步渗入到麻酱之中，油脂就被代替出来。

二维码 8-3　小磨香油生产加工制作技术

8.6.1.2　芝麻水代法制油工艺

芝麻水代法制油工艺流程如图 8-16 所示。

芝麻 → 筛选 → 漂洗 → 炒籽 → 扬烟 → 吹净 → 磨酱 → 兑浆搅油 → 振荡分油 → 芝麻油 / 麻渣

图 8-16　芝麻水代法制油工艺流程

(1)筛选　清除芝麻中的杂质，如泥土、沙石、铁屑等杂质及杂草子和不成熟芝麻粒等。筛选愈干净愈好。

(2)漂洗　用水清除芝麻中与芝麻大小差不多的并肩泥、微小的杂质和灰尘。将芝麻漂洗浸泡1～2 h，让芝麻均匀地吃透水分。浸泡后的芝麻含水量为25%～30%。将芝麻沥干，再入锅炒籽。若芝麻尚湿就入锅炒籽，容易掉皮。浸泡有利于细胞破裂。芝麻经漂洗浸泡，水分渗透到完整细胞的内部，使凝胶体膨胀起来，再经加热炒籽，就可使细胞破裂，油体原生质流出。

(3)炒籽　采用直接火炒籽。开始用大火，此时芝麻含水量大，不会焦煳；炒至20 min左右，芝麻外表鼓起来，改用文火炒，用人力或机械搅拌，使芝麻熟得均匀。炒熟后，往锅内泼炒籽量3%左右的冷水，再炒1 min，芝麻出烟后出锅。泼水的作用是使温度突然下降，让芝麻组织酥散，有利于磨酱，同时也使窝烟随水蒸气上扬。炒好的芝麻用手捻即出油，呈咖啡色，牙咬芝麻有酥脆均匀、生熟一致的感觉。这里值得一提的是，专为食用的芝麻酱要用文火炒籽，而专为提取小磨香油的香味。芝麻要火大一些，炒得焦一些。

炒籽的作用主要是使蛋白质变性，利于油脂取出。芝麻炒到接近200℃时，蛋白质基本完全变性，中性油脂含量最高，超过200℃烧焦后，部分中性油溢出，油脂含量降低。此外，在对浆搅油时，焦皮可能吸收部分中性油，所以，芝麻炒得过老则出油率降低。炒籽生成香味物质，只有高温炒的芝麻才有香味。高温炒籽后制出的油，如不再加高温，就能保留住浓郁的香味。这就是水代法取油工艺的主要特点之一。

(4)扬烟吹净　出锅的芝麻要立即散热，降低温度，扬去烟尘、焦末和碎皮。焦末和碎皮在后续工艺中会影响油和渣的分离，降低出油率。出锅芝麻如不及时扬烟降温，可能产生焦味，影响香油的气味和色泽。

(5)磨酱　将炒酥吹净的芝麻用石磨或金刚砂轮磨浆机磨成芝麻酱。芝麻酱磨得愈细愈好。把芝麻酱点在拇指指甲上，用嘴把它轻轻吹开，以指甲上不留明显的小颗粒为合格。磨酱时添料要匀，严禁空磨，随炒随磨，熟芝麻的温度应保持在65～75℃，温度过低易回潮，磨不细。石磨转速以30 r/min，石磨的磨纹很细，磨几批芝麻后就需要凿磨一次。

磨酱的作用：炒籽后，内部油脂聚集，处于容易提取的状态(油脂黏度降低)，经磨细后形成浆状。由于芝麻含油量较高，出油较多，此浆状物是固体粒子和油组成的悬浮液，比较稳定，固体物和油很难通过静置而自行分离。因此，必须借助于水，使固体粒子吸收水分，增加比重而自行分离。

磨酱要求愈细愈好，这有两个目的：一是使油料细胞充分破裂，以便尽量取出油脂；二是在对浆搅油时使水分均匀地渗入麻酱内部，油脂被完全取代。

(6)兑浆搅油　用人力或离心泵将麻酱泵入搅油锅中，麻酱温度不能低于40℃，分4次加入相当于麻酱重80%～100%的沸水。第一次加总用水量的60%，搅拌40～50 min，转速30 r/min。搅拌开始时麻酱很快变稠，难以翻动，除机械搅拌外，需用人力帮助搅拌，否则容易结块，吃水不匀。搅拌时温度不低于70℃。到后来，稠度逐渐变小，油、水、渣三者混合均匀，40 min后有微小颗粒出现，外面包有极微量的油。第二次加总用水量的20%，搅拌40～50 min，仍需人力助拌，温度约为60℃，此时颗粒逐渐变大，外部的油增多，部分油开始浮出。第三次约加总加水量的15%，仍需人力助拌约15 min，这时油大部分浮到表面，底部浆成蜂窝状，流动困难，温度保持在50℃左右。最后一次加水(俗称“定浆”)需凭经验调节到适宜的程度，降低搅拌速度到10 r/min，不需人力助拌，搅拌1 h左右，又有油脂浮到表面，此时开始“撇油”。撇去大部分油脂后，最后还应保持7～9 mm厚的油层。

对浆搅油的作用:对浆搅油是整个工艺中的关键工序,是完成以水代油的过程。加水量与出油率有很大关系,适宜的加水量才能得到较高的出油率。这是因为麻酱中的非油物质在吸水量不多不少的情况下,一方面能将油尽可能代替出来,另一方面生成渣浆的黏度和表面张力可达最优条件,振荡分油时容易将包裹在其中的分散油脂分离出来,撇油也易进行。如加水量过少,麻酱吸收的水量不足,不能将油脂较多地顶替出来,且生成的渣浆黏度大,振荡分油时内部的分散油滴不易上浮到表面,出油率低。如加水量过多,除麻酱吸收的水外,多余的水就与部分油脂、渣浆混合在一起,产生乳化作用而不易分离,同时,生成的渣浆稀薄,黏度低,表面张力小,撇油时油与渣浆容易混合,难以将分离的油脂撇尽,因此也影响出油率。加水量的经验公式如下:

$$加水量=(1-麻酱含油率)\times 麻酱量\times 2$$

加水量除与麻酱中的非油物质量直接有关外,还与原料品质、空气相对湿度等因素有关。

(7)振荡分油、撇油　经过上述处理的湿麻渣仍含部分油脂。振荡分油(俗称"墩油")就是利用振荡法将油尽量分离提取出来。工具是两个空心金属球体(葫芦),一个挂在锅中间,浸入油浆,约葫芦的2/3;另一个挂在锅边,浸入油浆,约葫芦的1/2。锅体转速10 r/min,葫芦不转,仅做上下击动,迫使包在麻渣内的油珠挤出升至油层表面,此时称为深墩。约50 min后进行第二次撇油,再深墩50 min后进行第三次撇油。深墩后将葫芦适当向上提起,浅墩约1 h,撇完第四次油,即将麻渣放出。撇油多少根据气温不同而有差别。夏季宜多撇少留,冬季宜少撇多留,借以保温。当油撇完之后,麻渣温度在40℃左右。

8.6.2 水剂法制油

8.6.2.1 水剂法制油原理

水剂法制油是利用油料蛋白(以球蛋白为主)溶于稀碱水溶液或稀盐水溶液的特性,借助水的作用,把油、蛋白质及碳水化合物分开。其特点是以水为溶剂,食品安全性好,无有机溶剂浸提的易燃、易爆之虑。能够在制取高品质油脂的同时,可以获得变性程度较小的蛋白粉以及淀粉渣等产品。水剂法提取的油脂颜色浅、酸价低、品质好,无须精炼即可作为食用油。与浸出法制油相比,水剂法制油的出油率稍低;与压榨法制油相比,水剂法制油的工艺路线长。

水剂法制油主要用于花生制油,同时提取花生蛋白粉的生产。将花生仁烘干、脱皮,然后研磨成浆,加入数倍的稀碱溶液,促使花生蛋白溶解,油从蛋白中分离出来,微小的油滴在溶液内聚集,由于密度小而上浮,部分油与水形成乳化油,也浮在溶液表层。将表面油层从溶液中分离出来,加热水洗,脱水后即可得到质量良好的花生油。另外,在蛋白溶液中加盐酸,调节溶液的氢离子浓度(pH),在等电点处使蛋白质凝聚沉淀,最后经水洗、浓缩、干燥而制成花生蛋白粉。

8.6.2.2 花生水剂法制油工艺

花生水剂法制油工艺流程如图8-17所示。

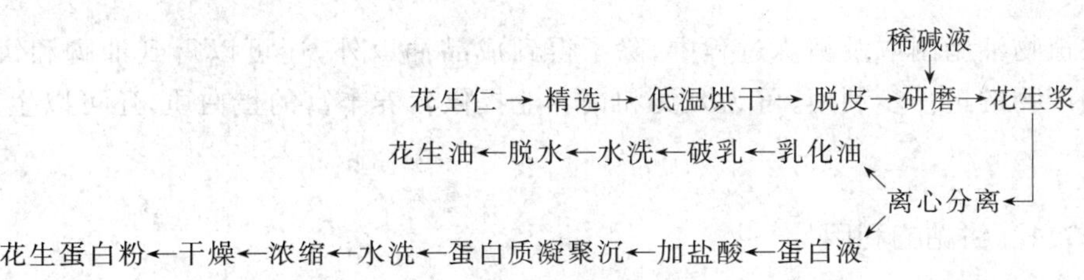

图8-17　花生水剂法制油工艺流程

(1)花生仁清理和脱皮　清理采用筛选的方法除杂,清理后的花生仁要求杂质<0.1%。清理后的花生仁在远红外烘干设备中进行二次低温烘干,原料温度不超过70℃,时间2～3 min,水分降至5%以下,如此处理即有利于脱除花生红皮,同时蛋白质变性程度轻。烘干后的物料立即冷却至40℃以下,然后经脱皮机脱皮,通常采用砻谷机脱除花生红皮。仁皮分离后要求花生仁含皮率小于2%。

(2)碾磨　碾磨可以破坏细胞的组织结构。碾磨后固体颗粒细度在10 μm以下,使其不至于形成稳定的乳化液,有利于分离。碾磨可用湿法研磨或干法研磨。湿法研磨是将花生仁按仁水比1∶8的比例,在30℃的温水中浸泡1.5～2 h,然后直接用磨浆机或电动石磨磨成花生浆。碾磨的方式以干磨为佳。磨后的浆状液以油为主体,其悬浮液不会乳化。

(3)浸取　浸取是利用水将料浆中的油与蛋白质提取出来的过程。要求油和蛋白质充分进入溶液,不使它们在浸取过程中形成稳定的乳状液,以免分离困难。浸取采用稀碱液,因为稀碱液能溶解较多的蛋白质,又能起到一定的防腐和防乳化作用。干法研磨浸取时固液比为1∶8,调节氢离子浓度到pH 8～8.5,浸取温度62～65℃,浸出设备一般采用带搅拌的立式浸出罐,浸取过程中不断搅拌以利于蛋白质充分溶解。浸取时间30～60 min,保温2～3 h,上层为乳状油,下层为蛋白液。

(4)分离　蛋白浆与残渣的混合液,必须分步骤把它们分开。根据实践,凡固液分离(如残渣和蛋白浆)选用卧式螺旋离心机,而液体分离(如油与蛋白溶液)则选用管式超速离心机或碟片式离心机效果较好。最好的是选用新型高效的三相(蛋白浆、油与残渣)自清理碟式离心机,可以达到减少分离工序设备与降低损失的目的。

(5)破乳　浸取后分离出的乳状油含水分24%～30%,蛋白质1%左右,很难用加热法去水,因而破乳工序是十分必要的。破乳的方法以机械法最为简单。此法是先将乳状油加盐酸调节氢离子浓度到pH 4～6,然后加热至40～50℃并剧烈搅拌而破乳,使蛋白质沉淀,水被分离出来。接着再用超高速离心机将清油与蛋白液分开。清油经水洗、加热及真空脱水后便可获得高质量的成品油。

(6)蛋白浆的浓缩干燥　经超高速离心机分离出来的蛋白浆,在管式灭菌器内75℃下灭菌后,进入升膜式浓缩锅中,在真空度88～90.66 kPa(680 mmHg)、温度55～65℃的条件下浓缩到干物质含量占30%左右,接着用高压泵泵入喷雾干燥塔内,在进风温度145～150℃、排风温度75～85℃(负压900 Pa)的条件下,干燥成花生浓缩蛋白产品。

(7)淀粉残渣处理　淀粉残渣经离心机分离后,再经水洗、干燥后得到副产品淀粉渣粉,淀粉渣粉含有10%的蛋白质和30%的粗纤维,可应用于食品或饲料生产。

8.7　植物油脂加工副产物的综合利用途径

在植物油脂制取及精炼过程中,除了得到成品油以外,还可以得到油脚和饼粕等副产物。这些副产物的进一步利用,可为人类和饲养业提供营养丰富的蛋白质,还可以生产出许多化工产品。

8.7.1　饼粕的利用

全国每年有近千万吨左右的饼粕产出。如何充分合理地开发利用是一个重要的问题。饼粕中除大豆、花生、芝麻饼(粕)可以直接利用作食用或饲用蛋白质外，菜籽饼(粕)、棉籽饼(粕)都涉及脱毒问题。脱毒后的饼粕可作饲料蛋白质。常用饼粕脱毒方法分为两类：一类是使饼粕中的抗营养素发生钝化、破坏或结合等作用，从而减轻其有害作用；另一类是将有害物从饼粕中分离出来，达到去毒的目的。

8.7.1.1　热处理法

热处理法可分为干热处理法、湿热处理法、加热处理法和蒸汽汽提法。干热处理法是将碾碎的饼粕不加水，在 80～90℃温度下蒸 30 min，使饼粕中的酶钝化；湿热处理法是先碾碎饼粕，在开水中浸泡数分钟，然后再按干热处理法加热。加热处理法和蒸汽汽提法是将饼粕在 0.2 MPa 压力下加热处理 60 min，通入蒸汽，温度保持在 110℃，处理 1 h 后，饼粕的饲喂效果较好。

8.7.1.2　水洗处理法

饼粕用热水浸泡可去除其中的有毒物质。该法缺点是饼粕中的干物质损失较大。并可连续水洗，也可 2 次水洗，以此法应用较多。第一种方法是将饼粕用水浸泡 8 h 后过滤，然后再放在另外水中浸泡 2 h。第二种方法是第一次用水浸泡 14 h 后过滤，再用水浸泡 1 h。饼与水的比例以 1:5为合适。此法用水量大，饼粕中干物质损失也较多。

8.7.1.3　碱处理法

在热处理或水洗处理的同时，加入一定量的碱，可使脱毒效果大幅度提高。

8.7.1.4　膨化处理法

将菜籽饼或棉籽饼加入膨化机中，在 pH 为 12，温度为 200～250℃下进行膨化处理，脱毒率可达 98%以上，这是目前脱毒技术中最有效、最经济的方法之一。

8.7.2　油脚的综合利用

8.7.2.1　磷脂的制取

制油过程中获得的毛油经过水化精炼，可以得到一种副产品——水化油脚。水化油脚的主要成分是油和磷脂，水化油脚经过处理可以制取磷脂，并能回收一部分中性油脂。水化油脚中水分含量高，应该及时处理水化油脚，否则极易分解变质发臭。从水化油脚中提取磷脂首先必须除去水分、杂质，提高磷脂的含量。提取磷脂的方法主要有 3 种：溶剂萃取法、盐析法及真空干燥法。其中以萃取法所得成品最纯，但此法成本较高，一般用于制取药用磷脂，对食品及工业用磷脂，纯度要求不太高，一般可用盐析法或真空干燥法制取。

(1)盐析法　盐析法的原理是通过加盐和加热，破坏磷脂油脚中的胶体，使一部分油和水析出，同时磷脂中保留一部分食盐，可以抑制微生物的活动，防止油脚的发酵分解。

盐析法工艺流程如图 8-18 所示。

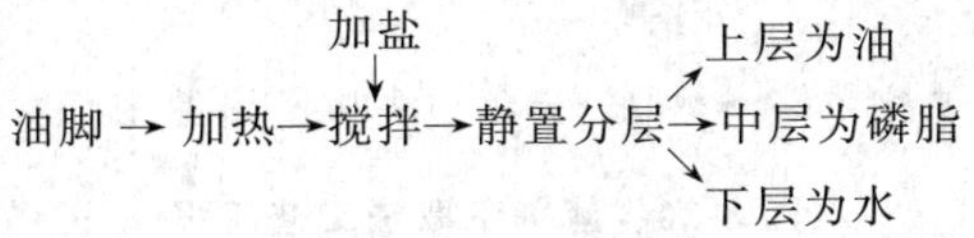

加盐↓
油脚 → 加热 → 搅拌 → 静置分层 → 上层为油 / 中层为磷脂 / 下层为水

图 8-18　盐析法工艺流程

将含磷脂的油脚加热到 80～90℃，然后加入 7%～9%的食盐。食盐需磨细，分 3 次加入：第一次、第三次用量均为 1/4，第二次为 1/2。每次加盐时要剧烈搅拌，加盐时间为 40～

50 min。油脚经盐析后分为3层:上层为油,中层为磷脂,下层为水。放出下层的水,撇去上层油脂,中层即为粗磷脂。如果第一次盐析处理得好,可使粗磷脂含水量降到45%左右,油脂和磷脂含量各为27%。为了进一步浓缩磷脂,可以进行第二次盐析,磷脂在搅拌下加热到95℃,然后加入细度为1 mm的风干食盐(加磷脂量的7%),继续搅拌0.5 h后静置2~2.5 h,分离油脂和水,得到粗磷脂的浓缩物,该物含水分35%、油脂20%、磷脂37%、氯化钠7%。它可以用在食品工业上,也可用作制备纯磷脂的原料。

(2)真空干燥法　真空干燥法的原理是先将油脚溶于油,然后加水进行水化,分离磷脂,最后在真空条件下脱去磷脂中的水分。真空干燥法工艺流程如图8-19所示。

精炼油↓(搅拌)　水↓(搅拌)

油脚→搅拌→加热→过滤→搅拌→沉淀→真空浓缩→成品

图8-19　真空干燥法工艺流程

在磷脂油脚中加入8~10倍的精炼油,充分搅拌,加热至95~100℃,使磷脂完全溶解。约经50 min后,进行过滤或离心分离,滤去杂质,在含有磷脂的滤出油中加入1~1.5倍磷脂量的水,使磷脂水化,沉淀析出。将沉淀出的含磷脂油脚送入真空干燥器。当真空度达到106.7 kPa时开进料阀门,将磷脂吸入罐内,干燥的开始温度须控制在80~85℃,不能超过90℃。待干燥至半固体状时,泡沫减少,可升温至90~95℃,干燥可一直进行到水分降至1%左右。总干燥时间为5~6 h。得到的磷脂制成品的质量规格如表8-3所示。

表8-3　浓缩磷脂的质量规格　%

用途	磷脂	油脂	水分	其他
食品用磷脂	59~63	36~40	1以下	0.4以下
医药用磷脂	69~74	25~30	1以下	0.4以下

(3)溶剂萃取法　溶剂萃取法是根据磷脂不溶于丙酮的性质,用丙酮作溶剂萃取磷脂中的油脂等,从而得到磷脂精制品。溶剂萃取法工艺流程如图8-20所示。

先将油脚在真空干燥器内,在80 kPa真空度和60℃下脱水8 h,使水分达到10%左右,然后将脱水磷脂油脚装入密闭容器中,加入丙酮,不断搅拌,以萃取其中的油脂。萃取分3次进行,第一次加入丙酮为磷脂重的10倍,第二、第三次各加入磷脂重5倍的丙酮。萃取后倾出溶剂,在高度真空和30~40℃下,蒸发除去磷脂中的残余丙酮,即得成品。在精制磷脂的所有过程中。温度都不得高于100℃,以免磷脂颜色加深。制得的成品为淡黄色细粒状,水分含量在2%左右,磷脂含量达97%以上,具有芳香气味。

丙酮↓(萃取)　水↑(分离)

油脚→真空浓缩→萃取→分离→萃取液→真空蒸发→成品

图8-20　溶剂萃取法工艺流程

8.7.2.2　脂肪酸的制取

植物油厂在毛油精炼过程产生的碱炼皂脚和水化油脚是制取脂肪酸的主要原料。存在于皂脚中的脂肪酸有两种形式:一种是碱金属皂,另一种是中性油。皂脚中肥皂含量为25%~

30%,中性油为 12%~25%,总脂肪酸量为 40%~50%,其余是水分和少量的胶体物质、色素、游离碱和饼屑等。

用油脚和皂脚为原料生产混合脂肪酸的原理及工艺基本相同。皂脚脂肪酸的生产原理主要是基于在强酸存在下,肥皂发生分解生成相应的脂肪酸和盐,中性油发生水解生成相应的脂肪酸和甘油。脂肪酸的制取过程一般分为混合脂肪酸的制取和混合脂肪酸的分离两部分。混合脂肪酸的制取方法有:皂化酸解法、酸化水解法和溶剂皂化法等;混合脂肪酸的分离方法有冷冻压榨法、表面活性剂离心分离法、精馏法、溶剂分离法和尿素分离法等。目前应用最多的皂脚脂肪酸生成工艺有两种:皂化酸解冷冻压榨分离法和酸化水解冷冻压榨分离法。皂脚经皂化酸解或酸化水解后制得的脂肪酸半成品,在工厂被称为黑脂肪酸或粗脂肪酸。

(1)皂化酸解冷冻压榨分离法　皂化酸解冷冻压榨分离法工艺流程如图 8-21 所示。

固体脂肪酸
↑
皂脚 → 皂化 → 酸解 → 水洗干燥 → 蒸馏 → 混合脂肪酸 → 冷冻压榨
↓
液体脂肪酸

图 8-21　皂化酸解冷冻压榨分离法工艺流程

皂化:目的是将原料中中性油脂补充皂化,同时使蛋白质、色素、磷脂等杂质排出,要求皂化率达到 97%左右。一般使用 36°Bé 氢氧化钠溶液,皂脚 pH 在 10~11,皂化 4~6 h。

酸解:用浓度为 95%~98%的硫酸酸解使肥皂成为黑脂肪酸。操作时,pH 控制为 2~3。酸解以后,静置分层 1~2 h,放出下层废酸液。

水洗干燥:水洗是用 2%盐水多次洗涤黑脂肪酸中残存的硫酸和杂质,使下层水相的 pH 接近中性。然后在温度 130℃左右,搅拌蒸发水分,直至液面无蒸汽逸出。

蒸馏:在一定温度和真空度下蒸馏黑脂肪酸,得到颜色较浅、杂质含量较少的混合脂肪酸,而沸点较高的不皂化物等成为黑脚被排出分离。

冷冻压榨:混合脂肪酸含有 50%~55%凝固点较低的不饱和脂肪酸,其余为凝固点稍高的饱和脂肪酸。在温度 10~14℃,经过 20~30 h 的冷冻,饱和脂肪酸凝固成固体状态,而不饱和脂肪酸仍为液体状态。压榨是借助于机械压力,使固态饱和脂肪酸和处于其结晶颗粒组织中的液态不饱和脂肪酸分离,成为两种产品。

本法操作较易掌握,上马容易。但酸碱耗量大,劳动条件较差,在各生产环节中存在一定的浪费和污染。

(2)酸化水解冷冻离心法　酸化水解冷冻离心法工艺流程如图 8-22 所示。

固体脂肪酸
↑
皂脚 → 酸化水解 → 水洗干燥 → 蒸馏 → 混合脂肪酸 → 冷冻离心
↓
液体脂肪酸

图 8-22　酸化水解冷冻离心法工艺流程

酸化水解是用硫酸将皂脚中的肥皂分解,得到脂肪酸和中性油的混合物。这种混合物通常称为酸化油。然后,在催化剂的存在下,使酸化油中的中性油水解生成脂肪酸和甘油。

凡能在水溶液中释放出 H^+ 或 OH^- 的物质,都具有催化油脂水解反应速率的作用,均为催化剂。酸性催化剂在常温常压条件下能催化油脂水解反应，常用的有硫酸、烷基苯磺酸、烷基磺酸等。碱性催化剂适用于高温油脂水解，在常压下对油脂水解不起作用，主要有碱性氧化物如氧化锌、氧化镁、氧化钙等。

酸化水解法的其他工序与皂化酸解法类似，最后采用离心分离法得到固体脂肪酸和液体脂肪酸两种产品。与皂化酸解法相比，酸化水解法不用烧碱和食盐，硫酸耗量也减少30%左右，并且便于从水解废水中回收甘油。脂肪酸产品质量指标如表8-4所示。

表8-4 脂肪酸产品质量指标

项目		指标	项目		指标
固体脂肪酸	色泽	次白	液体脂肪酸	色泽	淡黄
	酸价	>190		酸价	190～205
	凝固点/℃	38～42		凝固点/℃	<8
	可皂化物/%	>95		皂化价	190～207
				碘价	120～125
				水分/%	<0.2

思考题

1. 植物油料的种类、子实结构及物理性质对油料制油的影响。
2. 试述植物油料的化学成分，植物油脂品质的关系。
3. 试述植物油料制油过程中预处理的方法、目的及要求。
4. 试述机械压榨法制油的特点、机理及工艺。影响压榨制油效果的因素有哪些?
5. 试述机械压榨法制油工艺类型及设备特点。
6. 试述溶剂浸出法制油的特点、机理及工艺。
7. 试述浸出法制油对浸出溶剂的要求。
8. 试述浸出法制油常用的浸出溶剂及特点。
9. 试述影响浸出法制油效果的主要因素有哪些?
10. 试述超临界流体萃取法制油的特点、机理及工艺。
11. 试述水溶剂法制油的特点、机理及工艺。
12. 试述油脂加工副产品综合利用的途径。

参考文献

[1] 武汉粮食工业学院. 油脂制取工艺与设备. 北京：中国财经出版社，1983
[2] 雕鸿荪. 油料预处理及压榨工艺学. 南昌：江西科学技术出版社，1985
[3] 苏望懿. 油脂加工工艺学. 武汉：湖北科学技术出版社，1990
[4] 姚惠源. 谷物加工工艺学. 北京：中国轻工业出版社，1999
[5] 刘玉兰. 植物油脂生产与综合利用. 北京：中国轻工业出版社，1999
[6] 倪培德. 油脂加工技术. 北京：化学工业出版社，2003
[7] 刘玉兰. 油脂制取与加工工艺学. 北京：科学出版社，2009
[8] 于殿宇. 油脂工艺学. 北京：科学出版社，2012
[9] 何东平，刘良忠，闫子鹏. 油脂工厂综合利用. 北京：中国轻工业出版社，2011

第9章
油脂的精炼与深加工

本章学习目的与要求

毛油中存在杂质的种类和毛油精炼的目的意义；烹调油、色拉油的基本特点和生产工艺过程；毛油脱胶、脱酸的基本原理、基本方法和影响因素；人造奶油、起酥油的功能性质、加工工艺及操作要点；影响油脂氢化反应的因素。

9.1 油脂的精炼

9.1.1 概述

油脂精炼技术可以追溯到很久以前。不过,早期的油脂精炼仅停留在沉淀法和熔炼法等简单的初级水平。直到19世纪才提出了化学法碱炼,自1923年Hapgood和Mayme等提出离心分离法并在棉籽油碱炼上取得成功,从此,油脂精炼技术才得到迅速发展。作为食用油加工的最后一个工段——油脂精炼,其主要任务是生产出高质量的精炼油。提高油脂精炼率与降低消耗是矛盾的两个方面,也是精炼生产技术的关键所在。

9.1.1.1 油脂精炼的目的

经压榨或浸出法得到的、未经精炼的植物油脂一般称之为毛油(粗油)。毛油的主要成分是混合脂肪酸甘油三酯,俗称中性油。此外,还含有数量不等的各类非甘油三酯成分,统称为油脂的杂质。精炼的目的就是去掉毛油中的杂质,保持油脂的食用品质,并保留和提取毛油中的有益成分。

9.1.1.2 油脂的杂质种类

(1)机械杂质 机械杂质是指在制油或储存过程中混入油中的泥沙、料坯粉末、饼渣、纤维、草屑及其他固态杂质。这类杂质不溶于油脂,故可以采用过滤、沉降等方法除去。

(2)水分 水分的存在,使油脂颜色加深,产生异味,促进酸败,降低油脂的品质及使用价值,不利于其安全储存,工业上常采用常压或减压加热法除去水分。

(3)胶溶性杂质 这类杂质以极小的微粒状态分散在油中,与油一起形成胶体溶液,主要包括磷脂、蛋白质、糖类、树脂和黏液物等,其中最主要的是磷脂。磷脂是一类营养价值较高的物质,但混入油中会使油色变深暗、混浊。磷脂遇热(280℃)会焦化发苦,吸收水分促使油脂酸败,影响油品的质量和利用。

胶溶性杂质易受水分、温度及电解质的影响而改变其在油中的存在状态,生产中常采用水化、加入电解质进行酸炼或碱炼的方法将其从油中除去。

(4)脂溶性杂质 主要有游离脂肪酸、色素、甾醇、生育酚、烃类、蜡、酮,还有微量金属和由于环境污染带来的有机磷、汞、多环芳烃、曲霉毒素等。

油脂中游离脂肪酸的存在,会影响油品的风味和食用价值,促使油脂酸败。生产上常采用碱炼、蒸馏的方法将其从油脂中除去。

色素能使油脂带较深的颜色,影响油的外观,可采用吸附脱色的方法将其从油中除去。某些油脂中还含有一些特殊成分,如棉籽油中含棉酚,菜籽油中含芥子甙分解产物等,它们不仅影响油品质量,还危害人体健康,也需在精炼过程中除去。

(5)微量杂质 这类杂质主要包括微量金属、农药、多环芳烃、黄曲霉毒素、浸出法制油的残留溶剂等,虽然它们在油中的含量极微,但对人体有一定毒性,因此,需从油中除去。

油脂中的杂质并非对人体都有害,如生育酚和甾醇都是营养价值很高的物质。生育酚是合成生理激素的母体,有延迟人体细胞衰老、保持青春等作用,它还是很好的天然抗氧化剂。甾醇在光的作用下能合成多种维生素D。因此,油脂精炼的目的是根据不同的用途与要求,除去油脂中的有害成分,并尽量减少中性油和有益成分的损失。

9.1.2 油脂精炼工艺确定的原则

油脂精炼工艺确定的原则包括最大限度地提高精炼率，降低炼耗，工艺过程力求完善，采用先进工艺和设备，取得最高油脂得率；根据毛油的性质、组成和油脂产品的规格指标来确定最合理的精炼工艺；工艺流程简单合理，生产过程机械化、连续化、自动化程度高，劳动强度低；工艺过程与设备的配置适应性强。

9.2 油脂精炼的方法

9.2.1 毛油中机械杂质的去除

9.2.1.1 去除方法

(1)沉降法　凡利用油和杂质之间的比重不同并借助重力将它们自然分开的方法称为沉降法。所用设备简单，凡能存油的容器均可利用。但这种方法沉降时间长、效率低，生产实践中已很少采用。

(2)过滤法　借助重力、压力、真空或离心力的作用，在一定温度条件下使用滤布过滤的方法统称为过滤法。油能通过滤布而杂质留存在滤布表面从而达到分离的目的。

(3)离心分离法　凡利用离心力的作用进行过滤分离或沉降分离油渣的方法称离心分离法，离心分离效果好、生产连续化，处理能力大，而且滤渣中含油少，但设备成本较高。

9.2.1.2 设备要求

毛油去杂工艺过程主要是物理方法，危害采自机械设备本身的性能。由于在去杂工艺中需要设备加压，对设备的制造材质要求很高，不合格的材料可能导致滤网破损或者设备其他部件损坏；部分金属屑落入油中，过滤不充分，对设备其他部件也有损害。

在去杂工艺中，不正确的操作会损坏机器设备，造成不必要的伤害。

9.2.1.3 影响因素

毛油去杂除了与设备本身的性能有关外，还与下列因素有关。

(1)含渣量　在温度、压力相同的条件下，油中含渣量越大，过滤时滤饼层越厚、阻力越大，使得过滤周期相应缩短，分离效果差。为了减小除杂设备总的负荷，一般应设立澄油箱，用自然沉淀法撇去上面大部分净油，下面部分杂质较多的毛油进入过滤设备除杂。

(2)过滤的温度　温度升高，油脂的黏度下降，可使过滤速度加快，但为防止油的氧化，一般过滤温度以不超过90℃为宜。

(3)过滤时的压力　增大压力，可以加快过滤速度，使产量提高。但超过一定的压力时，可能由于滤饼结块影响过滤速度的提高，同时也影响过滤质量。

(4)水分　一些生产浓缩磷脂或粉末磷脂的大豆油厂，尤其要注意对毛油水分的脱除。因为毛油中的水分能使油中的磷脂吸水膨胀沉淀，增大毛油除杂的难度。

基于上述影响因素，油脂企业应该根据生产量的大小及生产工艺的异同，确定不同的设备选型，并根据毛油本身成分结构的不同和所含杂质的物性不同，确定适当的过滤压力和温度，以达到最快的过滤速度和最好的过滤质量。

9.2.2 脱胶

脱除油中胶体杂质的工艺过程称为脱胶，而粗油中的胶体杂质以磷脂为主，故油厂常将脱胶称为脱磷。脱胶的方法有水化法、加热法、加酸法以及吸附法等。

9.2.2.1 水化法脱胶

(1)基本原理 水化法脱胶是利用磷脂等类脂物分子中含有的亲水基，将一定数量的热水或稀的酸、碱、盐及其他电解质水溶液加到油脂中，使胶体杂质吸水膨胀并凝聚，从油中沉降析出而与油脂分离的一种精炼方法，沉淀出来的胶质称为油脚。

在磷脂的分子结构中既有疏水的非极性基团，又有亲水的极性基团。当粗油脂中含水量很少时，磷脂呈内盐式结构，此时极性很弱，能溶于油中，不到临界温度，不会凝聚沉降析出。当毛油中加入一定量的水后，磷脂的亲水极性基团与水接触，使其投入水相，疏水基团则投入了油相之中。水分子与原子基团结合，化学结构由内盐式转变为水化式。这时磷脂分子中的亲水基团(游离态羟基)具有更强的吸水能力，随着吸水量的增加，磷脂由最初的极性基团进入水中呈含水胶束，然后转变为有规则的定向排列。分子中的疏水基团伸入油相尾尾相接；亲水基团伸向水相，形成脂质分子层。水化后的磷脂和其他胶体物质、极性基团周围吸引了许多水分子后，在油脂之中的溶解度减小。小颗粒的胶体在极性引力作用下，相碰后又形成絮凝状胶团。双分子层中夹带了一定数量的水分子，相对密度的增大为沉降和离心分离创造了条件。

(2)影响因素

①加水量影响。在有适量水的情况下，才能形成稳定的水化脂质双分子层结构，坚实的絮凝胶颗粒。加水量(m)与粗油胶质含量(w)有如下关系：

低温水化 (20～30℃)$m=(0.5\sim1)\ w$

中温水化 (60～65℃)$m=(2\sim3)w$

高温水化 (85～95℃)$m=(3\sim3.5)w$

②水化温度。水化温度是影响水化脱胶效果好坏的重要因素之一，它与加水量互相配合，相辅相成。水化时，磷脂等胶体吸水膨胀为胶粒之后，胶粒分散相在诸因素影响之下开始凝聚时的温度，称为凝聚的临界温度。加水量越大，胶体颗粒越大，要求的凝聚临界温度亦愈高。

③混合强度。由于水比油重，油水不相溶，水化作用发生在油相和水相的界面上，因此水化开始时，必须有较高的混合强度，造成水有足够高的分散度，使水化均匀而完全，但也要防止乳化。

④电解质。对于胶质物中分子结构对称而不亲水的部分 β-磷脂、钙、镁复盐式磷脂等物质，同水发生水合作用而成为被水包围着的水膜颗粒，具有较大的电斥性，导致水化时不易凝聚。对这类分散相胶粒，应添加食盐、明矾、硅酸钠、磷酸、氢氧化钠等电解质或电解质的稀溶液，中和电荷，促进凝聚。如间歇水化，常加食盐或食盐的热水溶液，加盐量为油重的 0.5%～1%，并且往往在乳化时才加；加磷酸三钠约为油重的 0.3%；选用明矾和食盐，其量则各占油量的 0.05%。连续脱胶常按油量的 0.05%～0.2%添加磷酸(浓度为 85%)，这样可以大大提高脱胶效果。

⑤粗油的质量。粗油本身含水量过大，难以准确确定加水量，水化效果难以控制。粗油含饼末量过多，一定要过滤后再进行水化；否则，因机械杂质含量过多，会导致乳化或油脚含中性

油脂过高。

(3)脱胶工艺　水化脱胶工艺分为间歇式和连续式 2 种。间歇式脱胶的工艺如图 9-1 所示。

过滤毛油 → 预热 → 加水水化 → 静置沉淀(保温)→分离→水化油→加热脱水→脱胶油
↓
粗磷脂油脚→回收中性油→粗磷脂

图 9-1　间歇式脱胶的工艺流程

9.2.2.2　加酸脱胶

加酸脱胶就是在毛油中加一定量的无机酸或有机酸，使油中的非亲水性磷脂转化为亲水性磷脂或使油中的胶质结构变得紧密，达到容易沉淀和分离目的的一种脱胶方法。

(1)磷酸脱胶　在毛油中加入磷酸后能将非亲水性磷脂转变为亲水性磷脂，从而易于沉降分离。操作过程是添加油重量的 0.1%～1%的含量为 85%磷酸，在 60～80℃温度下充分搅拌。接触时间视设备条件和生产方式而定。然后将混合液送入离心机进行分离脱除胶质。

(2)浓硫酸脱胶　利用浓硫酸的作用，将蛋白质和黏液质树脂化而沉淀。具体操作过程是在油温 30℃以下，加入油重的 0.5%～1.5%的浓硫酸，经强力搅拌，待油色变淡(浓硫酸能破坏部分色素)，胶质开始凝聚时，添加 1%～4%的热水稀释，静止 2～3 h，即可分离油脂，分离得到的油脂再以水洗 2～3 次。也可利用稀硫酸(2%～5%含量)脱胶。

(3)其他脱胶　采用加柠檬酸、醋酐等凝聚磷脂或以磷酸凝聚结合白土吸附等方法脱胶。

9.2.3　脱酸

9.2.3.1　碱炼法

碱炼法是利用加碱中和油脂中的游离脂肪酸，生成脂肪酸盐(肥皂)和水，肥皂吸附部分杂质而从油中沉降分离的一种精炼方法。形成的沉淀物称皂脚。用于中和游离脂肪酸的碱有氢氧化钠(烧碱)、碳酸钠(纯碱)和氢氧化钙等。油脂工业生产上普遍采用的是烧碱。

碱炼脱酸过程的主要作用可归纳为以下几点：

①烧碱能中和粗油中绝大部分的游离脂肪酸，生成的脂钠盐(钠皂)在油中不易溶解，成为絮凝胶状物而沉降。

②中和生成的钠皂为一表面活性物质，吸附和吸收能力强，可将相当数量的其他杂质(如蛋白、黏液物、色素、磷脂及带有羟基或酚基的物质)带入沉降物内，甚至悬浮杂质也可被絮状皂团带下来。因此，碱炼本身具有脱酸、脱胶、脱杂质和脱色等综合作用。

③烧碱和少量甘油三酯的皂化反应引起炼耗的增加，故应选择最佳工艺操作条件，以获得成品的最高得率。

(1)碱炼的基本原理

①化学反应。碱炼过程中的化学反应主要有以下几种类型：

中和：

$$RCOOH + NaOH \longrightarrow RCOONa + H_2O$$

$$RCOOH + Na_2CO_3 \longrightarrow RCOONa + NaHCO_3$$

$$2RCOOH + Na_2CO_3 \longrightarrow 2RCOONa + CO_2 + H_2O$$

不完全中和：

$$2RCOOH + NaOH \longrightarrow RCOOH \cdot RCOONa + H_2O$$

水解：

$$2RCOONa + H_2O \longrightarrow RCOONa \cdot RCOOH + NaOH$$

②非均态反应。脂肪酸是具有亲水和疏水基团的极性物质，当其与碱液接触时，由于亲水基团的物理化学特性，脂肪酸的亲水基团会定向围包在碱滴的表面而进行界面化学反应。

③扩散作用。中和反应在界面发生时，碱分子自碱滴中心向界面转移的过程属于扩散现象，反应生成的水和皂围包界面形成一层隔离脂肪酸与碱滴的皂膜，膜的厚度称之为扩散距离。

④皂膜絮凝。碱炼过程中，随着单分子皂膜在碱滴表面的形成，碱滴中的部分水分和反应产生的水分渗透到皂膜内，形成水化皂膜，使游离脂肪酸分子在其周围做定向排列(羟基向内，烃基向外)。被包围在皂膜里的碱滴，受浓度差的影响，不断扩散到水化皂膜的外层，继续与游离脂肪酸反应，使皂膜不断加厚，逐渐形成较稳定的胶态离子膜。同时，皂膜的烃基间分布着中性油分子。随着中和反应的不断进行，胶态离子膜不断吸收反应所产生的水而逐渐膨胀扩大，使自身结构松散。此时，胶膜里的碱滴因相对密度大，受重力影响，将胶粒拉长，在搅拌的情况下，它因机械剪切力而与胶膜分离。分离出来的碱滴又与游离脂肪酸反应形成新的皂膜。如此周而复始地进行，直至碱耗完为止。

(2)影响碱炼的因素

①中和碱及其用量。油脂脱酸可供应用的中和碱较多，在工业生产应用最广的是烧碱。碱炼时，耗用的总碱量包括 2 个部分：一部分是游离脂肪酸的碱量，通常称为理论碱量，可通过计算求得；另一部分则是为了满足工艺要求而额外超加的碱，称之为超量碱。

理论碱量：理论碱量可按粗油的酸值或游离脂肪酸的百分含量计算。当粗油的游离脂肪酸以酸值表示时，则中和所需理论碱量为：

理论碱量＝0.731×酸价值(kg 烧碱/t 油)

超碱量：对于间歇式碱炼常以纯氢氧化钠占粗油量的百分数表示，选择范围一般 0.05%～0.25%，质量特劣的粗油可控制在 0.5%以内。对于连续式的碱炼工艺，超量碱则以占理论碱的百分数表示，选择范围一般为 10%～50%，油、碱接触时间长的工艺应偏低选取。

②碱液浓度。粗油的酸值及色泽是决定碱液浓度的最主要的依据。粗油酸值高、色深的应选用浓碱；粗油酸值低、色浅的应选用淡碱。

③碱炼温度。碱炼操作温度是影响工艺效果的重要因素。操作时，一定要控制油与皂脚明显分离时的温度，升温速度体现加速反应、促进皂脚絮凝的过程的快慢。碱炼操作温度与粗油品质、碱炼工艺及碱液浓度等有关。

④混合搅拌。碱炼脱酸时，烧碱与游离脂肪酸的反应发生在碱滴的表面，碱滴分散得越细，碱液的总表面积越大，从而增加了碱液与游离脂肪酸的接触机会，加快了反应速度，缩短了碱炼过程，有利于精炼率的提高。混合搅拌的作用首先就在于使碱液在油相中高度地分散。为达到此目的，投碱时混合或搅拌的强度必须强烈些。

⑤杂质的影响。粗油中除游离脂肪酸杂质以外，特别是一些胶溶性杂质、羟基化合物和色

素等，对碱炼的效果也有重要的影响。这些杂质中有的(磷脂、蛋白质)以影响胶态离子膜结构的形式增大炼耗；有的(如甘油一酯、甘油二酯)以其表面活性促使碱持久乳化；有的(如棉酚及其他色素)则因带给油脂深的色泽，造成因脱色而增大了中性油的皂化概率。

(3)碱炼工艺　碱炼工艺分间歇式和连续式，间歇式用于小型企业，其工艺过程如图 9-2 所示。

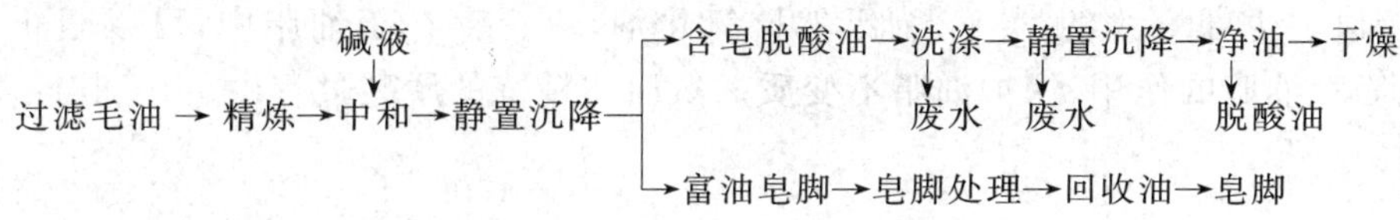

图 9-2　间歇式碱炼工艺流程

工艺要点如下：

①原料要求。采用此法，粗油应是含胶质量低的浅色油，含杂质量应在 0.2%以下。

②中和。碱液在过程开始后的 5～10 min 内一次加入，搅拌速度为 60～70 r/min。全部碱液加完后搅拌 40～50 min，完成中和反应后，速度降到 30 r/min。继续搅拌 10 多分钟，使皂粒絮凝。用间接蒸汽将油迅速升温到 90～95℃，并根据皂粒絮凝情况加强搅拌或改用气流搅拌。驱散皂粒内水分，促使皂粒絮凝。当皂粒明显沉降时，停止搅拌，静置沉降。静置时要注意保温。

③分皂脚。在沉降分皂过程中，若采用间歇法处理，静置时间不少于 4 h；若采用连续脱皂机分皂，静置时间可缩短到 3 h。

④洗涤。最好是在每次专用洗涤罐内搅拌洗涤，油水温度不低于 85℃。洗涤水最好用软水，每次加水量为油量的 10%～15%。搅拌强度应适中，使油水混合均匀。洗涤 2～3 次，以除去油中残留的碱液和肥皂，直到油中残留皂量符合工艺要求。

如果发现油中有少量皂粒时，要注意严格控制操作条件，用食盐水或淡碱水洗涤。如果发现有乳化现象，可向油内撒细粒食盐或投入盐酸溶液破乳。正常操作时，油水沉降时间为 0.5～1 h。

⑤皂脚处理。皂脚中除肥皂水外，还含有不少中性油，应回收这部分油脂。在皂脚罐中加入一些中性油、食盐或食盐溶液，将皂脚调和到可分离的稠度，然后送离心机分离出中性油。得到的处理皂脚可进行综合利用。

9.2.3.2　蒸馏脱酸

蒸馏脱酸法又称为物理精炼，这种脱酸法不用碱液中和，而是借甘油三酸酯和游离脂肪酸相对挥发温度的不同，在高温、高真空下进行水蒸气蒸馏，使游离脂肪酸与低分子物质随着蒸汽一起排出，这种方法适合于高酸价油脂。

蒸馏脱酸的优点是：不用碱液中和，中性油损失少；辅助材料消耗少，降低废水对环境的污染；工艺简单，设备少，精炼率高；同时具有脱臭作用；成品油风味好。但由于高温蒸馏难以去除胶质与机械杂质，所以蒸馏脱酸前必先经过滤、脱胶程序。对于高酸价毛油，也可采用蒸气蒸馏与碱炼相结合的方法。

蒸馏脱酸对于椰子油、棕榈油、动物脂等低胶质油脂的精炼尤为理想。

9.2.3.3　脱酸可能产生的不利影响

(1)过量碱液　在使用碱炼法进行脱酸处理时，对于那些品质较差(主要是冷饼浸出制得的酸值在10以上)的毛菜籽油,需加入浓度较高的碱液,这样会生成较多的皂脚,大量的中性油被带入皂脚中,致使炼耗明显偏高。同时,碱炼过程中产生的漂洗水如不处理又会污染环境。

(2)营养成分的损失　物理精炼水蒸气汽提脱酸,油脂需要在较长时间的高温下处理,影响油脂品质,油脂中一些有效成分如生育酚(维生素E)和甾醇等会随蒸汽汽提而溢出,降低了保健营养价值。生育酚(维生素E)为天然抗氧化剂,广泛存在于油脂中,可以阻止氧气、光、热、重金属等对油脂的作用,保护油脂不变质。然而在精炼的脱酸过程中,由于其性质活泼,很容易流失。

9.2.4 油脂的脱色

纯净的甘油三酸酯呈液态时无色,呈固态时为白色。但常见的各种油脂都带有不同的颜色,这是因为油脂中含有数量和品种都不相同的色素物质所致,这些色素有些是天然色素,主要有叶绿素、类胡萝卜素、黄酮色素等,有些是油料在储藏、加工过程中糖类、蛋白质的降解产物等。在棉籽油中含有棕红色的棉酚色腺体,是一种有毒成分。植物油中的各种色素含量过多,影响油脂的外观和稳定性,需专门的脱色工序处理。

油脂脱色的方法很多,工业生产中应用最广泛的是吸附脱色法,此外还有加热脱色、氧化脱色、化学试剂脱色法等。

9.2.4.1 吸附脱色法的原理

吸附脱色就是利用某些具有吸附能力强的表面活性物质加入油中,在一定的工艺条件下吸附油脂中色素及其他杂质,经过滤除去吸附剂及杂质,达到油脂脱色净化目的的过程。

(1)吸附剂种类

①天然漂土。一种膨润土,其中主要含蒙脱土呈酸性,又称为酸性白土。

②活性白土。以膨润土为原料经加工而成的活性较高的吸附剂,具有很强的吸附能力,在油脂工业的脱色中被广泛应用。

③活性炭。由树枝、皮壳等炭化后,再经活化处理而成,一般不单独使用,往往与活性白土混合使用,活性炭与活性白土的比例为1∶(10～20)。

对吸附剂的要求:吸附力强、选择性好、吸油率低、对油脂不发生化学反应、无特殊气味和滋味,价格低,来源丰富。

(2)吸附原理

①吸附剂的表面活性。吸附剂的颗粒很小,具有很大的表面能。

②物理吸附。是靠分子间的范德华力进行吸附的,它无选择性,具多层性,吸附热很低,吸附速度和解吸速度都快。

③化学吸附。即在吸附剂的表面和被吸附物间发生了某种化学反应,这种反应一般都是比较低级的化学反应,凡是被化学吸附的物质解吸下来时,都要发生化学结构方面的变化,如异构化等。

9.2.4.2 影响脱色的因素

(1)工艺参数和操作要点

①脱色温度。在吸附剂表面生成“吸附剂-色素”复合物,需要一定的能量,所以必须有一定的温度,才能提供足够的能量使它们发生反应。温度太高,生成的热无法放出;温度太低,吸

附反应无法进行。吸附温度为 80～110℃，一般控制在 80℃不超过 85℃。

②减压脱色。脱色操作分常压和减压。常压脱色时，油脂热氧化反应总是伴随着吸附作用；减压脱色(压力为 6.7～8.0 kPa，即真空度为 93.3～94.7 kPa)可防止油脂氧化，水分蒸发速度(吸附剂的水分)加快，由于吸附剂被水屏蔽，只有去除水分，吸附剂才能吸附色素。

③搅拌速度。搅拌速度≤80 r/min，使色素与吸附剂充分接触，使吸附剂在油中分布均匀。

④脱色时间。脱色时间一般为 10～30 min，间歇式操作 15～30 min，连续脱色 5～10 min，加入酸性白土后，随着时间的加长，油脂的氧化程度、酸价回升速度都会提高。

⑤吸附剂用量。不同种类的色素所需的白土量不同。目前，国内大宗油脂的脱色，均使用市售的白土。达到高烹油、色拉油标准所需的白土量为油重的 1%～3%，最多不超过 7%。

(2)原料油的质量

①油的色度。油质的色度不同，选用白土量亦不同。

②油中水分。油中水分影响白土对色素的吸附作用，因此油在脱色前，必须先进行脱水，使水含量在 0.1%以下。

③油中的胶杂。白土和胶杂的相互吸附能力强。白土首先和胶杂作用，使白土中毒，这大大影响了白土的用量和白土的吸附能力，故在脱色油中，应尽量减少胶杂。

④油中残皂。残皂增加了白土的用量，影响了白土的吸附能力，使油脂酸价增加。

⑤油中的金属离子。脱色可以大大降低油中的金属离子，油中金属离子的含量大，也将大大影响油脂的脱色。

9.2.5 脱臭

9.2.5.1 脱臭的基本概念

纯净的甘油三酸酯是没有气味的，但各种植物油脂都有其特有的风味和气味，而这些气味一般都是由挥发性物质所组成的，主要包括某种微量的非甘油酯成分，如酮类、醛类、烃类等的氧化物，油料中的不纯物，油中含有的不饱和脂肪酸甘油酯所分解的氧化物等。另外，在制油工艺过程中，也会产生一些新的气味，如浸出油脂中的溶剂味，碱炼油脂中的肥皂味和脱色油脂中的泥土味等。所有这些为人们所不喜欢的气味，都统称为“臭味”。因此，脱臭的目的主要是除去油脂中引起臭味的物质。除去这些不良气味的工序称脱臭。

9.2.5.2 脱臭方法

脱臭的方法有真空蒸汽脱臭法、气体吹入法、加氢法、聚合法和化学药品脱臭法等几种。其中真空蒸汽脱臭法是目前国内外应用得最为广泛、效果较好的一种方法。它是利用油脂内的臭味物质和甘油三酸酯的挥发度的极大差异，在高温高真空条件下，借助水蒸气蒸馏的原理，使油脂中引起臭味的挥发性物质在脱臭器内与水蒸气一起逸出而达到脱臭的目的。气体吹入法是将油脂放置在直立的圆筒罐内，先加热到一定温度(即不起聚合作用的温度范围内)，然后吹入与油脂不起反应的惰性气体，如二氧化碳、氮气等，油脂中所含挥发性物质便随气体的挥发而除去。

9.2.5.3 脱臭过程可能产生的危害

在 20 世纪 60 年代，有人在做大豆油的冷稳定试验中观察到，在 4℃时出现雾状或絮状物并不一定就是蜡或混入的固体脂。完全精炼的大豆油在冰箱中会出现絮状物，而只经过脱色而没有脱臭的大豆油则在冰箱中保持清亮。可以推测这是油酸变成反油酸的异构化所致。油酸的熔点为35.2℃,反油酸熔点为58.5℃,因而大豆油在低温下会混浊,大豆油中的反油酸可以用红外光谱检测到,因为在天然油脂中一般不存在反式酸结构。20世纪70年代,科学家Ackan用气相色谱在对精炼菜籽油的脂肪酸组成进行分析时发现了～反(9)～顺(12)十八碳酸、～顺(9)～顺(12)～反(15)十八碳酸和～反(9)～顺(12)～顺(15)十八碳酸,这些成分都是来自于亚油酸和亚麻酸的异构体。所有这些异构体只出现在脱臭菜籽油中,而在只通过脱胶和脱色过程的菜籽油中没有发现。在230℃的条件下脱臭4 h,亚油酸异构体含量不会超过0.8%,而亚麻酸几乎1/2将变成异构体,开始时油中亚油酸和亚麻酸含量分别为20.5%和9%。对大豆油的研究也表明,异构体只出现在脱臭油中。

研究表明,异构化作用随时间延长和温度升高而增加。在恒定的时间内,温度对异构化作用的大小与油的品种、质量,特别是脱臭塔的设计、制造材料等有关。

9.2.5.4 脱臭条件的控制

在高温下进行脱臭处理时,温度应随设备的类型、油脂的种类以及成品的要求不同而变化。例如椰子油,它的相对分子质量非常低,因此加热时极少超过240℃,而加工棕榈油时应在275℃下脱臭;大豆油和其他油通常在240℃或稍低的温度下加工。因此,针对我国国情及技术水平现状,合理选择蒸馏脱酸、脱臭的温度和时间,对减少和控制副反应的发生、节约能源都是很重要的。

9.2.6 脱蜡

9.2.6.1 油脂脱蜡处理方法

某些油脂中含有较多的蜡质,如米糠油、向日葵油等。蜡质是一种一元脂肪酸和一元醇结合的高分子酯类,具有熔点较高,油中溶解性差,人体不能吸收等特点,其存在影响油脂的透明度和气味,也不利于加工。为了提高食用油脂的质量并综和利用植物油脂蜡源,应对油脂进行脱蜡处理。

脱蜡是根据蜡与油脂的熔点差及蜡在油脂中的溶解度随温度降低而变小的物性,通过冷却析出晶体蜡,再经过滤或离心分离而达到蜡油分离的目的。

脱蜡从工艺上可分为常规法、碱炼法、表面活性剂法、凝聚剂法、静点法及综合法等。

9.2.6.2 脱蜡可能产生的危害

脱蜡的效果受脱蜡设备的制约,脱蜡设备复杂,管路较长,且接触大量的化学物质,设备及管道的腐蚀问题很严重,由此会造成溶剂不正常损耗及设备的折旧期缩短。这不仅降低了经济效益,还可能因设备腐蚀穿孔泄露而影响油的食用安全性和生产安全性。油中的少量固体物质在处理和输送过程中易沉积于设备及管道表面形成污垢,可以加碱液清洗或机械洗刷清除这类污垢,但这些方法会使设备及管道表面与金属结合较牢的氧化保护膜损伤,从而加快腐蚀速率。油中的游离脂肪酸(高酸值毛油)在一定的外部条件(如高温及长时间等)下会产生化学作用,在一定程度上对设备和管道造成腐蚀。

9.2.6.3 脱蜡条件的控制

目前,国内对脱蜡油产品仍然主要是以0℃下放置5.5 h不产生混浊为标准。但随着人们需求的不断提高,越来越多企业充分意识到企业的产品规格只有顺应日渐增多的市场细分需求,才能满足不同客户的要求,扩大企业自身的发展。因此,现今已有不少厂家开始以下列各项指标的标准方法作为本企业标准，即在冷冻试验中，在 0℃、12℃和室温下，脱蜡油不产生混浊时间分别大于 48 h、72 h 和 5 d。

事实上，现行冷却试验只是大体简易验证脱蜡程度方法。严格而言，蜡的准确定量是采用对油中不皂化物进行气相色谱(GLC)、高速液相色谱(HPLC)分析的，但这种方法费时费力，因此，国外有不少企业采用浊度计测定浊点方法。也有的企业将脱蜡后油在 0℃条件下，最少放置 24 h，在油依然透明时，油中蜡含量大体可以确定在 50 mg/kg 以下。

附：菜籽油的精炼

①过滤毛油升温至 30～32℃，并以 60 r/min 的速度进行搅拌，以除去油中气泡。加入油重 0.1%～0.2%的磷酸(含量为 0.5%的工业磷酸)再搅拌 0.5 h 左右。

②加碱中和。以含量为 16°Be，重量为油重 1.5%的液体烧碱和油重 0.5%的液体泡花碱混合液进行碱炼。先快速(60 r/min)搅拌 10～15 min，继以慢速(27 r/min)搅拌 40 min。

③静置沉淀。中和慢搅 40 min 后升温至 50～52℃，继续慢速搅拌约 10 min，待油皂分离后即停止搅拌，并关闭间接蒸汽。静置沉淀 6 h 左右，再将油皂分离。

④水洗。将分离皂脚后的净油在搅拌下升温至 85℃，然后，加入油重 15%而温度为 90℃的盐碱水(含 0.4%烧碱和 0.4%的工业用盐)。加水完毕后即停止搅拌，静置 0.5 h 后可放出下层废水。废水放尽后仍控制油温在 35℃，再喷入 15%的沸水(清水)。同样，加水完毕后即停止搅拌，静置 0.5 h 后再放掉下层废水。如此水洗两三次。

⑤预脱色。开动真空泵将碱炼后的净油吸入预脱色锅内，升温至 90℃。在 98.7 kPa (740 mmHg)的真空度下干燥脱水 0.5 h。然后吸入少量酸性白土，搅拌 20 min。预脱色后，在真空下将油冷却至 70℃，再用齿轮泵送入压滤机过滤。

⑥脱色。将预脱色后的油吸入脱色锅内，在 98.7 kPa(740 mmHg)以上的真空度下，将油升温至 90℃，并吸入酸性白土 100 kg，活性白土 60 kg(按 6 t 油计)，继续搅拌 10 min。脱色后，在真空下将油冷却至 70℃，也以齿轮泵送入压滤机过滤。

⑦脱臭。开动真空泵将脱色油吸入脱臭锅内。当间接蒸汽将油加热 90～100℃时，开始喷直接蒸汽，而油温升至 185℃时，开始以三级蒸汽喷射泵抽真空，维持残压在 400～667 Pa (3～5 mmHg)，油温仍为 185℃，脱臭约 5 h。脱臭后在真空下将油冷却至 30℃，过滤后即得精炼菜籽油。

9.3　油脂氢化

9.3.1　概述

油脂的主要成分是甘油三脂肪酸酯(甘油三酸酯)。天然植物油脂的性质取决于它们的脂肪酸性质及其在甘油三酸酯混合物中的分布。脂肪酸链上有不饱和双键，不饱和脂肪酸又分为含有一个双键的油酸、两个双键的亚油酸、三个双键的亚麻酸及其他更多双键的不饱和脂肪酸。甘油三酸酯中含饱和脂肪酸多的油脂在常温下为固体，含不饱和脂肪酸多的则为液体。

在加热含不饱和脂肪酸多的植物油时，加入金属催化剂(镍系、铜—铬系等)，通入氢气，使不饱和脂肪酸分子中的双键与氢原子结合成为不饱和程度较低的脂肪酸，其结果是油脂的熔点升高(硬度加大)。因为在上述反应中添加了氢气，而且使油脂出现了“硬化”，所以经过这样处理而获得的油脂与原来的性质不同，叫作“氢化油”或“硬化油”，其过程也因此叫做“氢化”。

加氢过程是由于在催化剂存在时氢气与油脂中不饱和脂肪酸的结合及其他化学转变的结果，它包括油脂脂肪酸组成变化的方向。脂肪酸组成的变化使得甘油酯及油脂的性质发生变化，提高了对氧和热的稳定性，提高了熔点、塑性及硬度。例如，亚油酸和亚麻酸加氢成为油酸及其异构体，油脂对氧的稳定性显著地提高(10～15 倍)。由于在加氢过程中乙烯键的饱和，碳链发生顺的迁移和反式异构体。这样，由于油脂加氢的结果，油酸产生位置异构体和几何异构体的积累，使油酸的熔点和硬度提高。

油脂氢化是油脂加工业中最为复杂、规模最大的化学反应工程，它包括气态氢、液态油、固态催化剂三相非均相催化反应过程。为了得到更高的氢化反应速率，不仅需要高活性催化剂，而且还需要气液之间及液体和催化剂之间具有良好传质条件。在油脂氢化过程中，油脂的脂肪酸发生结构变化，这些变化与油脂原料的质量和预处理有关。

加氢可以在最广泛的范围内调整不饱和脂肪酸与饱和脂肪酸的比例，并生产所要求的脂肪酸组成的氢化油脂。氢化后的油脂提高了硬度及熔点，使液体油固化，便于运输和加工；提高了抗氧化能力和热稳定性，便于保管和储存；另外，氢化后的油脂色、香、味也大为改善。因此，可以通过油脂改性来满足食品工业的各种需要。如椰子油加氢改性后的硬脂可代替可可脂及作为人造奶油的原料，在食品工业上具有重要用途。油脂经过氢化加氢后，不仅饱和程度大为提高，而且也能改善油脂的色泽和臭味，提高了油脂在工业及食用上的使用价值。

豆油、向日葵油、棉籽油、菜籽油、芥子油及其他某些液体植物油，具有半固体稠度的棕榈油、棕榈仁油、椰子油均可以进行加氢。人造奶油产品是植物油脂和动物油脂应用的重要方面。油脂和脂肪酸用加氢的方法也制备用于香皂和洗衣皂、工业润滑脂、硬脂酸等工业用途的氢化物。

9.3.2 油脂氢化的基本原理

在金属催化剂的作用下，把氢加到甘油三酸酯的不饱和脂肪双键上，这种化学反应称为油脂的氢化反应，简称油脂氢化。氢化是使不饱和的液态脂肪酸加氢成为饱和固态的过程。反应后的油脂，碘值下降，熔点上升，固体脂数量增加，被称为氢化油或硬化油。对食用油脂的加工，氢化是变液态油为半固态脂、塑性脂以适应人造奶油、起酥油、煎炸油及代可可脂等生产需要的加工油脂。氢化还可以提高油脂的抗氧化稳定性及改善油脂色泽等目的。根据加氢反应程度的不同，又有轻度氢化(选择性氢化)和深度(极度)氢化之分。选择性氢化是指在氢化反应中，采用适当的温度、压强、搅拌速度和催化剂，使油脂中各种脂肪酸的反应速度具有一定的选择性的氢化过程，主要用来制取食用的油脂深加工产品的原料脂肪，如用于制取起酥油、人造奶油、代可可脂等的原料脂，产品要求有适当碘值、熔点、固体脂指数和气味。极度氢化是指通过加氢，将油脂分子中的不饱和脂肪酸全部转变成饱和脂肪酸的氢化过程。极度氢化主要用于制取工业用油。其产品碘值低，熔点高。质量指标主要是要求达到一定的熔点。因此，极度氢化时温度、压力可较高，催化剂用量亦多一些。

油脂氢化反应可用下式表示：

$$-CH{=}CH- + H_2 \xrightarrow{\text{催化剂}} -CH_2-CH_2- + \text{热}$$

这个反应式看起来很简单，但实质上很复杂，包括以下内容：

(1)油脂氢化是多相催化反应　反应物有三相:油脂—液相、氢气—气相、催化剂—固相。只有当三相反应物碰在一起时,才能起氢化反应。

(2)氢化历程　油脂氢化包括以下步骤:①氢溶解在油和催化剂的混合物中;②反应物向催化剂表面扩散;③吸附;④表面反应;⑤解吸;⑥产物从催化剂表面向外扩散。表面反应是分步进行的,一般不饱和甘油酯在活化中心只有一个双键首先被饱和,其余的逐步被饱和。

(3)选择性　"选择性"应用于油脂氢化及其产品具有两种意义:一种表示亚麻酸氢化成亚油酸、亚油酸氢化成油酸以及油酸氢化成硬脂酸几个转化过程相对快慢的比较,是相对于化学反应速率而得出的,亦称化学选择性;另一种意义是对催化剂而言的,如果某一种催化剂具有选择性,在它作用下生产的硬化油在给定的碘值下具有较低的稠度或熔点。

(4)异构化　油脂氢化时,碳链上的双键被吸附到催化剂表面,双键首先与一个氢原子起反应,产生一个十分活泼的中间体,然后有两种可能:一种是中间体与另一个原子反应,双键被饱和,形成饱和分子;另一种是中间体不能与另一个氢原子反应,中间体重新脱除一个氢原子而产生异构化,既有位置异构(脱去的氢原子是邻位上时,双键位置发生改变),也有几何异构(脱去的氢原子是原先加上的,形成反式异构体)。随着氢化的进行,异构化的双键倾向于沿着碳链转移到更远的位置上,反式异构体的含量上升。

(5)热效应　油脂氢化反应是放热反应。据测定,在氢化时,每降低一个碘价就使油脂本身的温度升高 1.6～1.7℃,相对于每个双键被饱和时,放出约 120 kJ 的热量。

氢化反应需要使用催化剂。工业催化剂一般以金属镍为基本,尤其在国外,镍单元催化剂的应用更为普遍。常用的催化剂还有:镍—铁催化剂;铜—镍二元催化剂;铜—铬—锰三元催化剂。

9.3.3　影响氢化反应的因素

影响氢化反应的因素很多,如温度、压力、搅拌、原料质量、氢气质量和数量,反应时间、催化剂活性和添加数量等,在同一种油脂和催化剂的条件下,选择不同的参数,可生产出不同的氢化油。

9.3.3.1　温度

与其他化学反应一样,温度是影响氢化反应速度的主要因素。温度高,分子动能大,传质速度、反应速度均较快,但温度过高,氢在油中的溶解度小,在催化剂上氢的吸附量减少,容易产生反式异构酸,反应反而受阻。操作中,要力求控制反应温度适宜,才能获得好的工艺效果。

最佳反应温度的选择,必须按原情况和对最终产品的要求综合考虑。常用温度为 100～180℃,脂肪酸深度氢化的温度高达 200～220℃。选择性氢化常控制温度在 130～150℃。

9.3.3.2　压力

系统压力的大小直接影响到氢气在油中的溶解度。压力越大,浓度越高,催化剂上吸附的氢浓度越大,氢化速率以线性规律成倍增长,但当压力增大到一定程度后,反应速率增大已不显著,这是因为一定的压力已经使足够的氢进入油中进行氢化反应。选择性氢化压力按催化剂含量和其活性的不同一般为 0.02～0.5 MPa。生产极低碘值的脂肪酸和工业用油,为缩短反应时间,工作压力可高达 1.0～ 2.5 MPa。

9.3.3.3　搅拌速度

氢化反应中,催化剂必须呈悬浮状,气相、液相和固相之间必须进行有效的物质交换,反应放出的热量需要迅速引出机外，气相的氢气要迅速回到液相去，这些都要求反应过程需要强烈的搅拌。但搅拌速度过高会导致异构酸数量的增加，而且增大了动力消耗，因此，应选择适当的搅拌速度。

9.3.3.4 反应时间

反应时间取决于温度、催化剂的添加量及活性、工作压力等因素，其中有一个或几个因素上升，反应速度就会加快，得到同碘值产品所需要的时间也就加快。选择性氢化反应时间常为2～4h。连续式和间歇式氢化工艺相比较，在氢化条件相同(如温度、压力催化剂含量和活性均相同)时，欲获得相同的碘值产品，连续式所需要的反应时间就稍长一些，原因是间歇式为塞流形反应，三相物可以反复搅拌混合反应，传质效果好。

9.3.3.5 催化剂

氢化反应的反应速率与催化剂的用量及其表面性质有密切关系。催化剂的表面积大，活性好，反应速率快；催化剂的用量增加，反应速率也增加。不同产品要求选择不同特性的催化剂。

9.3.4 氢化工艺与设备

9.3.4.1 氢化工艺基本过程

油脂氢化工艺可分为间歇式及连续式两类。这两类工艺又可以根据选用设备的不同及氢与油脂混合接触方式的不同，衍生出不同特点的氢化工艺，如循环式、封闭式间歇氢化工艺、塔式及管道式连续氢化工艺等。这些氢化工艺虽然各有特点，但都包括原料→预处理→除氧脱水→氢化→过滤→后脱色→脱臭→成品氢化油等过程。

二维码 9-1 油脂氢化过程中反式脂肪酸的降低措施

(1)预处理 为了保证氢化反应顺利进行，保证催化剂的活性及尽量减少其用量，在进入氢化反应器之前，原料油脂中的杂质应尽量去除。这些杂质主要有水分、胶质、游离脂肪酸、皂脚、色素、硫化物以及铜铁离子等。

(2)除氧脱水 水分的存在会占据催化剂的活化中心，氧会在高温和催化剂的作用下与油脂起氧化反应，故油脂在氢化之前，必须先经除氧脱水。间歇式氢化工艺的除氧脱水一般在氢化反应器中进行，连续式氢化工艺则一般另加除氧器。除氧脱水的真空度为 94.7 kPa (710 mmHg)，温度为 140～150℃。

(3)氢化 催化剂事先与部分原料油脂混匀，借真空将催化剂浆液吸入反应器，充分搅拌混合。停止抽真空，通入一定压力的氢气，这时反应开始进行。反应条件根据油脂的品种及氢化油产品质量的要求而定，一般范围：温度 150～200℃，氢气在 140～150℃时开始加入，压力为 0.1～0.5 MPa，催化剂用量 0.01%～0.5%(镍/油)，搅拌速度 600 r/min 以上。例如，大豆油轻度氢化去除亚麻酸的反应条件：温度 175℃，压力 0.1MPa，催化剂量 0.02%(镍/油)，搅拌速度 600 r/min。豆油选择性氢化，用作人造奶油原料，其反应条件为：温度(180±5)℃，压力 0.3 MPa，催化量 0.1%(镍/油)，产品熔点为(43±1)℃。

(4)过滤 过滤的目的是将氢化油与催化剂分离。过滤前，油及催化剂混合必须先在真空下冷却至 70℃，然后进入过滤机。

(5)后脱色　油中的催化剂残留量只通过过滤还达不到食用标准，必须借白土吸附和借加入柠檬酸钝化镍的办法进一步加以去除。故后脱色的目的是去除油中残留的镍。后脱色时，白土加入量0.4%～0.8%，反应温度100～110℃，时间10～15 min，压力6.7 kPa。后脱色处理后，油脂中镍残留量可由原来的50 mg/kg降至5 mg/kg。

(6)脱臭　氢化过程中会出现少量的断链、醛酮化、环化等反应，因而氢化油具有异味，称为氢化臭。脱臭的目的是去除原有的异味以及氢化产生的氢化臭。脱臭完毕在油中加入0.02%柠檬酸作抗氧化剂，柠檬酸可与镍结合成柠檬酸镍，使油中游离镍含量接近于零。

9.3.4.2　氢化设备

氢化设备主要有氢化反应器、催化剂混合器、除氧脱水器和过滤机等。氢化反应器其作用是使油、氢气、催化剂三相混合均匀，进行氢化反应。按工艺特点的不同，氢化反应器可分为间歇式和连续式2种，按设备构造特点的不同其又可分为封闭式、液相循环式、气相循环式及管式反应器4类；催化剂混合器的作用是将催化剂与油脂混合，制成悬浮液；除氧脱水器连续式氢化工艺设置了专用的除氧脱水器，该设备有闪发式、喷射式等几种；过滤机的作用是将产品中的催化剂与氢化油分离，可采用叶式或板框式过滤机。过滤温度为80℃，过滤后用蒸汽和压缩空气吹干滤饼，以回收残油。

9.3.4.3　氢化脂肪生产对原料的要求

在生产过程中，为了很好地保证氢化反应的正常进行达到合格的产品质量，一般对毛油要进行脱胶、碱炼、水洗、脱色等精炼工序。对食用氢化油，氢化完成后要进行脱臭，以去掉影响食品风味和滋味的"氢化臭味"。

对工业用氢化油，就无须脱臭，只要将催化剂过滤干净即可。原料油中的杂质，如磷脂、游离脂肪酸、水分、皂脚及硫化物的存在会对催化剂表面活性及氢化反应过程产生严重影响。植物油脂中含有的硫化物、脂肪酸盐及碱金属盐、棉酚及其衍生物、磷脂均对催化剂有钝化作用，甚至微量的也能迅速并且不可逆地毒化催化剂。

一旦催化剂中毒，不仅氢化速率要降低，而且会使反应发生紊乱，使产品成分发生变化，得到不合格的产品，甚至会使反应终止。例如，已精制的菜籽油和芥籽油的加氢，甚至含有0.001%～0.002%的硫，即使在增加催化剂的消耗的条件下氢化仍进行缓慢。

9.4　人造奶油

人造奶油是为了满足工业革命后城市人口增加而产生的奶油缺乏，同时也为了满足军队对一种储存性能良好的餐桌涂抹料的需要而开发的。最初的人造奶油只是天然奶油的模仿品，不仅在味道上，而且在原料上也是采用牛脂。21世纪，随着油脂精炼技术的提高，逐渐增加了以椰子油为主的植物油。人造奶油系指精制食用油添加水及其他辅料，经乳化、急冷捏合成具有天然奶油特色的可塑性油脂制品。油脂含量一般在80%左右，这是人造奶油的主要成分，也是传统的配方。近年国际上人造奶油新产品不断出现，其规格在很多方面已超过了传统规定，在营养价值及使用性能等方面超过了天然奶油。目前，人造奶油大部分是家庭用，一部分是行业用。我国人造奶油的起步较晚，产量不高，大部分用于食品工业。人造奶油在国外被称作 margarine，是从希腊语"珍珠"(margarine)一词转化来的，这是根据人造奶油在制作过程中流动的油脂放出珍珠般的光泽而命名的。

9.4.1 人造奶油的定义

9.4.1.1 国际标准的定义

人造奶油是有可塑性的液体乳化状食品，主要是油包水型 W/O 产品。原则上人造奶油应用食用油脂加工而成，这种食用油脂主要不是从乳中提取的。其具有以下 3 个特征：可塑性、液态、为 W/O 型乳状液。乳脂不是其主要成分。

9.4.1.2 中国专业标准定义

人造奶油系精制食用油添加水及其他辅料，经乳化、急冷捏合成的具有天然奶油特色的可塑性油脂制品。

9.4.1.3 日本农林标准定义

人造奶油是指在食用油脂中添加水等辅料乳化后，急冷捏和或不经急冷捏和加工出来的具可塑性或流动性的油脂制品。

9.4.2 人造奶油的种类

人造奶油可分为两大类：家庭用人造奶油和食品工业用人造奶油。

9.4.2.1 家庭用人造奶油

直接涂抹在面包上食用，少量用于烹调。市销售的多为小包装。家庭用人造奶油必须具备以下性质：

(1)保形性　置于室温时，不熔化、不变形等。在外力作用下，易变形，可做成各种花样。

(2)延展性　置于低温时，在面包上仍易于涂抹。

(3)口溶性　置于口中应迅速溶化。

以上物理性质有些矛盾，如延展性与口溶性很好的，置于桌上往往保形性较差。必须根据季节调节人造奶油的熔点。近年来，家庭中冷藏设备的逐渐普及，使这个问题得到解决。如软型人造奶油放在冷藏设备中保存，展延性、口溶性都很好。

(4)风味　通过合理的配方和加工使具有愉快的滋味和香味。

(5)营养价值　营养价值一般包括两方面：一是其可作为人体热量的来源(一般 100 g 人造奶油可产生 3 050 kJ 热量)；二是人造奶油应富含多不饱和脂肪酸(常用油脂中亚油酸对饱和脂肪酸的比率来表示)。

目前国内外家庭用人造奶油主要有以下几种：

①硬型餐用人造奶油。熔点与人的体温接近。国外 20 世纪 50 年代以硬型人造奶油为主。

②软型人造奶油。特点是配方时使用较多的液体植物油，亚油酸在 30%左右，改善了低温下的展延性。自 20 世纪 60 年代开始供应市场以来，由于涂抹方便及营养方面的优越性，发展很快。

③高亚油酸型人造奶油。这类人造奶油含亚油酸 50%～63%。

④低热量型人造奶油。1974 年国际人造奶油组织提出“低脂人造”的标准方案，其中规定脂肪含量 39%～41%、乳脂 1%以下、水 50%以上。

9.4.2.2 食品工业用人造奶油

食品工业用人造奶油是以乳化液型出现的配酥油，它除具备起酥油的加工性能外，还能够利用水溶性的食盐、乳制品和其他水溶性增香剂改善食品的风味，使制品带上具有魅力的橙黄色等。

(1)通用型人造奶油　这类人造奶油属于万能型，可塑性和酪化性，熔点一般都较低。

(2)专用人造奶油　主要指面包用人造奶油、起层用人造奶油、油酥用人造奶油。

(3)逆相人造奶油　一般人造奶油是油包水型(W/O),乳状物相人造奶油是水包油型(O/W)乳状物。由于水相在外侧,加工时不粘辊、延伸性好,这些优点在加工糕点时获得好评。

(4)双重乳化型人造奶油　这种人造奶油产生于 1970 年,是 O/W/O 乳化物。由于 O/W 型人造奶油与鲜乳一样,水相为外相,风味清淡,受到消费者的欢迎,但容易引起微生物侵蚀,而 W/O 型人造奶油不易滋生微生物而且起泡性、保形性和保存性好。O/W/O 型人造奶油同时具备 W/O 型和 O/W 型的优点,既易于保存,又清淡可口,无油腻味。

9.4.3　人造奶油的原料、辅料及配方

9.4.3.1　原料油脂

(1)动物油　牛脂、猪脂、羊脂;起酥性非常好,氧化稳定性及酪化性差。

(2)动物氢化油　鲸油、鱼油等海产动物油脂,其口溶性良好,稳定性差,高温加热会引起发臭。

(3)植物油　大豆油、棉籽油、椰子油、棕榈油、棕榈仁油、红花油、米糠油、玉米油、葵花籽油、菜籽油、玉米胚芽油、花生油等。

(4)植物氢化油　用以上植物油经选择性氢化得到的油脂。

以上油脂必须是经很好碱炼、脱色、脱臭等处理的精炼植物油。

9.4.3.2　辅料

辅料是为了改良制品的风味、外观组织、物理性质、营养价值和储存性等,以提高产品价值。

(1)乳成分　一般多使用牛奶和脱脂乳。新鲜牛奶须经过灭菌处理后直接使用,也可用发酵乳强化人造奶油的风味,还可以利用其乳化能力。其用量以乳的固形成分 1%左右为宜。

有乳成分易使细菌等微生物繁殖,使人造奶油变质。解决的办法是使用防腐剂和冷藏在 10℃以下(最好 5℃以下)。我国目前在配料中一般不用发酵乳和鲜牛奶,以利于保存,在配料中一般加些脱脂奶粉或植物蛋白。

(2)食盐　家庭用人造奶油几乎都加食盐,加工糕点用人造奶油多不添加食盐。食盐能起到防腐和调味的作用。

(3)乳化剂　为了形成乳状液和防止油水分离,制人造奶油必须使用一定量的乳化剂。常使用的乳化剂为卵磷脂、单硬脂酸甘油酯、单脂肪酸蔗糖酯、山梨糖醇酐脂肪酸酯、丙二醇脂等。单脂肪酸蔗糖酯常用于水包油型人造奶油的制取,单独使用一种乳化剂的并不多见,而是两种以上并用。乳化剂不仅可生成稳定的乳化物,而且用在食品中有抗老化的作用。卵磷脂可防烹调时油脂飞溅。卵磷脂的用量为 0.3%～0.5%,单硬脂酸甘油酯为 0.1%～0.5%。

(4)防腐剂　为了阻止微生物的繁殖,人造奶油中需加防腐剂。我国允许用苯甲酸或苯甲酸钠,用量为 0.1%左右。此外可降低乳清中的 pH,减少霉菌繁殖机会。

(5)抗氧化剂　为了防止原料油脂的酸败和变质,通常加维生素 E、BHT、BHA、PG 等抗氧化剂,也可添加柠檬酸作为增效剂。

(6)香味剂　为了使人造奶油的香味接近天然奶油香味,加入少量像奶油味和香草一类的合成食用香料,来代替或增强乳香。可用来仿效奶油风味的香料有好几十种。它们的主要成分为丁二酮、丁酸、丁酸乙酯等。

(7)着色剂　人造奶油一般无须着色,天然奶油有一点微黄色,为了仿效天然奶油,有时需加入着色剂。主要使用的着色剂是 β-胡萝卜素,也可使用柠檬黄等。此外,在有的小包装人造奶油中,加入一些糖,以满足甜食者的要求。

9.4.4 人造奶油生产

人造奶油生产工艺包括原料准备和冷却塑化两大部分。前道工序为油相和水相的分别混合、计量以及油相和水相的混合乳化，为后道工序做好供料准备；后道工序主要进行连续冷却塑化以及产品包装等。

人造奶油生产的工艺流程如图 9-3 所示。

主要包括原辅料的调和、乳化、急冷捏合、包装、熟成五个阶段。

9.4.4.1 调和

原料油按一定比例经计量后进入调和锅调匀。油溶性添加物(乳化剂、着色剂、抗氧剂、香味剂、油溶性维生素等)用油溶解后混入调和锅。水溶性添加物用经杀菌处理的水溶解成均匀的溶液后备用。典型人造奶油的配方举例如下：

原料油脂	80%～82%	水分	14%～17%
食盐	0～2%	甘油单酸酯	0.2%～0.3%
卵磷脂	0.1%	胡萝卜素	微量
香精	0.1～0.2 mg/kg	脱氢醋酸	0～0.05%
固体乳成分	0～2%		

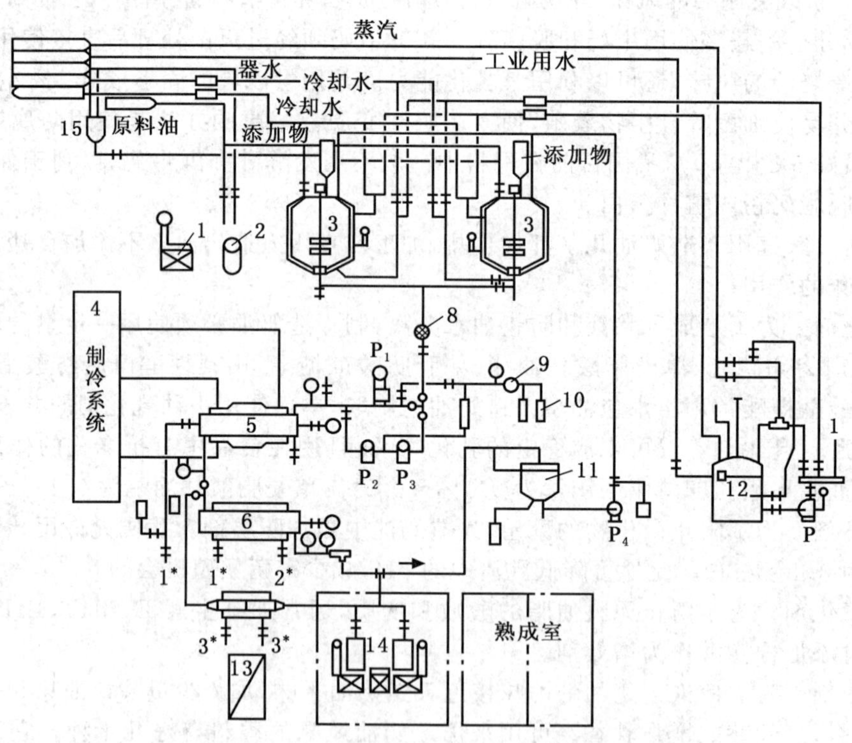

1.台秤 2.添加物溶解罐 3.乳化锅 4.制冷系统 5.A单元 6.B单元 7.滞留管 8.过滤器 9.压力调整器 10.氮气瓶 11.回收油罐 12.温水罐 13.操作台 14.包装设备 15.热水罐 P_1.柱塞泵 P_2,P_3.齿轮泵 P_4.离心泵 P.离心泵

图 9-3 人造奶油生产的工艺流程

9.4.4.2　乳化

乳化的目的是使水相均匀而稳定地分散在油相中，而水相的分散程度对产品的品质影响很大。人造奶油的风味和水相颗粒的大小密切相关，微生物的繁殖是在水相中进行的，一般细菌的大小为 1～5 μm，故水滴在 10～20 μm 或以下可以限制细菌的繁殖，但水相分散过细，水滴过小也会使人造奶油油感重，风味较差，失去风味感；如分散不充分，水相颗粒过大会使人造奶油生产腐败变质，所以乳化操作应达到一定的分散程度。水相的分散度可通过显微镜观察。加工普通的 W/O 型人造奶油，可把乳化锅内的油脂加热至 60℃，然后加入计量好的相同温度的水(含水溶性添加物)在乳化锅内迅速搅拌，形成油包水型乳化液。香料在乳化操作结束时加入。

9.4.4.3　冷却塑化

以机械搅拌形成的乳状液很不稳定，停止搅拌后就可能产生油水分离现象，所以混合后的乳状液应立即送往后道工序进行冷却塑化加工。在冷却塑化工序中，主要是实现将油水的乳化状态通过激冷固定下来，并使制品进一步乳化和具有可塑性。现在普遍采用密闭式连续急冷塑化装置。

(1)激冷　乳状液用高压泵送入急冷筒，利用液态氨或氟利昂急冷，使乳状液急速冷却，在冷却壁上冷冻析出的结晶被筒内的刮刀刮下。物料通过急冷筒时，温度降到 10～20℃，此时料液已降至油脂熔点以下，油脂开始生成细小的结晶粒子，一般在 1～5 μm。析出晶核，由于受到强有力的搅拌，成为过冷液。

(2)机械捏合　过冷液虽已生成晶核，但如果让乳状液在静止状态下完成结晶，就会形成固体脂结晶的网状结构，结果使得被冷却的乳状液形成硬度很大的整体，不具可塑性。因而，为取得具有一定塑性的人造奶油产品，必须在乳状液形成整体的网状结构之前，将网状结构用机械的方式打破，达到减稠的效果，并使产品具有可塑性。

食品工业用人造奶油必须通过高效的捏合机，打碎乳状液形成的网状结构使它重新结晶，降低稠度，增强可塑性，捏合操作对物料进行剧烈搅拌捏合，并慢慢形成结晶。家庭用软型人造奶油要求口溶性好，稠度较高，如果进行过度捏合，会有损其风味。

优质的人造奶油应具有如下特征：没有外来的异味和气味，并具有明显地接近奶油的滋味和气味，这是对人造奶油质量最重要的要求之一。另外应易熔、可塑、密实并且均匀。表面应有光泽和干燥的外观。对于着色的人造奶油，其色泽按整体是均匀的淡黄色，对于巧克力则从咖啡色到深咖啡色。

9.4.4.4　包装、熟成

从捏合机出来的人造奶油为半流体，要立即送往包装机。有些成型的制品则先经成型机后再包装。包装好的人造奶油置于比熔点低 10℃ 的仓库中保存 2～5 d，使结晶完成，这项工序称为熟成。

9.5　起酥油

起酥油是 19 世纪末在美国作为猪油代用品出现的。1910 年，美国从欧洲引进了氢化油技术，把植物油和海产动物油加工成硬脂肪，使起酥油生产进入一个新的时代。用氢化油制备的起酥油，其加工面包、糕点的性能比猪油更好。猪油的酪化性差，稠度稍软，易氧化，因此，猪油逐渐被起酥油所取代。日本起酥油生产是在1951年后开始的。我国工业生产起酥油起始于20世纪80年代初。

传统的起酥油是具有可塑性的固体脂肪,它与人造奶油的区别主要在于起酥油没有水相。新开发的起酥油有流动状、粉末状产品,均具有可塑性产品相同的用途和性能。因此,起酥油的范围很广,下一个确切的定义比较困难,不同国家、不同地区起酥油的定义不尽相同。日本农林标准(JAS)中起酥油的定义为:起酥油是指精炼的动、植物油脂,氢化油或上述油脂的混合物,经急冷捏合制造的固态油脂或不经急冷捏合加工出来的固态或流动态的油脂产品。起酥油具有可塑性、起酥性、乳化性等加工性能。

起酥油一般不宜直接食用,而是用来加工糕点、面包或煎炸食品,必须具有良好的加工性能。

9.5.1 起酥油的种类

由于近代油脂加工技术水平的不断提高,起酥油的产品可迎合食品工业及生活上多种要求,可以从多种角度进行分类。

9.5.1.1 从原料种类分类

从原料种类分类:分为植物性、动物性、动植物混合型起酥油。

9.5.1.2 从制造方法分类

(1)全氢化型起酥油　原料油全部用不同程度氢化的油脂所组成,其氧化稳定性特别好。不过,由于天然不饱和脂肪酸含量较低,对营养价值有些影响,而且价格也较高。

(2)混合型起酥油　氢化油(或饱和程度高的动物脂)中添加一定比例的液体油作为原料油。这种起酥油可塑性范围较宽,可根据要求任意调节,价格便宜。

(3)酯交换型起酥油　用经酯交换的油脂作为原料制成。此种起酥油保持了原来油脂中不饱和脂肪酸的营养价值。

9.5.1.3 从使用添加剂的不同分类

①非乳化型起酥油。

②乳化型起酥油。

9.5.1.4 从性能分类

(1)通用型起酥油　应用范围广,主要用于加工面包、饼干等。

(2)乳化型起酥油　含乳化剂较多,通常含10%～20%的单脂肪酸甘油酯等乳化剂。其加工性能较好,常用于加工西式糕点和配糖量多的重糖糕点。用这种起酥油加工的糕点体积大、松软、口感好、不易老化。

(3)高稳定型起酥油　可长期保存,不易氧化变质。全氢化起酥油多属于这种类型。

9.5.1.5 从性状分类

①可塑性起酥油。

②液体起酥油。指在常温下可以进行加工和用泵输送,储藏过程中固体成分不被析出,具有流动性和加工特性的食用油脂。它可分为3类:a. 流动型起酥油油脂为乳白色,内有固体脂的悬浮物;b. 液体起酥油油脂为透明液体;c. O/W乳化型起酥油是含有水的乳化型油脂。

③粉末起酥油。又称为粉末油脂,是在方便食品发展过程中产生的,一般含油脂量为50%～80%,也有的高达92%。可以添加到糕点、即席汤料和咖喱素等方便食品中使用。

9.5.2 起酥油的加工特性

由于起酥油是作为食品加工的原料油脂，所以其功能特性尤为重要，主要包括可塑性、起酥性、酪化性、乳化性、吸水性、氧化稳定性和油炸性。对其加工特性的要求因用途不同而重点各异。其中，可塑性是最基本的特性。

9.5.2.1 可塑性

可塑性是指在外力作用下可以改变其形状，甚至可以像液体一样流动，如餐用人造奶油可以涂在面包上食用，这种涂布性就是其塑性流动的一例。从理论上讲，若使固态油脂具有一定的可塑性，必须在其成分中包括一定的固体脂和液体油，固体脂以极细的微粒分散在液体油中。由于内聚力的作用，使全部油脂结合在一起，固体微粒间的空隙很小，以致液体不能从固态脂中渗出。固体微粒越细、越多，可塑性越小；固体微粒越粗、越少，可塑性越大。因而固体和液体的比例必须适当才能得到所需的可塑性。可塑性还和温度有关，温度升高，部分固体脂肪熔化，可塑脂变软，可塑性变大；温度降低，部分液体油固化，未固化的液体油黏度增加，可塑脂变硬，可塑性变小。由此可见，可塑脂中固体脂肪含量以及结晶颗粒的大小等因素决定了它的可塑性。可塑性是起酥油的基本特性，并由此派生出其他一些特性。例如，起酥油在食品加工中和面团混合时能形成细条及薄膜状，这是起酥油的可塑性所决定的；而在相同条件下液体油只能分散成粒状或球状，因而脂肪膜在面团中比同样数量的粒状液体油能润滑更大的面积。用可塑性好的起酥油加工面团时，面团的延展性好，因而制品的质地、体积和口感都比较理想。此外，起酥油和面团混合时能吸入或保持相当量的空气，这对烘烤食品或其他含糖较多的食品生产具有十分重要的起酥作用。

9.5.2.2 起酥性

起酥性是指烘焙糕点具有酥脆易碎的性质。各种饼干就是酥脆点心的代表。用起酥油调制食品时，油脂成薄膜状分布在小麦粉颗粒的表面，阻碍面筋质相互黏结，使烘烤出来的点心松脆可口。一般说来，可塑性适度的起酥油，起酥性好。油脂过硬，在面团中呈块状，制品酥脆性差，而液体油在面团中，使制品多孔，显得粗糙。

9.5.2.3 酪化性

起酥油加到混合面浆中经高速搅打起泡时，空气中的细小气泡被起酥油吸入，油脂的这种含气性质称为酪化性。酪化性的大小可用酪化价（*CV*）表示。把 1 g 油脂中所含空气的毫升数的 100 倍表示酪化价。

起酥油的酪化性要比奶油和人造奶油好得多。加工蛋糕若不使用酪化性好的油脂，则不会产生大的体积。蛋糕的体积与面团内的含气量成正比。

9.5.2.4 乳化性

油和水互不相溶，但在食品加工中经常要将油相和水相混在一起，而且希望混得均匀而稳定，通常起酥油中含有一定量的乳化剂，因而它能与鸡蛋、牛奶、糖、水等乳化并均匀分散在面团中，促进体积的膨胀，而且能加工出风味良好的面包和点心。

9.5.2.5 氧化稳定性

与普通油脂相比，起酥油的氧化稳定性好。这是因为原料中使用了经选择性氢化的油。其中全氢化型植物性起酥油氧化稳定效果最好，动物性油脂则必须使用 BHA 或生育酚等抗氧化剂。

9.5.3 起酥油的原料、辅料及配方

9.5.3.1 原料油脂

生产起酥油的原料油有两大类:植物性油脂如豆油、棉籽油、菜籽油、椰子油、棕榈油、米糠油及它们的氢化油;动物性油脂如猪油、牛油、鱼油及它们的氢化油。油脂都是经精炼的,氢化油必须是选择性氢化油。

9.5.3.2 辅料

起酥油的添加剂有乳化剂、消泡剂、着色剂和香料。

(1)乳化剂

①脂肪酸甘油酯。添加量为0.2%~1.0%。使用它可以提高起酥油的乳化性、酪化性和吸水性。与面粉、鸡蛋、水等分散均匀,增大食品体积。此外,单脂肪酸甘油酯与淀粉形成复合体,利于保持水分,防止食品老化。

②脂肪酸蔗糖酯。它和单脂肪酸甘油酯有类似的作用。

③大豆磷脂。一般不单独使用,多与单脂肪酸甘油酯等其他乳化剂配合使用。通用型起酥油中,大豆磷脂和脂肪酸甘油酯混合时的添加量为0.1%~0.3%。

④脂肪酸丙二醇酯。通常是丙二醇和单脂肪酸甘油酯混合使用时具有增效作用,添加量为5%~10%。

⑤脂肪酸山梨糖酯。是山梨糖的羟基与脂肪酸结合成的酯,具有较强的乳化能力。在高乳化型起酥油中添加量为5%~10%。

(2)抗氧化剂 起酥油中的抗氧化剂使用生育酚、叔丁基羟基茴香醚(BHA)、二叔丁基羟基甲苯(BHT)、没食子酸丙酯(PG),添加量必须在食品卫生法规定的范围内。

(3)消泡剂 用于煎炸的起酥油需要消除气泡,一般添加聚甲基硅酮,添加量为2~5 mg/kg,加工面包和糕点用起酥油不使用消泡剂。

(4)氮气 每100 g速冷捏合的起酥油应含有20 mL以下氮气。对熔化后使用的煎炸油就不需压入氮气。

9.5.4 起酥油的生产工艺

9.5.4.1 可塑性起酥油的生产工艺

可塑性起酥油的连续生产工艺过程包括:原辅料的调和、急冷捏合、包装、熟成4个阶段。几种原料油按一定比例经计量后加入调和罐。添加物用油溶解后倒入调和罐。在调和罐内预先冷却到49℃,再用泵送到急冷机,用液氨迅速冷却到过冷状态(25℃),部分油脂开始结晶。然后通过捏合机连续捏合并在此结晶,出口时30℃。

9.5.4.2 液体起酥油的生产

液体起酥油的品种很多样,大致有以下几种:

①最普通的方法是把原料油脂及辅料掺和后用的急冷机进行急冷,然后在贮罐存放16 h以上,搅拌使之流动化,然后装入容器。

②将硬脂或乳化剂磨碎成细微粉末,添加到作为基料的油脂中,用搅拌机搅拌均匀。

③将配好的原料加热到65℃使之熔化,慢慢搅拌,徐徐冷却使形成结晶,直到温度下降到装罐温度(约26℃)。

9.5.4.3　粉末起酥油的生产

生产粉末起酥油的方法有好多种，目前大部分用喷雾干燥法生产。其制取过程是：将油脂、被覆物质、乳化剂和水一起乳化，然后喷雾干燥，成粉末状态。使用的油脂通常是熔点30～35℃的植物氢化油，也有的使用部分猪油等动物油脂和液体油脂。使用的被覆物质包括蛋白质和碳水化合物。蛋白质有酪蛋白、动物胶、乳清、卵白等。碳水化合物是玉米、马铃薯等鲜淀粉，也有使用胶状淀粉、淀粉糖化物及乳糖等，还有的专利介绍使用纤维素或微结晶纤维素。乳化剂使用卵磷脂、单脂肪酸甘油酯、丙二醇酯和蔗糖酯等。

粉末油脂成分中脂肪 79.5%～80.8%、蛋白质 7.9%～8.1%、碳水化合物 4.1%～4.6%、无机物 3.5%～3.8%(K_2HPO_4、CaO 等)、水分 1.5%～1.7%。

9.5.5　防止起酥油产品品质劣化的途径和方法

起酥油产品品质的保证，必须由原料、配方、加工工艺、运输储存和使用五个环节共同实现。

9.5.5.1　保证原料质量

起酥油不同于人造奶油，不是直接食用油脂，是食品加工专用油脂。起酥油还用来作为煎炸、烹调油脂使用。目前，世界各国生产的起酥油虽然品种很多，但作为生产起酥油的原料油脂，都要经过碱炼、脱色、脱臭。需要氢化的油脂先经过碱炼、脱色，再进行氢化。氢化后还需要进行碱炼、脱色、脱臭，即精炼氢化油(精炼固体脂)。就是说作为起酥油的原料油脂都需精炼，充入的氮气纯度应在 99.9%以上。

9.5.5.2　产品配方合理

起酥油配方合理性仅与所选用的原料油脂和油溶性成分相关。不管怎样，原料油脂的品质及它们之间的相容性问题是产品配方合理性的重要条件。不同应用目的的专用油脂产品有各自特定的油脂配方，一旦产品得到用户确认后，应保证按既定配方生产，任何改动都会不同程度地影响产品品质。

9.5.5.3　产品加工条件合理

起酥油产品的加工包括：原辅料测定、计量和混合，物料的预冷和急冷，物料的捏合增塑，物料灌装和包装，产品熟成和取样测定，产品库存和取样测定。

9.5.5.4　销售过程中的存放、运输条件与产品品质要求相符

国外专用油脂产品出厂时都有十分明确的产品品质说明书，上面除标明产品物化性质之外，还明确标明该产品的运输和存放要求。假如产品必须面对恶劣的环境，那么，产品配方及加工，乃至产品品质保证都要为此进行调整。

9.5.5.5　产品使用条件应与专用油脂产品品质相符

每一种专用油脂产品都有各种适宜的使用温度范围，用户在此范围内应用可获得较好的加工效果。如不能在适宜范围内应用，不能获得合格的结果是意料之中的事。专用油脂产品加工企业应根据用户使用条件要求去开发新的专用油脂产品来满足用户需求。

9.6　蛋黄酱

蛋黄酱是用食用植物油、蛋黄或全蛋、醋或柠檬为主要原料，并辅之以食盐、糖及香辛料，

经调制、乳化混合制成的一种黏稠的半固体食品。它是不加任何合成着色剂、乳化剂、防腐剂的天然风味浓郁独特的高营养半固体状调味品。可浇在色拉(西式凉拌菜)、海鲜上,也可涂在面包、热狗等烘烤食品上,还可拌在米饭上,别具风味,深得各年龄段人们的欢迎。而这一美味食物第一次作为食品出售是在1912年的美国。此时,正值第一次世界大战爆发,为了缓和粮食的不足,美国政府奖励多吃生菜,从而开始了大批量的工业化生产蛋黄酱,使其成为蛋黄酱生产量最多、消费量最大的国家。目前,美国每人每年消费量已达5 kg。亚洲的日本于1925年也开始制造出售蛋黄酱,但大批量的生产是在1955年以后;随着东西方的频繁交往,日本饮食的西方化,蛋黄酱的消费量成百倍递增。成为目前仅次于美国、加拿大的第三大消费国。

9.6.1 制作原理

乳化是蛋黄酱制造的关键。油与水是互不相溶的液体,使其形成稳定、混合液的过程叫乳化。通常把油相以极细微粒分散于水中形成的乳化液称为水中油型(O/W)乳化液,反之则称为油中水型(W/O)乳化液,蛋黄酱就是一种O/W型近于半固体状的乳化液。

乳化不仅需靠强烈搅拌使分散相微粒化,均匀分散于连续相中,而且还需有乳化剂的存在。乳化剂分子是由亲油的非极性基团和亲水的极性基团组成,因此乳化剂能为油水结合而起媒介作用,乳化剂它不仅可以降低油水两相间的表面张力,有利于分散相微粒化,同时也因乳化剂分布在微粒表面,防止了微粒的并合,因此乳化剂不仅能使乳化易于进行,而且能使形成的乳化液更稳定。蛋黄中含有30%~33%的脂肪,其中磷脂占32.8%,而磷脂的73%为卵磷脂。蛋黄酱正是利用了卵磷脂的乳化性能制成的。卵磷脂带有亲油基团和亲水基团如—N、—OH等,当它与油和醋(含水分)这两个不相溶的物质,在机械搅动、转动切割下,亲油、亲水基团就将油、水形成了水包油型乳状液(O/W型),也就是说亲油基团的尾端被附在油微粒的表面,形成了坚固的吸油滴带上负电荷与水相中的正离子(H^+)平衡油滴之间由于静电作用,减少相互碰撞机会,从而形成了稳定的蛋黄酱。蛋黄中的其他蛋白质、磷脂、固醇等也具有一定的乳化作用,但是单独使用卵磷脂或磷蛋白质,其乳化能力就不能充分发挥。

9.6.2 原辅材料及其配比

蛋黄酱主要原料有植物油、蛋黄、食醋,辅料有砂糖、食盐、味精等调味料及芥子粉、白胡椒粉、辣椒粉等香辛料。

9.6.2.1 植物油

在蛋黄酱中植物油含量一般要求含量大于65%(以质量计),常用的有大豆油、棉籽油、菜籽油、米糠油、玉米油、向日葵油、橄榄油等经精加工脱色、脱臭及氢化处理(除去高凝固点脂肪)的色拉油。这些植物油均含有丰富的人体必需而又不能为机体合成的亚油酸、亚麻酸等必需脂肪酸,它有助于降低体内过剩的胆固醇。

9.6.2.2 蛋黄

蛋黄是蛋黄酱特有风味的主要成分,又是乳化剂,一般在蛋黄酱中的用量为6%~8%(以质量计)。选用新鲜的鸡蛋,蛋黄指数应大于0.4,其他禽蛋亦可。蛋黄要求新鲜,鲜度低其乳化性能差,易造成产品中油脂分离。也可以用加10%左右食盐的冷冻蛋黄,但不用冷冻淡蛋黄,因其黏度大,乳化性差导致产品的稳定性降低。

9.6.2.3　食醋

醋是蛋黄酱独特风味的另一重要成分，一般多用糟醋、苹果醋、麦芽醋等酿造醋，风味好；但要求色泽浅，食用醋精也可对水使用。食醋(含醋酸 5%左右)用量 10%左右。

9.6.2.4　调味料及香辛料

调味料一般用砂糖 1%～2%、食盐 1%～2%、少许味精；香辛料主要有芥末、胡椒粉、辣椒粉、姜粉等，用量以 1%～1.5%为宜。

9.6.3　生产工艺

蛋黄酱制作工艺流程如图 9-4 所示。

鲜蛋黄 → 消毒杀菌 → 搅拌混合 → 乳化 → 装罐密封 → 杀菌 → 成品
↑
精炼植物油，各种辅料

图 9-4　蛋黄酱制作工艺流程

9.6.3.1　蛋黄的制备

用新鲜蛋，用 1%高锰酸钾溶液清洗蛋壳，打蛋后分离出蛋黄。

9.6.3.2　蛋黄处理

将蛋黄用容器装好，放在 60℃的水浴中保温 3～5 min 进行巴氏杀菌，以清除蛋内的沙门氏菌等。将蛋黄放在组织捣碎机内先搅拌 1 min 左右，再加入砂糖搅拌至食盐、糖溶解。

9.6.3.3　加调味料

加调味料：将味精、花椒油、八角油等一次加入，搅拌 1 min 左右。

9.6.3.4　搅拌乳化

将植物油和醋按量分次交替加入搅拌直至产生均匀细而稳定的蛋黄酱为至。乳化时将油在水相中分散成几十至几微米的微粒，其表面积将增大 10^3～10^4 倍，需消耗大量表面能，而蛋黄酱的黏度又很大，故乳化需具有强烈剪切作用的机械，通常用搅拌机和胶体磨。搅拌机通常选用立式双轴或单轴搅拌机，搅拌桨作行星运动，这样能使搅拌遍及全部物料。搅拌桨多用类似打蛋发泡型的霍巴特(Hobart)搅拌桨，转速约每分钟几百至千余转。为防止搅拌时空气混入料液，以采用密闭真空液，以采用密闭真空搅拌或充氮置换搅拌。

9.6.4.5　装罐密封

倒出蛋黄酱分装于已清洗过的玻璃瓶，每瓶装 250 g，密封盖，杀菌冷却。杀菌式为 15～30 min/120℃反压冷却，反压力为(0.118～0.147 MPa)。

9.7　调和油

调和油就是将两种或两种以上的高级食用油脂，按科学的比例调配成的高级食用油。

9.7.1　调和油的品种

调和油的品种很多，根据不同的食用习惯和市场需求，可以生产出多种调和油。

9.7.1.1　风味调和油

根据群众爱吃花生油、芝麻油的习惯，可把菜油、米糠油、棉油等经全精炼，然后与香味浓郁的花生油芝麻油按一定比例调和，制成“轻味花生油”或“轻味芝麻油”供应市场。

9.7.1.2 营养调和油

利用玉米胚芽油、葵花籽油、红花籽油、米糠油、大豆油配制而成，其亚油酸和维生素 E 含量都高，是比例平衡的营养健康油，对高血压、冠心病患者以及必需脂肪酸缺乏症者食用有益。

9.7.1.3 煎炸调和油

利用氢化油和经全精炼的棉籽油、菜籽油、猪油或其他油脂调配成脂肪酸组成平衡、起酥性能好、烟点高的煎炸油。

9.7.2 调和油的加工

调和油的加工较简便，不需增添特殊设备，一般的全精炼油车间均可调制，调制风味调和油时，先计量全精炼的油脂，将其在搅拌的情况下升温到 35～40℃，按比例加入浓香味的油脂或其他油脂，继续搅拌 30 min，即可储藏或包装。如要调制高亚油酸营养油，则需在常温下进行调和，并加入一定量的维生素 E。如要调制饱和程度较高的煎炸油，则调和时温度要高些，一般为 50～60℃，最好再按规定加入一定量的抗氧化剂。继续搅拌 30 min，即可储藏或包装。

调和精炼油的原料油主要是高级烹调油或色拉油，并使用一些具有特殊营养功能的一级油，如玉米胚油、红花籽油、紫苏油、浓香花生油等。而调和高级烹调油和调和色拉油的原料油则全部是高级烹调油或色拉油。各种油脂的调配比例主要是根据单一油脂的脂肪酸组成及其特性调配成不同营养功效的调和油，以满足不同人群的需要。在满足一定营养功效的前提下，尽量采用当地丰富的、价廉的油脂资源，以提高经济效益。

此外，调和油中常加入少量的抗氧化剂及其他添加剂。调和油加入添加剂要依照 GB 2760《食品添加剂使用卫生标准》要求的用量。

调和油的技术含量主要在于配方，加工较简便，在一般的全精炼车间均可调制。先在锅内加入高级烹调油或色拉油，加热到 35℃左右，按比例加入其他油脂，继续搅拌 30 min 即可。如调制多不饱和脂肪酸含量较高的营养油，则调和油在常温下进行，并加入一定量的抗氧化剂。

思考题

1. 什么是油脂精炼，其目的和意义何在？
2. 油脂精炼包括哪些过程？说明各过程的基本原理及其产品质量的主要影响因素。
3. 什么叫油脂氢化？影响氢化反应的因素有哪些？
4. 简述氢化油的加工工艺及操作注意事项。
5. 简述人造奶油的生产工艺及操作要点。
6. 起酥油的功能特性有哪些？
7. 简述蛋黄酱的生产工艺过程。

参考文献

[1] 刘玉兰. 植物油生产与综合利用. 北京：中国轻工业出版社，1999
[2] 刘大川，等. 食用植物油与植物蛋白. 北京：化学工业出版社，2001
[3] 魏振华. 中小植物油厂实用技术. 北京：中国工人出版社，1993
[4] 刘心恕. 农产品加工工艺学. 北京：中国农业出版社，1998

[5] 李全宏. 植物油脂制品安全生产与品质控制. 北京:化学工业出版社,2005
[6] 倪培德. 油脂加工技术. 北京:化学工业出版社,2004
[7] 马传国. 油脂加工工艺与设备. 北京:化学工业出版社,2004
[8] 何东平,闫子鹏. 油脂精炼与加工工艺学. 北京:化学工业出版社,2012
[9] 王道波. 油脂精炼与深加工技术. 北京:科学出版社,2014
[10] 贾健辉. 大豆油脂的生产与检验技术. 北京:化学工业出版社,2011

第 10 章

植物蛋白质的提取和加工

本章学习目的与要求

了解植物蛋白的种类和主要特征，掌握主要植物蛋白的制取原理和加工方法；主要植物蛋白的性质和主要用途。

蛋白质是人类生命活动的重要物质基础。随着世界人口的不断增长，蛋白质供给出现了严重不足。为了解决这一问题，世界各国尤其是不发达国家和地区，积极采取措施，试图从可以得到的食物中获得有营养和廉价的蛋白质。在世界范围的蛋白质资源供给中，大部分为植物蛋白，占蛋白质总量的70%，而动物蛋白仅占30%。另一方面，具有经济性、营养性、功能性等优点的植物蛋白在建立健康的饮食结构、预防心血管疾病方面所起的作用也越来越受到人们的重视。本章将着重介绍各种植物蛋白的特点和相关的利用技术。

10.1　植物蛋白质的基本特征

食品中的蛋白质具有3个方面的特性，即营养性、加工特性及益于人体健康的功能特性。蛋白质的营养价值，主要是取决于其所含必需氨基酸是否平衡。一般来说，动物蛋白质中的必需氨基酸比较平衡，而植物蛋白往往是赖氨酸、苏氨酸、色氨酸和蛋氨酸的含量相对不足。谷物蛋白一般缺乏赖氨酸，而油料蛋白主要是蛋氨酸不足。例如，小麦蛋白主要是赖氨酸和苏氨酸不足；玉米蛋白主要是色氨酸和赖氨酸不足；花生蛋白、棉籽蛋白主要是蛋氨酸不足；大豆蛋白除蛋氨酸和半胱氨酸含量稍低于FAO（联合国粮农组织）推荐值外，氨基酸组成基本平衡，接近于全价蛋白，是仅次于动物蛋白的理想蛋白质资源。

加工特性主要是指食品在加工过程中和加工后所表现出的物理性质，如物料或制品的保水性、乳化性、弹性和黏结性等。这些物性学性质（物理性质）是对食品品质进行评价的重要指标。植物性蛋白质，特别是油料蛋白质具有较好的加工特性，既可以单独制成食品，也可以与蔬菜或肉类等相组合加工成各种各样的食品。它们在加工过程中，赋予制品较好的保水性和保型性，防止加热调理收缩变形，使制品有较好的物性品质。

动物性蛋白质主要来源于肉、鱼、奶、蛋等食物，这些食物一方面由于价格较贵，另一方面由于肉制品含有较多的易导致心血管疾病的饱和脂肪酸和胆固醇，因而过多食用不利于健康。而来源于植物的蛋白质虽然有某种必需氨基酸营养平衡性差的缺陷，但同其他食物配合食用，可使营养效果互相补充。而且植物性蛋白质食物如大豆，不但不含胆固醇，而且还会降低人体中的胆固醇，减少心血管疾病的发病率，因此大豆蛋白比动物蛋白质更具有保健的特性。

营养学家认为，从食物中按比例平衡摄取这两类蛋白质是比较理想的。植物蛋白质与动物蛋白质以2∶1配合，对居住在温带的人最好。年龄不同，其比例有所不同，小孩以1∶1为宜，青壮年以65∶35为宜，老人以80∶20较适宜。

10.2　植物蛋白的种类及性质

植物蛋白顾名思义是以植物为提取或加工资源获得的蛋白质的统称。一般按来源划分法分别分为油料种子蛋白、豆类蛋白、谷物蛋白、叶蛋白和螺旋藻蛋白五大类。

10.2.1　油料种子蛋白质

油料种子主要包括大豆、花生、芝麻、油菜籽、向日葵、棉籽、红花、椰子等。其中大豆、油菜籽产量最大，各种油料种子的蛋白质特性如表10-1所示。有关大豆蛋白质的性质见后述。

表 10-1 油料种子蛋白质原料的特性

种类	机能特性	加工上的问题(对策)	营养问题
大豆	富于凝胶性、保水性、乳化性、起泡性等功能特性	难以除去苦味,青草臭味(脂肪氧合酶的加热失活)	抑制剂(因加热失活),含硫氨酸甚少
花生	溶解性、热稳定性、发泡性	因霉而产生毒素,注意黄曲霉毒素(阻止霉的产生)	蛋氨酸、赖氨酸含量少
芝麻	溶解性低,机能特性低	难以除去草酸(完全脱皮)	蛋氨酸含量高
油菜籽	保水性、乳化性	产生、生产阻碍因子致甲状腺肿物(酶的失活,品种改良)	必需氨基酸含量均衡,蛋白质含量高
向日葵	发泡性、组织形成性(凝胶化性低)	难以除去石炭酸(溶剂提取)灰色外观	赖氨酸、异亮氨酸含量少
棉籽	在中性环境中难溶,在酸性环境中溶解,机能特性低	产生毒性物质棉籽醇(品种改良,加热失活)	赖氨酸、蛋氨酸含量少
红花	与棉籽相似,在酸性环境中溶解	难以除去苦味成分和致泻性物质(溶剂提取)	赖氨酸含量少
椰子	乳化性	纤维的除去(依靠酸沉淀分离蛋白质)	赖氨酸,硫氨基酸含量少

10.2.1.1 花生蛋白质

花生在世界各地均有生产,产量以印度、中国、美国为首。它不仅可作为零食食用,而且还是重要的榨油原料。花生渣饼和大豆豆粕一样,除可用于家畜的饲料外,还可以制造脱脂花生粉、浓缩花生蛋白、分离花生蛋白等。但需注意的是饼渣用于饲料时,易混入强致癌性物质黄曲霉素。由于此种物质随着黄曲霉菌的产生而形成,所以花生饼粕在处理时要避免污染,防止黄曲霉的生长和毒素产生。

花生含 26%～29%蛋白质,其中球蛋白占 90%,其余为清蛋白。花生球蛋白的性质如表 10-2 所示。花生蛋白可分为花生球蛋白,伴花生球蛋白质Ⅰ和Ⅱ,等电点均在 pH 4.5 附近。

由花生加工得蛋白粉制品多为白色,且风味极佳,尤其是溶解性高,黏度低,具有一定的热稳定性和发泡性,可用于制造饮料及面包。在我国,花生除被加工成传统的花生酱、卤煮制品外,还被加工成花生牛奶、花生肽等产品。日本和印度,利用脱脂花生粉可做成类似豆腐的片状制品、麦片及花生乳等(表 10-2)。

表 10-2 花生球蛋白的性质

项目	花生球蛋白		伴花生球蛋白Ⅰ	伴花生球蛋白Ⅱ	
根据硫铵划分(饱和度)/%	40		65～85	85 以上	
各球蛋白所占比例/%	70		15	15	
解离与结合(离子强度)	低	高		高	低
沉降系数	9S	14S	1.8S	8S	13S
亚基数量	6 个		1 个	5 个	

10.2.1.2 芝麻蛋白质

芝麻产于中国、印度等亚洲国家和非洲,具有独特的风味。皮占种子的 15%～20%,约含油45%，蛋白质20%，其中富含甲硫氨酸，赖氨酸含量相对不足。蛋白质的85%为球蛋白，由α-球蛋白质和β-球蛋白质组成，两者比例为4∶1，均为13S，相对分子质量约为30万。芝麻蛋白质溶解性低，其功能性利用受到一定限制。因为芝麻含有2%～3%的草酸，所以要食用芝麻脱脂物，必须重新脱皮。脱皮后，蛋白质的相对含量约增加60%，且口感好。

10.2.1.3　油菜籽蛋白质

加拿大与印度是油菜籽的主要产地。油菜籽颗粒小，含有40%～45%的油脂和20%～25%的蛋白质。蛋白质中的大部分为12S球蛋白，与大豆球蛋白相似，含有酸性和碱性亚基。在植物蛋白质中，油菜籽蛋白的营养价值最高，没有限制性氨基酸，特别是含有许多在大豆中含量不足的含硫氨基酸。

以油菜籽的脱脂物为原料可加工浓缩蛋白。一方面，蛋白质在提取、分离等加工过程中，易受到加热变性的影响，使蛋白质溶解度降低，不能形成胶体，但该种蛋白质制品具有很好的保水性与持油性，因而可应用于红肠等畜肉制品的加工。另一方面，经分离得到的变性少的蛋白质，其乳化性、发泡性、凝胶形成性均很好。

10.2.1.4　葵花籽蛋白质

葵花籽是俄罗斯和欧洲一些国家重要的油脂原料，也是世界食用油生产量较大的一种。葵花籽脱脂物的加工利用，关键是去除葵花籽中的石炭酸以及高效率地去除种子的外皮。在葵花籽脱脂物中含有3%～3.5%石炭酸，因此在加工过程中，会因pH的不同，而产生黄绿色变。

葵花籽中70%～80%的蛋白质由具有盐溶性的球蛋白构成。从营养角度来看，葵花籽蛋白的赖氨酸含量少，是营养上的限制因子。

葵花籽蛋白质不易形成凝胶，具有优良的起泡性和发泡稳定性。葵花籽的脱脂物具有很好的组织形成性，利用挤压成型机，能制成组织状葵花籽蛋白制品，但不足之处是产品的外观颜色较灰暗。

10.2.1.5　棉籽蛋白质

棉籽中约含20%的蛋白质，是较丰富的蛋白质资源。可是其中含有棉籽酚这一毒性物质，使得它在食品和饲料的利用方面受到限制。棉籽酚可通过育种或采取适当的加工技术去除。

棉籽的氨基酸组成中，赖氨酸、蛋氨酸含量较少。由棉籽脱脂粉加工的蛋白质具有在酸性条件下易溶的特性，因此该蛋白质制品适用于制作酸性饮料；又因其在中性环境中难溶，机能特性很少，也常被利用于制面包和点心。

10.2.1.6　红花蛋白质

在很早以前红花色素作为食品着色剂被应用于食品加工。红花种子的一半为外皮。除去外皮部分的40%为脂肪，15%～19%为蛋白质，20%～25%为纤维。用70%～80%的酒精处理，提取出具有苦味的成分和导致腹泻的物质。

红花种子蛋白质的必需氨基酸中赖氨酸含量不足。该蛋白质有与棉籽蛋白质相似的性质，即在酸性环境中也能溶解，因此用于酸性饮料的制作。在机能特性方面，它具有起泡性，它还能部分地代替面粉，用于面包。

10.2.2　豆类蛋白质

10.2.2.1　豆类蛋白质特征

豆类中含有的储藏蛋白几乎都存在于蛋白质体中。蛋白质体中的80%左右是蛋白质，除此之外，还有大量的植酸钙镁盐。储藏蛋白的主要功能是为发芽的种子提供生长发育的营养，目前，尚未发现储藏蛋白质的生理活性。一般来说豆类蛋白质中谷氨酸、天门冬氨酸等酸性氨基酸含量较多，而碱性氨基酸含量较少，因此，豆类中等电点偏向弱酸性的蛋白质含量多。

豆类中的主要蛋白质是球蛋白，从其类似性来划分，可分为豆球蛋白和伴豆球蛋白两种，两者共占蛋白质总含量的80%左右。其性质如表10-3所示。除此之外，还含有2S球蛋白、植物凝集素等。各种豆类的豆球蛋白和伴豆球蛋白的沉降系数和相对分子质量如表10-4所示。

表10-3　豆类储藏球蛋白的分类

项目	豆球蛋白	伴豆球蛋白	项目	豆球蛋白	伴豆球蛋白
分子质量/10^4 u	$(35\pm5)\times10^4$	$(15\pm5)\times10^4$	凝固温度	高	低
沉降系数	11～14S	7～8S	SH·S—S含量	多	少
溶解性	难溶	易溶	糖含量	不含或含量很少	含量多，糖蛋白质

表10-4　豆类的豆球蛋白和伴豆球蛋白

种类	豆球蛋白		伴豆球蛋白	
	沉降系数/S	分子质量/10^4 u	沉降系数/S	分子质量/10^4 u
大豆	12.2	34.5	7.9	19.3
花生	13.2	34.0	7.8	14.2
蚕豆	11.4	32.8	7.1	15.0
豌豆	12.6	33.0	7.6	15.1
扁豆	11.6	34.0	6.8	15.1
豇豆	12.2	32.0	7.3	—

10.2.2.2　豆球蛋白

豆球蛋白是豆科植物种子中具有代表性的蛋白质。如表10-4所示，豆球蛋白分子质量在350 kDa左右，是伴豆球蛋白的1倍以上。豆类球蛋白的主要特征是含有谷氨酸、天门冬氨酸、精氨酸。与伴豆球蛋白相比，豆球蛋白的含硫氨基酸较多，含糖的蛋白质较少。

豆球蛋白由多个亚基组成。在亚基之间凭借侧链上的氨基酸之间的相互作用，如共价结合、疏水作用以及双硫键等形成更稳定的高级结构。如大豆球蛋白质，11S组分具有酸性亚基A(acidic subunit)和碱性亚基B(basic subunit)两种亚基，两种亚基之间以S—S键结合形成中间体。豆球蛋白凭借S—S键桥形成了坚固的构形，因此，显示出低溶解性，以及一定的热稳定性。

10.2.2.3　伴豆球蛋白

伴豆球蛋白与豆球蛋白一起，构成了豆类球蛋白，相对分子质量为15万～20万。氨基酸含量与豆球蛋白相同，谷氨酸和天门冬氨酸较多，可是与豆球蛋白相比，含硫氨基酸较少，糖含量高。

与豆球蛋白相同，含有酸性和碱性亚基，但未形成中间体，由于含硫氨基酸较少，其间不形成S—S键。多数的伴豆球蛋白由3个亚基构成，亚基间通过非共价键相结合。它与大豆的β-伴大豆球蛋白相似，糖蛋白含量较多。与大豆相同，扁豆、蚕豆的伴豆球蛋白也是糖蛋白。

10.2.3　谷类蛋白

10.2.3.1　谷类蛋白质的一般特性

谷类蛋白质的特征如表10-5所示。谷物中的蛋白质不溶于水或盐溶液，其主要成分分为能溶解于酒精的醇溶蛋白和能溶解于碱溶液的谷蛋白。

醇溶蛋白含量最多的是黍类植物。玉米、黍子种子蛋白质中,含有50%~60%的醇溶蛋白,30%~45%的谷蛋白。醇溶蛋白储存在蛋白质体中,而谷蛋白在蛋白质体的内外均有分布。

小麦、大麦、黑麦等禾谷类作物种子的蛋白质中,醇溶蛋白与谷蛋白的含量基本相同,为30%~50%。在种子灌浆成熟过程中,这些蛋白质存在于蛋白质体中,一旦种子成熟后,蛋白质体消失,蛋白质便存在于种子的胚乳中。

大麦和稻米的蛋白质以能溶解于碱性溶液的谷蛋白为主要成分。在稻谷中,它作为一种储存蛋白质存在于内胚乳的蛋白质体中。荞麦种子中的蛋白质,以具有水溶性和盐溶性的蛋白为主要成分。虽然荞麦不属于禾本科作物,但因为其性质与用途与谷类相似,所以在食品学中,荞麦被纳入谷类范围。

表10-5　谷类中的蛋白质含量与构成成分　%

种类	蛋白质量	清蛋白质	球蛋白质	醇溶蛋白质	谷蛋白质
玉米	7~13	微量	5~6	50~55	30~45
黄米	7~16	10~11	10~11	57	30
小麦	10~15	3~5	6~10	40~50	30~40
大麦	10~16	3~4	6~20	35~45	35~45
黑麦	9~14	9~14	5~10	30~50	30~50
米	8~10	微量	2~8	1~5	85~90
燕麦	13	1	13	18	68
荞麦	11~15	13	54	11	32

10.2.3.2　小麦蛋白质

小麦约含有13%的蛋白质,构成面筋的麦胶蛋白和麦谷蛋白是小麦籽粒中的主要蛋白质。

(1)麦胶蛋白　小麦胶蛋白是粮食中最重要的蛋白质之一,它与麦谷蛋白一起构成面粉中的面筋质。其相对分子质量为27 000~28 000,等电点为pH 6.4~7.1。它溶解于中等浓度的乙醇(在60%~70%的乙醇中溶解度最大),而不溶于无水乙醇。在稀甲醇、丙醇、苯、醇溶液和酚、对甲苯、冰醋酸溶液中都能溶解,也能在弱酸和弱碱溶液中溶解。

小麦胶蛋白含有17.7%的氮素,水解时能生成大量的氨、谷氨酸、脯氨酸及少量的组氨酸和精氨酸。小麦蛋白质的氨基酸组成见表10-6。从表10-6中可以看出,小麦胶蛋白的氨基酸组成相当完全,其中谷氨酸的含量高达38.87%,因此,也常用小麦面筋制取味精(谷氨酸钠)。

表10-6　小麦蛋白质的氨基酸组成　%

氨基酸	WHO推荐值	麦胶蛋白	麦谷蛋白	麦清蛋白	小麦面粉
异亮氨酸	4.0	4.31	3.74	—	3.7
亮氨酸	7.0	6.85	6.58	11.34	7.5
赖氨酸	5.5	0.64	2.26	2.75	1.9
蛋氨酸	3.5	1.43	1.66	—	2.6
胱氨酸		2.97	2.37	—	1.9

续表 10-6

氨基酸	WHO 推荐值	麦胶蛋白	麦谷蛋白	麦清蛋白	小麦面粉
苏氨酸	4.0	2.16	3.11	—	2.7
色氨酸	1.0	0.71	2.09	—	1.0
缬氨酸	5.0	4.12	4.24	0.18	4.2
苯丙氨酸	5.0	5.52	4.76	3.83	5.2
酪氨酸	6.0	2.61	3.61	3.34	3.8
甘氨酸		1.53	3.83	0.94	4.3
丙氨酸		2.03	2.77	4.45	2.7
丝氨酸		4.67	5.38	—	4.0
精氨酸		2.72	9.13	5.94	3.0
组氨酸		2.23	2.32	2.83	2.2
天门冬氨酸		2.86	3.73	3.55	1.3
谷氨酸		38.87	33.15	6.73	4.0
脯氨酸		13.79	10.29	3.18	14.1

(2)麦谷蛋白　小麦面筋蛋白质的另一个主要构成成分是麦谷蛋白，它不溶于水和酒精。麦谷蛋白与麦胶蛋白结合在一起很难分离，稍溶于热的稀乙醇中，但冷却后便成絮状而沉淀。只有新制得的尚未干燥的麦谷蛋白才非常容易溶解在弱碱和弱酸中，并在中和时又沉淀出来。

麦谷蛋白与麦胶蛋白在氨基酸组成上非常相似(表 10-6)，两种蛋白相比较麦谷蛋白含较多的赖氨酸、甘氨酸、色氨酸、精氨酸、酪氨酸、苏氨酸、天门冬氨酸、丝氨酸和丙氨酸的含量也略为高些。小麦胶蛋白的脯氨酸、胱氨酸、苯丙氨酸、异亮氨酸、谷氨酸含量都比麦谷蛋白高，蛋氨酸、缬氨酸、亮氨酸及组氨酸的含量没有大的差异。

(3)麦清蛋白　小麦籽粒中还含有 0.3%～0.4%的麦清蛋白，等电点为 pH 4.5～4.6。虽然在整个籽粒中的含量不多，但它在胚里的含量则占全干物的 10%以上。其物理性质和水解产物类似于动物性蛋白质。氨基酸组成上亮氨酸含量较高(表 10-6)。

(4)面筋　小麦中蛋白质的重要特征是在调制面团时蛋白质形成面筋。面筋的含量和质量决定了面粉的加工特性和面粉制品的品质。当小麦面团在水中揉洗的时候，它的一部分淀粉粒和麸皮微粒脱离面团成为悬浮状态，另一部分溶解于水中，剩余部分为块状的胶皮状物，称之为面筋。小麦面筋的质量和数量，主要与小麦粉中蛋白质的含量、构成及性质有关。对洗净的小麦面筋的化学分析证明，面筋是多种蛋白质聚合物，还含有少量的淀粉、纤维素、脂肪和矿物质。面筋的干物质按面粉品质的不同含 70%～80%的蛋白质。其成分大致如下：

麦胶蛋白	43.02%	脂肪	2.80%
麦谷蛋白	39.10%	糖	2.13%
其他蛋白质	4.41%	淀粉	6.45%

面筋的氨基酸组成(表 10-6)中，除了亮氨酸、蛋氨酸、胱氨酸和色氨酸外，其余的必需氨基酸均达不到世界卫生组织(WHO)推荐的标准，特别是严重缺乏赖氨酸。因此，小麦粉蛋白质属于不完全蛋白质。其生物价仅为 67，不但远比动物性食品低，而且也低于大米等蛋白质。但由于小麦粉的蛋白质含量高，可通过摄取量弥补质上的不足。据测定，小麦蛋白质总的营养

价值仍高于大米等谷物。

10.2.4　叶蛋白

叶蛋白是指刈割新鲜的、有利用价值的饲草或其他植物的地上部分(嫩叶或嫩茎叶),经压榨后,通过汁液提取、蛋白凝聚与分离干燥得到的蛋白质浓缩物(leaf protein concentrates),简称为叶蛋白(LPC)。叶蛋白的提取方法主要为加热法、酸碱度法、有机溶剂法和发酵酸法。

叶蛋白最早是作为蛋白饲料,主要以苜蓿为提取原料,在国外已有着70余年的研究历史,20世纪80年代中期,法国建立了世界上饲用叶蛋白生产规模最大的苜蓿公司。此后,英国、丹麦、澳大利亚、新西兰等国也成立了规模较大的叶蛋白生产工厂,其产品供国内和出口所需。由于叶蛋白品质好、易提取和加工,以及富含胡萝卜素、多种维生素和微量元素,特别是不含胆固醇,具有降低血液中胆固醇含量,防病治病等多种生理功能,已引起人们广泛关注,将其作为新型蛋白食品的前景诱人。

10.2.5　螺旋藻蛋白

螺旋藻是最近被食品界较为关注的蛋白质源。它是一种外观为蓝绿色,螺旋状单细胞水生植物。生物学家和营养学家长期研究认为,螺旋藻是最具有潜力生产单细胞蛋白质的藻类。螺旋藻营养价值高,其蛋白质含量高达70%,所含氨基酸种类又比较理想,人和动物所必需的赖氨酸、苏氨酸,含量也相当丰富。螺旋藻细胞壁极薄,易消化,消化率可达80%。螺旋藻除可作食品、食品添加剂、饲料外,还可作为医药原料。现在市场上有许多螺旋藻保健品和添加了螺旋藻的食品。

10.3　大豆蛋白质

10.3.1　大豆蛋白质的特点

大豆起源于我国,我国在栽培、加工利用方面有着悠久的历史。大豆在颜色上分为黄大豆、绿大豆、黑大豆、褐大豆及双色大豆,大豆是它们的统称,但一般指黄大豆,俗称黄豆,是我国十大粮食作物之一,也是四大油料作物之一。自古以来,东方大豆被加工成豆腐、腐乳、酱油、纳豆等各种食品。自20世纪70年代始,大豆作为优质廉价的蛋白质资源得到了广泛重视,用大豆开发了许多新型大豆制品,大豆的应用范围正在不断扩大。

大豆的主要成分是蛋白质和脂肪,二者占整个大豆成分的60%以上。大豆的蛋白质含量丰富,一般在40%左右。按蛋白质40%计算,1 kg大豆的蛋白质含量相当于2.3 kg猪瘦肉或2 kg牛瘦肉中的蛋白含量,所以被誉为“绿色牛乳”“植物肉”。另外,现代营养学研究证实,大豆蛋白质具有降低胆固醇,减少心血管病发生的功效,由大豆蛋白质调制的多肽具有促进营养吸收和降血脂作用。大豆含有的皂甙、异黄酮等生理活性成分具有抗氧化、防衰老、提高免疫力、促进钙吸收等功能。因此,无论在人口不断增长的发展中国家,还是在西方发达国家,大豆在解决蛋白质供给不足和改善饮食模式及膳食结构中的营养平衡等问题上都占有重要的位置。大豆蛋白中含有的氨基酸,尤其是必需氨基酸含量接近FAO/WHO的推荐模式,与其他植物(如谷类)蛋白相比,大豆蛋白中赖氨酸含量最高,很适合添加到谷类食品中弥补谷物中的赖氨酸的不足。大豆中蛋氨酸含量较低，根据用大鼠所做的营养实验，过去一直认为大豆蛋白质的营养价值仅为动物蛋白质的 75%～80%，蛋氨酸是大豆蛋白的限制性氨基酸。但最近的研究表明，若按蛋白质消化率校正氨基酸评分(PDCAAS)相比较，大豆蛋白质的分值与牛奶、鸡蛋白的蛋白质相当，而高于牛肉、杂豆等其他蛋白质(表 10-7)。

表 10-7 不同食物蛋白质消化率校正氨基酸指数(PDCAAS)

品名	PDCAAS	品名	PDCAAS
大豆蛋白	0.92～0.99	牛肉蛋白质	0.92
酪蛋白	1.00	豌豆粉	0.69
鸡蛋白蛋白	1.00	杂豆	0.63
脱脂奶粉	1.00	全麦	0.40
浓缩乳蛋白	1.00	麦麸	0.25

大豆中的蛋白质主要是球蛋白，占大豆总蛋白量的 80%～90%，也含有少量的清蛋白。大豆球蛋白在水中呈乳状液。在加入酸、熟石膏($CaSO_4$)或盐卤(主要成分为氯化镁)的情况下，大豆球蛋白粒子周围的水化膜遭到破坏，且粒子带的负电荷被中和，粒子之间失去相互静电排斥作用，从而蛋白质粒子之间相互结合形成网络结构或凝聚沉淀。各种豆腐、大豆分离蛋白等加工就是基于此原理。此外，在食品工业中，还利用大豆氨基酸平衡性好，谷氨酰胺含量丰富的特点，调制水解大豆蛋白或氨基酸用于酱油、快餐面、调味料等生产或对食品进行营养强化。

10.3.2 大豆蛋白质的结构和性质

10.3.2.1 大豆蛋白质的结构

(1)分类　蛋白质约占种子的 40%，在大豆成分中含量最多、并在食品加工中起重要作用。蛋白质主要储藏在大豆子叶蛋白体内。将大豆或脱脂大豆用水提取，约有 90%的蛋白质可被提取出来。通过超速离心分析，这部分蛋白质可分为 2S、7S、11S、15S 4 种组分(S 为沉降系数)。提取的蛋白质水溶液调至 pH 4.5～4.8，约有 75%的蛋白质，因达到等电点而沉淀下来，所以这部分蛋白质被称为酸沉淀蛋白质或大豆球蛋白(globulin)。在用酸沉法除去大豆球蛋白后，上清中蛋白质统称为大豆乳清蛋白(whey protein)，其主要成分有胰蛋白酶抑制剂(trypsin inhibitor)、红细胞凝血素(hemagglutinin，HA)、脂肪氧化酶(Lipoxidase)、β-淀粉酶(β-amylase)、磷酸酶(phosphatase)、植酸酶(phytase)、细胞色素 C(cytochrome C)等。其中上述的 2S 成分中就混有大量的胰蛋白酶抑制剂。

2S 球蛋白是这些胰蛋白质酶抑制剂的主要成分。大豆球蛋白的主要成分是 11S 大豆球蛋白和 7S β-伴大豆球蛋白，两者总量占大豆球蛋白的 70%，两者的比例根据品种的不同略有差异。最近研究表明，大豆球蛋白 15S 在氨基酸组成上与 11S 完全相同，是 11S 的复合体(Wolf，1995)。上述的离心沉降分析中，无论是 11S 还是 7S 都是具有相同沉降系数的混合物。若从以抗原抗体反应为基础的免疫学角度分类，大豆蛋白可分为大豆球蛋白(glycinin)、α-、β-、γ-伴大豆球蛋白(α-、β-、γ-conglycinin)4 种成分(表 10-8)。从表 10-8 中可以看出 β-伴大豆球蛋白和大豆球蛋白相当于 7S 和 11S，两者为大豆蛋白的 70%。

表 10-8　大豆球蛋白的构成成分

构成蛋白		含量/%		分子质量/u
沉降成分	血清学成分	血清学测定	超离心分析测定	
2S 球蛋白	α-伴球蛋白	13.8	15	18 000～33 000
7S 球蛋白	β-伴球蛋白	27.9	34	180 000～210 000
	γ-伴球蛋白	3.0		105 000～150 000
11S 球蛋白	大豆球蛋白	40.0	41.9	300 000～350 000
15S 球蛋白			9.1	60 000

(2)大豆蛋白的氨基酸组成　大豆蛋白质的氨基酸(表 10-9)主要是大豆球蛋白和β-伴大豆球蛋白的氨基酸构成的，其中最多的是谷氨酸和天门冬氨酸，两者的总量达到 45%，谷氨酸含量尤其多。这些酸性氨基酸约有 1/2 均处于酰胺态。两种蛋白质相比较，必需氨基酸中色氨酸、蛋氨酸、胱氨酸的含量以大豆球蛋白居多，是β-伴大豆球蛋白的 5～6 倍；而β-伴大豆球蛋白赖氨酸含量多，含硫氨基酸很少。二者的氨基酸构成比较来看，β-伴大豆球蛋白代表了大豆蛋白质的特征。与β-伴大豆球蛋白相比，γ-伴大豆球蛋白中的酸性氨基酸少，2S 球蛋白中的酸性氨基酸含量也很少。

另外，大豆球蛋白和β-伴大豆球蛋白不同之处在于β-伴大豆球蛋白是一种糖蛋白，它含有 3.8%的甘露糖和 1.2%的氨基葡萄糖，而大豆球蛋白不含糖。β-伴大豆球蛋白的含糖部分是由氨基葡萄糖与天门冬氨酸通过 N-糖苷键结合而成，即 N-GlC NAc 型是含有 2 mol 氨基葡萄糖胺，7～8 mol 甘露糖的同质杂合体。1 分子β-伴大豆球蛋白中，有 5～6 个糖结合部分。现已明确，α，α′亚基中分别有两处，而β-亚基中有一处与糖结合。糖的存在有利于用糖与亲和色谱的亲和性将其中不含糖的球蛋白分离。γ-伴大豆球蛋白质也是一种含 3%～5%的糖蛋白，而碱性的 7S 球蛋白几乎不含糖。

表 10-9　大豆蛋白质的氨基酸组成(氨基酸的百分数)　%

项目	全蛋白质	子叶中蛋白质					胚轴中蛋白质		种皮中蛋白质
		不溶性蛋白质	酸沉淀蛋白质			乳清蛋白质	全胚轴蛋白质	酸沉淀蛋白质	
			全酸沉淀蛋白	7S 球蛋白	11S 球蛋白				
各成分蛋白质对全蛋白的百分比	100	5～26	60～80	15～25	20～35	6～7	-1	-0.8	-0.5
精氨酸	8.42	7.44	9.06	8.82	8.75	6.64	8.32	6.38	4.38
组氨酸	2.55	2.70	2.83	1.67	2.53	3.25	2.60	2.65	2.54
赖氨酸	6.86	6.14	5.72	7.01	6.97	8.66	7.45	7.80	7.13
酪氨酸	3.90	3.30	4.64	3.61	4.13	4.67	3.48	3.78	4.66
色氨酸	1.28	—	1.01	0.32	1.36	1.28	—	—	—
苯丙氨酸	5.01	5.24	5.94	7.39	6.13	4.46	3.88	4.22	3.21
胱氨酸	1.58	6.71	1.00	0.26	1.22	1.82	1.24	—	1.66
蛋氨酸	1.56	1.63	1.33	0.25	1.51	1.92	1.72	1.79	0.82

续表 10-9

项目	全蛋白质	子叶中蛋白质					胚轴中蛋白质		种皮中蛋白质
		不溶性蛋白质	酸沉淀蛋白质			乳清蛋白质	全胚轴蛋白质	酸沉淀蛋白质	
			全酸沉淀蛋白	7S 球蛋白	11S 球蛋白				
丝氨酸	5.57	5.97	5.77	6.67	6.17	7.62	4.90	4.50	7.02
苏氨酸	4.31	4.67	3.76	2.81	4.15	6.18	4.00	3.82	3.66
亮氨酸	7.72	8.91	7.91	10.25	8.40	7.74	6.62	7.22	5.94
异亮氨酸	5.10	6.02	5.03	6.40	5.53	5.06	4.11	4.53	3.80
缬氨酸	5.38	6.37	5.18	5.08	5.85	6.19	4.82	5.28	4.55
谷氨酸	21.00	17.76	23.46	20.50	25.11	15.64	13.78	14.12	8.66
天门冬氨酸	12.01	12.39	12.57	14.13	13.72	14.08	9.74	9.84	10.05
甘氨酸	4.52	5.21	4.56	2.85	4.96	5.74	4.25	4.93	11.05
丙氨酸	4.51	5.73	4.48	3.70	4.27	6.16	4.69	4.47	3.98
脯氨酸	6.28	5.35	6.55	4.53	6.21	6.66	4.23	4.38	5.76
羟基脯氨酸	0	0	—	—	—	—	微	6.20	7.57
氨	2.05	2.61	2.20	1.71	1.61	1.53	1.40	1.20	1.55
糖	—	—	2.78	4.94	0.88	4.20	—	—	—

资料来源：大豆制品工艺学(第二版)，2009。

10.3.2.2 大豆蛋白质的高级结构

在蛋白质的结构中，氨基酸的排列顺序被称为一级结构，在一级结构基础上，分子内相结合形成二级、三级结构，如 α-螺旋，β-折叠不规则结构等，在二级结构基础上以亚基为单位的解离和聚合状态被称为四级结构。二级、三级、四级结构总称为高级结构，如图 10-1 所示。

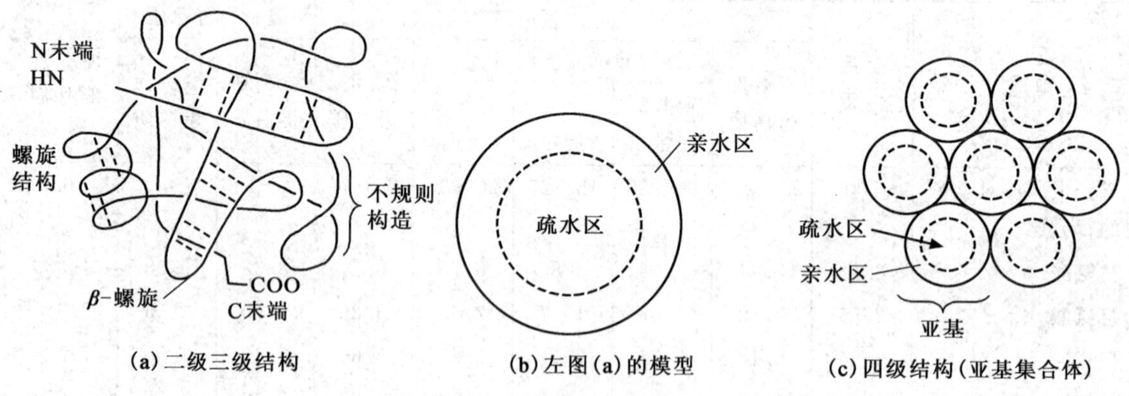

(a)二级三级结构　(b)左图(a)的模型　(c)四级结构(亚基集合体)

图 10-1　蛋白质的立体结构

二级结构可根据其旋光性来测定。大豆球蛋白和 β-伴大豆球蛋白中，α-螺旋结构 5%，β-螺旋 35%，其余的 40%是不规则结构。如图 10-1(b)所示，在三级结构中，各个亚基的疏水基团朝向内侧，而外侧被亲水性氨基酸所覆盖形成油滴结构。

10.3.3 大豆蛋白质的制取和应用

大豆蛋白制品的研发与利用是大豆制品加工的重要组成部分,以大豆浓缩蛋白、大豆分离蛋白和大豆组织蛋白为主要形式。

10.3.3.1 大豆浓缩蛋白的加工技术

大豆浓缩蛋白(soy protein concentrate,SPC)是一种用一定的工艺方法除去脱脂大豆中可溶性的糖、无机盐等成分,从而使蛋白质含量达到70%左右的一种大豆蛋白制品。大豆浓缩蛋白也被称为70%蛋白。

大豆浓缩蛋白的生产方法主要有稀酸沉淀法、酒精洗涤沉淀法、湿热水洗法、酸浸醇洗法和膜分离法等,本章节中重点对稀酸沉淀法和酒精洗涤沉淀法加以介绍。这些方法的共同原理是:用一定的方法(如加热、加酒精等)将大豆粉中的蛋白质沉淀出来,然后将体系中的可溶性成分分离除去,从而达到提高蛋白质含量的目的。大豆浓缩蛋白的生产原料一般为低变性脱脂豆粕。

(1)稀酸沉淀法

①加工原理。大豆中的蛋白质在等电点溶解度最低,因此可用稀酸将脱脂大豆粉分散体系的pH调节到大豆蛋白质的等电点,使大豆蛋白质凝聚沉淀,分离出可溶性成分,经中和、杀菌、浓缩和干燥得到大豆浓缩蛋白粉。

用稀酸沉淀法生产的大豆浓缩蛋白溶解性好,并可除去大豆的豆腥味,但一部分蛋白质会随浸出物流失,产品风味不如酒精沉淀法生产的大豆浓缩蛋白。另一方面,采用此方法需用到大量的酸和碱,且会产生大量含糖等营养物质的废水,造成后处理困难。

②工艺流程(图10-2)。

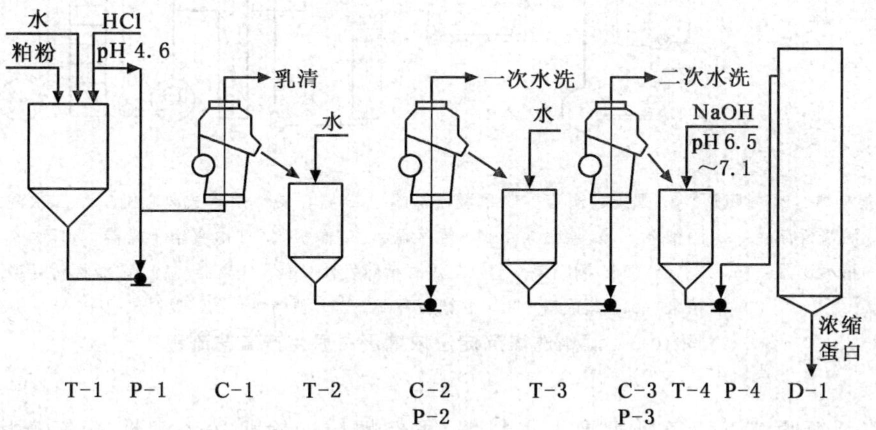

T-1. 酸洗池 T-2. 一次水洗池 T-3. 二次水洗池 T-4. 中和罐 C-1. 碟式浆液分离机 C-2. 一次水洗分离机 C-3. 二次水洗分离机 P-1. 浆液输送泵 P-2. 浆液输送泵 P-3. 浆液输送泵 P-4. 浆液输送泵 D-1. 干燥塔

图10-2 稀酸沉淀法浓缩蛋白质生产工艺流程

低变性豆粕粉通过100目筛后进入酸洗槽1内,加入10倍与原料量的水搅拌均匀,并连续加入37%的盐酸是溶液的pH调至4.5,搅拌1h,由泵7注入碟片式浆液分离机2内进行分离。固体浆状物由离心机下部流入第一水洗槽3内,再次连续加水洗涤搅拌,再用泵打入第二台离心机,分理处一次水洗废液,浆状物则流至第二水洗槽4内,再次进行加水洗涤,随后打入第三台离心机,分理处二次水洗废液。浆状物流至暂存罐5内,此时加碱中和至pH 6.5~7.1,温度升到60℃即可打入干燥器6内干燥成合格产品。此工艺产品得率高达70%,蛋白质含量约为68%。

(2)酒精洗涤沉淀法

①加工原理。一定浓度的乙醇溶液可使大豆中的蛋白质变性沉淀,分离除去可溶性成分,干燥后即可得到大豆浓缩蛋白。一般的,酒精体积分数(*v*/*v*)控制在60%~70%时,蛋白质的溶解度最低,分离效果最好。

使用该方法制备的产品特点是色泽与风味较好,蛋白质损失也变较少。缺点是产品中仍含有0.25%~1%不易除去的酒精,从而使产品的食用价值受到一定的限制。另外,使用此工艺时需增加酒精回收装备。

②工艺流程。酒精洗涤沉淀法浓缩蛋白质的生产流程如图10-3所示。

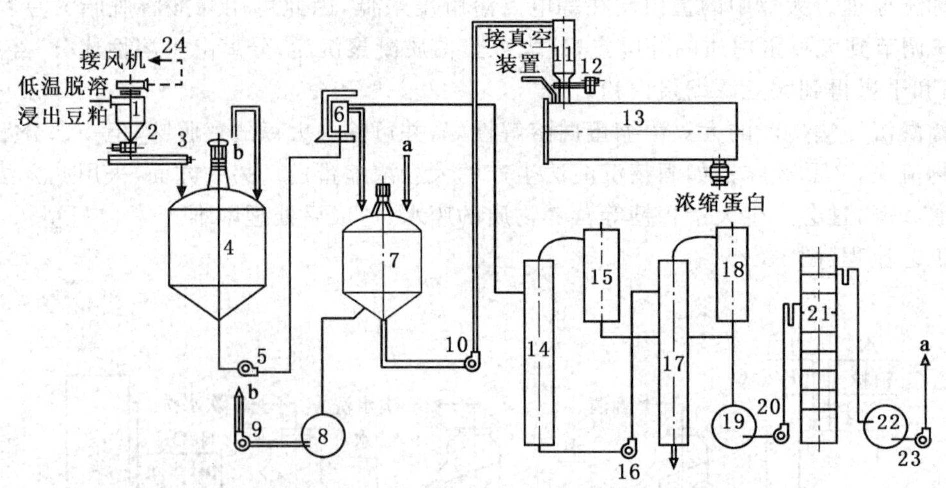

1. 集料器 2. 封闭阀 3. 螺旋运输器 4. 酒精洗涤罐 5. 离心泵 6. 管式离心机 7. 二次洗涤罐 8. 酒精暂存罐 9. 酒精泵 10. 浆液泵 11. 暂存罐 12. 闸板阀 13. 真空干燥器 14. 一效酒精蒸发器 15. 分离器 16. 酒精泵 17. 二效酒精蒸发器 18. 分离器 19. 浓酒精暂存罐 20. 酒精泵 21. 蒸馏塔 22. 酒精暂存罐 23. 酒精泵 24. 吸料风机

图10-3 酒精洗涤沉淀法浓缩蛋白质生产工艺流程

首先将低温脱溶豆粕经风机吸入集料器,再经螺旋运输机送入酒精洗涤罐中进行洗涤。洗涤罐有2只,内装有摆动式搅拌器,可轮流使用。每次装低温粕的同时按料液比1∶7的比例由酒精泵从暂存罐内吸入体积分数60%~65%的酒精。操作温度50℃,搅拌30 min。每个生产周期为1 h。

洗涤过程中,可溶性糖分、灰分及一些微量组分便溶解于酒精中。为尽量减少蛋白质损失,酒精体积分数选60%~65%,因这时的蛋白质的NSI值仅为9%,低于任何体积分数的酒精。

洗涤后，从罐中将蛋白质淤浆物由泵送入管式超速离心机中进行分离，分离出固形物和酒精溶液。分离出来的酒精要回收进行再利用，分离出来的酒精糖溶液首先被送入一效蒸发器中进行初步浓缩，再由泵送入二效蒸发器中进一步蒸除酒精，其操作真空度66.7～73.3 kPa，温度80℃。最后浓缩糖浆由二效蒸发器底部排出，另做他用。从一效、二效蒸发分离器出来的酒精流入浓酒精暂存罐中，通过泵送入工作温度为82.5℃酒精蒸馏塔中蒸馏，一方面制取浓酒精，另一方面脱除酒精中不良气味。

从离心机中分出的浆状物进入二次洗涤罐，以体积分数80%～90%的酒精洗涤。研究报道，用95%热酒精洗涤，可使蛋白质具有较好气味、氮溶指数(NSI)和色泽。一次洗涤后泵入内装搅拌器的二次洗涤罐，在温度70℃的条件下进行二次洗涤30 min。经过两次洗涤后的淤浆物，经由泵送入真空干燥器上的暂存罐中，经闸门阀流入卧式真空干燥器进行脱水干燥，脱水时间60～90 min，真空度77.3kPa，工作温度80℃。

10.3.3.2　大豆分离蛋白的加工技术

大豆分离蛋白(soy protein isolate，SPI)是一种蛋白质含量高达90%的大豆蛋白制品，自20世纪50年代起发展至今。大豆分离蛋白产品通过去除豆粕中的某些可溶性非蛋白成分，以及去除原料中的大部分不溶性成分，使得蛋白质得到进一步的浓缩。目前，大豆分离蛋白的生产方法主要有碱溶酸沉淀法和膜分离法。

(1)碱溶酸沉淀法

①加工原理。碱溶酸沉淀法是大豆分离蛋白的传统生产方法。“碱溶”的原理是由于大豆中的大多数蛋白质都溶于稀碱溶液，因此将脱脂豆粕粉的水分散体系调制碱性可使蛋白质溶出。“酸沉淀”是指上述混合液离心分离后，除去不溶性的纤维等物质，再将得到的蛋白质溶液的pH调至大豆蛋白质的等电点是蛋白质沉淀出来，再次分离除去可溶性成分。剩下的沉淀物再经洗涤、回调pH、改性杀菌和喷雾干燥等步骤即可制得大豆分离蛋白粉。

②工艺流程。大豆分离蛋白的碱溶酸沉淀生产工艺流程如图10-4所示。

③加工工艺要点。

原料的粉碎　大豆分离蛋白的生产应采用低变性饼粕，得率可达35%～40%。豆粕粉碎后可使其与水之间的接触面积增大，破坏大豆的细胞结构，使大豆蛋白更易分散到体系中。粉碎的粒度一般控制在20～80目，理论上来讲，粉碎得越细蛋白质越容易溶出，但过细的粒度会使粉碎工序负荷过大，并给后面的分离造成困难。

浸提　是将豆粕与一定量的水混合，在一定的pH、温度和搅拌温度下提取大豆中蛋白质的过程。主要的工艺参数为温度、pH、加水量、提取时间和搅拌速度。浸提温度一般控制在30～60℃；加水量一般控制在原料质量的10～20倍；pH是提取蛋白的重要工艺参数，一般采用pH 9.0，不超过pH 9.5；提取时间一般在15～120 min不等，视温度、加水量和pH而定；搅拌速度一般为30～60 r/min，目的是保证浸提罐中液体成悬浮状态无沉淀。

离心分离　浸提完成后，需将蛋白质提取液与残渣分开。可先经滤筒粗滤，得粗提取液。残渣可进行二次碱提(条件为加入10倍的水，pH 8.5～9.0，时间90 min，其余条件同第一次碱提)，得到的提取液与一次碱提液合并；残渣可加水洗涤压榨后将所得液体与提取液合并。合并后的蛋白质提取液进一步离心分离去除细渣即可进行酸沉淀步骤。

酸沉淀　在合并的蛋白质提取液中加入10%～35%的食用盐酸溶液，搅拌速度控制在

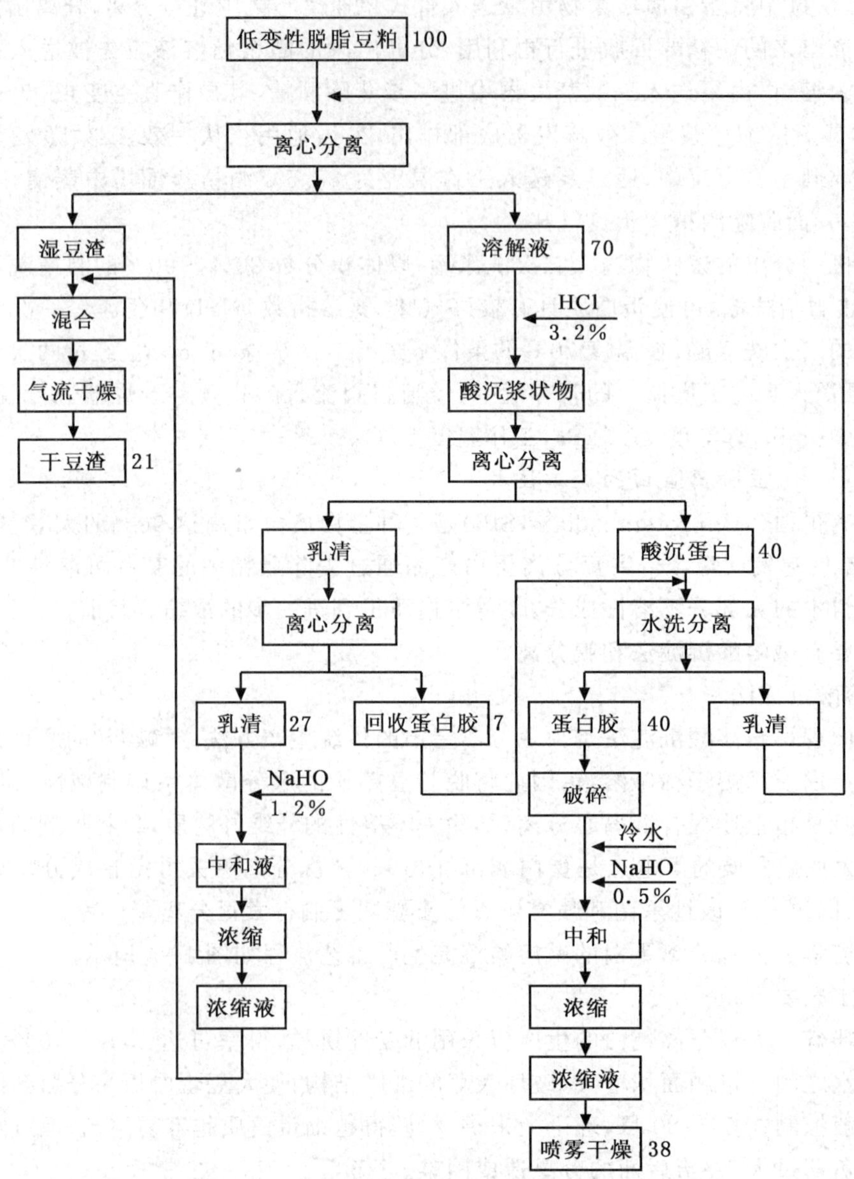

图 10-4 碱溶酸沉淀法制备大豆分离蛋白工艺流程

30～40 r/min 比较适宜，当全部提取液达到等电点时，立即停止搅拌，静止 20～30 min，是蛋白质能形成较大的颗粒而沉淀下来。酸沉淀时搅拌速度和加酸速度是关键，控制不好容易出现 pH 虽达到等电点，蛋白质凝聚下沉却极为缓慢，且沉淀物含水量高，上清液浑浊，不仅降低蛋白质的酸得率，也不利于后续操作。

二次分离与洗涤 用离心机将酸沉淀下来的沉淀物离心脱水，弃去上清液。经酸沉淀先来的沉淀物含有大量的氢离子和盐，一般用 50～60℃的温水冲洗两次，两次水洗后水洗液的 pH 应在 6 左右。

打浆回调 由离心机排出的蛋白质沉淀物含有较多团块，为进行喷雾干燥，需加适量水搅打或研磨成均匀浆液。

干燥　大豆分离蛋白的干燥普遍采用喷雾干燥的方法，条件为：进风温度 160～170℃，塔体温度 95～100℃，排风温度 85～90℃，蛋白质含量 12%～20%。

(2)膜分离法　大豆蛋白质是大分子物质，不能通过半透膜，因此将大豆蛋白质的碱提取液(已除去不溶性物质)在压力的作用下进行超滤，便可将小分子的可溶性物质去除，从而达到对蛋白质的进一步提纯。超滤后的蛋白质浓缩物再经杀菌和喷雾干燥等处理即得大豆分离蛋白粉，典型的生产工艺流程图见图 10-5，由图可知，该工艺中，蛋白的浸出方法及干燥等工序与碱溶酸沉淀法基本相同，没有酸沉淀过程，但多了超滤和反渗透步骤。

利用膜分离法生产大豆分离蛋白有很多优点，比如酸、碱用量小，产品中盐分少，可回收低分子物质，并且用水可循环使用，废水污染问题小。工业上常用的适用于大豆分离蛋白生产的超滤膜通常为聚砜膜。

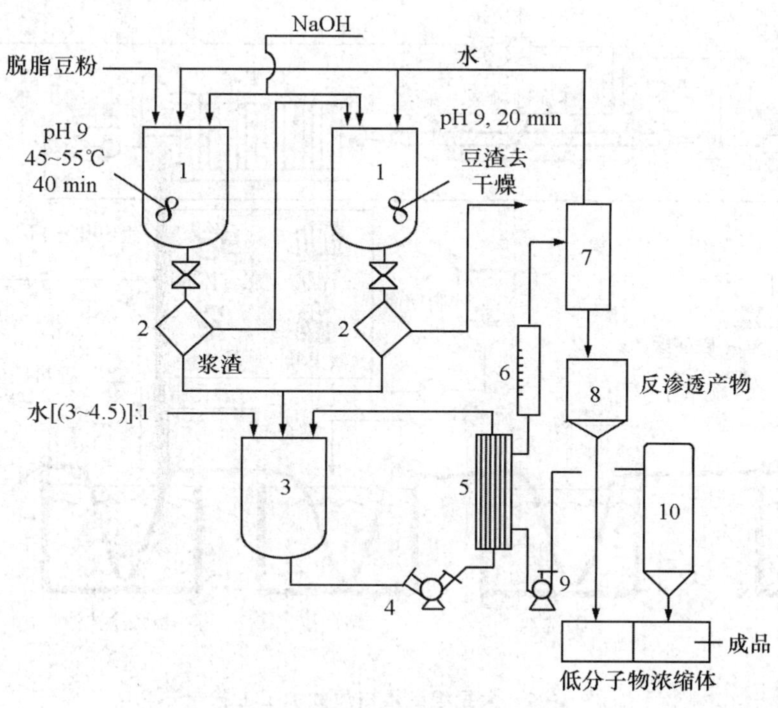

1. 浸出器　2. 离心机　3. 暂存罐、稀释罐　4. 循环泵　5. 超滤膜
6. 流量计　7. 反渗膜　8. 干燥器　9. 高压泵　10. 喷雾干燥塔

图 10-5　膜分离法制备大豆分离蛋白工艺流程

10.3.3.3　大豆组织蛋白的加工技术

组织蛋白(structured protein)是指蛋白质经加工成型后其分子发生了重新排列，形成具有同方向组织结构的纤维状蛋白。组织蛋白主要工艺过程包括原料粉碎、加水混合、挤压膨化等工艺，如图 10-6 所示。膨化的组织蛋白形同瘦肉又具有咀嚼感，所以又称为膨化蛋白或植物蛋白肉。

制备大豆组织化蛋白的方法很多，例如：挤压蒸煮法、纺丝黏结法、湿式加热法(用酸性液拌合,后高温切断,加热固定成产品)、冻结法(加水、加热、冷冻浓缩冻结成海绵状产品)以及胶化法(高浓度蛋白质加热成型)等,其中以挤压蒸煮法应用最为广泛。

组织蛋白挤压膨化法(extrusion cooking)从设备上有单螺杆膨化机与双螺杆膨化机挤压膨化之分。

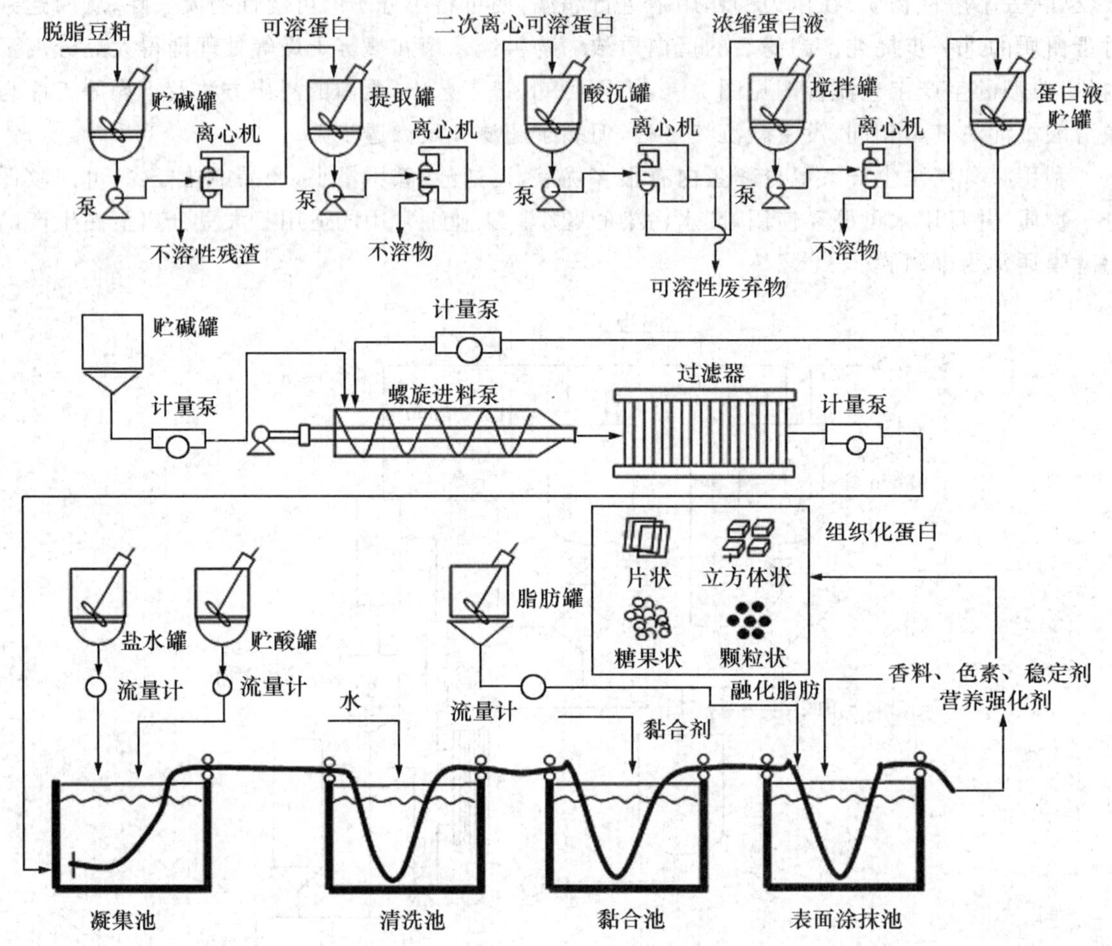

图 10-6 大豆组织蛋白质的加工工艺

生产时,将低温脱溶豆粕粉投入喂料器,喂料螺旋输入器将原料不断地输入到预调器内。在预调器中加入适量水分、营养物质和调味剂等进行配料。预调好的物料送入混合机进行充分的搅拌与混合,形成湿面团。湿面团再被送入膨化机膛内做进一步的挤压、捏合、加热。在膨化机膛内由于挤压产生的高压、高温和高湿环境使蛋白质分子产生变化呈融溶状态,在出口处被排出,并膨胀冷却形成长条状产品。由于外界压力低,蛋白条状物中水分迅速减压蒸发,使产品膨化为多孔状物。该长条状组织蛋白再经切割机切割形成长短不同的颗粒状膨化蛋白产品。

由于产品的组织化构造与加工中的热处理过程,大豆组织蛋白产品有以下特点:

①蛋白质呈粒状结构,具有多孔性肉样组织,并有优良的保水性与咀嚼感。适用于各种形

状的烹饪食品、罐头、灌肠、仿真营养肉、盒式营养餐食品等。

②经过短时高温、高水分与压力条件下的加工，消除了大豆中所含的胰蛋白酶抑制剂、脲素酶、皂素以及血球凝聚素等多种有害物质的生理活性，显著提高了蛋白质的吸收消化能力。由于膨化蛋白质变性强烈，产品的PDI值在10%左右，并且必需氨基酸成分也有一定程度的破坏，据测定分析损失在5.5%～33%。

③膨化时，由于出口处迅速减压喷爆，因而易去除大豆制品中产生不良气味的物质。

组织蛋白的生产过程是在挤压膨化机(extruder)里完成的。物料通过膨化机膛内的机械糅合、挤压和高温、高湿作用，改变了蛋白质分子的组织结构，使其成为一种易被人体消化吸收的食品。

此外，利用的分离蛋白和谷物蛋白为主要原料可制得纤维状蛋白(Fibrous Protein)，通常称为拉丝蛋白，是一种富含蛋白质且具有肌肉纤维结构的蛋白产品，蛋白质含量在60%～90%。一种加工方法是以大豆分离蛋白为原料加入碱调成黏状液，然后使其从小孔中喷出至酸性溶液中，使蛋白质纺丝(spinning)呈纤维状。这种制品在口感上类似于肉制品，但成本较高。另外，在强碱溶液中有可能有毒性物质赖氨酸衍生物的生成。

目前较普遍采用的拉丝蛋白是拉丝蛋白生产工艺为：

原料→配料→混合→挤压→烘干→包装→成品

从拉丝蛋白生产流程看，它是大豆组织蛋白的一种。大豆蛋白的食品物料混合进入挤压机后，在高温、高压的环境内使蛋白质的原始结构发生变化，在外加条件作用下，产生了分子间的重组，形成一种类似于肉类结构的纤维状结构，从而改善了大豆蛋白原有的口感和质构，并扩大了它的使用范围。

大豆拉丝蛋白产品不仅具有良好的咀嚼感和丰富的营养价值，而且外形稳定性良好，无豆腥味，不含胆固醇，是一种高蛋白低脂肪的大豆组织蛋白产品。大豆拉丝蛋白是20世纪60年代在欧美等发达国家兴起，我国从20世纪90年代开始出现。由于大豆拉丝蛋白能够提高产品蛋白质含量，促进颗粒完整性，在食品加工中可代替瘦肉，有效降低成本，提高产品的营养价值，通过20多年的发展，拉丝蛋白已广泛应用于香肠、火腿、速冻食品、馅类食品、海产品、调料酱、素食产品和休闲方便食品。

10.3.4 大豆蛋白的应用

大豆蛋白由于具有丰富的营养和许多优良的功能特性，因此被广泛地应用于多种食品体系，如肉类食品、焙烤食品、乳制品、饮料等。其主要特性如表10-10所示。

大豆蛋白常用于肉类食品，一方面是由于多数大豆蛋白制品具有乳化性，持水性这一特性，通过结合肉中的脂肪和水分，减少肉制品在蒸煮加工时造成的损失，改善产品的组织结构。另一方面可以降低生产成本，同时不影响其营养价值。所以大豆蛋白应用在肉制品中能满足消费者对产品价格和质量的双重要求。

大豆蛋白质的赖氨酸含量较高，把它们添加到各类食品中，不仅能提高产品的蛋白质含量，而且还能根据氨基酸互补的原理，提高焙烤食品的蛋白质质量，起到营养强化的作用。美国研究者发现，面粉中含有影响面筋发酵的谷朊，而脱脂豆粉可以将谷朊稀释，有利于面制品中酵母的发酵。同时大豆蛋白中含有脂肪氧化酶，可分解面粉中的胡萝卜素，使面粉增白，起到面粉漂白作用。大豆蛋白中含有的还原糖可改善焙烤制品的色泽、增加香味。添加大豆粉的面包在焙烤时可使表面呈现金黄色。另外，由于大豆蛋白具有较高的吸水性(达 2.5～3 倍)，面包不易老化和变性，相对地延长了货架期。一般添加量为 3%～5%。

表 10-10 大豆蛋白制品及其功能特性

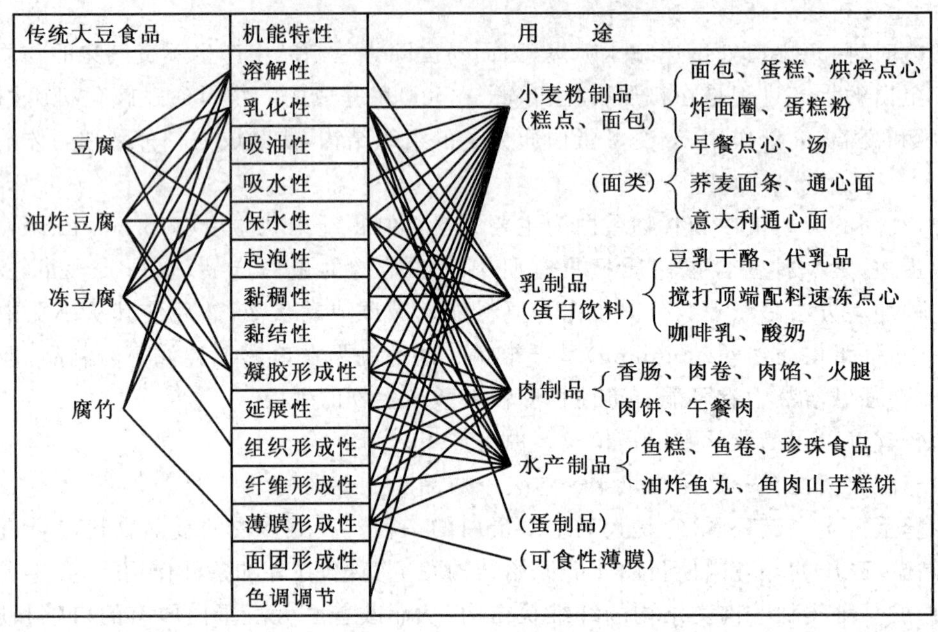

近年来，国内外植物蛋白饮料得到很大发展，除利用全大豆生产各种豆奶类饮料外，也可以以大豆蛋白为原料生产含大豆成分的乳制品。目前市场上产品有豆牛奶、代牛奶、咖啡伴侣、代奶酪、冰激凌、代奶油等多种食品。

随着我国人民饮食结构的改善和生活水平的不断提高，对食物的营养和保健功能会提出越来越高的要求。可以预期，大豆蛋白在中国的食品生产中将得到更广泛的重视和利用。

10.4 油料蛋白质的提取和应用

10.4.1 花生蛋白的制取和应用

花生蛋白质(花生球蛋白为 90%，清蛋白约 10%)的营养价值较高，生物价(BV)为 58，蛋白效价(PER)为 1.7(酪蛋白为 2.5)，比面粉(1.0)、玉米(1.2)高。花生蛋白中赖氨酸含量比大米、小麦、玉米高，对人体健康特别是对儿童具有较好的维护功能。因此，近年来国内外大量地开展了花生蛋白的食用研究。

花生蛋白质的制取一般采用低温预榨-浸出法和水溶提取法。

10.4.1.1 低温预榨-浸出法

将花生仁精选除杂，经烘干调整水分至 4%～5%后，破碎花生至 2～4 瓣，脱除胚芽(50%以上)和红衣(脱除率在 90%以上)，经粉碎、115℃蒸炒 40 min 后进行低温预榨，再用溶剂正己烷浸出油脂，最后脱除溶剂并磨碎，过 110 目筛。这种花生粉出油率达 99%，蛋白质含量在

55%以上。

10.4.1.2　水溶提取法

水溶提取法是利用花生蛋白溶于水的特点，将花生仁磨碎，而后用水将油和蛋白分离并除去纤维，可得到用于加工各种食品的低变性花生蛋白。这种方法比溶剂浸出法安全，设备也较简单，出油率可达 91%以上，蛋白质提取率可达 90%。其生产的工艺流程如图 10-7 所示。

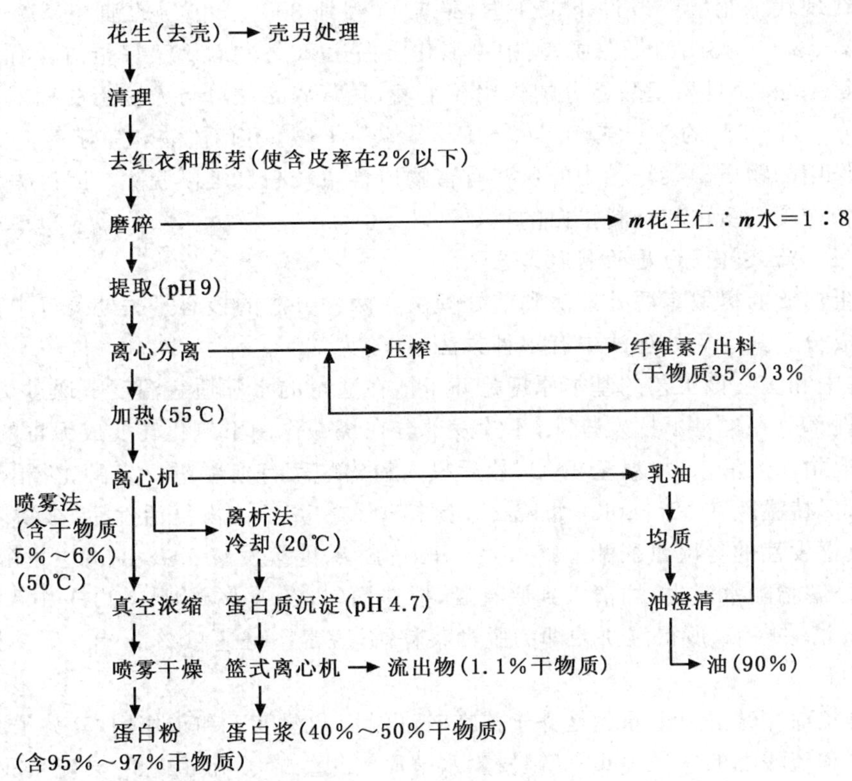

图 10-7　花生蛋白的制取工艺流程

10.4.1.3　花生蛋白的应用

(1)添加剂　利用花生蛋白水溶性好、溶解度高以及花生蛋白的香味可生产代乳品、饮料等强化食品，或单独冲调，或与奶粉等混合冲调饮用，均能形成稳定的胶体溶液，并且有花生特有的风味。在此类制品中花生浓缩蛋白的用量为 10%～50%，分离蛋白为 5%～30%。冰激凌、焙烤食品、儿童食品和健康食品等，一般添加浓缩蛋白 4%～10%，分离蛋白 2%～7%。

(2)吸油保水剂　利用花生蛋白的吸水性、保水性、吸油性、乳化性等特性，将花生蛋白添加到火腿、香肠、法兰克福肠、午餐肉等畜禽肉制品中，可保持肉汁，促进脂肪吸收，使油水界面张力降低，蛋白质在油滴的表面形成保护层，增强了油滴在肉品中的乳化性及稳定性。因此，加入花生蛋白的制品组织细腻，风味口感良好，且富有弹性。

(3)发泡稳定剂　花生蛋白粉经酶法或碱法处理后，是很好的发泡剂，可广泛应用于糖果、中西糕点、冰激凌等食品中。例如在充气糖果生产中，加入 1%～2%的花生蛋白粉，控制温度在 35℃左右，浓度 25%左右时，同样可以起到蛋白粉或明胶的作用。

(4)花生蛋白肉　将脱脂花生粉加水 25%、纯碱 0.7%，食盐 1%，混合均匀，利用挤压膨化方法改变花生蛋白的组织形态，经纺丝集束、挤压喷爆等加工处理，生产模拟畜禽肉使之具有瘦肉感，即为花生组织蛋白，俗称花生仁蛋白肉。若配以佐料，可制成具有牛肉、猪肉、鸡肉、海鲜等风味的人造食品，成为餐桌上的美味佳肴。

10.4.2 油菜籽蛋白的制取和应用

油菜籽在现代工业生产条件下加工时，通常可得到35%～40%的油，50%～55%的粕。菜籽粕中含有35%～45%的蛋白质，其中可消化蛋白达28%左右。菜籽蛋白含有大量必需氨基酸和含硫氨基酸，而且氨基酸组分的配比较平衡，其营养品质可与大豆蛋白相媲美。但是菜籽粕中含有0.5%～5%的芥子甙，0.5%～1.0%的芥子碱，还有植酸和单宁等对人体和畜禽生理有毒害作用的物质。菜籽粕中的这些有害物质含量较高且难以脱除。因此去毒处理是合理利用菜籽粕作食用蛋白和饲料蛋白的重要一环。

10.4.2.1 油菜籽蛋白质的制取工艺

油菜籽蛋白质的提取有后处理法和前处理法。两种方法的核心是去处菜籽中芥子甙和芥子碱等毒性成分。其中后处理法中有多种方法，且较为常用。

(1)发酵中和法　该工艺的基本原理是芥子甙在适量的水和适宜温度下通过酶水解毒素，产生的挥发性部分在搅动下挥发排除，不挥发部分在烧碱作用下氧化转变成无毒的物质。

在发酵池中加入清水，加温至40℃，然后投入粉碎的菜籽饼粕进行发酵，饼粕与水之比为1∶(3.7～4)，保持温度在38～40℃，每隔2 h搅拌1次。芥子甙恢复活性后，被饼粕中的芥子酶水解，形成挥发性的异硫氰酸酯。16 h后，pH达3.8，继续发酵6～8 h，滤去发酵水，其中大部分芥子甙分解物随水流去，加清水到原有量，搅拌均匀，经10%碱液NaOH中和(pH 7～8)后再沉淀2 h滤去废液，所得湿饼粕即为脱毒菜籽饼，脱毒率可达90%～98.5%。如需长期储存，再将其烘干。

(2)碱法脱毒　碱法脱毒原理是芥子甙在较高温度和湿度下和碱作用，其分子结构中的硫苷键“—S—”和硫酸酯的“—C—O—”键发生水解而断裂生成了硫氨酸酯、异硫氰酸酯、硫化氢等，生成物中的大多数挥发性物质可随蒸汽逸出，而异硫氰酸酯类化合物和菜籽饼粕中的蛋白质结合生成无毒的硫脲型化合物。

碱法脱毒的具体做法是把压榨或浸出的脱脂菜籽饼(粕)粉碎，过筛除去粗块，均匀喷洒碱液(纯碱比烧碱效果好)，碱的用量为喷洒前湿饼粕质量的2%～3%，控制水分在18%～20%，用间接蒸汽预热至80℃，保持30 min，再用直接蒸汽蒸，间接蒸汽保温45 min，使温度维持在105～110℃，最后进行烘干，使水分降至13%以下。此法脱毒率可达96%以上。

(3)溶剂浸出法及其他处理法　水浸法：芥子甙是水溶性物质，采用水洗法简便。把饼粕和水按1∶4混合后进行保温(38℃左右)，发酵24 h，然后进行过滤，除去滤液后的饼粕再用清水冲洗2次即可做饲料。如用蒸煮和2次水浸结合处理，不仅可除去饼粕中的毒素，而且可使蛋白质得到改善，更易于动物的消化。该法基本上与发酵法类同。

有机溶剂浸出法：用0.1 mol/L的NaOH乙醇溶液、85%甲醇溶液以及70%丙酮水溶液都能有效地除去整粒菜籽中的芥子甙。如果先将菜籽煮沸2 min，再用碱性乙醇多级浸取效果更好。

用酸性溶液浸出法：用15%的工业硫酸在60℃下处理6 h，所得粕中不含芥子甙，粕中蛋白质的氨基酸组成基本不变。

溶剂浸出法脱毒比较彻底，但是物质损失较大(15%～20%)。几种溶剂提取法中水提法费用较低，设备简单，适于制取食用菜籽蛋白。此外，还有微波处理法和氨处理法。微波处理法钝化了芥子酶。动物肠道中常会有芥子酶活性的菌类，或其他饲料也可能混有其他十字花科植物的芥子酶，因此仍可能产生有毒物质。而氨处理法虽然能很好地去处芥子甙，但该方法必须用纯氨水，农用氨水不纯，容易引起污染。

10.4.2.2 油菜籽蛋白的应用

浓缩菜籽蛋白，具有很高的吸水性，达 500%～800%，而大豆蛋白为 400%。因此，这种油菜籽浓缩蛋白可用作食品加工用的添加剂，如用在肉馅、香肠、面包、饼干等食品中，添加量一般为 5%～15%。但菜籽浓缩蛋白中植酸含量很高会影响人体对锌和铁的吸收，因此要注意此类食品中锌、铁的强化。

10.4.3 葵花籽蛋白的制取和应用

葵花籽是一种适应性很强的油料作物，葵花籽油是一种高质量油，取油后的葵花籽粕含有高于其他谷类的蛋白质，是植物蛋白的重要来源之一。

10.4.3.1 葵花籽蛋白的制取

在葵花籽蛋白的制取过程中，除考虑产品的得率和通常的质量要求外，还要考虑有效地除去绿原酸等成分，以使产品满足食品工业的需要。

(1)葵花籽浓缩蛋白　在葵花籽浓缩蛋白的制取过程中，可以用 70%的乙醇、酸性溶液等溶剂提取原料中的绿原酸、水溶性糖、无机盐等，而后用通常的方法加工成葵花籽浓缩蛋白。

(2)葵花籽分离蛋白　葵花籽分离蛋白的生产工艺路线基本上与大豆分离蛋白相似，采用的原料是低温脱溶的葵花籽粕，利用蛋白质的溶解性，用稀盐或稀碱溶液进行萃取，滤液用酸调节 pH 至等电点，使蛋白质沉淀出来，经过水洗、中和、干燥，即得到分离蛋白质。

10.4.3.2 葵花籽蛋白的应用

葵花籽蛋白制品具有良好的功能特性，特别是吸水性、吸油性、乳化性、起泡性。葵花籽浓缩蛋白和分离蛋白具有近似新鲜鸡蛋清的发泡性。由于葵花籽粉及其浓缩物具有良好的吸油性、乳化性和发泡性，因此添加葵花籽蛋白制品的香肠，在熏制时产生的收缩现象较小，并由于具有较高的吸油性和吸水性，香肠在熏制时重量损失也较小。

葵花籽蛋白的应用范围比较广泛，目前主要有以下几个方面：

(1)用于一般食品　把 1%～2%的脱脂葵花籽蛋白粉，经湿热蒸煮 1 h 后，加入面包等食品中，这样不仅可以强化营养，弥补面粉中必需氨基酸含量的不足，而且还可以增加面包瓤的弹性，起到防止面粉中的淀粉老化的效果。

(2)婴儿食品的良好添加剂　葵花籽蛋白与大豆蛋白相比赖氨酸含量较低，但蛋氨酸含量较高，这样把葵花籽蛋白和含赖氨酸较高、蛋氨酸较低的大豆蛋白相组合，添加到婴幼儿食品中，可以对婴幼儿食品起到营养强化作用。

(3)肉制品中的添加剂　把葵花籽蛋白添加在香肠等肉制品中，不仅可以防止油脂分离，还可以增加香肠的嫩度，使制品更富有良好的适口性。把葵花籽组织蛋白(30%)添加到馅饼、包子、饺子等食品的馅料中代替猪肉、牛肉和羊肉，不仅能减少食品中动物脂肪、降低胆固醇含量，而且还降低了成本。

(4)制作人造牛奶等饮料　葵花籽蛋白气味柔和、无豆腥等异味，是高级饮料和人造牛奶的良好原料。将葵花籽蛋白浓缩浆经80℃热处理,并经机械搅拌后加乳化剂,制成含蛋白3%的乳浊液,将其与牛奶以1∶1的比例混合,可得到具有较好香味和色泽的混合乳。

10.5 谷物蛋白质的提取和应用

谷物蛋白主要是指从谷物的胚乳及胚中分离提取出来的蛋白质。目前,已经或正在开发利用的主要有小麦蛋白、大米蛋白、玉米蛋白。世界大多数人口的食物蛋白质绝大部分来源于谷物,因此,开发利用谷物蛋白对解决人类食用蛋白质的缺乏问题将产生积极影响。

10.5.1 小麦蛋白质的提取和应用

10.5.1.1 小麦蛋白质的构造和性质

(1)小麦蛋白质的构造 小麦含有8%~13%的蛋白质。按蛋白质的溶解度分类,其构成可分为若干组分(表10-11),但主要是麦谷蛋白和醇溶蛋白,其他含氮化合物还有清蛋白、球蛋白以及非蛋白质含氮化合物。在小麦的蛋白质中麦谷蛋白和醇溶蛋白是构成小麦面筋的主要成分。

表10-11 小麦蛋白质的分类

基于溶剂的古典分类	可溶性溶剂	在小麦中的名称	含量/%
清蛋白	水	清蛋白	10~20
球蛋白	食盐水	球蛋白	6~10
醇溶蛋白	酒精	麦醇溶蛋白	35~40
谷蛋白	酸/碱	麦谷蛋白	40~45

提取小麦蛋白时使用单一的溶剂,不能将所有的蛋白质都提取出来,而使用1%的SDS(sodium dodecyl sulfate)(pH 7)就会使几乎所有的蛋白质溶出,将提取出的蛋白质通过凝胶过滤,按相对分子质量的大小顺序,可分别把麦谷蛋白、麦醇溶蛋白、清蛋白及球蛋白和非蛋白含氮化合物分离开来。

各种蛋白质的氨基酸组成均具有一个共同的特征,就是谷氨酸和脯氨酸的含量较高,并且谷氨酸几乎均以酰胺态存在。在面筋蛋白质中碱性氨基酸赖氨酸的含量低,从营养的角度考虑,这无疑是小麦蛋白质的缺陷。此外,清蛋白与球蛋白的组分中含有α-淀粉酶、蛋白酶以及一些具有蛋白酶活性抑制作用的蛋白酶抑制剂。

①麦醇溶蛋白质和麦谷蛋白质。根据电泳实验的各谱带迁移度的大小可将麦醇溶蛋白质分为α、β、γ、ω 4组。α、β、γ-麦醇溶蛋白质均由1条相对分子质量为3.6万的肽链构成的球状蛋白质。在构成各组的多肽中谷氨酸的含量均很高,像脯氨酸、亮氨酸这样的非极性氨基酸也有较高的含量,而赖氨酸等碱性氨基酸含量却很少。

ω-球蛋白与α、β、γ-麦醇溶蛋白相比相对分子质量大,7万左右,氨基酸含量也有很大差异,谷氨酸、脯氨酸和苯丙氨酸具有较高的含量,却不含硫氨基酸。

在麦醇溶蛋白中,含有5%~10%的相对分子质量为20万~30万的高分子成分,这些成分也被称为高分子麦醇溶蛋白。构成麦谷蛋白质的部分亚基,因为S—S键而聚合,也被称为低分子麦谷蛋白。

麦谷蛋白中，肽链间和肽链内部均以 S—S 键结合，有很好的聚合性，它是相对分子质量达到数百万的巨大分子集合体。将麦谷蛋白用还原剂进行还原，再根据凝胶电泳分析，发现麦谷蛋白由相对分子质量为 1 万～13 万的 15 种成分构成。

②高级结构。将 α-麦醇溶蛋白进行旋光色散分析和圆二色性测定，发现在 pH 5 的低离子强度下，其单体亚基 35% 为 α-螺旋，10% 为 β-螺旋。α-麦醇溶蛋白是一种紧密折叠起来的构造，当 pH>5 或离子强度增大时，各单体亚基就会形成相对分子质量数百万的凝聚体。因其构象不变，所以单位亚基可通过疏水键和氢键可逆缔合。

面筋中，含有大量的谷氨酸而且几乎呈酰胺态存在，使蛋白质的高级结构受到很大影响。由于羧基的作用，等电点上升，致使溶液 pH 在中性附近时，溶解性降低。另外，蛋白质靠氢键形成了网络结构，加强了多肽链之间的相互作用，容易聚合形成大分子。

蛋白质中含有的 S—S 键对其高级结构也有很大影响。由相对分子质量为 3.6 万～7 万的多肽链构成的麦醇溶蛋白，胱氨酸残基在多肽链分子内形成 S—S 键。由相对分子质量的 1 万～13 万的多肽链构成的麦谷蛋白中，分子内部和分子间均以 S—S 键结合，形成巨大的聚合体。

(2)功能特性

①溶解性。面筋几乎不溶于水，较强的黏着性这一特点限制了小麦蛋白的广泛应用。pH 对面筋溶解度有一定的影响，以 pH 7 为中心，在 4.5～10 的范围内，面筋显示出难溶性。这是由于蛋白质中的谷氨酸呈酰胺状态，碱性氨基酸少、荷电量低，蛋白质的疏水性高，氢键及与分子间 S—S 键的结合作用使蛋白质聚合在一起难以溶解。因此，要改变小麦蛋白的溶解性，增加溶解度，可通过向溶液中加入稀酸、稀碱，改变其 pH 来实现，一般常用的是 0.01～0.1 mol/L 的乙酸。另一种方法是使用有机溶剂破坏蛋白质液的疏水环境，如用异丙醇、甲醇、丙醇以及高浓度的脂肪酸可使小麦蛋白溶解。还有一种方法就是采用脱酰胺化、酰化等技术，通过增加蛋白质的带电量来提高溶解度。将酰胺加水分解，可以发现蛋白质的溶解性与脱酰胺化程度成比例增高，与此同时，乳化性和发泡性也得以增强。

②热变性和凝胶的形成。面筋一经加热会形成机械强度较高的凝胶，因此面筋的加热凝胶化作为一条重要的性质常被应用于食品加工。同时，为了制作出变性程度低的活性面筋，还必须掌握引起蛋白质变性的各种条件。

在稀醋酸中面筋的溶解度，随着加热温度与加热时间的延长而增加。当用不同变性程度的面筋和淀粉制作面包，根据其体积变化讨论面筋的变性程度时发现，一般面筋开始热变性温度是 60～70℃，随着温度和加热时间的增加，面包体积减小了。结果表明，面包体积的变化与面筋变性程度的大小有很大关系。

小麦蛋白质的热凝固性受 pH 和加热条件的影响。面筋在 pH 4 以下时，无热凝固性，随着 pH 升高，蛋白质凝胶化被促进。在中性附近，面筋的构成成分中的麦谷蛋白先发生变化，接着麦醇溶蛋白发生变性。但是在中性附近，麦醇溶蛋白几乎无热凝固性。

与其他蛋白质相比面筋的热凝胶化温度高，若加热不到 80℃ 面筋就不难以产生凝胶化。由于这一特点面筋比较适用于需高温加热的水产制品的加工。而像畜肉制品类，一般加工中的热处理在 70℃ 左右，这样面筋难以产生凝胶化，达不到改善制品物性的目的。因此在将面筋用于畜肉制品加工时必须加入少量的还原剂，切断面筋中 S—S 键，以增强热敏感性，降低热凝固温度，改善面筋的凝胶形成性，从而达到提高畜肉制品质量的目的。

③面团的形成。小麦粉中加水经糅合后形成具有一定黏弹性的面团，而其他植物蛋白不具有这种性质。利用这种性质可制作面包、面条、点心等食品，而且面团的黏弹性对制品的物性品质形成是非常重要的。

面筋中的麦醇溶蛋白和麦谷蛋白，对其黏弹性的形成存在着互补性。由于麦醇溶蛋白是一种较小的球状蛋白质，分子间结合力弱，因此麦醇溶蛋白黏性强，富有延展性。与此相反，麦谷蛋白是由很多亚基结合而成的细长的纤维状高分子蛋白质，分子间结合力很强，致使麦谷蛋白弹性强，但缺乏延展性。由于面筋中麦醇溶蛋白形成了一种滑动的表面，使面筋保持了适度的黏弹性。

面团中，非共价键和 S—S 键结合对面团的黏弹性起着重要的作用。将面团中加入破坏氢键和疏水作用的尿素后，面团的硬度和韧性均减小。另外，脱酰胺化反应降低了酰胺在面团中形成氢键的能力，使面团的形成能力降低。当有氧化剂和还原剂的存在时，影响了面团中—SH 和 S—S 键交换反应使面团的黏弹性发生显著变化，面筋中的 S—S 键的形成，使面团中的面筋形成了一个广阔的网络结构，而且网络中 S—S 结合，使面团富有弹性。

在调制面团时，面粉中的脂质与蛋白质产生相互作用，也有助于改善面团的黏弹性。在面团中，糖脂质与麦醇溶蛋白以氢键结合，而麦谷蛋白通过疏水性相互作用形成复合体，再加上分子间、分子内的 S—S 结合共同影响着面团的性质。

10.5.1.2 小麦蛋白制品及制取

小麦蛋白制品可大致分为粉末状、膏状、粒状和纤维状 4 种，其主要制造工艺如图 10-8 所示。

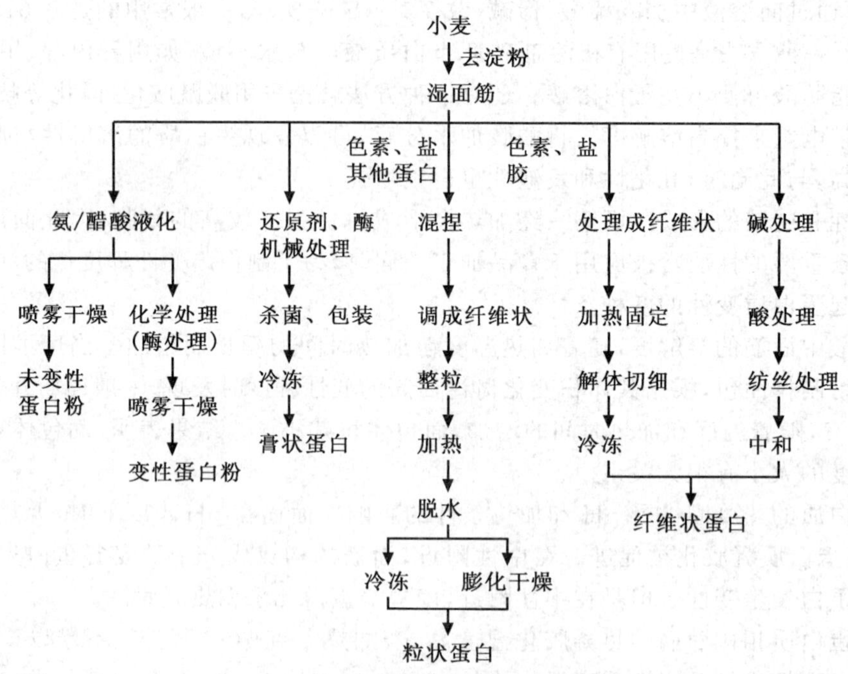

图 10-8 小麦蛋白制造的工艺流程

小麦蛋白制品也和大豆蛋白制品同样具有广泛的用途。利用其凝胶性、保水性、持油性、乳化性等功能特性可添加到水产品、畜肉及鱼肉香肠、冷冻食品、面条、面包等制品中。尤其是小麦蛋白具有优良的黏弹性且颜色接近于白色，很适合添加到鱼糜制品中。另外，添加到面包和面条类中，可调整小麦粉所需要的黏弹性。

(1)粉末制品　在小麦粉中加入水调制面团，然后水洗除去淀粉，分离出湿面筋。按图 10-6 中所介绍的工艺可制造未变性的蛋白粉，这种蛋白粉加水便可产生黏弹性，俗称活性面筋(vital gluten)；或通过添加还原剂等处理制造凝胶化温度较低的变性蛋白粉。为了尽可能地抑制活性面筋的变性，一般采用喷雾干燥法，干燥时间越短，变性程度越小。在将湿面筋液化时，一般常采用氨水或醋酸为分散剂。氨水分散液与醋酸分散液相比黏度低，易于喷雾干燥。

(2)膏状制品　如果将湿面筋原样用于食品，由于面筋所具有的黏弹性和凝固性，难以和鱼肉、畜肉加工品混合均匀，或由于面筋的凝固温度较高而不能使用。为了解决这个问题，常利用还原剂切断面筋中的 S—S 结合，在降低面筋黏弹性的同时也降低了面筋凝胶化的温度。一般面筋凝胶化的温度为 80℃，而这种面筋在 60℃时就可凝胶化。这种面筋一般冷冻后出售，称为变性面筋或加工面筋。

(3)粒状制品　湿面筋与淀粉、增黏剂、盐、脂、酶等混合，搅拌，糅合后使面筋形成特有的三维结构，然后加热蒸煮使组织固定化，可制成口感类似于肉制品的面筋制品。这种制品的制法有 2 种方式：一种是挤压式(见大豆蛋白部分)，另一种为和面机搅拌式。后一种方式是在湿面筋中混合其他的蛋白质，使面筋结成的网络结构部分地遭崩坏，形成柔软的网状结构，再加上适当地细切、热处理凝胶化固定其组织，便可制成类似于肉制品口感的制品。

(4)丝状制品　该制品的制法有分散式和纺丝式 2 种。分散式是将湿面筋中的 S—S 键还原切断，使面筋的巨大分子低分子化，使其具有流动性和溶解性。然后将其溶于水中，一边搅拌给以剪切力，形成剪切作用，一边加热使其凝胶化，形成了组织具有一定的方向性、纤维状的制品，然后按设计要求切断成型。纺丝式的制法与大豆蛋白相同，主要是将面筋碱性液从微孔中喷出到凝固液中，使面筋凝固成丝状。

10.5.2 玉米蛋白质的提取和利用

我国玉米产量居世界第二位，年产量约占世界 25%，我国玉米种植面积占主要农作物总面积的 15%。玉米主要用作饲料和加工淀粉。在进行淀粉加工时，玉米中蛋白质转移到麸质水中形成副产物。

将离心机分离出的麸质水，经沉降、过滤、干燥后可得到呈黄色的粗玉米蛋白，其中含有 40%～60%粗蛋白质，10%～15%淀粉和 200～400 mg/kg 叶黄素。

10.5.2.1 玉米蛋白的提取工艺

玉米蛋白的提取工艺流程如图 10-9 所示。

10.5.2.2 玉米蛋白的用途

玉米蛋白粉可用作食品的营养添加剂，在面包、饼干、糕点中使用。另外，玉米蛋白经水解作用后可获得具有降血压活性的生理活性肽，具有较高的附加值。在我国绝大多数淀粉厂家将蛋白粉作为饲料廉价出售，还没有很好地对玉米资源进行充分利用。利用玉米蛋白粉进行综合开发，其开发工艺简单，设备投资少，产品市场应变能力强。它的开发不仅可以层层增值，降低淀粉工业生产成本，而且减少了玉米资源的浪费，是合理利用玉米资源的一条有效途径。

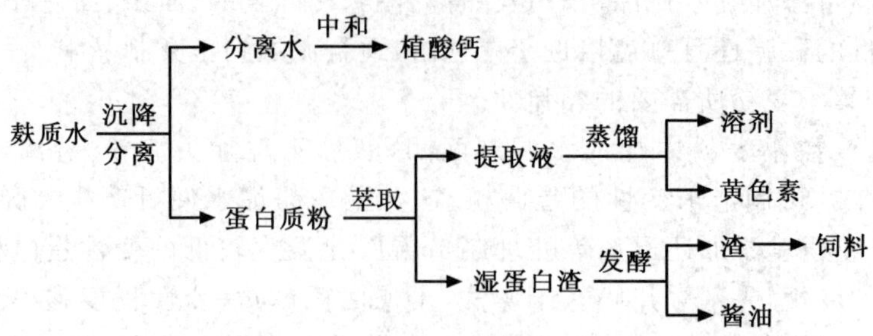

图 10-9 玉米蛋白提取工艺流程

思考题

1. 简述植物蛋白的基本特征。
2. 简述豆类蛋白的分类及主要特征。
3. 简述谷类蛋白的分类。
4. 简述大豆蛋白质的组成。
5. 简述大豆浓缩蛋白的制取方法及应用。
6. 简述几种主要油料蛋白的制取和应用。
7. 简述小麦蛋白质的结构和应用。
8. 简述大豆分离蛋白的制取和应用。
9. 简述大豆分离蛋白、浓缩蛋白、组织蛋白的异同及应用。

参考文献

[1] 王尔惠. 大豆蛋白质生产新技术. 北京:中国轻工业出版社,1999
[2] 王凤翼,钱方. 大豆蛋白质生产与应用. 北京:中国轻工业出版社,2004
[3] 尤新. 玉米深加工技术. 北京:中国轻工业出版社,1999
[4] 赵志强,万书波,束春德. 花生加工. 北京:中国轻工业出版社,2001
[5] 李正明,王兰君. 植物蛋白生产工艺与配方. 北京:中国轻工业出版社,1998
[6] 周瑞宝. 植物蛋白功能原理与工艺. 北京:化学工业出版社,2008
[7] 江连洲. 植物蛋白工艺学. 北京:科学出版社,2011
[8] 陈复生,郭兴凤. 蛋白质化学与工艺学. 郑州:郑州大学出版社,2012
[9] Yamauchi, F., Yamagishi, T., Iwabuchi, S. Molecular understanding of heat-induced phenomena of soybean protein. Food Reviews International 7(3): 283-322,1991

第 11 章
大豆蛋白制品加工

本章学习目的与要求

大豆制品的概念与分类；大豆的分类、形态结构和化学组成；传统豆制品加工原理及工艺；新兴豆制品加工原理及工艺。

11.1 大豆制品的概念与分类

以大豆为主要原料经过加工制作或精炼提取而得到的产品均为大豆制品，简称豆制品。豆制品在我国人人皆知，家喻户晓，如豆腐、豆浆、腐竹、豆皮等，它们在中华民族的繁衍生息过程中起了极其重要的作用。据统计，到目前为止，大豆制品已有几千种之多，其中包括具有几千年生产历史的中国传统豆制品和采用现代技术生产的新兴豆制品。

传统大豆制品包括发酵豆制品和非发酵豆制品。发酵豆制品的生产均需经过一个或几个特殊的生物发酵过程，产品具有特定的形态和风味；非发酵豆制品的生产基本上都经过清选、浸泡、磨浆、除渣、煮浆及成型工序，产品的物态都属于蛋白质凝胶。新兴大豆制品包括蛋白类制品、功能保健类制品及全豆类制品。蛋白类产品，是以脱脂大豆粕为原料，充分利用了大豆蛋白质的物化特性，其产品应用于食品加工中，不仅可以改变产品的工艺性能，而且可以提高产品的营养价值；功能保健类制品是利用现代分离技术从大豆中分离提取的具有调节生理功能促进人体健康的一类产品；全豆类制品主要是指以整粒大豆为原料，而生产出的豆乳类产品及其派生产品，它们都可直接食用。

11.2 大豆的分类、形态结构和化学成分

11.2.1 大豆的分类

大豆种植历史悠久、分布广泛。大豆最早起源于中国，中国在五千多年前就已开始栽培大豆。发展到今天，大豆分布已非常广泛，世界上已有 50 多个国家和地区种植大豆，而且品种繁多。因此，大豆的分类方法很多，根据不同的研究目的有不同的分类方法。下面介绍几种常见的分类方法。

(1)按大豆播种的季节不同划分　按大豆播种的季节不同划分为春大豆、夏大豆、秋大豆、冬大豆。

春大豆是指春天播种秋天收获，一年一熟的大豆，一般适合在温带地区种植；夏大豆是指夏天播种的大豆，一般适合于在暖温带地区种植；秋大豆是指秋天播种的大豆，多于 7 月底 8 月初播种，11 月上旬成熟，一般在暖温地带与亚热带交界地区种植；冬大豆是指冬天播种的大豆，多于 11 月份播种，次年 3～4 月份成熟，一般在亚热带地区或在暖温地带与亚热带交界地区种植。

(2)按生育成熟期划分　按生育成熟期(指大豆从出苗至成熟的天数)划分为极早熟大豆、早熟大豆、中熟大豆和晚熟大豆。

极早熟大豆生育期为 110 d 以内；早熟大豆生育期为 111～120 d；中熟大豆生育期为 121～130 d；晚熟大豆生育期为 131～140 d。

(3)按种皮的颜色划分　按种皮的颜色划分为黄、青、黑、褐、双色 5 种。

黄大豆又可细分为白、黄、淡黄、深黄、暗黄 5 种。我国生产的大豆绝大部分为黄色；青大豆包括青皮青仁大豆和青皮黄仁大豆，还可以细分为绿色、淡绿色、暗绿色 3 种；黑大豆包括黑皮青仁大豆、黑皮黄仁大豆，还可细分为黑、乌黑两种；褐大豆可细分为茶豆、淡褐色、褐色、深褐色、紫红色 5 种，常见双色豆有鞍垫、虎斑两种。

(4)按蛋白质和脂肪含量划分　按蛋白质和脂肪含量划分为脂肪型大豆和蛋白型大豆。

一般将脂肪含量高,质量分数在 20%以上的大豆称作脂肪型大豆或高油型大豆;将蛋白质含量高,质量分数在 45%以上的称作蛋白型大豆或高蛋白型大豆。蛋白质和脂肪是大豆的两大组成物质,是人类开发利用大豆的主要着眼点,蛋白质和脂肪的含量对于不同用途的大豆加工具有重要意义。

11.2.2　大豆种子结构

大豆是典型的双子叶无胚乳种子。成熟的大豆种子由种皮和胚 2 部分构成。

11.2.2.1　种皮

种皮位于种子的表面,对种子具有保护作用。大多数品种种皮表面光滑,其上还附有种脐、种孔和合点等结构(图 11-1)。

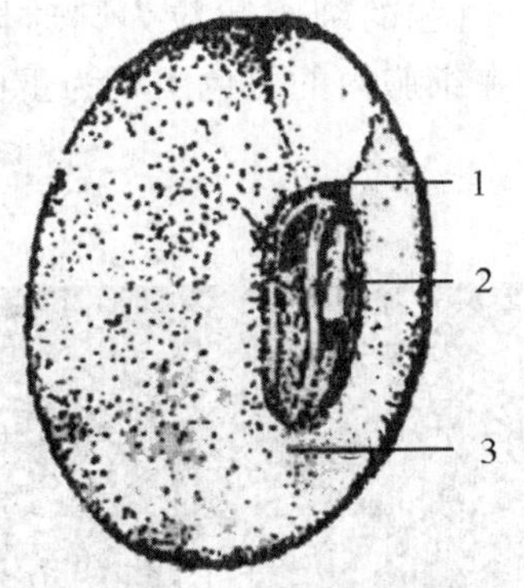

1.种孔　2.种脐　3.合点

图 11-1　大豆种子的形态结构

种皮从外向内由 4 层形状不同的细胞组织构成(图 11-2)。最外层为栅状细胞组织,由一层似栅栏状并排列整齐的长条形细胞组成,外壁很厚为外皮层。其最外层为角质层,其中有一

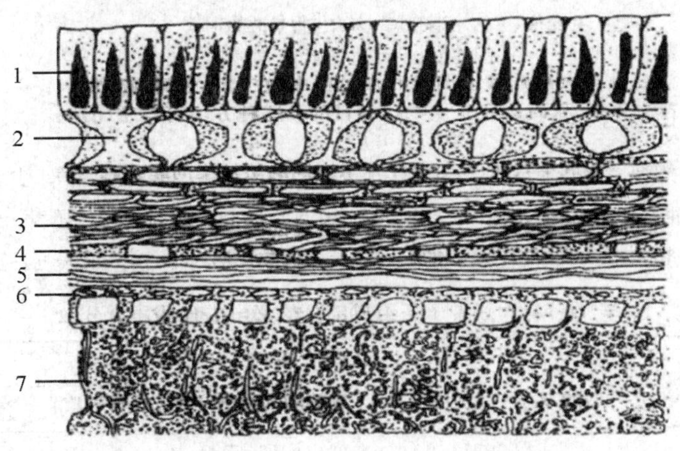

1.栅状细胞　2.圆柱状细胞组织　3.海绵状组织　4.糊粉层

5.压缩胚乳细胞　6.子叶细胞　7.子叶栅状细胞

图 11-2　大豆剖面结构

条明线贯穿，决定种皮颜色的各种色素就在栅状细胞内。栅状细胞较坚硬并互相排列紧密，一般情况下水较易透过，但若它们互相排列过分紧密时，水便无法透过，使大豆籽粒成为“石豆”或“死豆”，这种豆几乎不能加工利用。靠近栅状细胞的是圆柱状细胞组织，由两头较宽而中间较窄的细胞组成细胞间有空隙。在泡豆时，此细胞膨胀极大。再往里一层是海绵组织，是由6～8层薄细胞壁的细胞组成，紧靠圆柱状细胞组织，间隙较大，泡豆时吸水剧烈膨胀。最里层是糊粉层，是由类似长方形、壁厚的细胞组成。种皮约占整个大豆籽粒质量的8%。

11.2.2.2 胚

大豆种子的胚由胚芽、胚轴、胚根和两枚子叶4部分构成。胚根、胚轴和胚芽3部分约占整个大豆籽粒质量的2%。子叶又称豆瓣，是主要可食部分，约占整个大豆籽粒质量的90%。子叶的表面由小型的正方形细胞组成表皮，其下面由2～3层稍呈长形的栅状细胞，栅状细胞的下面为柔软细胞，是大豆子叶的主体(图11-2)。柔软细胞的超显微结构分析表明：最外面是白色袋状的细胞壁(CW)；细胞内白色的细小颗粒为圆球体(spberosome)，其直径为0.2～0.5 μm，内部蓄积有中性脂肪；散在细胞内的黑色团块为蛋白体(PB)，直径为2～20 μm，其中储存有丰富的蛋白质(图11-3)

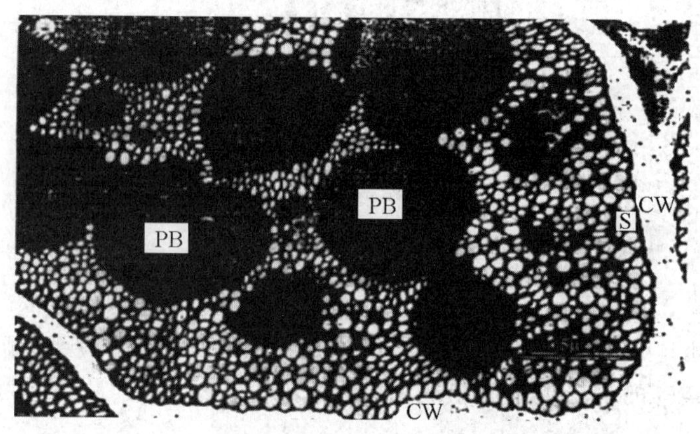

CW-细胞壁 PB-蛋白体 S-油体

图11-3 大豆子叶超显微结构

11.2.3 大豆的化学成分

大豆籽粒各个组成部分其构成物质有很大差异。大豆种皮除含有少量的蛋白质和脂肪外，几乎都是由纤维素、半纤维素、果胶质等所组成。而胚根、胚轴、胚芽、子叶则主要以蛋白质、脂肪、糖为主。整粒大豆种子及各组成部分的化学成分及含量如表11-1所示。

表11-1 大豆种子各组成部分的化学成分及质量分数 %

化学成分	质量分数			
	整粒	种皮	胚	子叶
水分	11.00	13.50	12.00	11.40
粗蛋白质	30～45	8.84	40.76	42.81

续表 11-1

化学成分	质量分数			
	整粒	种皮	胚	子叶
粗脂肪	16～24	1.02	11.41	22.83
碳水化合物/(含粗纤维)	20～39	85.88	43.41	29.37
灰分	4.5～5.0	4.26	4.42	4.99

11.2.3.1　蛋白质

蛋白质是大豆中的主要营养成分,大豆蛋白质根据蛋白质溶解性的不同,可以分为清蛋白和球蛋白(该蛋白分子的长轴与短轴长度比小于 10∶1,因而命名为球蛋白)两类。一般清蛋白占蛋白质总量的 5%左右,球蛋白占 90%左右。球蛋白可用等电点(pH 为 4～5 时)法沉淀析出,再用超速离心分离法分出 2S、7S、11S 和 15S 4 种分子质量不同的组分,其中 7S 和 11S 组分之和占总蛋白含量的 70%以上,它与大豆的加工性关系密切。

组成大豆蛋白质的氨基酸有 18 种之多,大豆不同部位的蛋白质及同一部位或不同部位的不同种蛋白质的氨基酸组成比例均有差异。不过,无论哪一部分或哪一种蛋白质,均含有 8 种必需氨基酸,且比例比较合理。此外还应该指出,不同地区、不同品种的大豆,其蛋白质的氨基酸组成也会有差异。就是同一地区,同一品种的大豆,由于生育期长短不同,栽培环境的不同,其蛋白质的氨基酸组成也不同。

11.2.3.2　脂肪

大豆中脂肪质量分数约为 18%,大豆油在室温下呈黄色液体,为半干性油,在人体内的消化吸收率达 97.5%,为优质食用植物油。其中不饱和脂肪酸含量达 60%以上。大豆油中含有 1.1%～3.2%的磷脂,主要为卵磷脂和脑磷脂。大豆油脂中的不皂化物主要是醇类、类胡萝卜素、植物色素及生育酚类物质,总含量为 0.5%～1.6%。

11.2.3.3　碳水化合物

大豆中碳水化合物质量约占总质量的 25%,其组成比较复杂,主要成分为蔗糖、棉籽糖、水苏糖、毛芯花糖等低聚糖和阿拉伯半乳糖等多糖类。成熟的大豆中淀粉含量很低,质量分数仅为 0.4%～0.9%。另外,在成熟的大豆中不含葡萄糖等还原糖。大豆中各部分碳水化合物的组成如表 11-2 所示。

表 11-2　大豆各部分的碳水化合物组成及质量分数　　%

部位	总量	多缩半乳糖	纤维素	蔗糖	棉籽糖	水苏糖
子叶	29.4			6.6	1.4	5.3
种皮	85.6			0.6	0.13	0.41
胚轴	43.4			7.0	1.9	7.7
全粒	25.7	3.3	1.6	5.2	1.0	3.8

大豆中的碳水化合物可以分为可溶性与不溶性两大类。在全部碳水化合物中,除蔗糖外均难以被人体消化,其中有些碳水化合物在人体肠道内还会被菌类利用并产生气体,使人食后有胀气感。因此大豆用于食品时,要采取措施除去这些不消化的碳水化合物。

(1)可溶性碳水化合物　大豆中的可溶性碳水化合物主要是其中的低聚糖,包括水苏糖、棉籽糖(蜜三糖)和蔗糖等。大豆中的低聚糖含量因品种不同而异。一般水苏糖质量约占总质量的4%,棉籽糖约占1%,蔗糖约占5%。

低聚糖在酸性条件下对热稳定,其甜度约为蔗糖的70%。人体内的消化酶不能分解水苏糖、棉籽糖,因此不能产生热量。但人体肠道内的双歧杆菌属中的几乎所有菌种都能利用水苏糖和棉籽糖,而肠道内的有害细菌则几乎不能利用。水苏糖和棉籽糖是人体肠道内有益菌——双歧杆菌的增殖因子,对人体生理功能提高有很好的作用,因此将其应用于食品中对人体具有良好的保健功能。

(2)不溶性碳水化合物　大豆中的不溶性碳水化合物组成相当复杂。种皮中多为果胶质,子叶中多为纤维素。这些碳水化合物的一个共性就是不能被人体消化吸收,因此称为"食物纤维"。食物纤维进入消化道中,在胃中吸水膨胀,增加胃的蠕动,产生饱满感,延缓胃中内容物进入小肠的速度。而进入肠道内的食物纤维有延缓食物消化吸收的功能,因此它可以降低对糖、中性脂肪和胆固醇的吸收,对人体产生保健功能。

在我国,随着人民生活水平的提高,特别是城市居民的膳食开始进入精细化,致使高血压、冠心病、肥胖症等"富贵病"日趋增加。因此开发食物纤维也是十分重要的。我国每年生产的豆制品产生大量的副产品豆渣,其主要成分是大豆中不溶性碳水化合物即食物纤维,确实是一种既廉价又丰富的食物纤维资源。

11.2.3.4　无机盐

大豆中的无机盐有十余种,主要元素组成为钙、磷、铁、钾等,它们的总含量一般为4.0%～4.5%。在大豆的无机盐中钾的含量最高,其次是磷的含量。磷在大豆中有4种不同的存在形式。其中植酸钙镁中含磷量占75%,磷脂中含量占12%,无机磷占4.5%,残留磷占6%。植酸钙镁是由植酸与钙镁离子络合而成的盐,它严重影响人体对钙、镁的吸收。但是大豆经过发芽后,植酸被分解为无机酸和肌醇,被络合的金属游离出来,使钙、镁的利用率提高。钙的含量在不同品种的大豆中差异较大,范围为163～470 mg/100 g。大豆的含钙量与蒸煮后大豆的硬度有关,含钙量越高,蒸煮后大豆的硬度越大。

11.2.3.5　维生素

大豆中的维生素含量较少,种类也不多。其中以水溶性维生素为主,脂溶性维生素很少,并且大豆中的维生素在大豆制品加工热处理过程中被破坏很多,含量就更少了。

11.2.3.6　大豆中的其他微量成分

(1)异黄酮　大豆中含有少量的异黄酮,它具有弱雌激素活性,被称为植物雌激素,研究表明大豆异黄酮可根据人体内激素含量平衡水平呈现出或增强雌激素或抗雌激素作用。另外,大豆异黄酮还具有一定的抗氧化能力,调节细胞周期、抗真菌等生理活性,其生理活性和提取方法是目前国内外研究的热点。

(2)皂苷　皂苷又名皂甙或皂素,是类固醇或三萜系化合物的低聚配糖体的总称。在大豆中约占干基的2%,脱脂大豆中的含量约为0.6%。皂苷多呈中性,少数为酸性,容易溶解于水和90%以下的乙醇溶液中,难以溶解于酯和纯乙醇中。它对热稳定,但是在酸性条件下遇热容易分解。皂苷具有溶血性和毒性,所以通常把它看作抗营养成分。但是有研究表明,大豆皂苷不仅对人体无生理上的阻碍作用,而且有降低过氧化脂类生成的作用,因此对高血压和肥胖病有一定的疗效,也有抗炎症、抗溃疡和抗过敏的功效,所以要正确评价它。

(3)有机酸　大豆中含有多种有机酸，其中柠檬酸含量最高，还有醋酸、延胡索酸等，利用大豆中的有机酸可以生产大豆清凉饮料。

11.2.3.7　大豆中的酶及抗营养因子

大豆中含有许多种酶，引起食品加工领域关注的主要有脂肪氧化酶、尿素酶、磷脂酶 D；抗营养因子有胰蛋白酶抑制素和细胞凝集素。

(1)脂肪氧化酶　脂肪氧化酶可以催化氧分子氧化使含顺，顺-1，4-戊二烯的不饱和脂肪酸及其脂肪酸酯，生成氢过氧化物。大豆中脂肪氧化酶的活性很高，当大豆籽粒破碎后，只要有少量的水分存在就可以使大豆中的亚油酸、亚麻酸等底物发生降解反应，其降解产物有近百种，如氢过氧化物、醛、醇、酮、呋喃、环氧化物等，其中许多与豆腥味有关。正己醛是具有代表性的挥发性化合物，是豆腥味的主要成分。

脂肪氧化酶的活力与 pH 有关。pH 7～8 时，脂肪氧化酶的活性最高，但是在此 pH 附近，其常见的底物亚油酸是不溶解的。

脂肪氧化酶的作用对食品质量的影响是两方面的。比如在焙烤食品生产中，在面粉中加入适量含脂肪氧化酶的大豆粉，能够改善面粉的色泽和质量。这主要是其降解产物氢过氧化物对胡萝卜素有漂白作用，又能够使面筋蛋白质的巯基(—SH—)氧化成二硫键(—S—S—)，起到了强化面筋蛋白质的作用，这是有利的一方面。但是有时由于脂肪氧化酶的作用，产生一些不良风味，导致食品质量的下降。因此，有时需要钝化脂肪氧化酶的活性或者使脂肪氧化酶失去活性，其方法有加热、调节 pH 及使用化学抑制剂等。

(2)尿素酶　尿素酶属于酰胺酶类，是分解酰胺和尿素产生 CO_2 和 NH_3 的酶，也是大豆中抗营养因子之一，在大豆中的含量较高。由于尿素酶容易受热而失去活性，而且容易准确测定，经常作为确认大豆制品湿加热处理程度的指标。

(3)淀粉酶和蛋白酶　大豆中含有 α-淀粉酶和 β-淀粉酶。大豆 α-淀粉酶对于支链的碳水化合物的分解作用超过从其他原料中提取的 α-淀粉酶。大豆 β-淀粉酶活性比其他豆类中的高，对磷酸化酶有钝化作用，其在 pH 5.5、60℃加热 30 min，将会有 50％的活性损失掉；而在 70℃下加热 30 min 将会全部失活。

(4)胰蛋白酶抑制素　大豆中的胰蛋白酶抑制素有 7～10 种，但是至今只有两种被提纯并进行了较详细的研究。有报道称胰蛋白酶抑制素能够使老鼠和小鸡的胰脏肿大；也有报道称大豆中微量的胰蛋白酶抑制素对治疗急性胰腺炎、糖尿病及调节胰岛素失调有一定的效果。胰蛋白酶抑制素的热稳定性较高，在 80℃时处理活性失去较少，100℃处理 20 min 其活性丧失达 90％以上，120℃处理 3 min 也可以达到同样的效果。

(5)细胞凝集素　通过试验发现大豆中至少有 4 种细胞凝集素。脱脂后的大豆粉中约含 3％的细胞凝集素。研究发现细胞凝集素能够引起红细胞凝聚，但很容易被胃蛋白酶钝化。大豆细胞凝集素受热很快失去活性，甚至活性完全消失。因此加热过的大豆食品，细胞凝集素不会对人体造成不良影响。

11.2.3.8　大豆中的呈味成分

大豆具有特殊的气味，被称为豆腥味或臭味。除去这些豆腥味是开发利用大豆新产品的一大难题。大豆的豆腥味成分十分复杂，研究表明，大豆中至少有 30 余种挥发性物质与大豆的豆腥味有关。

①脂肪族羰基化合物：如己醛、丙醇和正己酸酐，正己酸酐具有特殊的生臭味。

②芳香族羰基化合物：如苯甲醛、儿茶醛等。

③挥发性脂肪酸：如醋酸、丙酸、正戊酸、正己酸、正辛酸等。

④挥发性胺：如氨、甲胺、二甲胺、呱啶等。

⑤挥发性脂肪醇：如甲醇、乙醇、2-戊醇、异戊醇、正己醇、正庚醇等。其中异戊醇、正己醇有明显的青臭味。

⑥酚酸：如丁香酸、香辛酸、龙胆酸、阿魏酸、富马酸等，它们具有类似的青豆味。另外，2-正戊基呋喃也是产生豆腥味的重要物质。

11.2.4 大豆蛋白质的功能性

11.2.4.1 溶解性

当将大豆蛋白质用于流质食品的生产时，其溶解特性，即在各种条件下的溶解程度和溶解稳定性，便理所当然地成为加工中的首要问题。但大豆蛋白质溶解特性的重要性还不仅限于此，当发挥蛋白质所具有的各种加工特性，例如，乳化性、起泡性及其他功能，首先也多以蛋白质溶解操作为前提。所以说溶解性是发挥大豆蛋白质机能的共同前提条件。由此可见，研究大豆蛋白质的溶解特性，对于大豆食品的加工和大豆蛋白质的利用是非常有意义的。

大豆蛋白质的溶解性，首先随着 pH 的变化会发生很大变化，图 11-4 是根据大豆蛋白质在不同的 pH 溶液中的溶解度所绘出的溶解度曲线。pH 4～5 时，溶解度最小，这与大豆蛋白质的等电点一致。在等电点处，蛋白质所带电荷被中和，由电荷引起的各残基之间的静电排斥力消失，蛋白质分子便紧密地排列在一起，降低了与水分子的结合能力。

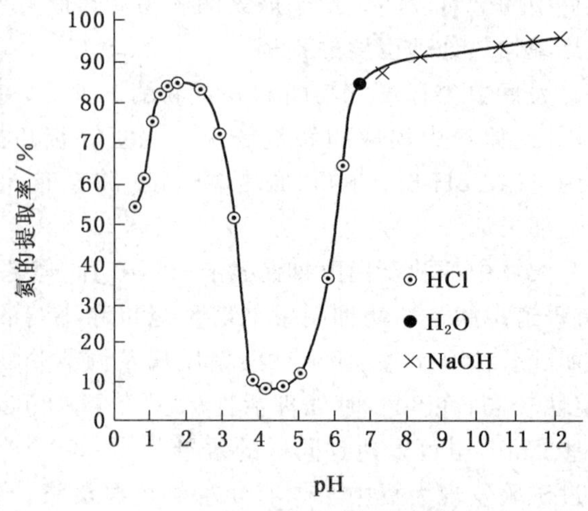

图 11-4 大豆蛋白质随 pH 变化的溶解度曲线

另外，在不同种类的盐溶液中大豆蛋白质的溶解度也不同。大豆蛋白质属于球蛋白，精制的大豆球蛋白几乎不溶于水，加入盐类以后会促使其溶解。根据盐溶液种类不同，溶解度的顺序也不同。大豆蛋白放在 0.5 mol/L 的盐溶液中，其溶解效果为：

阴离子：$F^- < C_2O_2^{2-} < Cl^- < SO_4^{2-} < Br^- < I^-$；阳离子：$Ca^{2+} < Mg^{2+} < Li^+ < Na^+ < K^+$

在这个顺序中，越往左，溶解度越小，越容易盐析；相反，越往右，蛋白质越易与水结合，显示出较强的盐溶性，有时也会发生变性。众所周知，制作豆腐时向豆乳中加入 Ca^{2+}、Mg^{2+}，会使得蛋白质溶解度降低而产生凝聚，就是这个道理。

11.2.4.2　凝胶性

大豆蛋白质的凝胶化在豆腐的形成以及用作畜肉、鱼肉制品添加剂方面起着重要作用。所谓凝胶化是指蛋白质分子之间依靠 S—S 键和非共价键等分子间相互作用，形成一个有持水能力的网状结构。凝胶除了具有较高的黏性外，还具有可塑性、弹性等性质。凝胶的形成及其弹性、持水性等物理性质均受蛋白质的种类、浓度、加热温度和时间、pH、离子强度及变性剂的作用等各种各样的因素影响。

大豆蛋白质中，11S 组分(大豆球蛋白)与 7S 组分(β-伴大豆球蛋白)两种主要成分的凝胶化性质有很大差异。11S 成分形成凝胶的硬度和凝聚性远大于 7S 组分。

大豆蛋白质的凝胶形成受各种因素影响。一般质量分数 7%～8%或以上的大豆蛋白质，在 70～80℃以上温度加热时，有利于蛋白质溶液形成凝胶。与 11S 成分相比，7S 蛋白质在低浓度时开始凝胶化。凝胶的硬度在等电点附近最低，而在酸性(pH 2～3)和碱性(pH 11～12)的条件下加热形成的凝胶较硬，有较强的凝胶强度。增加离子强度一般会减少凝胶强度。

11.2.4.3　乳化性

加入大豆蛋白质能够使油在水中形成稳定的乳化液。大豆蛋白质是表面活性物质，一旦集结于油-水界面时便可以降低表面张力，使之容易乳化。乳化油滴表面的蛋白质是保护层，能够阻止油滴聚集，提高了乳化液的稳定性。乳化液有水包油(O/W)和油包水(W/O)两种类型，蛋白质大多形成水包油型的乳浊液。蛋白质和油的混合溶液在均质机作用下形成微小的油滴粒子，而蛋白质覆盖在粒子的表面，防止粒子之间的聚合，起到乳化的作用。

蛋白质与油滴球结合时需要蛋白质中具有一定量的疏水基，同时，又需要其在液相中有一定的亲水性。蛋白质在油滴球表面上重新排列，需要具有柔软的结构，但是为了乳化的稳定性，在某种程度上，又需要其有坚固的结构。只有能使这两方面达到良好平衡状态的蛋白质才具有良好的乳化性。

一般溶液的 pH 离蛋白质的等电点越近，乳化性就越小；反之，乳化性就增加。当离子强度在 0～0.05 时，随离子强度增加乳化性增强，但离子强度大于 0.05 时，乳化性没有变化。

大豆蛋白质中，β-伴大豆球蛋白的乳化性要高于大豆球蛋白。这是由于大豆球蛋白中存在 S—S 键，使得蛋白质有比较坚固的结构所致。为了改善它的乳化性可利用酸和酶对蛋白质进行修饰来增加蛋白质的乳化性。随着水解程度的加强，蛋白质的乳化性逐渐增强，但水解到一定程度后蛋白质疏水基暴露，蛋白质形成了柔软的结构，使得乳化性反又降低。

大豆蛋白质的乳化性在乳浊液中脂肪的稳定性和食品的风味物质吸附与保持方面有重要作用。

11.2.4.4　发泡性

蛋白质的发泡性常被应用于甜点、冰点等食品中。蛋白质发泡类似于乳化，由于空气比油滴具有更强的疏水性，使蛋白质在气泡表面形成了薄膜。显然蛋白质的亲水性、柔软性、疏水性、坚固的结构对蛋白质发泡能力和形成泡沫的稳定性起着重要作用。

发泡性评价，包括发泡能力和形成泡沫的稳定性两个方面。大豆蛋白质发泡性与溶解性和乳化性相似，在等电点附近减少。气泡的破坏率在等电点处最高，稳定性最低。随着蛋白质浓度的升高，发泡性增强，稳定性减小。利用酸和酶将大豆蛋白质部分地加水分解，获得的部分水解蛋白有很强的发泡性。市场上销售的大豆蛋白粉就是根据此原理加工而成的。

11.2.4.5 吸油性

大豆蛋白质能够促使脂肪的吸收与结合。如组织化大豆粉吸收的脂肪占其质量的65%～130%，在15～20 min内吸收脂肪量达到最大值。脂肪的吸收是乳化作用的一种表现。加入大豆粉有助于食品油炸时防止吸收过多的脂肪。这是由于大豆蛋白质受热变性，在油炸食品表面形成抗脂肪层。

11.2.4.6 吸水性与保水性

大豆蛋白质的肽链结构中含有极性的侧链，能够吸收水分并保留水分。pH的变化可以改变其极性，从而影响大豆蛋白质的吸水性，当pH大于或小于4.5时，保留水分的量急剧增加。在焙烤食品、糖果的生产中，添加大豆粉等会增加产品的吸水力，使产品的保鲜时间延长。

11.2.5 大豆蛋白质的变性

由于物理条件、化学条件的改变使大豆蛋白质分子的内部结构、物理性质、化学性质和功能性质随之改变的现象称为大豆蛋白质的变性。引起大豆蛋白质变性的有物理因素和化学因素。物理因素有过度加热、剧烈震荡、过分干燥、超声波处理等；化学因素有极端pH，有机溶剂或重金属、尿素、巯基乙醇、亚硫酸钠、十二烷基磺酸钠等物质的作用。

在变性因素的作用下，维持蛋白质分子空间构象的二、三、四级结构的次级键被破坏，双硫键变为巯基，使其充分舒展，形成新的构型。这些变化在偏离等电点的酸碱条件下发生时，变性分子仍带有相同的正(负)电荷，由于同性相斥而不至于沉淀或絮凝。这些变化发生在等点电的pH范围内时，变性的电中性分子因布朗运动相互碰撞而吸引，互相凝聚而析出絮状物。提供能量(如加热)可使碰撞加剧，分子相互聚集而形成凝固物。絮状物及凝固物的形成是蛋白质变性作用的直接结果。

控制大豆蛋白质的变性，对生产理想的大豆蛋白质食品有重要作用。变性后蛋白质的性质发生下列变化，主要包括：溶解度下降：由于肽链舒展，疏水基团外露，阻碍了蛋白质分子的溶解，使溶解度下降；黏度增加：蛋白质变性时，紧密的分子结构被破坏，多肽链充分舒展，分子体积增大，相对分子质量一定，黏度随蛋白质分子体积的增大而增加；生物活性丧失：酶是具有生物活性的蛋白质，在分子结构破坏的同时，酶分子表面的活性部位被破坏而失活；变性后的蛋白质容易被酶水解：当变性蛋白质分子结构变得松散和舒展后，肽链暴露，酶分子就可能容易与之发生作用进而发生水解。

11.2.5.1 酸碱引起的变性

随着pH的变化，大豆蛋白质溶解性也发生变化。在极端的酸性和碱性条件下，大豆蛋白质解离成低分子，并发生不可逆的变性现象。这是由于处在极端的酸性或碱性条件下的蛋白质分子全部带有正电荷或负电荷，相互之间发生静电排斥作用，破坏了蛋白质的高级结构。

11.2.5.2 热变性

不同的加热条件引起的大豆蛋白变性程度也不同。当大豆球蛋白在70～80℃下加热，解离成酸性亚基和碱性亚基。酸性亚基成为4S可溶性低聚物，而碱性亚基则发生聚合，在高离子强度下，形成可溶性聚合物；在低离子强度下则易生成沉淀。β-伴大豆球蛋白在低离子强度条件下加热易发生解离，而在高离子强度下则容易发生凝聚现象。

11.2.5.3　冷冻变性

将大豆蛋白质溶液冷冻会产生冻结变性，而失去可溶性。冻豆腐就是利用这个性质制作而成的。大豆蛋白质溶液在冷冻前进行加热处理，这种热变性的蛋白质冷冻变性快于未热变性的蛋白质。欲使大豆蛋白冻结变性而不溶解，−5～−1℃的高温好于−20℃以下的低温。在−5～−1℃时，有 10%～20%的水未被冻结，此时的蛋白质被浓缩在未冻结的水中。由于水的存在促进了各种化学反应，促进了 S—S 键以及其他分子间相互作用，聚合的蛋白质之间保持着狭小的间隔。−20℃时，全体均被冻结，失去了液态水分，蛋白质分子间不能很好地接近，侧链不能发生反应，因而导致冻结聚合性不好。

11.3　传统大豆制品加工

11.3.1　传统豆制品加工的基本原理

中国传统豆制品种类繁多，生产工艺也各有特色，但是就其实质来讲，豆制品的生产就是制取不同性质的蛋白质胶体的过程。

大豆蛋白质存在于大豆子叶的蛋白体中，大豆经过浸泡，蛋白体膜破坏以后，蛋白质即可分散于水中，形成蛋白质溶液即生豆浆。生豆浆即大豆蛋白质溶胶，由于蛋白质胶粒的水化作用和蛋白质胶粒表面的双电层，使大豆蛋白质溶胶保持相对稳定。但是一旦有外加因素作用，这种相对稳定就可能受到破坏。

生豆浆加热后，蛋白质分子热运动加剧，维持蛋白质分子的二、三、四级结构的次级键断裂，蛋白质的空间结构改变，多肽链舒展，分子内部的某些疏水基团趋向分子表面，使蛋白质的水化作用减弱，溶解度降低，分子之间容易接近而形成聚集体，形成新的相对稳定的体系-前凝胶体系，即熟豆浆。

在熟豆浆形成过程中蛋白质发生了一定的变性，在形成前凝胶的同时，还能与少量脂肪结合形成脂蛋白，脂蛋白的形成使豆浆产生香气。脂蛋白的形成随煮沸时间的延长而增加。同时借助煮浆，还能消除大豆中的胰蛋白酶抑制素、红细胞凝集素、皂苷等对人体有害的因素，减少生豆浆的豆腥味，使豆浆特有的香气显示出来，还可以达到消毒灭菌、提高风味和卫生质量的作用。

前凝胶形成后必须借助无机盐、电解质的作用使蛋白质进一步变性转变成凝胶。常见的电解质有石膏、卤水、δ-葡萄糖酸内酯及氯化钙等盐类。它们在豆浆中解离出 Ca^{2+}、Mg^{2+} 不但可以破坏蛋白质的水化膜和双电层，而且有“搭桥”作用，蛋白质分子间通过—Mg—或 —Ca—桥相互连接起来，形成立体网状结构，并将水分子包容在网络中，形成豆腐脑。

豆腐脑形成较快，但是蛋白质主体网络形成需要一定时间，所以在一定温度下保温静置一段时间使蛋白质凝胶网络进一步形成，就是一个蹲脑的过程。将强化凝胶中水分加压排出，即可得到豆制品。

11.3.2　传统豆制品加工的原辅料

传统豆制品生产的原料主要是大豆，辅料包括凝固剂、消泡剂和防腐剂等。

11.3.2.1 凝固剂

(1)石膏　实际生产中通常采用熟石膏，控制豆浆温度85℃左右，添加量为大豆蛋白质的0.04%（按硫酸钙计算）左右。合理使用可以生产出保水性好、光滑细嫩的豆腐。

(2)卤水　卤水的主要成分为氯化镁，用它作凝固剂，由于蛋白质凝固快，网状结构容易收缩，因而产品的保水性差。添加量一般为每100 kg大豆2～5 kg。

(3)δ-葡萄糖酸内酯　δ-葡萄糖酸内酯（简称GDL），是一种新型的酸类凝固剂，易溶于水，在水中分解为葡萄糖酸，在加热条件下分解速度加快，pH增加时分解速度也加快。加入内酯的熟豆浆，当温度达到60℃时，大豆蛋白质开始凝固，在80～90℃凝固成的蛋白质凝胶持水性最佳，制成的豆腐弹性大，质地滑润爽口。GDL适合于做原浆豆腐。在凉豆浆中加入葡萄糖酸内酯，加热后葡萄糖酸内酯分解转化，蛋白质凝固即成为豆腐。添加量一般为0.25%～0.35%（以豆浆计）。

(4)复合凝固剂　所谓复合凝固剂是将两种或两种以上的成分加工成的凝固剂，它是伴随豆制品生产的工业化、机械化和自动化的发展而产生的。如一种带有涂覆膜的有机酸颗粒凝固剂，常温下它不溶于豆浆，但是一旦经过加热涂覆膜就溶化，内部的有机酸就发挥凝固作用。常用的有机酸有柠檬酸、异柠檬酸、山梨酸、富马酸、乳酸、琥珀酸、葡萄糖酸及它们的内酯或酐。采用柠檬酸时，添加量约为豆浆（固形物含量10%）的0.05%～0.50%。涂覆剂要满足常温下完全呈固态，而稍经加热就完全熔化的条件，因此其熔点一般在40～70℃。符合这些条件的涂覆剂有动物脂肪、植物油、各种甘油酯、山梨糖醇酐脂肪酸酯、丙二醇脂肪酸酯、动物胶等。为使被涂覆的有机酸颗粒均匀地分散于豆浆中，可以添加可食性表面活性剂如卵磷脂、聚环氧乙烷、月桂基醚等。

11.3.2.2 消泡剂

豆制品生产的制浆工序中会产生大量的泡沫，泡沫的存在对后续操作极为不利，因此必须使用消泡剂消泡。以往曾使用过的消泡剂有：油脚（炸过食品的废油）、油角膏（由酸败油脂与氢氧化钙混合制成的膏状物）、硅有机树脂等，随着食品安全意识的增强，食品添加剂的使用越来越严格，目前国内食品添加剂使用卫生标准允许在豆制品中使用的消泡剂只有高碳醇脂肪酸醋复合物（DSA-5），其最大使用量为1.6 g/kg。使用时均匀地加在豆糊中，一起加热即可。

11.3.2.3 防腐剂

豆制品生产中采用的防腐剂主要有丙烯酸、硝基呋喃系化合物等。丙烯酸具有抗菌能力强，热稳定性高等特点，允许使用量为豆浆的5 mg/kg以内。丙烯酸防腐剂主要用于包装豆腐，对产品色泽稍有影响。

11.3.3 传统豆腐加工工艺

传统豆腐生产工艺过程，首先是浸泡大豆使大豆软化，浸泡后的大豆磨浆，然后过滤将豆渣分离获得豆浆，蒸煮豆浆，再加入凝固剂等使大豆蛋白质胶凝成型得到豆腐。传统豆腐生产的基本工艺流程如图11-5所示。

大豆→清理→浸泡→磨浆→过滤→煮浆→凝固→成型→成品

图11-5　传统豆腐加工工艺流程

二维码 11-1　豆腐制作工艺

二维码 11-2　干豆腐的制作方法

(1)清理　选择品质优良的大豆,除去所含的杂质,得到纯净的大豆。

(2)浸泡　浸泡的目的是使大豆吸水膨胀,有利于大豆粉碎后提取其中的蛋白质。浸泡好的大豆吸水量为 1∶(1～1.2),即大豆增重至原来的 2.0～2.2 倍。浸泡后大豆表面光滑、无皱皮,豆皮轻易不脱落,手感有劲。

(3)磨浆　经过浸泡的大豆,蛋白体膜变得松脆,但是要使蛋白质溶出,必须进行适当的机械破碎。如果从蛋白质溶出量角度看,大豆破碎的越彻底,蛋白质越容易溶出。但是磨得过细,大豆中的纤维素会随着蛋白质进入豆浆中,使产品变得粗糙、色泽深,而且也不利于浆渣分离,使产品得率降低。因此一般控制磨碎细度为 100～120 目。实际生产时应根据豆腐品种适当调整粗细度,并控制豆渣中残存的蛋白质低于 2.6%为宜。采用石磨、钢磨或沙盘磨进行破碎。磨碎后的豆糊采用平筛、卧式离心筛分离,充分提取豆浆。

(4)煮浆　煮浆是通过加热使豆浆中的蛋白质发生热变性的过程。一方面为后序点浆创造必要条件,另一方面消除豆浆中的抗营养成分,杀菌,减轻异味,提高营养价值,延长产品的保鲜期。煮浆的方法根据生产条件不同,可以采用土灶铁锅煮浆法、敞口罐蒸汽煮浆法、封闭式溢流煮浆法等方法进行。煮浆温度应达到 100℃,时间 5 min 左右。

(5)凝固与成型　凝固就是大豆蛋白质在热变性的基础上,在凝固剂的作用下,由溶胶状态转变成凝胶状态的过程。生产中通过点脑和蹲脑两道工序完成。

点脑是将凝固剂按一定的比例和方法加入熟豆浆中,使大豆蛋白质溶胶转变成凝胶,形成豆腐脑。豆腐脑是由呈网状结构的大豆蛋白质和填充在其中的水构成的。一般来讲,豆腐脑的网状结构网眼越大,交织的越牢固,其持水性越好,做成的豆腐柔软细嫩,产品的得率也越高;反之,则做成的豆腐僵硬,缺乏韧性,产品的得率也低。

经过点脑后,蛋白质网络结构还不牢固,只有经过一段时间静置凝固才能完成。根据豆腐品种的不同,蹲脑的时间一般控制在 10～30 min。

成型即把凝固好的豆腐脑放入特定的模具内,施加一定的压力,压榨出多余的黄浆水,使豆腐脑密集地结合在一起,成为具有一定含水量和弹性、韧性的豆腐,不同产品施加的压力各不相同。

11.3.4　内酯豆腐加工工艺

内酯豆腐生产利用了大豆蛋白质的凝胶性质和 δ-葡萄糖酸内酯的水解性质,其工艺流程如图 11-6 所示。

原料大豆→清理→浸泡→磨浆→滤浆→煮浆→脱气→冷却→混合

成品←冷却←凝固杀菌←罐装←

图 11-6　内酯豆腐生产工艺流程

(1)制浆　采用各种磨浆设备制浆,使豆浆浓度控制在10～11°Bé。

(2)脱气　采用消泡剂消除一部分泡沫,采用脱气罐排出豆浆中多余的气体,避免出现气孔和砂眼,同时脱除一些挥发性的气味成分,使内酯豆腐质地细腻、风味优良。

(3)冷却、混合与罐装　根据δ-葡萄糖酸内酯的水解特性,内酯与豆浆的混合必须在30℃以下进行,如果浆温过高,内酯的水解速度过快,造成混合不均匀,最终导致粗糙松散,甚至不成型。按照0.25%～0.30%的比例加入内酯,添加前用温水溶解,混合后的浆料在15～20 min内罐装完毕,采用的包装盒或包装袋需要耐100℃的高温。

(4)凝固、成型　包装后进行装箱,连同箱体一起放入85～90℃恒温床,保温15～20 min。热凝固后的内酯豆腐需要冷却,这样可以增强凝胶的强度,提高其保形性。冷却可以采用自然冷却,也可以采用强制冷却。通过热凝固和强制冷却的内酯豆腐,一般杀菌、抑菌效果好,储存期相对较长。

11.3.5　腐竹加工工艺

腐竹是由煮沸后的豆浆,经过一定时间的保温,豆浆表面蛋白质成膜形成软皮,揭出烘干而成的。煮熟的豆浆保持在较高温度条件下,一方面豆浆表面水分不断蒸发,表面蛋白质浓度相对提高;另一方面蛋白质胶粒热运动加剧,碰撞机会增加,聚合度加大,以至形成薄膜,随着时间的延长薄膜厚度增加,当薄膜达到一定厚度时,揭起即为腐竹。腐竹生产工艺流程如图11-7所示。

大豆→清理→脱皮→浸泡→磨浆→滤浆→煮浆→揭竹→烘干→包装→成品

图11-7　腐竹生产工艺流程

(1)制浆　腐竹生产的制浆方法与豆腐生产制浆一样,这里要求豆浆浓度控制在6.5～7.5°Bé,豆浆浓度过低,难以形成薄膜;豆浆浓度过高,虽然膜的形成速度快,但是形成的膜色泽深。

(2)揭竹　将制成的豆浆煮沸,使豆浆中的大豆蛋白质发生充分的变性,然后将豆浆放入腐竹成型锅内成型揭竹。在揭竹工序中应该注意3个因素:①揭竹温度:一般控制在(82±2)℃。温度过高,产生微沸会出现"鱼眼"现象,容易起锅巴,腐竹的产率低;温度过低,成膜速度慢,影响生产效率,甚至不能形成膜。②时间:揭竹时每支腐竹的成膜时间为10 min左右。时间过短,形成的皮膜过薄,缺乏韧性,揭竹时容易破竹;时间过长,形成的皮膜过厚,色泽深。③通风:成型锅周围如果通风不良,成型锅上方水蒸气浓度过高,豆浆表面的水分蒸发速度慢,形成膜的时间长,影响生产效率和腐竹质量。

(3)烘干　湿腐竹揭起后,搭在竹竿上沥浆,沥尽豆浆后要及时烘干。烘干可以采用低温烘房或者机械化连续烘干法。烘干最高温度控制在60℃以内。烘干至水分含量达到10%以下即可得到成品腐竹。

11.4　新兴大豆制品加工

11.4.1　豆乳加工工艺

豆乳制品是20世纪70年代以来迅速发展起来的一类植物蛋白饮料,主要包括豆乳、豆炼乳、酸豆乳、豆乳晶等。该类产品采用现代技术与设备,已实现了规模化工业生产。豆乳制品具有特殊的色、香、味,营养也非常丰富,可与牛奶相媲美。

11.4.1.1　豆乳加工的基本原理

豆乳生产是利用大豆蛋白质的功能特性和磷脂的强乳化特性。磷脂是具有极性基团和非极性基团的两性物质。中性油脂是非极性的疏水性物质,经过变性后的大豆蛋白质分子疏水性基团大量暴露于分子表面,分子表面的亲水性基团相对减少,水溶性降低。这种变性的大豆蛋白质、磷脂及油脂的混合体系,通过添加部分营养及风味成分和乳化剂调合,经过均质或超声波处理,互相之间发生作用,形成二元及三元缔合体,这种缔合体具有极高的稳定性,在水中形成均匀的乳状分散体系即豆乳。

11.4.1.2　豆乳加工工艺流程和操作要点

豆乳的生产工艺流程如图 11-8 所示。包括清理脱皮、制浆与酶的钝化、真空脱臭、调制等主要工序。

大豆→清理→脱皮→灭酶→浸泡→磨浆→浆渣分离→真空脱臭→调制→均质→杀菌→罐装

图 11-8　豆乳的生产工艺流程

(1)清理与脱皮　大豆经过清理除去所含杂质,得到纯净的大豆。脱皮可以减少细菌,改善豆乳风味,限制起泡性,同时还可以缩短脂肪氧化酶钝化所需要的加热时间,极大地降低储存蛋白质的变性,防止非酶褐变,赋予豆乳良好的色泽。脱皮方法与油脂生产一致,要求脱皮率大于 95%。脱皮后的大豆迅速进行灭酶,灭酶可采用热烫或蒸汽处理。这是因为大豆中致腥的脂肪氧化酶存在于靠近大豆表皮的子叶处,豆皮一旦破碎,油脂即可在脂肪氧化酶的作用下发生氧化,产生豆腥味成分。

(2)制浆与酶的钝化　豆乳生产的制浆工序与传统豆制品生产中制浆工序基本一致,都是将大豆磨碎,最大限度地提取大豆中的有效成分,除去不溶性的多糖和纤维素。磨浆和分离设备通用,但是豆乳生产中制浆必须与灭酶工序结合起来。制浆中抑制浆体中异味物质的产生,因此可以采用磨浆前浸泡大豆工艺,也可以采用热烫或蒸汽处理后不经过浸泡直接磨浆,磨浆时要添加 95℃以上的热水研磨,并要求豆浆磨得要细。豆糊细度要求达到 120 目以上,豆渣含水量在 85%以下,豆浆含量一般为 8%～10%。

(3)真空脱臭　真空脱臭的目的是要尽可能地除去豆浆中的异味物质。真空脱臭首先利用高压蒸汽(600 kPa)将豆浆迅速加热到 140～150℃,然后将热的豆浆导入真空冷凝室,对过热的豆浆突然抽真空,豆浆温度骤降,体积膨胀,部分水分急剧蒸发,豆浆中的异味物质随着水蒸气迅速排出。从脱臭系统中出来的豆浆温度一般可以降至 75～80℃。

(4)调制　豆乳的调制是在调制缸中将豆浆、营养强化剂、赋香剂和稳定剂等混合在一起,充分搅拌均匀,并用水将豆浆调整到规定浓度的过程。豆浆经过调制可以生产出不同风味的豆乳。豆乳中常用到的营养强化剂、赋香剂和稳定剂等如下。

①豆乳的营养强化。根据大豆蛋白乳的特点,需要进行以下几个方面的营养强化:a. 添加含硫氨基酸(如蛋氨酸);b. 强化维生素,维生素的添加量按下列标准执行:以每 100 g 豆乳为标准需要补充,维生素 A 880 IU,维生素 B_1 0.26 mg,维生素 B_2 0.31 mg,维生素 B_6 0.26 mg,维生素 B_{12} 115 μg,维生素 C 7 mg,维生素 D 176 IU,维生素 E 10 IU;c. 添加碳酸钙等钙盐,每升豆浆添加 1.2 g 碳酸钙,则含钙量就可以与牛奶的接近。

②赋香剂。添加甜味剂，可直接采用双糖，因为添加单糖杀菌时容易发生非酶褐变，使豆乳色泽加深。甜味剂添加量控制在6%左右；若生产奶味豆乳，可采用香兰素调香，也可以用奶粉或鲜奶。奶粉添加量为5%（占总固形物）左右，鲜奶为30%（占成品）；生产果味豆乳，采用果汁、果味香精、有机酸等调制，果汁（原汁）添加量为15%～20%，添加前首先稀释，最好在所有配料都加入后添加。

③豆腥味掩盖剂。尽管生产中采用各种方法脱腥，但总会有些残留，因此添加掩盖剂很有必要。据资料介绍在豆乳中加入热凝固的卵蛋白可以起到掩盖豆腥味的作用，其添加量为15%～25%；添加量过低效果不明显，高于35%则制品中会有很强的卵蛋白味（硫化氢味）。另外，棕榈油、环状糊精、荞麦粉（加入量为大豆的30%～40%）、核桃仁、紫苏、胡椒等也具有掩盖豆腥味的作用。

④油脂。豆乳中加入油脂可以提高口感和改善色泽，其添加量为1.5%左右（使豆乳中脂肪含量控制在3%）。添加的油脂应选用亚油酸含量较高的植物油，如豆油、花生油、菜籽油、玉米油等，以优质玉米油为最佳。

⑤稳定剂。豆乳中含有油脂，需要添加乳化剂提高其稳定性。常用的乳化剂以蔗糖酯和卵磷脂为主，此外还可以使用山梨醇酯、聚乙二醇山梨醇酯。两种乳化剂配合使用效果更好；卵磷脂添加量为大豆质量的0.3%～2.4%。蔗糖酯除具有提高豆乳乳化稳定性的作用外，还可以防止酸性豆乳中蛋白质的分层沉淀。另外，要根据不同特色的豆乳，进行调整添加乳化剂的种类和数量。

(5)均质　均质处理是提高豆乳口感和稳定性的关键工序。它是采用均质机完成的。均质效果的好坏主要受均质温度、均质压力和均质次数的影响。一般豆乳生产中采用13～23 MPa的压力，压力越高效果越好，但是压力大小受设备性能及经济效益的影响。均质温度是指豆乳进入均质机的温度，温度越高，均质效果越好，温度应控制在70～80℃较适宜。均质次数应根据均质机的性能来确定，最多采用2次。

均质处理可以放在杀菌之前，也可以放在杀菌之后，各有利弊。杀菌前处理，杀菌能在一定程度上破坏均质效果，容易出现“油线”，但污染机会减少，储存安全性提高，而且经过均质的豆乳再进入杀菌机不容易结垢。如果将均质处理放在杀菌之后，则情况正好相反。

(6)杀菌　豆乳是细菌的良好培养基，经过调制的豆乳应尽快杀菌。在豆乳生产中经常使用3种杀菌方法。

①常压杀菌。这种方法只能杀灭致病菌和腐败菌的营养体，若将常压杀菌的豆乳在常温下存放，由于残存耐热菌的芽孢容易发芽成营养体，并不断繁殖，成品一般不超过24 h即可败坏。若经过常压杀菌的豆乳（带包装）迅速冷却，并储存于2～4℃ 的环境下，可以存放1～3周。

②加压杀菌。这种方法是将豆乳罐装于玻璃瓶中或复合蒸煮袋中，装入杀菌釜内分批杀菌。加压杀菌通常采用121℃、15～20 min的杀菌条件，这样即可杀死全部耐热型芽孢，杀菌后的成品可以在常温下存放6个月以上。

③超高温短时间连续杀菌（UHT）。这是近年来豆乳生产中普遍采用的杀菌方法，它是将未包装的豆乳在130℃ 以上的高温下，经过数10 s的时间瞬间杀菌，然后迅速冷却、罐装。

超高温杀菌分为蒸汽直接加热法和间接加热法。目前，我国普遍使用的超高温杀菌设备均为板式热交换器间接加热法。其杀菌过程大致可分为3个阶段，即预热阶段、超高温杀菌阶段和冷却阶段，整个过程均在板式热交换器中完成。

(7)包装　包装根据进入市场的形式有玻璃瓶包装、复合袋包装等。采用哪种包装方式，是豆乳从生产到流通环节上的一个重大问题，它决定成品的保藏期，也影响质量和成本。因此要根据产品档次、生产工艺方法及成品保藏期等因素，做出决策。一般采用常压或加压杀菌只能采用玻璃瓶或复合蒸煮袋包装。无菌包装是伴随着超高温杀菌技术而发展起来的一种新技术，大中型豆乳生产企业可以采用这种包装方法。

11.4.1.3　豆乳脱腥及品质的改良

豆乳制品中异味物质有的是原料自身带来的，有的是在加工过程中形成的。大豆加工过程形成的异味物质主要是大豆中不饱和脂肪酸的氧化，而脂肪氧化酶是促使不饱和脂肪酸氧化的主要因素。不饱和脂肪酸氧化后形成氢过氧化物，它们极不稳定，很容易发生分解，分解后形成异味化合物。化合物的种类包括前面提及的6大类异味成分。要改善豆乳的口味，处理方法可以归纳为如下几种。

(1)热处理法　热处理方法是通过适当的加热方式，以使脂肪氧化酶失活，进而抑制加工过程中异味物质的产生。具体方法有：干热处理法、汽蒸法、热水浸泡法、热烫法和热磨法。其中，热水浸泡法和热磨法适合于不脱皮的生产工艺。热水浸泡法是把清洗过的大豆用高于80℃的热水浸泡30～60 min，然后磨碎制浆；热磨法是将浸泡好的大豆沥尽浸泡水，另加沸水磨浆，并在高于80℃条件下保温10～15 min，然后过滤制浆。热烫法适合于脱皮大豆，它是将大豆迅速放入80℃以上的热水中，并保持10～30 min，然后磨碎制浆，温度越高，时间越短。

(2)酸碱处理法　酸碱处理方法是依据pH对脂肪氧化酶活性的影响，通过酸或碱的加入，调整溶液的pH，使其偏离脂肪氧化酶的最适pH，从而达到抑制脂肪氧化酶活性，减少异味物质的目的。常用的酸主要是柠檬酸，调节pH至3.0～4.5，此法在热浸泡中使用。常用的碱有碳酸钠、碳酸氢钠、氢氧化钠、氢氧化钾等，调节pH至7.0～9.0，碱可以在浸泡时、热磨时或热烫时加入。单独使用酸碱处理效果不够理想，常配合热处理一起使用。加碱对消除苦涩味有明显的效果，而且可以提高蛋白质的溶出率。

(3)添加还原剂和铁离子络合剂的方法　添加还原剂和铁离子络合剂的方法是利用氧化还原反应或络合反应来抑制脂肪氧化酶的活性。

(4)生物工程法　生物工程法是利用微生物及酶的作用，通过一系列复杂的生化反应来达到脱腥、脱涩的目的。如在大豆中加入1%～2%的米曲，加水保持pH 4～7，待其浸泡后磨浆，即可制得脱腥、脱涩的豆乳。

(5)添加风味剂掩盖法　添加风味剂掩盖法，就是豆乳风味调制工序采用的添加各种风味调节剂调制的方法。

11.4.2　豆浆晶及豆乳粉的生产

豆乳是一种老少皆宜的功能性营养饮料，但是含水量高，不耐储存，运输销售不便。豆乳粉和豆浆晶的生产不同程度地解决了上述问题，并保留了豆乳的全部营养成分。

11.4.2.1　基料制备

豆乳粉和豆浆晶的基料制备过程，就是豆乳生产去掉杀菌、包装工序的全过程。只是根据产品不同，调配工序的操作及配料略有差别。

豆乳粉、豆浆晶的生产，一方面要注意改善产品风味和营养平衡，另外还要提高其溶解性。

它们的溶解性除与后续的浓缩、干燥工序有关外，和基料的调制关系密切。在两者的生产中，一方面糖的加入对其溶解性影响很大。糖可以在浓缩前加入，也可以在浓缩后加入。另一方面，在浓缩前向豆乳粉的基料中加入一定量的酪蛋白，可以大大改善豆乳粉的溶解性。通过试验发现随着酪蛋白添加量的增加，豆乳粉的溶解度随之增大，但是增加到一定量时，其溶解度增大不明显，而且会影响豆乳的风味。一般酪蛋白的添加量占豆乳固形物含量的 20% 为最佳。再如用碱性物质醋酸钠、碳酸钠、磷酸铵、磷酸氢铵、磷酸三钠、磷酸三钾、氢氧化钠等调节 pH 接近 7.5 时，豆乳的溶解性可以明显提高。

提高豆浆晶和豆乳粉的溶解性，也可以在喷雾干燥前添加高 HLB 的蔗糖脂肪酸酯，它将与酪蛋白一起提高豆乳的溶解性。添加量为固形物的 10% 以内。在豆乳粉中混入一些蔗糖、乳糖、葡萄糖等可以提高豆乳的溶解性，其中以乳糖为最好，添加量为 5%～15%。用蛋白酶对蛋白质进行适当水解，可以明显提高耐热性和耐储存性。

豆乳粉、豆浆晶在基料调制完毕后，要进行均质和杀菌，然后再进行浓缩。浓缩是降低豆乳粉、豆浆晶生产中能耗的关键工序。实际生产中浓缩工序的工艺参数如下：

(1)基料浓度　豆乳粉生产中浓缩后的固形物含量为 14%～16%。浓度过高基料容易形成膏状，失去流动性，无法输送和雾化。对于豆浆晶，基料浓缩后固形物含量控制在 25%～30%，加入糖粉后，固形物含量可达 50%～60%。

(2)浓缩时的加热温度、时间　大豆乳在浓缩时发生热变性，加热温度越高，受热时间越长，蛋白质变性程度越高，表现为豆浆黏度增大，以至于凝胶。为了得到高浓度、低黏度的浓缩物，生产中一般采用减压浓缩的方法。即采用 50～55℃、80～93 kPa 的真空度进行浓缩，这样可以尽量避免长时间受热。浓缩常采用单效盘管式真空浓缩罐进行，每锅浆料浓缩时间控制在 25～30 min。

(3)豆浆制取的方法　豆浆制取的方法对黏度有影响，在制取豆浆时为了提高蛋白质的利用率，有时采取先加热豆糊后除渣的方法，这样固然可以充分利用蛋白质，但是却会导致豆浆黏度的升高。在生产豆粉时，这种方法不可取，它不但会给浓缩操作带来困难，而且豆乳粉的色泽及溶解性均会受到影响。

(4)添加蔗糖对豆乳基料黏度的影响　试验表明，在豆浆中加糖不但可以降低黏度，而且可以大大限制黏度的增长速度。基料的 pH 对浓缩物的黏度影响较大。pH 4.5 左右时，浓缩物的黏度最大，提高浆料的 pH，可以降低黏度，但 pH 偏碱性时，会使产品的色泽变得灰暗，口味也差。一般生产中调节 pH 在 6.5～7.0 比较合适。巯基乙醇、尿素、半胱氨酸、亚硫酸钠、维生素 C、盐酸胍以及蛋白酶的存在，可以破坏大豆蛋白质的双硫键、巯基，因此可以降低蛋白质浓缩物的黏度。亚硫酸钠还原性强，价格低廉，无毒无害，生产适用性强，添加它不仅可以降低基料的黏度，而且可以防止蛋白质的褐变，其添加量为 0.6 g/kg 豆乳粉。

11.4.2.2　豆浆晶的生产

经过浓缩后的基料，经过真空干燥进行脱水。真空干燥是豆浆晶生产的关键工序，真空干燥是在真空干燥箱内完成的。操作时首先将浓缩好的浆料装入烘盘内，每盘浆料量要相等，缓慢放入真空干燥箱内，然后关闭干燥箱，立即抽真空，接着打开蒸气阀门通入蒸汽。干燥过程大致分为 3 个阶段：第一阶段为沸腾段，此阶段为了使浆料迅速升温，蒸汽压力一般控制在 200～250 kPa，但是为了防止溢锅，真空度不宜过大，应控制在 83～87 kPa。从进气到浆料沸腾结束，约需 30 min，料温可以从室温升至 70℃左右。第二阶段为发胀阶段，从浆料开始起泡到定型，大约需要1.5 h。随着干燥的进行，干燥箱内浆料沸腾程度越来越慢，浆料浓度越来越高，黏度增大。泡膜坚厚，表面张力也大，如果此时真空度不大，温度高，浆料内部水分蒸发困难，造成干燥速度慢，产生焖浆现象。造成蛋白质变性，成品溶解性差，色泽深。所以当浆料沸腾趋于结束时，应逐渐减少进气量提高真空度。此阶段的蒸气压力维持在100～150 kPa，温度45～50℃，真空度96～99 kPa。第三阶段为烘干阶段，此阶段是为了进一步蒸发出豆浆晶中的水分，不需要供给过多的热量，蒸气压应维持在50 kPa以下，温度保持在45～50℃，为了干燥迅速，真空度应保持高水平96 kPa以上。整个干燥过程完成以后，通入自来水冷却，消除真空，出炉、粉碎。

真空干燥后的豆浆晶为疏松多孔的蜂窝状固体，极易吸湿受潮，干燥后应马上破碎。破碎时先剔除不干或焦煳部分，然后投入破碎机破碎。粉碎后的豆浆晶呈细小晶体，分袋包装即为成品。粉碎包装车间应安装有空调机、吸湿机。空气相对湿度控制在65%以下，温度为25℃左右。

11.4.2.3　豆乳粉的生产

喷雾干燥是目前将液体豆乳制成固体豆乳粉的唯一方法。制取的固态豆乳粉销售、储存、运输方便。但是食用时须将固态豆乳粉与水混合制成浆体，豆乳粉的溶解性成为必须考虑的因素。

(1)影响豆乳粉溶解性的因素

①豆乳粉的物质组成及存在状态。

②粉体的颗粒大小。溶解过程是在固液界面上进行的，粉的颗粒越小，总表面积越大，溶解速度也就越快，但是小颗粒影响粉的流散性。

③粉体的容重。较大的容重有利于水面上的粉体向水下运动，容重小的粉体容易漂浮形成表面湿润、内部干燥的粉团，俗称“起疙瘩”。

④颗粒的相对密度。颗粒密度接近水的相对密度，颗粒能在水中悬浮，保持与水的充分接触顺利溶解，相对密度大于水的颗粒迅速下沉，颗粒与水的接触面减少，并停止与水的相对运动，溶解速度减慢；颗粒相对密度小于水时，颗粒上浮，产生同样效果。

⑤粉体的流散性。粉体自然堆积时，静止角小的则表明粉的流散性好，这样的粉容易分散，不结团，颗粒之间的摩擦力是决定粉体流散性的主要因素。为减少摩擦力，应要求粒度均匀，颗粒大且外形为球形或接近球形，表面干燥。

以上5个因素中第一个因素是基本的，它决定溶解的最终效果，其余4项影响豆乳粉的溶解速度。

(2)喷雾干燥工艺参数

①喷盘的转速与喷孔的直径。它们由设备决定，对粉体的容重及流散性影响较大。喷盘的转速过高，喷孔小，喷头出来的液滴小，粉体团粒容易包埋气体，粉体容重小；喷盘的转速过低，喷孔大，喷头出来的液滴大，粉体团粒包埋气体少，粉体容重大；但液滴过大，轻者不容易干燥、有湿心，重者挂壁流浆。另外，在转速与喷孔直径一定的情况下，浆料浓度越高，黏度越大，喷头出来的液滴越大，粉体团粒也大，粉体的容重及流散性好。

②进排风温度。进风温度越高，豆粉的含水量越低，溶解性越差而且色泽深，一般进风温度控制在150～160℃，排风温度控制在80～90℃为宜。由喷雾干燥塔出来的豆乳粉，经过降温、过筛、包装即为成品。

11.4.3 大豆低聚糖的制取及应用

11.4.3.1 大豆低聚糖的制取

大豆低聚糖是大豆中所含的可溶性糖类，主要成分是水苏糖、棉籽糖和蔗糖，它们在成熟大豆中占干基含量分别为3.7%、1.7%和5%。大豆低聚糖的制备工艺主要有浸提和纯化两大步骤。

(1)浸提　首先将脱脂豆粕粉碎通过40目的筛，以固液比1∶15的比例用水浸提，过滤除去豆渣得滤液。将滤液用酸调节pH为4.3～4.5使蛋白质沉淀，采用离心机分离出大豆蛋白和抽提液。对抽提液进行纯化。

(2)纯化　将抽提液用XHP03的膜在压力为0.18 MPa、温度为45℃的条件下进行超滤，除去残存的少量蛋白质，得滤液。滤液用活性炭脱色。脱色条件为：温度40℃，pH为3.0～4.0，活性炭用量为糖液干物质的1.0%，脱色时间为40 min。然后过滤，再用离子交换树脂精制，真空浓缩成大豆低聚糖浆，或者真空浓缩后喷雾干燥呈粉状大豆低聚糖成品。

由于低聚糖含量低，在工业生产上利用酸沉淀工艺生产分离大豆蛋白产生的乳清时，必须利用膜技术提纯，膜分离超滤后大豆低聚糖的含量为17.9 mg/mL，该项工艺复杂。也可以利用乙醇浸提工艺生产浓缩大豆蛋白产生的乳清，即将脱脂豆粕用乙醇浸提，然后回收乙醇。得到乳清，将乳清稀释，再经过加热处理除去残存的少量大豆蛋白，然后利用膜技术和离子交换树脂进行脱色脱盐，最后经过浓缩即可生产出大豆低聚糖浆。若再进行喷雾干燥则可制成粉状的大豆低聚糖，将其造粒即可制成颗粒状的产品。

11.4.3.2 大豆低聚糖的应用

(1)大豆低聚糖的生理功能

①促进双歧杆菌的增殖，改善肠道细菌群体结构。大豆低聚糖在人体胃内不会被消化吸收，只有存在于肠道内的双歧杆菌才能利用它。双歧杆菌是人体肠道内的有益菌种，其主要功效是将糖类分解为乙酸、乳酸和一些抗生素类物质，从而抑制有害菌的生长。大豆低聚糖是双歧杆菌增殖的食料，而其他有害菌几乎不能利用低聚糖，因此可以阻止致病菌的定居和增殖。

②抑制有害物质生成，增强机体免疫力。大豆低聚糖被双歧杆菌利用，产生一些有益物质，促进新陈代谢，抑制腐败菌的生长，减少有害物质生成，减轻肝脏的解毒负担；同时双歧杆菌的大量繁殖，诱导免疫反应，增强免疫功能。

③改善排便，防止腹泻和便秘。

④降低胆固醇和作为甜味剂的替代品。

(2)大豆低聚糖的应用

①用作双歧杆菌的促生因子。双歧杆菌的保健功能众所周知，人们增强肠道内双歧杆菌的数量往往服用活菌制剂，然而双歧杆菌是厌氧性细菌，活菌制剂经过胃、小肠到达大肠，其活菌数量大大减少，影响其功效。因大豆低聚糖能够促进双歧杆菌的增殖，因此服用大豆低聚糖能增加双歧杆菌的数量，调整肠道菌群的结构，两者同时服用效果更佳。

②一些糖类的替代品。大豆低聚糖具有良好的热稳定性，甜味纯正，不被人体消化吸收，能量低等优点。可用作糖尿病人、肥胖病人以及喜爱甜食而又怕发胖的人甜味剂的替代品。

③各种饮料的配制原料。如运动饮料、果汁饮料、发酵乳、乳酸饮料、固体饮料、清凉饮料、粉末饮料、酒类饮品等。

④添加剂。可以用作各种健齿的糖果、糕点、甜点、面制品、豆沙馅的添加剂；也可以作为

各种乳制品、果酱、调味汁、罐头、香肠等的添加剂。

11.4.4　大豆异黄酮的提取及特性

11.4.4.1　大豆异黄酮的化学组成及结构

大豆异黄酮是大豆生长过程中形成的一类次级代谢产物。大豆异黄酮的化学结构如下。

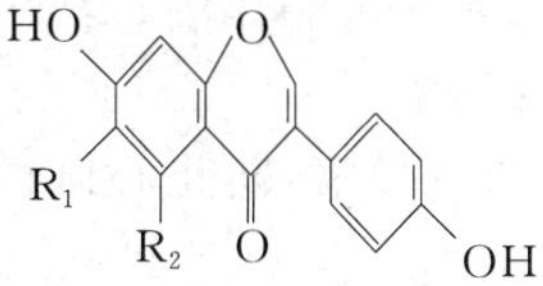

根据骨架上 R_1、R_2 的不同，大豆异黄酮可以分为染料木黄酮(genistein)、黄豆苷原(daidzein)和大豆黄素(glycintein)。大豆苷原：$R_1=H, R_2=H$；染料木黄酮：$R_1=H, R_2=OH$；大豆黄素：$R_1=OCH_3, R_2=H$。

在大豆籽粒中只有少量的异黄酮以游离形式存在，大部分以 β-葡萄糖苷的形式存在，其结构如下。

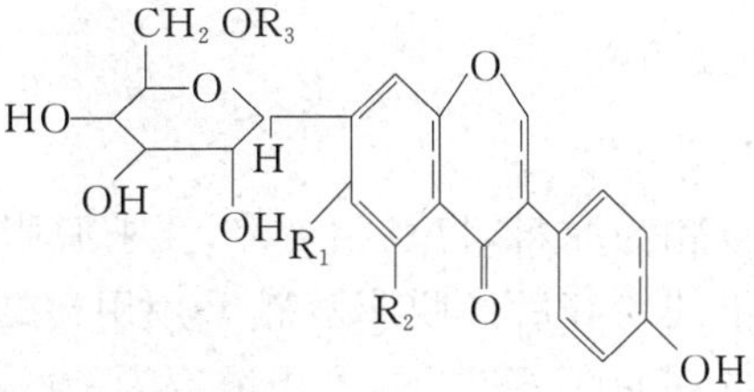

式中：异黄酮葡糖苷：$R_3=H$；异黄酮乙酰基葡糖苷：$R_3=COCH_3$；异黄酮丙二酰基葡糖苷：$R_3=COCH_2COOH$。由于葡萄糖上的 C-6 羟基可以被丙二酰基或乙酰基取代，因此共有 9 种大豆异黄酮葡糖苷。各种异黄酮葡糖苷在 β-葡糖酶作用下，可水解为游离的大豆异黄酮。

大豆籽粒中 50%～60%的异黄酮为染料木黄酮，30%～35%的异黄酮为大豆苷原，5%～15%的异黄酮为大豆黄素。

11.4.4.2　大豆异黄酮的提取

大豆异黄酮的提取可以采用甲醇、乙醇、乙酸乙酯等溶剂进行浸提，不同的溶剂其提取工艺不同，这里仅以乙醇为例介绍大豆异黄酮的提取工艺。

(1)原料制备　以脱脂豆粕为原料，首先将其进行粉碎。如果采用大豆为原料，需要先进行脱脂，使豆粕残油率小于1%，干燥后粉碎备用。

(2)提取　大豆异黄酮的提取采用乙醇为浸提液，在豆粕粉中加入含 0.1～1.0 mol/L 盐酸的 95%乙醇溶液进行回流提取，过滤收集滤液。

(3)回收提取溶剂　将滤液进行减压蒸发，回收乙醇，得到大豆异黄酮的粗水溶液。

(4)纯化　将粗水溶液中加入 0.1 mol/L 的氢氧化钠溶液调 pH 至中性，这时中性溶液中将出现沉淀，然后过滤，得到的沉淀物即为含大豆异黄酮的产物。

(5)精制　将上述产物溶解于饱和的正丁醇溶液中，加于氯化铝吸附柱上进行吸附，然后用饱和的正丁醇溶液淋洗，洗出大豆异黄酮的不同组分。

11.4.4.3 大豆异黄酮的特性

(1)生物活性 近年来大豆异黄酮引起人们的广泛关注,其具有以下生理活性。

①抗氧化作用。异黄酮,特别是染料木黄酮的抗氧作用较强,可以清除体内的活性氧,保护人体内脂质、蛋白质、染色体免受活性氧攻击,因而可以防止细胞发生病变,延缓衰老。

②抑菌活性。异黄酮具有抑菌作用,0.05%的浓度即具有显著的抗真菌活性。

③抗癌作用。染料木黄酮具有明显的抗癌作用。其在恶性肿瘤的孕育中可以阻止血管增生,断绝养料来源,延缓和防止癌症的发生。

另外,大豆异黄酮还具有防止骨质疏松症,防止心血管疾病,改善妇女更年期障碍等功能,因而具有诱人的开发前景。

(2)加工特性 大豆异黄酮化合物与豆制品的苦味和收敛性有关,大豆异黄酮(尤其是染料木黄酮和黄豆苷原)比其糖苷化合物具有更强的不愉快风味。研究发现豆制品的不愉快风味与其浸泡水的温度和 pH 有很大的相关性,在 50℃、pH 6 的条件下产生的异黄酮类化合物最多,且在 β-葡糖苷酶的作用下,有大量的染料木黄酮和黄豆苷原产生,使豆制品的苦味增强。近期研究发现,低温及加入葡萄糖酸-δ-内酯可以明显抑制 β-葡萄糖苷酶的活性,使染料木黄酮和黄豆苷原的生成量减少。

11.4.5 大豆皂苷的提取及特性

11.4.5.1 大豆皂苷的提取

(1)原料处理 采用脱脂豆粕为原料,将豆粕粉碎,要求脱脂豆粕的残油率小于 1%。

(2)大豆皂苷的浸提 将上述粉碎后的脱脂豆粕采用甲醇或乙醇溶液进行浸提。如果采用甲醇作为浸提液,则浸提条件在 60℃条件下,采用浓度为 90%的甲醇溶液,每次提取的固液比为 1∶16,提取时间为 3 h,加热回流浸提 3 次,合并浸提液,将浸提液过滤,收集滤液;同时对残油进行回流浸提,对浸提液减压蒸干,回收浸提溶剂,得到粉末。

(3)粗分离 由于皂苷不溶于石油醚、苯或乙醚等脂溶性溶剂,而粉末中的油脂、色素则能够溶解于上述溶剂,因此用上述溶剂进行分离皂苷,然后用亲水性强的丁醇(丁醇∶水为 1∶1)作为溶剂提纯,使皂苷转入丁醇,而亲水性强的存留于水中,收集丁醇溶液,减压蒸干,即得粗皂苷。

(4)精制 粗皂苷中含有糖类、鞣质、色素、异黄酮以及无机盐等杂质,采用层析柱氯化镁吸附法或大孔树脂吸附法进行精制,即可得到精制皂苷。

11.4.5.2 大豆皂苷的特性

大豆皂苷具有一定的生理活性,它可以抑制血栓的形成、血清中脂类氧化和过氧化脂质生成,降低血清中胆固醇的含量。同时大豆皂苷还具有减肥、抗癌和类似人参皂苷的抗疲劳作用。

11.5 大豆加工副产品的综合利用

11.5.1 大豆皮渣的利用

11.5.1.1 利用大豆皮渣制取膳食纤维

大豆皮渣简称豆渣。豆渣的主要化学成分是纤维素,为此目前豆渣利用的主要的途径是制取膳食纤维。豆渣纤维添加于食品中具有防止结肠癌、糖尿病、肥胖病等的作用，因而可以用于焙烤类、面条类以及其他休闲食品中。豆渣制取膳食纤维的工艺流程如图 11-9 所示。

豆渣→漂白软化→蛋白酶水解→漂洗→脂肪酶水解→漂洗→过滤脱水→干燥→磨细

成品←粉碎←干燥←过滤脱水←漂洗←漂白←过筛←

图 11-9 大豆皮渣制取膳食纤维的工艺流程

(1)软化 将豆渣用清水漂洗使之软化，然后在 50℃、pH 8.0、固液比 1∶10 的条件下，加入一定量的蛋白酶水解 8～10 h，水解过程中用缓冲剂保持反应的 pH 不变。

(2)水解反应 在 40℃、pH 7.5、固液比 1∶10 的条件下，加入一定量的脂肪酶反应 6～8 h，反应期间同样保持 pH 不变。

(3)过滤、烘干 水解完毕后用清水处理豆渣纤维至中性，然后用板框过滤机进行脱水。在干燥箱中以 110℃的温度烘干 4～5 h。

(4)过筛、脱色 将豆渣纤维粉碎通过 40 目的筛，按照固液比 1∶8加入 4%的过氧化氢，在 60℃的恒温条件下脱色 1 h。

(5)超微粉碎 将脱色后的豆渣纤维洗涤烘干，进行超微粉碎。

11.5.1.2 利用大豆皮渣发酵生产核黄素

利用豆渣发酵生产核黄素是豆渣综合利用的有效途径，其具体方法可参考相关文献。另外，豆渣可以用来制备霉豆渣或作为其他可口食品的原料，也可以用作饲料。

11.5.2 浆水的利用

豆制品厂排出的工艺水，即为浆水。浆水可以发酵生产面包酵母和药用酵母，也可以生产维生素 B_{12}、白地霉粉等。浆水在微需氧的条件下，通过丙酸菌培养，可以生产维生素 B_{12}，以豆腐黄浆水为原料效果最好。在豆腐黄浆水中添加 10 g/L 葡萄糖、5～10 g/L 酵母浸膏、5 mg/L 维生素 B_2 和 12 mg/L 硫酸钴($CoSO_4 \cdot 7H_2O$)，可以进一步提高维生素 B_{12} 的产量。使用豆腐黄浆水培养丙酸菌，维生素 B_{12} 的含量可达 899 μg/g(干细胞)，比人工合成培养基生产的维生素 B_{12} 467 μg/g(干细胞)明显提高。

思考题

1. 大豆的化学成分有哪些？
2. 大豆蛋白质的溶解度如何？
3. 大豆蛋白质有哪些功能特性？
4. 大豆中有哪些抗营养物质？
5. 大豆制品中不良气味的产生原因和防止措施有哪些？
6. 传统豆制品有哪些种类？主要工艺特点是什么？
7. 在豆乳生产中，如何控制产品豆腥味的生成？
8. 大豆低聚糖的种类及功能有哪些？
9. 大豆异黄酮的提取方法及功能性有哪些？
10. 大豆加工副产品的利用途径有哪些？

参考文献

[1] 吴坤,李梦琴.农产品储藏与加工学.石家庄:河北科学技术出版社,1994

[2] 石彦国,任莉.大豆制品工艺学.2版.北京:中国轻工业出版社,2009

[3] 吴加根.谷物与大豆食品工艺学.北京:中国轻工业出版社,1995

[4] 杨淑媛,田元兰,等.新编大豆食品.北京:中国商业出版社,1989

[5] 张振山,方继功.豆制食品生产工艺与设备.北京:中国食品出版社,1988

[6] 陈陶声.豆制品生产技术.北京:化学工业出版社,1993

[7] 李里特.大豆加工与利用. 北京:中国化学工业出版社,2004

[8] 殷涌光,刘静波.大豆食品工艺学. 北京:中国化学工业出版社,2006

[9] 李正明,王兰君.植物蛋白生产工艺与配方.北京:中国轻工业出版社,1998

[10] 王凤翼,钱方,等. 大豆蛋白质生产与应用.北京:中国轻工业出版社,2004

[11] 王福源.现代食品发酵技术.北京:中国轻工业出版社,1999

[12] 张延坤,刘国忠.大豆低聚糖的功能及在食品中的应用.食品工业,1999(3):4-5

[13] 王文侠,等.大豆低聚糖的制备工艺研究.中国乳品工业,1999(2):10-11

[14] 何艮,徐誉泰.稀碱液中大豆低聚糖的溶出举动.食品科学,1998(7):12-14

[15] 郭本恒.大豆低聚糖生产技术与方法.食品科学,1999(1):20-21

[16] 葛文光.大豆低聚糖的生理功能及保健作用.冷饮与速冻食品工业,1997(4):6-8.

[17] Shimoyamada M. Distributions of saponin constituents in some varieties of soybean plant. Agric. Biol. Chem.,1990,54(1):77

[18] 刘琳,等.大豆低聚糖提取工艺.齐齐哈尔轻工学院学报,1994(1):1-8

[19] Shiraiwa W. Composition and content of saponins in soybean seed according to variety,cultivation year and maturity. Agric. Biol. Chem.,1991,55(2):323

[20] 高文宏,等.超滤法提取大豆低聚糖的研究.食品与发酵工业,2000(6):6-10

[21] 高文宏,等.大豆低聚糖提取中超滤膜的选择.食品科学,2000(5):14-20

[22] 路光林,查理斯.酶法提取大豆膳食纤维.食品科技,2000(1):12-14

[23] 金茂国,孙伟.用挤压法提高可溶性膳食纤维含量的研究.粮食与饲料工业,1996(3):17-21

[24] 郑玉芝,等.速溶全子叶豆奶粉的生产工艺.食品工业科技,1997(3):15-17

[25] Michael N,Benja min G,Shmuel Z. Soybean Isoflavones. Characterization,Determination and Antifungal Activity. J Agr Food Chem,1994,22(5):806

[26] 刘志胜,李里特,辰巳英三.大豆异黄酮及其生理功能研究进展.食品工业科技,2000(1):78-79

[27] 朱仕房,王善利,等.大豆异黄酮提取条件的研究.食品科学,2001(3):54-57

[28] 刘大川,汪海波.大豆胚芽中大豆皂苷.异黄酮甙的提取工艺研究.食品科学,2000(10):28-31

[29] 王春娥,刘淑义.大豆异黄酮的成分、含量及特性.食品科学,1998(4):39-43

[30] Lori C,Neil C B,Kenneth D R,et al. Genistein,Daidzein,and Their β-Glycoside

Conjugates:Antitumor Isoflavones in Soybean Foods from Americian and Asian Diets. J Agr. Food Chem. ,1993,41:1961
[31] 崔洪斌.大豆生物活性物质的开发与利用.北京:中国轻工业出版社,2001
[32] 江洁，王文侠,栾广忠.大豆深加工技术.北京:中国轻工业出版社,2004
[33] 李荣和,姜浩奎.大豆深加工技术.北京:中国轻工业出版社,2010
[34] 付有利.现代豆制品加工技术.北京:科技文献出版社,2011
[35] 姚茂昌.实用大豆制品加工技术.北京:化学工业出版社,2009
[36] 张华江.植物蛋白制品加工新技术.北京:科学出版社,2014

第12章 玉米与早餐谷物食品加工

本章学习目的与要求

玉米食品的种类及加工方法；专用型玉米的类型及加工配套技术；早餐谷物食品的加工原理、产品类型及加工技术。

谷物是人类膳食的主要原料，富含复合碳水化合物和蛋白质、矿物质、维生素、膳食纤维等对人体健康有益的营养物质。随着经济的发展，人民生活水平的提高和社会运行节奏的加快，各种方便快捷、有益健康的玉米食品和早餐谷物食品将成为新的消费时尚，越来越多地走上人类的餐桌。

本章主要介绍玉米食品和早餐谷物食品加工的工艺原理、技术途径和典型应用示例，本着把握技术开发原理、旨在实践应用的原则，重点阐述玉米干法分离制粉的主要产品类型和高筋特种玉米粉加工、玉米薄片粥与挤压自熟玉米方便面加工的关键技术、甜玉米的加工特点和加工途径；谷物早餐食品的种类和加工工艺原理，片状早餐谷物食品加工的技术关键和应用举例，挤压蒸煮与传统蒸煮的内在联系，挤压膨化、焙烤膨化和喷射膨化的主要区别。

二维码 12-1　全谷物食品的介绍

12.1　玉米食品加工

在食品工业中，玉米主要作为淀粉及其深加工的原料，随着人们健康意识的增强和各种专用型玉米的推广使用，玉米的营养和食用价值逐渐为世人所重视，由于玉米含有抗氧化、抗癌因子——谷胱甘肽以及丰富的胡萝卜素和膳食纤维等，运用现代食品工程技术生产多种多样的玉米食品显得尤为重要，展示了广阔的开发利用前景。

12.1.1　玉米渣和玉米粉的加工

玉米干磨制粉有两种基本方法，即去胚工艺和不去胚工艺。不去胚的干磨加工属于旧法，是将整个籽粒全部磨粉，胚留在粉中会影响其储藏保鲜时间。大多数的商品玉米粉是用新法加工的，即用去皮玉米籽粒再去胚后加工的，能同时生产玉米糁、脱脂玉米粉及玉米胚芽等干法分离产品。

12.1.1.1　工艺流程

玉米渣与玉米干法制粉加工，包括清理、水分调节、脱皮、破碎脱胚、粗碎精选和制粉等工序，基本工艺流程如图 12-1 所示。

玉米 → 清理 → 水分调节 → 破粒脱胚 → 粗碎精选 → 制粉 → 脱脂玉米粉
破粒脱胚 ↓ 玉米胚芽；粗碎精选 ↓ 玉米糁

图 12-1　玉米渣和玉米粉加工工艺流程

12.1.1.2　工艺操作要点

(1)水分调节　玉米清理后，一般将其水分含量调节至 15%～17%，有些玉米品种则要求含水达到 21%左右。

(2)脱皮　脱皮可使用砂辊碾米机或砂臼碾米机进行，借砂辊的碾削和擦离作用去皮碾白。

(3)破粒脱胚　破粒脱胚可采用粉碎机、横式砂铁辊碾米机、脱胚机或恩托莱特撞击机来完成。玉米脱胚机是一种特殊的磨粉机，它由两个锥形表面组成，一个在另一个里旋转以此摩擦玉米去除皮层和胚芽。

（4）粗碎精选　粗碎的机械种类很多，常用的有齿辊式粉碎机、锤片式粉碎机、爪式粉碎机和砂盘粉碎机等。玉米粗碎后利用直径 2 mm 或 1 mm 的筛面筛选分离出不同粒度的玉米糁，玉米糁粒度视不同地区食用习惯而定。

（5）制粉　玉米磨粉一般采用四道磨粉，通过辊式磨粉机研磨和筛理系统进行制粉，得到脱脂玉米粉，全通 90 目筛为细玉米面，全通 70 目筛为粗玉米面。

12.1.1.3　工艺指标

班产 10～15 t 玉米糁与玉米粉加工国产设备，每 100 kg 玉米可生产珍珠玉米糁 30～35 kg，脱脂玉米粉 35～40 kg 及玉米胚芽 8～10 kg。

12.1.2　改良玉米粉的加工

以普通玉米为原料，采用生物发酵、酶催化修饰和超微粉碎技术生产改良玉米粉，保留了玉米的原有色泽和风味，克服了玉米粉口感粗糙的缺点，加水和面形成的面团具有一定的延展性和黏弹性，可制作水饺、面条、面包、馒头和包子等面制食品，加工制作的食品像小麦粉一样，口感细腻滑爽、柔软筋道。

12.1.2.1　工艺流程

改良玉米粉的加工包括玉米糁的生物发酵处理和膨化、微细化粉碎等关键技术，基本加工工艺流程如图 12-2 所示。

玉米→清理→脱皮、脱胚、破糁→生物发酵→玉米糁烘干→挤压膨化→超微粉碎→计量→包装

图 12-2　改良玉米粉加工工艺流程

12.1.2.2　操作要点

（1）清理破糁　经过清理、脱皮、脱胚、破糁处理，达到如下指标：杂质含量≤0.3%，含沙量≤0.02%，磁性金属含量≤0.03 g/kg，脱胚率≥90%，破糁 4～6 瓣，生产合格的玉米糁。

（2）生物发酵　在玉米糁中添加酸性蛋白酶、α-淀粉酶和纤维素酶，加水发酵一段时间，利用生物酶的催化修饰作用与微生物（乳酸菌）的发酵作用，使玉米淀粉和蛋白质产生生物降解改性反应，将蛋白质分子解聚，胚乳中的蛋白质失去结晶结构，继而膨胀变为凝胶体，促使淀粉颗粒从包围它的蛋白质中释放出来，引起淀粉变性增加其黏弹性，蛋白质轻度降解增加黏度，使玉米粉的面团性状得到明显改善。

（3）玉米糁烘干　玉米糁发酵后水分含量为 50%，经过烘干使水分降至 14% 左右，烘干温度控制在 120℃。

（4）挤压膨化　烘干后的玉米糁在挤压膨化机内经过短时高温膨化处理，水分降至为 6%～7%，散发出玉米的自然清香风味。

（5）超微粉碎　采用气流式超微粉碎机，以高速旋转所产生的超高气流，将玉米糁膨化物料加速携带到高速气流中，通过转子上的小室产生高压湍流，发生高频振荡，使玉米糁颗粒间激烈碰撞摩擦，裂解成微粉。通过超微粉碎处理，既保持了玉米的原有香味，又改善了口感，使产品具有很强的吸附性能、分散性、溶解性、延伸性，进一步提高了其加工性能。

12.1.3　玉米薄片方便粥的加工

利用挤压膨化技术使玉米产生一系列的质构变化，糊化之后的 α-淀粉不易恢复其 β-淀粉的粗硬状态，并能赋予产品独特的焦香味道。在玉米挤压膨化的基础上，通过切割造粒与压片成型生产冲调复水性好的玉米薄片粥，产品质地柔和、口感爽滑、易于消化，并具有传统玉米粥的清香风味。

12.1.3.1　工艺流程

玉米薄片方便粥的加工的基本工艺流程如图 12-3 所示。

玉米→粉碎→配料→挤压膨化→切割造粒→冷却→压片→烘干→包装

图 12-3　玉米薄片方便粥的加工工艺流程

12.1.3.2　工艺操作要点

(1)原料粉碎　选取去皮脱胚的新鲜玉米原料，将原料经磨粉机磨至 50～60 目。

(2)配料　选用转叶式拌粉机配料，转叶转速 368 r/min，加水量一般为 20%～24%，搅拌至水分分布均匀。

(3)挤压膨化　将配好的物料加入单螺杆挤压膨化机后，物料随螺杆旋转，沿轴向前推进并逐渐压缩，经过强烈的搅拌、摩擦、剪切混合以及来自机筒外部的加热，物料迅速升温(140～160℃)升压(0.5～0.7 MPa)，成为带有流动性的凝胶状态，通过由若干个均布圆孔组成的模板连续、均匀、稳定地挤出条状物料，物料由高温高压骤然降为常温常压，瞬时完成膨化过程。

(4)切割造粒　物粒在挤出的同时，由模头前的旋转刀具切割成大小均匀的小颗粒，通过调整刀具转速可改变切割长度，切断后的小颗粒形成大小一致的球形膨化半成品，膨化成型的球形颗粒应该表面光滑，无相互粘连现象。

(5)冷却输送　在旋切机落料处，有 1.5 m 长水平放置的输送机，输送机由有网孔的钢丝带传动，网带底部装有风机，向半成品吹风冷却，冷却后的温度在 40～60℃；水分可降到 15%～18%，半成品表面冷却并失掉部分水分使半成品表面得到硬化，并避免半成品相互粘连结块。

(6)辊轧压片　压片机由一对钢辊组成，钢辊直径 310 mm，转速为 60 r/min。冷却后的半成品送到压片机内轧成薄片，通过调整钢辊的间隙可调节轧片厚度，一般为 0.2～0.5 mm，压片后的半成品应表面平整、大小一致，内部组织均匀，辊压时水分继续挥发，压片后水分可降至 10%～14%。

(7)烘烤　轧片后的半成品水分仍比较高，为延长保质期，需进一步干燥至水分含量为 3%～6%，烘烤后的成品还能产生玉米特有的香味。烘烤操作可采用远红外隧道式烤炉，网带长度 14.5 m，烘烤时间为 5～15 min。

12.1.3.3　产品特点

烘烤干燥后的玉米薄片装袋后佐以甜味或其他风味调料可直接冲调食用。或按一定比例添加奶粉、豆粉、糖粉及各种香料制成不同风味的快餐方便粥，增加花色品种。除冲调粥食外，将玉米膨化后不经轧片而直接磨粉制成膨化玉米粉，作为焙烤食品的配料，适用于加工玉米面包、饼干及烧饼等多种食品，而不影响焙烤制品的适口性。

12.1.4 挤压自熟玉米方便面的加工

以玉米为原料，采用湿法磨粉与挤压自熟一步成型新工艺，生产碗装或袋装的非油炸玉米方便面，产品的复水性和口感好，面条韧滑又有玉米特有的香味，是极具市场潜力的新一代玉米方便食品。

12.1.4.1 工艺流程

挤压自熟玉米方便面加工的基本工艺流程如图 12-4 所示。

玉米→浸泡→沥干→磨浆→筛分→压滤→调配→挤压成型→风干→造型→烘干→包装

图 12-4 挤压自熟玉米方便面的加工工艺流程

12.1.4.2 工艺操作要点

(1)浸泡 将玉米置于水中浸泡，目的在于使玉米粒变软，破坏其蛋白质的网状结构，浸泡时间春、秋季 15～17 h，夏季 12～14 h，冬季约 20 h。

(2)磨浆与筛分 浸泡好的玉米经锤片式粉碎机磨浆，通过 80 目的振动筛分离收集玉米细粉浆，筛上的粗渣经二次磨碎进一步回收细粉浆，经二次筛分后弃去筛上的粗渣。

(3)压滤及调配 用板框压滤机除去玉米粉浆中的水分，得到湿玉米粉，将玉米粉中加入 15%的小麦粉和 1%的食盐，在调粉机中混匀。

(4)挤压成型 混配好的玉米粉在单机自熟式挤压机中一步挤压成丝，筛板孔径为 0.5 mm、1 mm、1.5 mm 或 2.0 mm，扁粉为 0.4 mm×3 mm，玉米方便面直径以 1.0 mm 或 0.4 mm×3 mm 为佳，便于复水并能避免浸泡时发黏断条，如作为普通玉米面条煮后食用则可采用孔径大一点的筛板。挤压时的温度应控制在 105～120℃范围内，挤出的玉米面条以颜色发黄且微透明为准，若面条发白，说明面条没有充分熟化，需二次回机重新挤条。

(5)风干切断 刚挤出的玉米面条黏度很大，需用风机吹凉定型，避免粘条，冷却定条后用旋转式切刀切断。

(6)装模造型与烘干 将切断后的玉米面条装入方形或圆形模具，经 70～80℃热风干燥定型成为干燥的面饼，面块重 80 g 或 100 g 均可，面块干燥时间 40～60 min。

12.1.4.3 产品特点

玉米方便面为均匀的圆条形或方条形，颜色为淡黄色，无异味并稍带玉米清香味，面块水分≤14%，产品保质期 3 个月以上，置于 80℃以上水中复水 3～5 min，加调味料即可食用。

12.1.5 玉米胚饮料的加工

玉米胚是玉米粒中营养价值最好的部分，集中了玉米粒中 84%的脂肪，83%的矿物质，22%的蛋白质和 65%的低聚糖。以玉米胚为原料加工的玉米胚饮料营养丰富，酸甜适口，具有独特的玉米清香风味。

12.1.5.1 工艺流程

玉米胚饮料加工的基本工艺流程如图 12-5 所示。

玉米胚→浸泡→磨浆→胶磨→调配→均质→脱气→灌装→杀菌

图 12-5 玉米胚饮料的加工工艺流程

12.1.5.2　工艺操作要点

(1)浸泡　将玉米胚置于热水中浸泡吸水软化,浸泡水温为 70℃左右,浸泡时间 2 h。

(2)磨浆　将软化后的玉米胚加 10 倍的水,然后用砂轮磨浆机磨浆。

(3)研磨　将玉米胚芽浆用胶体磨进一步微细化。

(4)调配　按玉米胚 7%、白糖 10%、柠檬酸 0.1%、乙基麦芽酚 0.01%、黄原胶 0.2%、复合乳化剂 0.25%调配。配制方法同一般常规饮料,先将白糖用热水溶解过滤后,加入稳定剂;将乳化剂和胚芽浆搅拌均匀后,加至糖浆中;充分搅拌并加水定容后,再加入柠檬酸调 pH 为 3.8～4.2。

(5)均质　将调配好的浆料预热至 70℃,用高压均质机均质 2 次,第一次均质压力为 25～30 MPa,第二次均质压力为 15～20 MPa。

(6)脱气　在真空度为 0.06～0.09 MPa 和 60～70℃温度条件下进行脱气。

(7)灌装　采用灌装压盖机组进行定量灌装并封口。

(8)杀菌　在杀菌锅中加热杀菌,杀菌条件为 95℃/15～20 min,杀菌后迅速冷却至 35℃以下,贴标签检验后,即得成品。

12.1.6　甜玉米的加工

甜玉米一般分普通甜玉米(Sul 型)和超甜玉米(Sh2 型)两大类。普通甜玉米在乳熟期的胚乳中含有 10%左右的糖分,相当于普通玉米的 2.5 倍,加上由于水溶多糖引起的黏质,构成了特有的风味。超甜玉米的胚乳成分中,约有 20%的干物质由糖分构成,10 倍于普通玉米,2.5～3 倍于普通甜玉米,因而吃起来比普通甜玉米要甜得多,其缺点是胚乳淀粉中几乎没有水溶性多糖,风味不佳,并由于储藏淀粉太少,水分含量高,皮显得太厚。

甜玉米的加工大致有两种途径:一是嫩穗加工,二是嫩穗切粒加工。嫩穗加工分真空包装带芯玉米和速冻带芯玉米两大类型。切粒加工分甜玉米罐头、冷冻甜玉米和脱水甜玉米三大类型。甜玉米罐头又有整粒玉米型和奶油状玉米羹等类型。

甜玉米加工应特别注意品种的选择和及时加工。加工类型不同对品种的要求也就不同,加工各种罐头和整粒产品时要用普通甜玉米,这种玉米籽粒呈长楔形,削粒时切口小,内容物不易流出、果皮软,味道香;加工冷冻或真空包装整穗或段状产品时要用超甜玉米,这类玉米籽粒大,甜味高,果穗呈长筒形且穗轴细。另外,甜玉米果穗收获后应迅速送往工厂加工,加工生产过程必须尽量缩短,普通甜玉米最好在 3～5 h 及时加工,超甜玉米也要求在 12 h 内加工完毕。如加工速度跟不上时,应及时送入冷库储藏,在 4～5℃可存 3～5 d,在 0～1.7℃和 90%～95%相对湿度之最适储藏条件下,可存 7～10 d。

12.1.6.1　真空软包装整穗甜玉米加工

采用 PA/CPP 复合蒸煮袋生产真空软包装整穗甜玉米,要求甜玉米原料颗粒饱满,色泽由淡黄转金黄色的乳熟期玉米,一般采收期在授粉后 16～20 d 较为理想。

(1)工艺流程

真空软包装整穗甜玉米加工的基本工艺流程如图 12-6 所示。

原料验收→剥叶去须→预煮→漂洗→整理→装袋→封口→杀菌→冷却→干燥→成品

图 12-6　真空软包装整穗甜玉米加工工艺流程

(2)工艺操作要点

①剥叶去须:将玉米剥去苞叶,并除尽须丝。

②预煮漂洗:沸水下锅煮10～15 min,煮透为准,预煮水中加0.1%柠檬酸和1%的食盐。预煮后用流动水冷却漂洗10 min。

③整理装袋:将玉米棒切除两端,每棒长度控制在16～18 cm,按长度、粗细基本一致的两棒装袋。切除的玉米棒两端削粒可加工成真空软包装玉米粒产品,制作技术同软包装玉米棒。

④封口杀菌:在0.08～0.09 MPa下抽真空密封,封口后在121℃高压下杀菌20 min,为防止袋内水分加热膨胀而破袋,要采用反压杀菌,压力达到2 kg/cm^2。

⑤反压冷却:冷却时要保持压力稳定,直至冷却到40℃。

⑥干燥包装:杀菌冷却后袋外有水,须用手工擦干或热风烘干。为避免软包装成品在储藏、运输及销售过程中的损坏,须对软包装进行外包装,外包装可采用聚乙烯塑料袋或纸袋,然后进行纸箱包装。

12.1.6.2 速冻甜玉米加工

速冻甜玉米分整穗速冻甜玉米和粒状速冻甜玉米两种类型,粒状速冻甜玉米是用铲粒机脱粒后速冻加工而成,但将甜玉米整穗速冻后再行铲粒更加方便,之后去杂包装冷藏即可。

(1)工艺流程 整穗速冻甜玉米加工基本工艺流程如图12-7所示。

甜玉米果穗→剥皮去须→预煮→冷却→冻结→分级包装→冷藏

图12-7 速冻甜玉米加工工艺流程

(2)操作要点

①预煮:甜玉米剥皮去须洗净后,将果穗全部浸入沸水中水煮12 min,不宜采用蒸气蒸煮,否则玉米籽粒表面易干缩变形,无光泽,影响产品质量。

②冷却:冷却的目的是防止果穗籽粒脱水,冷却水温要求4～8℃,以使果穗中心温度迅速下降到25℃以下。然后沥干水分,并用电风扇吹干表面水分,以防冻结时籽粒表面形成冰霜。

③冻结:用速冻机于−45℃下速冻30～45 min,或在冷冻库内于−30℃冻结8～10 h。冻结速度愈快,质量愈好。

④分级包装:日本市场将整穗速冻甜玉米分成四个等级,分级包装,按级论价。同一等级必须同时具备下述重量与长度要求:一级重310 g以上,长21 cm以上;二级重270～309 g,长19～20.9 cm;三级重230～269 g,长17～18.9 cm;四级重190～229 g,长15～16.9 cm。

⑤冷藏:于−20℃冷藏,随售随取。

12.1.6.3 甜玉米羹罐头加工

甜玉米羹又称奶油型甜玉米糊,因玉米籽粒全部或其中1/2磨碎成奶油状而得名,过熟的甜玉米只能用来加工奶油型甜玉米羹,但以正常乳熟期甜玉米加工为佳。

(1)甜玉米羹生产工艺流程如图12-8所示。

原料验收→剥皮去须→洗净→切粒磨浆→二次去须→调配加热→混合搅拌→装罐密封→杀菌→冷却→成品

图12-8 甜玉米羹罐头加工工艺流程

①原料处理:将甜玉米果穗剥皮去须后,用玉米洗涤机洗净。玉米洗涤机是具有高压喷水

装置的卧式圆锥形旋转洗净机，水压以1～1.7 kg/cm^{2}为好。

②切粒磨浆：切粒机械多使用旋转开闭型刀具，旋转式通用刀具带有6枚弧形切刀和刮落奶油用的刮刀，二者可分别旋转，并均可按原料直径大小自动开闭。切粒时先用切刀切断果粒的顶部2～3 mm深，再用刮刀刮下籽粒中的湿浆；也可从果粒的基部切断，而不使用刮刀。切下的果粒再磨碎成奶油状，或者一半奶油状一半粒状混合制罐。

③二次去须：为彻底除去甜玉米糊中残存的花丝、苞叶及穗芯碎片等杂物，应用分段设置的网孔为6～16 mm的振动或旋转筛二次去杂，筛网应定期更换，除去附着物后再次使用。

④调配加热：在奶油状浆料中加入适量白糖、食盐和玉米淀粉，于82～93℃加热10 min，调制成适当的黏稠度并改进风味。食盐的使用量为0.5%～0.8%、白糖的用量为1.8%～2.4%、玉米淀粉的添加量为奶油状原料的0.3%～0.5%。加入玉米淀粉的目的在于调节产品的黏稠度，添加量过多，数月后玉米羹产品会固结、失去黏性，降低食用价值，调配时必须予以充分注意。

⑤混合搅拌：调配加热过程中应不断搅拌，并在装罐前进一步充分搅拌混合，使其黏稠度均匀一致，并加热保温在85℃以上。

⑥装罐密封：混合搅拌后趁热装罐，并避免产生气泡。

⑦杀菌：奶油型玉米羹的黏稠度较大，热传导差，密封后必须立即杀菌，若装罐至杀菌的时间太长，会造成罐内温度不匀，不能做到均等杀菌。杀菌温度和杀菌时间视罐头初温和罐型规格而定，如罐头初温在82℃以上，211×304罐型杀菌条件为121℃/45 min，310×406罐型为121℃/65 min，303×406罐型为121℃/75 min。

⑧冷却：杀菌后快速冷却至38℃，冷却后放置7 d经检验合格即可出厂销售。

12.1.6.4　甜玉米粒罐头加工

甜玉米粒罐头是将果粒切成近于全粒形，注入一定数量的调味液后，再进行装罐、密封、杀菌的产品，它具有与新鲜甜玉米相近的形态和风味。整粒甜玉米罐头的加工工序与奶油型甜玉米羹工艺大致相同，但工艺操作要求较严，加工时注意以下几点。

(1)选料　甜玉米收获期要提早2～3 d，并注意其成熟度的一致性，可把过嫩和过老的果穗挑出，用于奶油型甜玉米羹的加工。

(2)切粒　切粒时要精密地调整刀具，使切刀尽可能接近穗芯，从基部切断籽粒，并注意不能切偏。

(3)清洗　切粒后必须在短时间内清除花丝及穗芯、碎片，方法是先用冷水浸泡漂浮初选，再用振动洗涤机喷水洗净，否则会因花丝及穗芯腐烂变质而产生异臭。

(4)漂烫　为防止籽粒中的游离淀粉析出，造成汁液混浊，果粒清洗后应置于82～93℃的热水中进行漂烫处理。

(5)灌装　罐装时应装入2/3的甜玉米和1/3的盐水，杀菌过程中玉米粒逐渐吸收部分汁液，重量大约增加10%。盐水配制方法为每100 L水中加食盐1.4～1.8 kg、白糖3.5 kg。

(6)排气、封口　装罐后通过普通的排气箱排气，罐中心的温度达82℃以上后，利用真空封口机进行卷边接缝。

(7)杀菌　封口后应尽快进行杀菌，整粒玉米罐头的热传导性比奶油型玉米羹为好，杀菌相对容易一些，初温60℃，307×409罐型杀菌条件为121℃/25 min、407×700罐型为121℃/35 min、603×700罐型为121℃/45 min。

(8)冷却　杀菌结束后，应立即进行快速冷却，降温至38℃。对407×700以上的罐型，因容易产生罐体变形，应采用反压冷却。

12.1.7　其他专用型玉米的加工利用

12.1.7.1　爆裂型玉米的加工利用

爆裂型玉米籽粒小而坚硬，胚乳几乎全部为角质，仅中心有少许粉质，加热时爆裂性强，爆成的玉米花比普通硬粒型玉米大。

爆裂型玉米用普通炒锅，加少许食油加热1～2 min，即可自行爆花。爆玉米花白如雪花，无渣，是一种高纤维、低热量的休闲食品。

将300 g奶油烧热，然后加入650 g糖，边加糖边搅拌，糖即迅速熔化于油中，把350 g爆裂玉米倒入糖浆奶油糊中，维持混合物温度在200℃左右，混合搅拌3 min玉米粒即爆裂成玉米花，并沾上一层奶油糖浆，出锅后晾干包装便是一种香甜质脆的玉米花休闲食品。

12.1.7.2　糯玉米的加工利用

糯玉米又称蜡质型玉米，籽粒胚乳全部为角质，断面呈蜡状，淀粉全部是支链淀粉，食用品质较好。

糯玉米的加工利用同甜玉米，既可整穗加工利用，也适于切粒后加工食用。由于糯玉米产量高，收获适期长，且营养损失慢，采收后储藏时间也比甜玉米长，所以甜玉米加工厂家一般也都同时加工糯玉米产品。

12.1.7.3　高赖氨酸玉米的加工利用

国内育成的高赖氨酸玉米比普通玉米赖氨酸含量高60%～70%，产量约为普通玉米的95%，不仅营养价值高弥补了普通玉米在营养方面的欠缺，而且适口性好，为玉米食品加工提供了新的原料。

12.1.7.4　高油玉米的加工利用

国内选育的高油玉米含油量达8.2%，比一般玉米含油量提高80%，且蛋白质含量在11.2%左右，比一般玉米提高10%。玉米油营养价值较高，含有61.9%的亚油酸，国际上把玉米油称为保健油。近20多年来，玉米油产量在国际市场上有较快的增加，已成为世界上主要食用植物油品种之一，美国玉米油年产量在20万t左右，朝鲜有80%的植物油是玉米油，墨西哥也是以食用玉米油为主。我国玉米产量居世界第二，利用高油玉米生产玉米油，具有较好的开发利用前景。

12.2　早餐谷物食品加工

谷物早餐(breakfast cereals)是以谷物玉米、大米、小麦、燕麦等为主要原料加工成片状再加入牛奶(冷食)或稍煮沸片刻(热食)就可食用的早餐食品。这类食品特点：一是有益于身体健康。早餐谷物食品原料是各种五谷杂粮，富含食物纤维，对身体有一定保健作用。二是营养均衡。多种谷物组合加牛奶，营养呈均衡性。三是天然品质。这类食品基本上是天然原料，一般不加人工添加剂。四是食用方便。早餐谷物食品不论是即食或速煮，食用都很方便。

谷物早餐在欧美等大多数发达国家发展已有相当长的历史，他们已根据各国的原料特点和人们的饮食习惯，开发了各具特色的谷物早餐食品。据报道，世界谷物早餐的年产量达到

320 万 t，销售金额为 166 亿美元。美国是早餐谷物最大市场，占了数量的一半左右和销售金额的 60%左右。欧洲早餐谷物的市场也很大，有法国、德国、西班牙和英国等五大市场，约产早餐谷物 81.5 万 t 和销售金额 40 亿美元以上。近几年来，功能性早餐谷物在各国也均有很大发展，在美国和英国等欧美国家都获得了很高的市场地位，而在我国，只有少数白领等阶层的人对谷物早餐比较熟悉。

早餐谷物食品通常包括经过加工以改善其结构、香味和消化率的多种谷物产品。早餐谷物食品可简单分为两种主要类型：一种属于冲调食品，食用前需烧煮或加沸水冲调处理，如燕麦粥和各种麦片等，这类食物的起源或许与人类文明一样悠久，因为利用碾碎谷粒制成的糊和粥很可能是人类最早的谷物食品；另一种属于加工完好，可随时食用的即食早餐谷物食品，如玉米片和各种挤压膨化食品等，这类食物起源于美国，只有 100 多年的历史。英国、美国居民认为谷物主要适用于早餐，尽管谷物食品在人类现代饮食中所占的比例呈不断下降趋势，而早餐谷物食品的人均消费水平却增加了，早餐谷物食品仅在美国市场上的年销售收入就达 70 亿美元，并以 11.6%增长速率稳定增长。早餐谷物食品的生产和销售在我国及世界其他地区同样存在着巨大的发展潜力。

12.2.1　早餐谷物食品的种类和原辅料

12.2.1.1　早餐谷物食品的种类

早餐谷物食品是一种脆性食品，其主要成分是谷类，早餐谷物加工是通过蒸煮和脱水等工艺操作使谷物转变成一种更易于食用和消化的形式。按加工原理和产品形状可分为许多种类（表 12-1）。从表 12-1 中可以看出，15%的早餐谷物是直接由挤压加工而成的，加上薄片状或喷射爆熟状等通过挤压蒸煮成型而完成的产品，可以说早餐谷物中有 1/2 以上的产品都使用挤压蒸煮技术。

早餐谷物食品中含有相当多的各种成分形成的不同组分，原始的谷物颗粒和薄片制品现已增加了难以想象的一系列不同的形态、营养组分、色泽和风味。早餐谷物食品已成为一种名副其实的营养食品。图 12-9 将早餐谷物食品按原料组合分成 3 类：普通谷物、预加糖谷物和混合型。

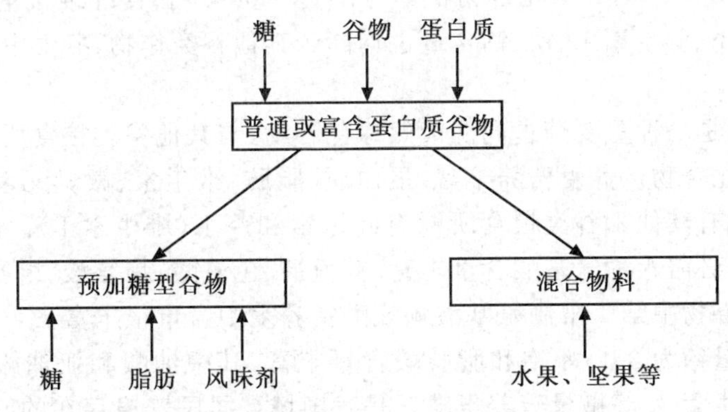

图 12-9　普通谷物产生合成谷物产品组合图

表 12-1 早餐谷物食品分类 %

产品种类	所占市场比例	产品种类	所占市场比例
薄片状产品(包括挤压成型)	35	整粒谷物产品	8
喷射爆熟状产品(包括挤压成型)	26	普通谷物产品	7
直接挤压产品	15	其他类型产品	9

高度糖化的食品是由普通谷物产品表面涂上糖、调味料和防止产品黏结的脂类物质形成的,普通的或预加糖的谷物在加工演化中也可以混入其他一些非谷类食品,如水果或干果等。因此,所有的早餐谷物食品都是由相当简单的谷物发展而来的,通过适当添加糖和水果等原料甚至矿物质和维生素而形成了多种多样的产品,从营养和加工两方面来看,都说明谷类是所有这些早餐谷物食品的核心。

12.2.1.2 早餐谷物主要原料及其营养成分

(1)小麦 小麦是人类生活中的重要粮食作物,地球上约有一半人口食用小麦,全世界约有 273 个小麦品种,我国是世界上生产小麦最多国家,其年产量约占世界总产量 15%。小麦通常含有 70%碳水化合物,9%～14%蛋白质,2%脂肪,1.8%矿物质及 12%食用纤维;小麦籽含有 81%～84%胚乳、6%～7%糊粉层、7%～8%表皮及 3%胚芽。

小麦胚芽含有 30%蛋白质,10%脂肪,并含有相当数量糖,它含有占小麦总量 60%以上维生素 B_1,20%～25%维生素 B_2 及维生素 B_6,胚芽中富含维生素 E、亚油酸、肌醇、胆碱、烟酸、叶酸、卵磷脂等,占小麦总矿物质含量 10%～20%的非常重要矿物质,如铁、钙、磷等存在于胚芽中。糊粉层位于胚乳外层,为单细胞结构,它含有占小麦总量 80%以上尼克酸,15%蛋白质,小麦赖氨酸含量 30%及小麦矿物质含量 60%存在于糊粉层中。

(2)燕麦 营养与保健是当代人们对膳食基本要求,燕麦作为谷物中最好的全价营养食品,恰恰能满足这两方面需求。美国著名谷物学家罗伯特在第二届国际燕麦会上指出:"与其他谷物相比,燕麦具有抗血脂成分、高水溶性胶体、营养平衡蛋白质,它对提高人类健康水平有着非常重要价值。"

燕麦中蛋白质、脂肪、膳食纤维含量均高于其他谷类作物。燕麦蛋白质含量为 13%～25%,脂肪含量为 6%～8%,碳水化合物含量为 62%～68%,膳食纤维含量为 3%～5%,燕麦维生素 B_1、维生素 B_2、维生素 E、铁、钙含量也均高于其他谷类作物,燕麦中含有大量燕麦胶是很好的降血脂物质。

(3)荞麦 荞麦是一种重要药食同源天然绿色谷物,与其他谷类粮食所不同的是它富含生物活性成分黄酮类化合物。荞麦营养丰富,蛋白质、脂肪、维生素、微量元素含量高于大米、小麦等大宗粮食,且含有其他禾谷类粮食所没有叶绿素和芦丁(维生素 P)。荞麦蛋白质内在品质极佳,其中人体所必需八种氨基酸含量丰富,精氨酸、色氨酸、赖氨酸、组氨酸含量较高,特别是我国居民常食用谷物中第一限制氨基酸赖氨酸在荞麦中含量很丰富。

荞麦中脂肪含量约为 3%,不饱和脂肪酸含量丰富,其中油酸和亚油酸含量最多,维生素 B_1、维生素 B_2 与维生素 A 等微量营养素缺乏是我国城乡居民普遍存在的问题。因此,谷物营养强化成为一种重要的公众营养改善手段。我国于 2000 年启动面粉强化战略研究与技术性实验工作。2002 年开展营养强化面粉的试点工作。目前,全国已经有近 80 家面粉厂加入面粉强化工作。我国目前确定强化面粉中添加维生素 B_1、维生素 B_2、叶酸、烟酸、钙、铁、锌共 7

种微量营养素，维生素A可由企业自行决定是否添加。同时大米的营养强化工作也在逐步开展。

(4)玉米　关于玉米营养价值，欧、美和前苏联等国家一些营养学家和谷物化学家从20世纪初开始就一直在进行研究，玉米不仅营养价值高，安全性好，且有降低体重和预防心肌病变等保健作用。玉米胚具有很高营养价值，且有很多保健功能因子，如膳食纤维、胡萝卜素、维生素A、维生素E、锌、硒等含量都很高。

(5)黑米　黑米和紫米都是稻米中的珍贵品种，属于糯米类。黑米是由禾本科植物稻经长期培育形成的一类特色品种。黑米是一种药食兼用的大米，米质佳。黑米种植历史悠久，是我国古老而名贵的水稻品种。相传距今2 000多年前的汉武帝时，便由博望侯张骞最先发现。用黑米熬制的米粥清香油亮，软糯适口，营养丰富，具有很好的滋补作用和药用价值，因此被称为“补血米”“长寿米”；我国民间有“逢黑必补”之说。

黑米在我国不少地方都有生产，具有代表性的有陕西黑米、贵州黑糯米、湖南黑米等。根据口感、颜色的不同，大米可以被分为很多种类。按口感有糯米、粳米、籼米；按颜色有白色、黄色、绿色、红色、紫色、褐色、黑色等深浅不同多种颜色的米。无论是糯米、粳米还是籼米，都有紫色、褐色甚至基本上呈黑色的品种，人们常把它们叫作黑米。另外，黑米不宜精加工，以食用糙米或标准三等米为宜。

现代医学证实，黑米具有滋阴补肾，健脾暖肝、补益脾胃，益气活血，养肝明目等疗效。经常食用黑米，有利于防治头昏、目眩、贫血、白发、眼疾、腰膝酸软、肺燥咳嗽、大便秘结、小便不利、肾虚水肿、食欲不振、脾胃虚弱等症。

黑米含蛋白质、碳水化合物、B族维生素、维生素E、钙、磷、钾、镁、铁、锌等营养元素，营养丰富。黑米所含锰、锌、铜等无机盐大都比大米高1～3倍；更含有大米所缺乏的维生素C、叶绿素、花青素、胡萝卜素及强心甙等特殊成分，因而黑米比普通大米更具营养。

除上述原料外，近几年来，其他各类杂粮品种也逐步运用到早餐谷物食品的加工中。进一步丰富了谷物早餐的营养和种类。对美国市场上48种早餐谷物品的调查表明，26种谷类产品包含了123种不同的原辅配料(表12-2)，由于产品由多种食物原料混合而成，谷物早餐食品的营养和风味已足以和其他任何食品相媲美。

表12-2　早餐谷物食品的原配料

	主要成分	具体配料
谷类	大麦	麦芽(糖原)、全大麦
	玉米	玉米粉、去胚黄玉米粉、碾碎的黄玉米
	燕麦	燕麦麸皮、(全)燕麦粉、(全)燕麦片、全燕麦
	大米	碾碎的大米、大米粉
	面粉	脱脂胚芽、麸皮、胚芽、面筋、全小麦片、全小麦粉、粗粉、全麸粉
	水果	苹果及苹果汁、枣、葡萄汁、葡萄干、草莓及草莓汁
	糖	红糖、麦芽糖浆、玉米糖浆、蜂蜜等
	脂类	椰子油、部分氢化油
蛋白质	干果和豆类	花生酱、大豆粉、杏仁、椰子、山核桃、胡桃
	乳制品	脱脂奶粉、乳清粉、酪蛋白酸钠(钙)
	其他	明胶、小麦面筋

续表 12-2

主要成分		具体配料
添加剂	抗氧化剂	BHA、BHT、大豆卵磷脂等
	食用色素	合成色素、焦糖色素、胭脂树子红提取物
	调味品	麦芽抽提物、盐、桂皮、可可、苹果酸、柠檬酸、酵母抽提物、味精等
	维生素和矿物质	包括了几乎所有维生素和铁、钙、锌等矿物质
	品质改良剂	明胶、玉米淀粉、变性淀粉、糊精、果胶、磷酸盐、小苏打等

早餐谷物食品中营养成分的变化范围和谷物组分所占的比例如表 12-3 所示，早餐谷物产品中谷类原料的含量从 35.5%到 100%的大幅度变化，则从另一个侧面反映了早餐谷类食品在营养和风味上的诸多改进，那种早餐谷类食品应主要由谷物原料来构成的观念应加以更新，而质构上的脆性、营养上的高蛋白和高纤维及容易消化吸收才是早餐谷类产品的主要特征。

表 12-3 早餐谷物营养成分含量(质量分数)的变化范围 %

组分	质量分数	组分	质量分数
蛋白质	3.5～14.1	总碳水化合物	63.6～91.7
脂类	0～17.6	糖	1.8～49.4
钠	0.02～1.13	合成碳水化合物	35.3～81.1
谷物	35.5～100	膳食纤维	3.5～35.3

12.2.2 早餐谷物食品的产品配方设计和加工原理

目前，欧美已根据他们各国的原料特点和人们饮食特点，发展了各具特色的挤压早餐谷物品种。我国食品工业主要运用挤压技术生产膨化休闲食品及组织蛋白，而运用挤压技术生产早餐谷物食品，可以说还处在刚刚起步的阶段。微波膨化技术主要应用于物料后期处理，如营养膨化食品、蛋白质膨化食品、加工抗性淀粉等。微波膨化作为食品物料后期处理技术已经较为成熟，但作为物料的预处理技术仍需要进行大量的研究，作为一种新的加工工艺拓宽了谷物食品加工工艺的新思路，具有很高的实用和学术意义。

营养谷物早餐加工工艺经历了由传统的工艺到新型工艺的变革，营养谷物早餐作为人们日常生活中的必需品，需要在品种上、风味上和营养上来满足人们的更高要求。同时，技术上的进步是营养早餐食品发展的内在动力，挤压膨化技术、微波真空膨化技术作为现代新型的食品加工技术，更应该大力研究其机理和应用，开发出更好、更完善的加工工艺。

12.2.2.1 早餐谷物食品的产品配方设计

早餐对于人体健康和保持人们一天的精力都十分重要，据有关调查表明：我国 33%的人不吃早餐或很少吃早餐，57%的人对现在的早餐市场不满意，我国大、中小学生中有 43.5%不能保证每天吃早餐，我们的早餐食品品种少、营养不全，蛋白质、维生素、矿物质等营养素摄入量明显不足。因此，中国营养学会已把新型早餐食品的研制开发作为重点研究方向。谷物早餐食品在发达国家发展已有相当长的历史，他们已根据各国的原料特点和人们的饮食习惯，开发了各具特色的谷物早餐食品。我国是一个农业大国，盛产稻谷、小麦、玉米、燕麦、高粱、大麦、小米、荞麦等五谷杂粮。谷物原料资源具有丰富的蛋白质、维生素、矿物质等营养素，根据中国预防医学科学院营养与食品卫生研究所提供的谷物营养成分的分析情况，选择小麦、燕麦、玉米、苦荞、赤小豆、大米、面粉等作为营养谷物早餐配方的基料，同时充分利用脱脂大豆粉、膳食纤维、全脂奶粉、蔗糖、棕榈油、小麦淀粉、大豆磷脂、蜂蜜、碳酸钙作为配料进行产品配方设计。

12.2.2.2　早餐谷物食品加工的工艺原理

最初的谷物早餐是采用蒸煮、压片、焙烤工艺生产的燕麦片。欧美发达国家于 20 世纪 70 年代开始运用挤压技术生产谷物早餐，并且谷物早餐食品得到了迅速地发展与更新；我国于 20 世纪 80 年代初才开始研究食品挤压技术，主要将挤压技术用于生产膨化休闲食品及组织蛋白，谷物早餐食品的生产还处在起步的阶段。目前，谷物早餐食品加工工艺有许多种，如间歇式湿热蒸煮加工工艺、传统的喷爆加工工艺、压片蒸煮加工工艺、谷物破碎蒸煮加工工艺、焙烤和气流膨化加工工艺、挤压膨化加工工艺和微波真空膨化加工工艺等。

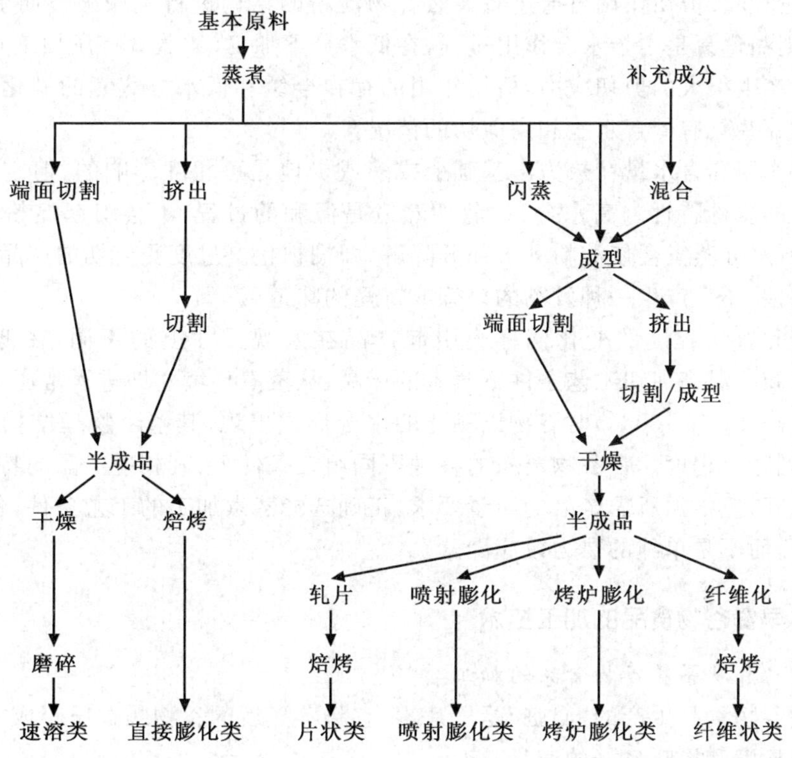

图 12-10　早餐谷物加工生产工艺流程

图 12-10 总结了各种早餐谷物食品加工的基本过程。所有产品都经历了蒸煮糊化、质构转化和特定工艺成型等基本单元操作步骤。蒸煮糊化可改善食物风味，提高其营养吸收性，并且产生香美可口的特色风味。为了使产品具有脆性，所有谷物将经历某种形式的质构变化，使之变形成为一种孔状松脆的结构。谷物中大量的淀粉颗粒加水蒸煮后会破裂，淀粉糊化后形成一种胶黏化的淀粉基质，包围和维系着谷物中的其他化学成分和各种加入的组分，这种半均相的物质在适当的温度和水分下，由特定工艺（如辊压）处理直接形成所需的形状，并且通过其他工艺（如焙烤）使产品中的水分汽化而形成多孔状。

12.2.2.3 早餐谷物食品加工的工艺要素

(1)蒸煮温度 蒸煮过程是将谷物产品的温度升高至糊化温度以上,蒸煮所需的热量来源有三种:一是为直接加热蒸煮器表面,通过热传导将热传给产品;二是将热蒸汽喷射在产品上与产品相混合;三是使黏性产品内发生剪切或强烈混合作用,通过摩擦将机械能转化为热能。这三种能量在生产中常以不同形式结合使用,被产品吸收的能量将转换成三种形式:一部分用于提高产品温度;另一部分被糊化反应和其他内热反应所吸收,这部分能量在总量中所占比重较少,但十分重要;还有一部分用于压缩成品,但由于远小于其他两部分而经常忽略不计。各种热反应速率随温度升高而增快,较高的温度会缩短完成某一特定反应的所需时间,从而缩短谷物产品的加工时间。

(2)含水量和剪切程度 含水量和剪切程度也是影响谷物糊化和质构变化的2个重要因素。水是一种参与反应的物质,若含水量多(高于30%),就会提高蒸煮速度,相反较低的含水量会降低反应速度。剪切作用可通过对天然谷物淀粉的结构进行机械破裂而引起糊化,若缺少剪切作用,则糊化只是一个水合作用过程,在低水分下加工(如蒸煮挤压加工)通常由于原料具有较高黏性产生很大的剪切应力,剪切作用的存在会缓和低水分蒸煮的糊化抑制效应。最短加工时间是那些具有低含水量和高剪切的情况。

虽然剪切作用和含水量在热力学基础上或多或少地是可相互影响的,但它们会不同程度地影响着产品的质构特性。高水分、低剪切蒸煮是温和的过程,不会引起淀粉分子的降解作用。高剪切、低水分蒸煮会使淀粉分子部分降解,即糊精化。过度受剪切的产品会快速吸水并变湿而失去脆性,还会产生一种发黏的口感或奇怪的味道。

水分含量和剪切程度的变化同样会引起产品在宏观尺寸上的不同,在低水分(10%~20%)、短时间和高温高剪切工艺条件下蒸煮的产品,从蒸煮环境立即进入常压下会产生膨化;而水分含量较高(30%~50%)时谷物以糊化的水合形式出现,其整个物理结构只发生很小的变化,远未达到膨化程度。在谷物蒸煮的各种不同组合条件下,其相应产品的特性则处于上述两端产品的中间,应根据所需产品的质量要求,正确选择蒸煮加工的工艺条件,包括水分、温度和剪切程度等,而不是单纯的热力效应因素。

12.2.3 早餐谷物食品的加工技术

12.2.3.1 片状早餐谷物食品的加工

片状早餐谷物食品生产的"心脏"是压片辊,它将蒸煮后的谷物颗粒压碎成薄片状,并通过烘烤获得质地松脆和风味良好的产品。

(1)原料筛选和混合 各种生产配料须经筛选除杂和正确计量后,混配均匀,筛选操作采用振动或螺旋机械,混合操作采用搅拌混合或翻腾装置。

(2)蒸煮 蒸煮操作可以采用多种方法完成,早期片状谷物制品采用传统的间歇式蒸汽蒸煮方法加工,物料混配后用蒸汽蒸煮形成糊化的面团,再切割成单个的谷物颗粒或小的微粒聚合体,颗粒需经过冷却和干燥以达到最优的压片准备状态。随着挤压加工技术的广泛应用,挤压蒸煮工艺逐渐取代了传统的蒸汽蒸煮方式,挤压蒸煮的原料适用范围较广,挤压后的产品颗粒大小也比传统方式要均匀得多,不足之处是由于过分均匀,使产品在某种程度上失去了谷物固有的自然质构感。

采用挤压技术进行蒸煮操作,首先需要对原料进行预蒸煮,预蒸煮后再将物料送入挤压机内蒸煮。预蒸煮是物料在连续预处理器内与液体和蒸汽适当混合，让水分和热量均匀穿透谷物颗粒，并允许有适当程度的淀粉糊化和蛋白质变性，使之成为调湿、调温的均匀原料，提供给蒸煮挤压机。蒸煮挤压要求套筒长度要长（L/D 18∶1），使物料在低压、低剪切条件下停留较长的时间，前段为进料段，将物料加工成均匀的面团，后段为压缩加热段，使湿面团压缩升温，面团在挤压套筒内总的时间为 35～40 s，薄片在出口处的水分含量为 20%～30%。

(3)成型　挤压蒸煮之后紧接着进行挤压成型，物料从蒸煮挤压机内出料后在常压下完成"排气"与冷却作用，再在成型挤压机内成型，一般成型挤压机的套筒较短（L/D 8∶1），且螺杆的螺旋槽较深以消除物料在套筒内的回流和过度升温，螺杆的螺距和螺槽深度通常是由大到小，以产生轻微的压缩作用（3∶1），从而消除气泡并保证物料在充满的状态下流动，以获得较好的成型效果。

挤压成型操作时，成型挤压机重新压缩已经蒸煮过的湿热物料，将其逐渐揉捏压缩成为密实的面团，最后通过模具挤出形成具有波纹珠泡的小球，实为连续挤压使物料形成连续的绳状，待物料冷却并干燥至一定程度后送往切割段切断，再经辊轧制成高质量的早餐谷物薄片，物料压片的最适水分含量是 10%～24%。

压片辊是一对平行相向旋转的水平圆辊，两辊之间的间隙很小，进入两辊间隙的物料颗粒被压碎成为薄片而流出，物料颗粒要有一定的流动性，以防形成一种连续的片状，辊子表面不必太光滑，通常要有一定的毛糙度以便顺利咬住物料颗粒。

物料完成蒸煮、成型和压片后，谷物薄片在旋转式烤炉或高速硫化床中于 330℃下进行焙烤，产品形成松脆的质地并产生焙烤香味。产品质地取决于产品的微观结构（淀粉状态）、物理尺寸（厚度）和疏松度，一些片状谷物食品要求结构中空的松脆质地，另一些产品则要求质构较硬一些，以利于在牛奶中保持其脆性，这类溶于牛奶中食用的产品在蒸煮过程中应尽量避免过度剪切，以减小淀粉的破坏程度。

12.2.3.2　挤压膨化早餐谷物的加工

以谷类为主的物料经高温糊化从挤压机模孔中挤出，在常压下物料中的水分迅速汽化而产生膨化，形成泡沫状的酥脆质地，即为挤压膨化型早餐谷物产品。挤压膨化早餐谷物食品一般比休闲小吃食品密度大，并常含有盐和糖之类的其他成分，这些成分会由于减少水分活度而妨碍糊化，但挤压膨化早餐谷物产品的糊精化程度通常比其他方法生产的食品要高。

高剪切的单螺杆挤压机适用于生产直接膨化的早餐谷物食品，通过合理设计的双螺杆挤压机同样能满足谷物直接膨化所需的工艺操作条件，并且产品中的淀粉破损比单螺杆挤压机要少。谷物直接膨化的工艺条件在于物料应达到 150～200℃，且物料含水量应低于 20%。

12.2.3.3　焙烤膨化早餐谷物食品的加工

膨化是由产品和大气之间一种突然的压力不平衡导致产品中的水分急剧汽化引起的。当糊化后的谷物以合适的水分暴露在非常高的焙烤温度下时，将导致膨化而形成一种多孔状结构。焙烤膨化是在瓦斯烤炉或用过热蒸汽加热的硫化床中，在高达 343℃温度下完成的，获得焙烤膨化的谷物最适宜含水量为 9%～10%。

高温焙烤膨化早餐谷物食品的膨化效果主要取决于 3 个方面的因素：谷物原料中支链淀粉的含量，半成品内部水分含量与晶格化（β 化）程度，化学膨松剂即膨化助剂的应用。

原料中支链淀粉越多，膨化效果越好，糯米、马铃薯淀粉、粳米、玉米淀粉、籼米及小麦面粉等常见谷物原料中的支链淀粉比例依次降低，膨化酥脆程度也依次降低。

蒸汽蒸煮可使淀粉糊化，在高温蒸汽和高速搅拌作用下，淀粉分子间氢键断裂，水分进入淀粉微晶间隙，淀粉快速大量地吸收水分。再经过冷却老化，使淀粉颗粒高度晶格化，包裹住在糊化时吸收的水分。高温焙烤时，淀粉微晶粒中的水分急剧汽化喷出，完成膨化。淀粉糊化老化的工艺操作要求很高，如淀粉冷却老化不充分，则膨化率会下降20%～40%。

淀粉蒸煮糊化后谷物中的水分达40%左右，一般经一次干燥的半成品的含水量降至18%～20%，再存放一段时间使半成品内部水分渗透出来，水分分布均匀后通过二次干燥，使焙烤膨化前的水分控制在8%～12%。如水分过多，焙烤膨化时被淀粉包裹住的水分不易在短时间内喷出，使膨化不匀，口感发黏；如水分太少，又难使水分汽化后产生足够的喷射蒸汽压力，不易使淀粉组织胀开。

膨化助剂由水分包裹剂、糊化老化促进剂和产气剂等组成，添加膨化助剂可弥补焙烤时水汽膨胀不足的缺陷，使工艺操作条件大为减轻，生产效率提高，产品质地细密，膨化均匀，外观良好。膨化助剂由碳酸氢钠、碳酸氢氨、明矾和复合磷酸盐等按一定比例混配而成，其用量为谷物原料配比的1%～3%。

12.2.3.4 喷射膨化早餐谷物食品的加工

谷物原料在一个密闭的容器中加热，因水分的汽化和气体的膨胀而处于高压状态，当容器突然被打开后，骤然的减压使物料从容器中喷射出来，物料中的水分急剧汽化使产品膨化，称为喷射膨化。与挤压膨化不同的是物料在喷射膨化操作中不受到剪切的作用，喷射膨化基本保留了谷物籽粒的固有结构，如膨化小麦虽由于膨化而变形，但看上去仍非常像小麦粒，仅仅是大一点而已。另外，由于喷射膨化加工过程不依赖于流体特性或物料大小，当原料水分和脂肪含量较高时仍可进行加工生产，故许多特殊的原料能使用喷射膨化法加工，包括蔬菜一类的原料。

膨化喷射器加热室中的温度一般控制在200℃左右，压力一般达0.5～0.8 MPa，部分原料喷射膨化的主要技术参数列于表12-4。

表12-4 喷射膨化的主要技术参数

谷物名称	膨化温度/℃	膨化压力/MPa	膨化率/%
玉米	190～225	0.6～0.75	95
大豆	190～220	0.6～0.7	100
籼米	180～200	0.7～0.85	不开花
江米	170～180	0.6～0.7	95
花生米	170～200	0.4～0.6	100
大米	180～200	0.75～0.8	100
绿豆	140～180	0.7	95
高粱米	185～210	0.75～0.8	95
小黄米	180～210	0.75～0.8	95
蚕豆	180～250	0.75～0.8	85
土豆片	180～220	0.6～0.8	不开花
红薯片	170～220	0.6～0.8	不开花
玉米渣	190～225	0.75～0.8	95
芝麻	250～270	0.75～0.8	不开花
葵花籽	200～230	常压	不开花
稻壳	180～220	常压	呈金黄色

自然颗粒的喷射膨化与挤压膨化产品的组织结构有所不同，自然颗粒的喷射膨化颗粒为细小的多孔结构，可能反映了天然植物组织或淀粉粒在膨化过程中起着空隙生成与晶核形成的作用，而经挤压剪切作用的物料微观结构的降解会导致膨化成更粗大的晶粒结构。双螺杆挤压技术的应用，使得物料的剪切过程比单螺杆柔和了许多，以前许多喷射膨化成型的产品如今已能用直接挤压膨化法来模拟生产，且产品质构和风味更容易调整。

12.2.3.5　纤维状早餐谷物食品的加工

纤维状早餐谷物食品是依靠特殊的成型机械来生产的细条状饼干一类食品。细条状产品生产机械的核心是纤化辊，它是由一对水平平行放置、相向旋转且直径较小的圆筒体组成，其中一个辊子沿长度方向刻有一组圆周方向的沟槽，通过这些轴向沟槽来产生谷物纤维化的横向组织。当辊子旋转时，蒸煮过的谷物粉质胚乳被喂进两辊之间（图 12-11），破碎的谷物被挤压通过辊隙，从辊子下方出来成为一股蒸煮谷物带自由落下，沿着辊子长度方向的一连串的这些带状物汇集在输送带上，输送带置于一组纤化辊之下（图 12-12），每对辊子产生一层纤化物，输送带上的纤化物达到所需的层数（20 层）后，由一个切断、折边装置将物料分割成单个的块状，接着进行焙烤，在 204～315℃温度下焙烤至 4%的最终含水量。

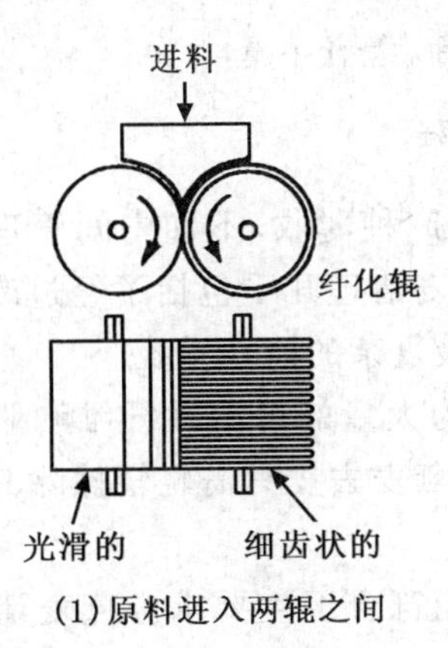

(1) 原料进入两辊之间

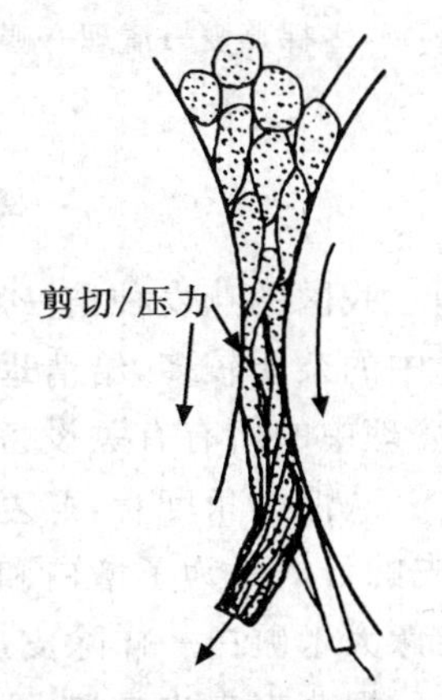

(2) 产品颗粒在一个辊的组齿上

图 12-11　谷物纤化原理图

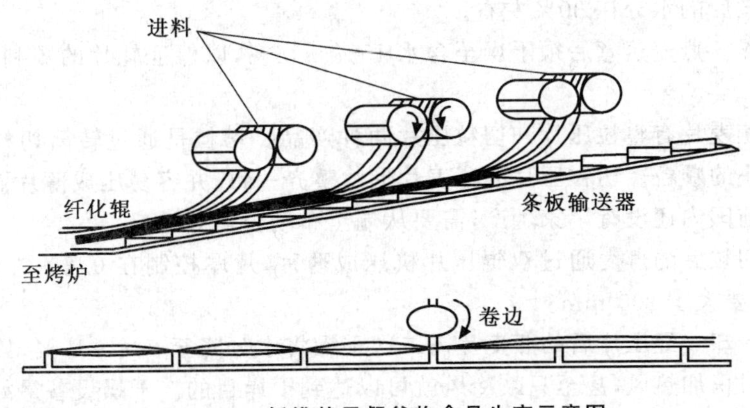

图 12-12　纤维状早餐谷物食品生产示意图

这种纤化操作适用于高含水量的非黏性糊化食品物料。谷物蒸煮糊化的传统方法是沸水蒸煮法，蒸煮时间较长，如小麦籽粒经 35 min 煮熟后尚需保温软化达 24h。利用挤压蒸煮成型后的颗粒可代替用水蒸煮的全颗粒，大大提高蒸煮效率，但挤压蒸煮后必须对物料进行冷却，从而降低物料的黏度，以利于辊后纤化操作的顺利进行。

物料纤化成型后，通过焙烤来形成质地松脆的纤维状早餐谷物食品，其焙烤工艺原理是：首先，单个面带形成空隙变脆；其次，由于外层受热快于内层，外层面带收缩使块状产品在长度和宽度方向上收缩而厚度膨胀，使内层形成又轻又空的结构。

12.2.4 早餐谷物食品加工实例

12.2.4.1 燕麦片

燕麦片是典型的片状早餐谷物食品，燕麦片加工在欧美等国家有着悠久的历史，并有成熟的成套工艺与设备，是仅次于面粉加工和饲料加工的第三大粮食加工业。燕麦分为带壳燕麦（皮燕麦）和不带壳燕麦（莜麦），我国生产的燕麦属于不带壳的裸燕麦，以中国裸燕麦为原料生产燕麦片的加工工艺流程如图 12-13 所示。

裸燕麦→清理→碾皮→洗麦→汽蒸灭酶→一次干燥→切粒→压片
包装←冷却←二次干燥←

图 12-13 燕麦片加工工艺流程

(1)清理　我国的燕麦种植一般都在边远山区，多采用广种薄收，不加中间管理的耕种方式，所以燕麦中的杂质较多，给清理工作带来较大困难。燕麦清理几乎包括了经过改造的小麦清理与稻谷清理中的所有有关设备，成为目前粮食加工中最复杂的清理系统。

(2)碾皮　从保健角度看，燕麦麸皮是燕麦的精华，因为大量的可溶性纤维和脂肪都集中在皮层。碾皮的目的是为了增白和除去表层的灰层，因此，燕麦去皮只需轻轻擦除其麦毛和表皮即可，不能像大米碾白一样除皮过多。

(3)洗麦　裸燕麦表皮较脏，即使去皮也必须清洗才能符合卫生要求。燕麦清洗时间较长，应使用洗麦与甩干相结合的特种洗麦机。

(4)汽蒸灭酶　燕麦中含有多种酶类，尤其是脂肪氧化酶，若不进行灭酶处理，燕麦中的脂肪会氧化变质，影响产品的品质和货架期。汽蒸既可灭酶，又使淀粉糊化蒸熟，以提高产品的速溶性，燕麦蒸煮后的水分在30%左右。

(5)一次干燥　燕麦蒸煮后须干燥至含水 15%～16%，以保证轧片的顺利进行，使轧出的麦片薄而不碎。

(6)切粒　燕麦片有整粒压片和切粒压片两种产品。切粒是通过转筒切粒机将燕麦粒切成 1/2～1/3 大小的颗粒。切粒压片的燕麦片形状整齐一致，并容易压成薄片而不成粉末。专用的切粒机，目前国内还没有厂家生产，需要从瑞士布勒公司等进口。

(7)压片　切粒后的燕麦通过双辊压片机压成薄片，片厚控制在 0.2～0.5 mm。压片机的辊子直径一般要大于 200 mm。

(8)干燥和冷却　经压片后的燕麦片需二次干燥将水分降至 7%～10%，以利于保存。燕麦片较薄，干燥时稍加热风，甚至只鼓冷风就可以达到干燥目的。干燥设备最好选用振动流化床干燥机，干燥之后要冷却至常温。

(9)包装　为提高燕麦片的保质期，包装应采用气密性能较好的包装材料，如镀铝薄膜、聚丙烯袋、聚酯袋和马口铁罐等。

目前燕麦片产品主要有以下几种：

①整粒燕麦片：燕麦粒不经切粒直接加工轧成麦片，麦片厚度为 0.5 mm 左右。

②中粒燕麦片：燕麦粒经中粒切粒后，再轧成麦片，麦片厚度为 0.3 mm。

③细粒燕麦片：燕麦粒经细粒切粒后，再轧成麦片，麦片厚度为 0.2 mm。

④熟燕麦粉：燕麦片经粉碎筛理而成。

12.2.4.2　三合一速溶麦片

以粉状谷物为原料，利用辊筒糊化干燥技术生产小块状速溶薄片，加入植脂末、奶粉、糖及各种风味添加剂混配制成三合一麦片，产品冲调时麦片呈分散悬浮状，具有浓郁的麦香味，口感清新，食后无饱胀感，是一种新型的早餐谷物食品，工艺流程如图 12-14 所示。

配料→搅拌→胶磨→辊筒糊化干燥→破碎→混合→包装

图 12-14　三合一速溶麦片加工工艺流程

(1)配料　使用多种粉状谷物原料混合配料，如燕麦粉 55%、玉米粉 20%、大米粉 20% 和其他辅料 5%。各种粉状谷物原料要求细度达到 100 目。

(2)搅拌　加入 35℃左右的温水，充分搅拌 10～15 min，粉浆含量为 40%～48%。

(3)胶磨　搅拌好的粉浆经胶体磨处理，以增加细度并达到近似乳化的均质效果。

(4)糊化成型　用单辊筒干燥器连续完成粉浆的布膜、糊化、干燥和刮下等一系列工艺操作。辊筒内部通有 0.2 MPa 的间接蒸汽，辊筒表面温度为 140～150℃，蒸发强度可达 55～75 kg/(m・h)；辊筒转动线速度为 48～50 m/min 时，可以兼顾糊化干燥的效果和速率要求。具体操作过程是：把调好的粉浆泵入辊筒干燥器上部的接料槽中，由布膜辊将浆料均匀地涂布在转动的辊筒表面上，热量由辊筒传给料膜，浆料中的水分汽化使料膜糊化成型，当产品厚度达到 0.3～0.5 mm，干燥至含水量为 3%～5%时，由刮刀将干燥成型后的薄片自动刮下，即为速溶谷物原片。

(5)破碎　干燥后的大片薄片经破碎分级成为 4～8 目的小块麦片。

(6)产品调配　干燥、破碎后的预糊化麦片，加入一定量的辅料，如奶粉、果仁、糖和植脂末等，经双锥混合机充分混合，成为麦片、果仁与风味增稠剂三合一的速溶麦片。

12.2.4.3　焙烤玉米片

焙烤玉米片是世界上普遍流行的即食早餐谷物食品，用于加工玉米片的原料最好选用硬质马齿型玉米，因其角质胚乳含量较高，淀粉糊化后透明度高，产品外观好。玉米含有很大的胚，玉米胚芽会影响淀粉糊化和玉米片的形态，给加工操作过程带来不便，所以玉米片生产多采用脱皮去胚后的玉米糁为原料。

焙烤玉米片工艺流程如图 12-15 所示。

玉米糁→加压蒸煮→干燥→调质→轧片→焙烤→调味→包装

图 12-15　焙烤玉米片工艺流程

(1)加热蒸煮　将提胚后粒度约为玉米粒 1/3 大小的玉米糁送入旋转滚筒形高压蒸煮锅中，同时加入糖和盐等调味料，再加水使玉米糁含水量达 35%～45%，用 174 kPa 的蒸汽蒸煮

1～2 h,至玉米糁完全糊化,判断糊化程度达到与否可用目测观察,即玉米糁呈半透明状时便符合要求。

(2)干燥调质　蒸煮结束后,减小蒸锅压力,通过离心作用将玉米糁从网状出口甩出,蒸煮过程中黏结成团的玉米糁被打散。接着将玉米糁通过传送带送入烘干机干燥,使水分降至20%左右。

(3)轧片　将玉米糁冷却至30～40℃后,送往轧片机压成薄片,轧片机由一对不锈钢光辊组成,轧辊转速为180～200 r/min,将玉米糁轧成0.7～1 mm的厚度。

(4)焙烤　轧好的玉米片送往烤炉焙烤,经302℃、50 s或288℃、2～3 min焙烤,使水分降至3%以下,趁热用滚筒调味机喷油并粘上一层调味粉,冷却后包装即为成品。

焙烤玉米片色泽金黄,口感松脆,具有玉米特有的焙烤香味。

12.2.4.4　挤压膨化米果

以大米粉、玉米粉和大豆粉为主料,添加糖、海鲜鱼粉、食盐、奶油香精等辅料,用双螺杆挤压膨化机生产挤压膨化米果,产品的海鲜味与香甜风味突出,是少年儿童喜爱的早餐谷物食品。

挤压膨化米果工艺流程如图12-16所示。

主原料→加调味料→混合→挤压膨化→切削成型→冷却干燥→成品

图12-16　挤压膨化米果工艺流程

(1)配料　主原料的合理配比为:

m(大米)∶m(玉米)∶m(大豆)=5.5∶3.4∶1.1

挤压前主原料的含水率为14%～22%。主原料与辅料的最佳配比为:主原料100 kg,糖13 kg,海鲜鱼粉7.9 kg,食盐0.96 kg,奶油香精0.12 kg。

(2)挤压膨化　挤压温度为160～180℃,物料在挤压机套筒内的停留时间为8～12 s,挤压后通过干燥处理,使米果含水量降至5%以下,包装后即为成品。

膨化米果产品外观整齐,组织均匀,无大的孔洞和密实部分;质地松脆,口感香甜,具海鲜风味和谷物清香味。

12.2.4.5　膨化米饼

膨化米饼是一种日式米制产品,通常用粳米或糯米制作,目前市场上流行的各种雪饼即为粳米膨化产品。其基本工艺流程图12-17所示。

大米→淘洗→浸米→沥水→制粉→蒸捏→冷却→成型→干燥→烘烤→调味→成品

图12-17　膨化米饼工艺流程

(1)淘米、浸米、沥水　在洗米机中洗净大米,浸米6～12 h,然后在金属丝网中沥水约1 h,沥干后的米粒水分为20%～30%。

(2)制粉　粉碎至60～250目细度,生产质地疏松型的米饼细度可粗一些,紧密型的可细一些。

(3)蒸捏　在搅拌蒸捏机中先加水调和米粉,再开蒸汽蒸料捏和,110℃下蒸捏5～10 min,使米粉糊化,水分含量达40%～45%。

(4)冷却　用螺旋输送机将糊化后的米粉团送入长槽中,槽外通以20℃的冷却水,使粉团温度降至60～65℃。

(5)成型　米粉团经成型机压片、切块、切条，制成直径约为10 cm，厚2.5～3 mm的饼坯。

(6)干燥　采用带式热风干燥机，第一次烘干热风温度50～60℃，时间1.5～2 h，水分降至15%～20%后存放一段时间，待饼坯水分平衡后进行第二次干燥，风温70～80℃，时间6～8 h，饼坯水分控制在8%～10%。

(7)烘烤　在链条烤炉中焙烤膨化，炉温200～260℃，开始用小火，品温达80℃时改用大火。品温升至100℃左右时膨胀结束，又改用小火干燥脱水。出炉前恢复大火使表面上色。

(8)调味　用调味机将调味液喷涂在米饼表面，必要时进行再次干燥，风温80℃。

膨化米饼产品含水量在3%左右，松脆可口，米香浓郁，是一种低热值早餐谷物食品。

12.2.4.6　小米酥脆饼干的加工技术

小米具有较高的营养价值和药用价值，富含蛋白质、脂肪、维生素A、B族维生素、维生素B_2及人体所需的微量元素，是民间常用的滋补食品。小米酥脆饼干色金黄、外形整齐，无碎屑，口感好具有小米特有的风味。其加工工艺技术如下。

小米→浸泡→粉碎→小米粉(加辅料)→混合搅拌→成型→焙烤→冷却→检验→包装→成品

图12-18　小米酥脆饼干加工工艺

(1)原料　选择无虫蛀、无霉变、色泽好的小米，用清水淘洗干净，去除杂质。

(2)制粉　先将小米用水浸泡2～3 h，晾干后用磨粉机磨成细度达80目以上，晾干。

(3)混合搅拌　在小米粉中添加适量的面粉，倒入搅拌机后依次加入奶粉、精盐、糖、植物油、鸡蛋，拌匀，加入糖浆，最后加小苏打和碳酸氢铵，搅拌10 min左右。

(4)成型　将搅拌好的面团放入辊印式饼干机上辊压成型。

(5)焙烤　将生饼干坯放入烤炉内，温度在220℃左右烘烤5～10 min。

(6)冷却　将刚出炉的小米饼开鼓风冷却。

(7)包装　选择复合铝箔聚乙烯复合袋包装每袋80～90 g，防潮和油脂氧化。

思考题

1. 玉米渣与玉米粉干法加工的主要产品有哪些？
2. 改良玉米粉加工的技术关键有哪些？
3. 玉米薄片粥加工包括哪些主要工艺过程？
4. 挤压自熟玉米方便面生产的关键工艺技术有哪些？
5. 甜玉米加工的途径有哪些？怎样加工真空软包装整穗甜玉米？
6. 试分析早餐谷物食品的种类和产品特点。
7. 早餐谷物食品加工的工艺原理是什么？举一实例说明片状早餐谷物食品加工的技术要点。
8. 试分析蒸煮挤压技术在早餐谷物食品加工中的作用和典型应用领域。
9. 试比较挤压膨化、喷射膨化和焙烤膨化的主要区别。
10. 试分析早餐谷物食品加工的原料特点、技术途径和发展趋势。

参考文献

[1] 吴卫国,杨伟丽,唐书泽,等.主要几种配料对挤压膨化早餐谷物挤压特性的影响[J].中国粮油学报,2005,4(20):54-59

[2] 黄志好.我国早餐谷物食品的开发和展望[J].发展论坛,1997,10(7):4-5

[3] 王亮,周惠明,钱海峰.早餐谷物研究进展Ⅰ:早餐谷物发展及其特点[J].旅食与油脂,2005,6:16-19

[4] 谭斌,谭洪卓,刘明,等.我国全谷物食品发展的必要性与挑战[J].粮食与食品工业,2009,4(16):4-8

[5] 中国营养学会.中国居民膳食指南[M].拉萨:西藏人民出版社,2007:2-8

[6] World Health Organization(WHO).Preventing chron-ic diseases a vitalinvestment[R].2005:1-60

[7] 赵奕.中国营养强化面粉发展报告[J].面粉通讯,2006(4):4-8

[8] 何一哲,宁军芬,郭仲民,等.中国发展生物强化功能食品的机遇与挑战[J].世界农业,2008(5):53-56

[9] 科学技术部农村科技司.中国农产品加工业年鉴[K].北京:中国农业出版社,2007:55

[10] 李新华,董海洲.粮食加工学[M].北京:中国农业大学出版社,2002:372-381

[11] 杜双奎,魏益民,张波.挤压膨化过程中物料组分的变化分析[J].中国粮油学报[J].2005,20(3):39-43

[12] 张敏,李宏军,高忠诚.挤压膨化加工对食品中营养成分的影响[J].贮藏与加工,2003,3:63-64

[13] 王亮,周惠明,钱海峰.挤压加工中原料成分变化对谷物早餐质构的影响[J].中国粮油学报,2007,22(2):16-21

[14] 张康逸,安红周,李盘欣,等.营养谷物早餐食品加工工艺比较分析[J].食品加工,2008,2:40-44

[15]吴加根.谷物与大豆食品工艺学.北京:中国轻工业出版社,1995

[16]姚彝孙.玉米综合利用.北京:科学技术文献出版社,1987

[17]卡尔霍斯尼著[美],李庆龙译.谷物科学与工艺学原理.北京:中国食品出版社,1989

[18]杜连起.特种玉米加工技术.北京:金盾出版社,2002

[19]高福成,陈洁.方便食品.北京:中国轻工业出版社,2000

[20]张裕中,王景.食品挤压加工技术与应用.北京:中国轻工业出版社,1998

[21]田世平.粮油畜禽产品储藏加工与包装技术指南.北京:中国农业出版社,2000

[22]陆佰逊.米类早餐谷物和休闲小吃食品加工.食品与机械,1994(1):11-14

[23]张金木.软包装甜玉米棒罐头生产技术.食品科技,1999(3):23

[24]毛建卫,崔艳丽.非挤压式膨化休闲食品和膨化助剂的研究.食品科学,1997,18(7):34-36

[25]刘恩岐.粮油食品加工技术.北京:中国社会出版社,2006

[26]顾尧臣.现代粮食加工技术.北京:中国轻工业出版社,2004

[27]朱永义.谷物加工工艺与设备.北京:科学出版社,2002

[28]贾磊.超微酶化玉米粉的开发.粮食加工,2005(6):19-21
[29]黄忠平,胡克诚,张可生,等.特种玉米粉——传统主食原料的革命.食品工业科技,2003,24(12):64-65
[30]吴远彬.杂粮食品加工.北京:中国农业科学技术出版社,2006
[31]杜连起,朱凤妹.小杂粮食品加工技术.北京:金盾出版社,2009
[32]徐怀德.杂粮食品加工工艺与配方.北京:科学技术文献出版社,2010